Volker von Bonin / Werner Nigg

FINNLAND

Modernes Land im hohen Norden

 Kümmerly & Frey Geographischer Verlag Bern
BLV Verlagsgesellschaft München Bern Wien

Übersichtskarte Finnland mit Hauptlandschaften ▷

Übersetzungen
aus dem Finnischen — hum. kand. Riitta Arnold-Marila, Luzern
aus dem Französischen — Franziska Kümmerly, Bern
aus dem Englischen — Hedi Bogdanski, Zürich

Redaktion	Werner Nigg, Zürich
Photos	Volker von Bonin, Helsinki
Graphische Gestaltung	Kümmerly & Frey, Geographischer Verlag, Bern
Clichés	Ernst Kreienbühl & Cie AG, Luzern
Photolithos und Druck der Farbbilder	Kümmerly & Frey, Graphische Anstalt, Bern
Satz, Druck und Einband	Buchdruckerei Stämpfli+Cie AG, Bern
Papier	Papierfabrik Biberist

© 1968 Kümmerly & Frey Geographischer Verlag Bern / Printed in Switzerland ISBN 3-405-11003-3
Zweite, erweiterte und überarbeitete Auflage 1973

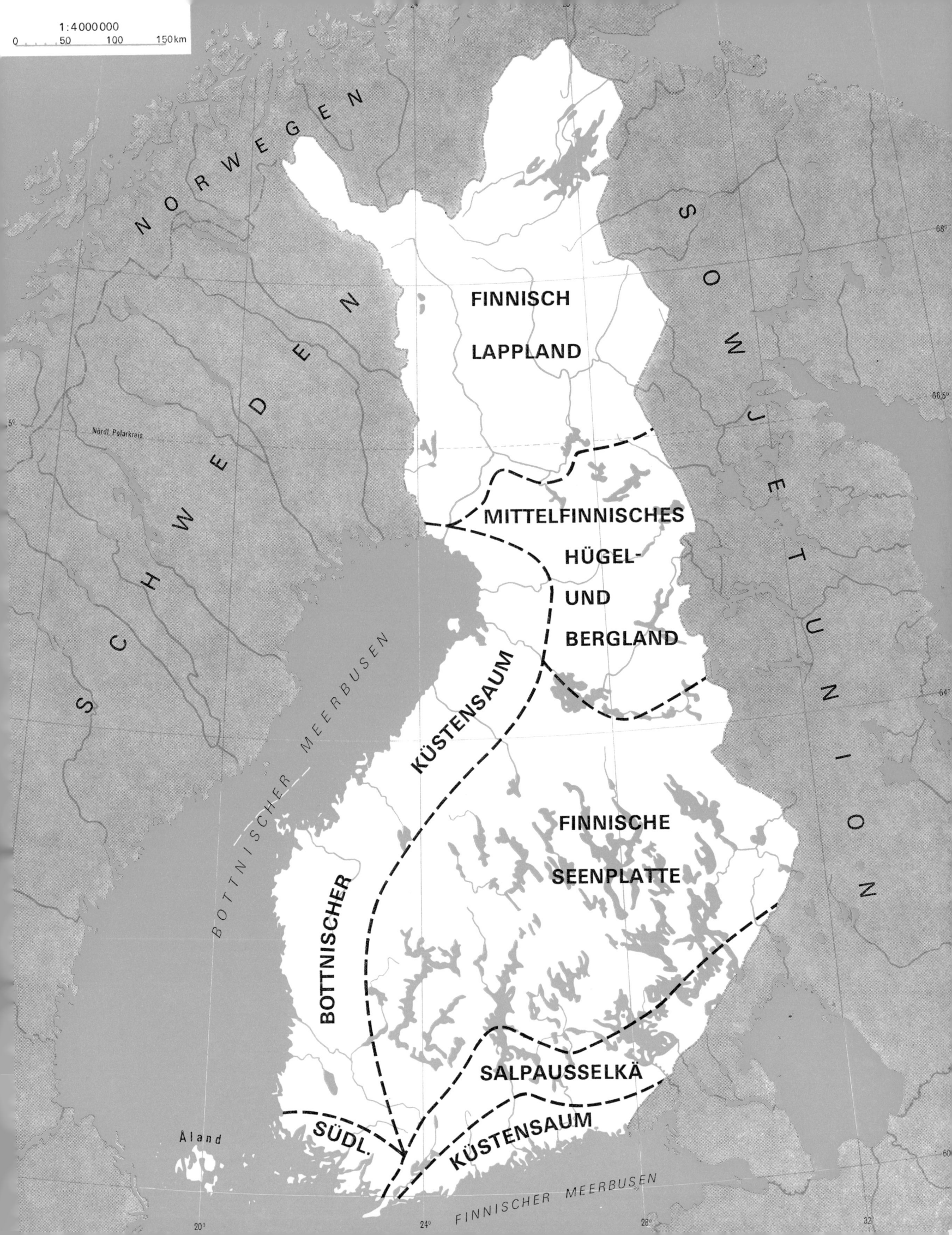

Inhalt

		Seite
Zum Geleit	Prof. Dr. Rolf Nevanlinna, Helsinki, Mitglied der Finnischen Akademie	9
Vorwort des Herausgebers		10
Die Landschaft	Prof. Dr. Werner Nigg, Zürich	13
Finnlands Städte	Dr. Kai-Veikko Vuoristo, Helsinki	31
Forstwirtschaft	Dr. Kai-Veikko Vuoristo, Helsinki	37
Holzflössen	Prof. Dr. Werner Nigg, Zürich	42
Landwirtschaft	Prof. Dr. Nils Westermarck, Helsinki	43
Bei einem Bauern in Lappland	Prof. Dr. Werner Nigg, Zürich	47
Suomis Sång – Der Gesang Suomis	Mag. phil. Kauko Kare, Helsinki	49
Sitten und Gebräuche	hum. kand. Riitta Arnold-Marila, Luzern	61
Das unabhängige Finnland	Prof. Dr. Lauri Adolf Puntila, Helsinki	65
Kunst und Wissenschaft	Prof. Dr. Werner Nigg, Zürich	78
Suomi – Sisu – Sauna	hum. kand. Riitta Arnold-Marila, Luzern	82
Finnish Design	Dir. H. O. Gummerus, Helsinki	89
Die Baukunst Suomis	Esko Lehti, arkkitehti SAFA, Joensuu	93
Die Kirche	Prof. Dr. Werner Nigg, Zürich	97
Industrie und Volkswirtschaft	Per-Erik Lönnfors, M.A., Helsinki/Stockholm Rudolf Besser Diplom-Kaufmann, Helsinki	101
Die finnische Armee	Oberstleutnant Gubert von Salis, Winterthur	113
Sport als Lebensbedürfnis	Prof. Dr. Werner Nigg, Zürich	116
Sporterziehung – Körperertüchtigung	Matti Lähdesmäki Leiter der Sportschule Kuortane	118
Wasser- und Landverkehr	Prof. Dr. Werner Nigg, Zürich Timo Huttunen dipl. Verkehrsplaner, Helsinki	121
Luftverkehr	Dir. Cay Lindh, Zürich/Helsinki Dir. Heikki Paasonen, Zürich	124
Die Lottas	Aino-Maria Hagen-Hilli, Zürich	126
Namen- und Sachregister		129
Literatur		132

Zum Geleit

Finnland galt bis vor kurzem als das «Land der tausend Seen» und der unermesslichen Wälder – als Land, das vorwiegend von Jägern, Fischern, Holzfällern und Bauern bewohnt wurde. Heute indessen ist Suomi ein modernes Land mit leistungsfähigen Industrien, grosszügig angelegten Städten und einer kühnen, eigenwilligen Architektur. Es ist die Heimat eines aufgeschlossenen Volkes – die Heimat zahlreicher berühmter Künstler und Wissenschafter.

Obschon unser Land «am Rande der Welt» liegt und immer noch weite, unberührte Naturlandschaften umfasst, ist es ein ebenbürtiger Partner unter den Ländern Europas und mit deren Schicksal aufs engste verbunden. In dieses Finnland von heute möchte der vorliegende Bildband Einblicke vermitteln. Der Photograph und die Autoren, der Herausgeber und der Verlag haben sich bemüht, diese Einblicke möglichst vielseitig und abwechslungsreich zu gestalten.

Möge das Buch den zahlreichen Freunden Suomis im In- und Ausland Freude bereiten.

Prof. Dr. Rolf Nevanlinna
Mitglied der Finnischen Akademie

Vorwort

Früher war es üblich, nach dem Süden zu reisen, um die antiken Sehenswürdigkeiten zu bewundern und sich an der mediterranen Natur zu erfreuen. Seit einigen Jahren besuchen aber viele Leute ebenso gerne den Norden, besonders Finnland. Es sind hauptsächlich zwei Gründe, die Finnland zum begehrten Reiseziel machen: die Grossartigkeit der nordischen Seen- und Waldlandschaft und das Volk, das sich mit zähem Willen mit der Natur auseinandergesetzt hat und das trotz der Bedrängung durch die Nachbarn im Westen und Osten seine eigene Sprache und Kultur bewahrt und schliesslich die Selbständigkeit errungen hat. Obwohl die Finnen mit bewundernswerter Zukunftsgläubigkeit moderne Städte, Fabriken und Bauernhöfe bis über den Polarkreis hinaus errichten und in Kunst, Wissenschaft und Sport beachtliche Erfolge erzielen, sind sie sich selber treu geblieben, und jeder aufgeschlossene Besucher wird sie nach kurzer Zeit als liebenswürdige und gastfreundliche Menschen kennen und schätzen lernen.

Verschiedene Persönlichkeiten, mehrheitlich finnische, berichten in diesem Buch über die Natur, über das Leben, über mancherlei Probleme der Kultur und Wirtschaft Finnlands. Einige Beiträge wurden ursprünglich in finnischer, englischer und französischer Sprache geschrieben und mussten übersetzt und überarbeitet werden. Dass sich bei der Vielfalt der Artikel gewisse Analogien aufdrängen, wird jedem Leser klar sein.

Zu grossem Dank bin ich allen verpflichtet, die meine Arbeit unterstützt haben. Vor allem Prof. Dr. Rolf Nevanlinna für seine freundlichen Worte zum Geleit, meiner Frau, meinem Freund Prof. Dr. Ernst Winkler und Oberst V. Turunen für viele wertvolle Ratschläge, dem Photographen Volker von Bonin für seine herrlichen Bilder und allen Autoren für ihre Mitarbeit. Dank gebührt auch hum. kand. Riitta Arnold-Marila, Aino Maria Hagen-Hilli, Pirkko Landis-Laitiala, Iris Haldimann, Prof. Dr. Gubert von Salis, Direktor Cay Lindh, Architekt Theo Landis, Forstingenieur Janos Jacsman und Architekt Dieter Ackerknecht, die mir bei der Überarbeitung einzelner Kapitel behilflich waren. Dankbar möchte ich hier erwähnen, dass mir die Finnische Vereinigung der Freunde der Schweiz ein grosszügiges Stipendium für meinen letzten Aufenthalt in Finnland gewährte. Und schliesslich danke ich meinen Freunden in Finnland für viele nützliche Auskünfte und für ihre liebenswürdige Gastfreundschaft sowie der Finnair für ihre Hilfe.

Werner Nigg

Vorwort zur zweiten Auflage

Die erfreulich gute Aufnahme, die der Bildband «Finnland» erfahren durfte, wie auch die starken Wandlungen von Landschaften und vor allem der Wirtschaft in den letzten fünf Jahren veranlassten Verlag und Redaktion, eine zweite, überarbeitete und erweiterte Auflage herauszugeben. Als neue Mitarbeiter konnten Diplomkaufmann Rudolf Besser, Helsinki, und dipl. Verkehrsplaner Timo Huttunen, Helsinki, gewonnen werden. Bei der Überarbeitung haben zahlreiche Persönlichkeiten mitgeholfen, so vor allem meine Frau, hum. kand. Riitta Arnold-Marila, Aino Maria Hagen-Hilli, Pirkko Landis-Laitiala, Paul Lwoff, M.A., Dir. Felix Paasonen, dipl. Arch. ETH Lorenz Moser, Handelsattaché Esko Kunnamo und Oberstleutnant Gubert von Salis. Allen, die meine Arbeit mit Rat und Tat unterstützt haben, danke ich bestens.

Möge auch die zweite Auflage Freude bereiten und dem einzigartigen Land Suomi und seinem sympathischen Volk neue Freunde gewinnen.

Herbst 1973   Werner Nigg

Die Landschaft

Erste Begegnung

Eine Überfahrt von Stockholm nach Turku während einer warmen Sommernacht ist ein herrliches Ferienerlebnis. Wir sitzen auf Deck, lassen die kleinen und kleinsten Inseln vorbeiziehen, bis wir in der offenen, tiefblauen Ostsee sind, erfreuen uns an der angenehmen lauen Luft, am warmen Licht der untergehenden Sonne und am eleganten Segelflug der Möwen, die uns begleiten. Erst nach 22 Uhr bricht die Dämmerung herein. Langsam steigt die Mondsichel empor und spiegelt sich im stillen, blauschwarzen Wasser. Bald gleiten wir wieder durch einen Schwarm von Inseln, und kurz nach Mitternacht legt unser Schiff bei Mariehamn, der Hauptstadt der Ålandsinseln, an. Am Hafen herrscht lebhaftes Treiben, es scheint, die gesamte Bevölkerung der Stadt habe sich hier eingefunden, um dem Aus- und Einsteigen der Passagiere zuzuschauen. Weit öffnet sich der Schlund des Schiffes, und lange Autokolonnen fahren aus und ein.

Die Ålandsinseln, die den Bottnischen und den Finnischen Meerbusen trennen, gehören zu Finnland. Es sind Tausende von Inseln, die insgesamt 1502 km² Fläche umfassen. Ihre Bevölkerungszahl beträgt 21 200, doch sind lange nicht alle Inseln bewohnt. Nachdem Finnland 1917 selbständig geworden war, ergab ein Plebiszit auf diesem Archipel eine offensichtliche Mehrheit für einen Anschluss an Schweden. Dies ist verständlich, denn 97 Prozent der Bevölkerung spricht Schwedisch. Trotzdem entschied der Völkerbund 1921, die Inselgruppe Finnland zuzusprechen. Um den Bewohnern möglichst weit entgegenzukommen, wurden die Ålandsinseln zum autonomen Bezirk mit eigenem Parlament erklärt. In den Schulen, im öffentlichen und kulturellen Leben hat die schwedische Sprache die Priorität. Die Bewohner sind von der Dienstpflicht in der finnischen Armee befreit und geniessen noch weitere Privilegien. Klimatisch sind die Ålandsinseln das bevorzugteste Gebiet Finnlands, was herrliche Obst- und Beerenkulturen beweisen. Die Landschaften der Inseln gleichen grosszügigen Parkanlagen. Wälder und Wiesen wechseln mit sauber bestellten Äckern ab. Das Relief ist leicht hügelig, und überall tritt der abgeschliffene rotbraune Granitfels zutage. Jahr für Jahr kommen während der warmen Sommerwochen Feriengäste auf die Ålandsinseln. Sie finden beim Segeln, Baden, Fischen und Wandern willkommene Erholung. Mariehamn entwickelt sich zusehends zu einem angenehmen Fremdenort. Im Winter legt sich ein dicker Eispanzer auf das Meer, und die starken Eisbrecher haben oft Mühe, die Fahrrinne von Turku über Mariehamn nach Stockholm offenzuhalten. Dann erwecken die tiefverschneiten Ålandsinseln den Eindruck einer einsamen, verträumten Märchenwelt.

Nach kurzem Schlaf kehren wir morgens vor 6 Uhr auf Deck zurück. Die Sonne strahlt mit neuer Kraft aufs ruhige, tief blaue Wasser, das von unzähligen rundbuckeligen, mit Kiefern, Tannen und Birken bewachsenen Eilanden durchsetzt ist. Fast alle sind von rotbraunen Granitküsten umsäumt. Unser Schiff steuert durch den Schärenhof vor der finnischen Küste, und bald geht es im Hafen von Turku vor Anker. Turku, «das Tor zum Westen», ist die drittgrösste Stadt Finnlands und ein blühender Hafen-, Handels- und Industrieort. Am bedeutendsten sind seine Schiffswerften, seine Metall-, Maschinen- und Textilindustrie. Neben modernen Quartieren mit grossen Fabrikgebäuden, Hochhäusern und Gartensiedlungen gibt es ältere Stadtteile mit ehrwürdigen Gebäuden von Banken und Handelsfirmen sowie eingeschossige Holzhäuser, welche noch aus der «russischen Zeit» stammen.

Als Finnland unter schwedischer Herrschaft stand, war Turku der Hauptort Suomis und erhielt 1525 von König Gustav Wasa das Stadtrecht. 1640 wurde in Turku die erste Universität Finnlands gegründet, die lange Zeit die einzige Hochschule des Landes war. Als 1819 Helsinki zur Hauptstadt ausgerufen wurde, verlor Turku zusehends an Bedeutung. Ein katastrophaler Brand im Jahre 1827 und die Verlegung der Universität nach Helsinki waren weitere Schicksalsschläge. Mit zähem Lebenswillen baute die Bevölkerung die Stadt nach Plänen des Städtebauers C. L. Engel im neuklassizistischen Stil wieder auf. 1917 erhielt Turku wieder eine Universität, 1918 eine gleichrangige Schwedische Akademie und in späteren Jahren eine Handelshochschule sowie ein Lehrerseminar.

Am Schnittpunkt zweier verkehrsreicher Strassen der Innenstadt liegt der Marktplatz, an dem die griechisch-orthodoxe Kirche, das Schwedische Theater und die Finnische Universität stehen. Die Farbenpracht der finnischen Märkte weckt Erinnerungen an Südeuropa: Blumen, Äpfel, Birnen, Erdbeeren, Heidel- und Preiselbeeren, Gemüse, Fische, Eier, Stoffe, Kleider, Schuhe, Korbwaren – alles Landeserzeugnisse; aber auch Früchte und Gemüse aus wärmeren Zonen werden zum Kauf angeboten. Im dichten Menschengedränge sieht man Bäuerinnen mit Kopftüchern, die ihre russische Abstammung nicht verleugnen können, hübsche, blonde, blauäugige Mädchen nach modernster Mode gekleidet und rassige Zigeunerinnen in langen, reichverzierten Kleidern.

Das Wahrzeichen von Turku ist der aus roten Backsteinen erbaute, vorwiegend romanische Dom mit seinem nahezu 100 m hohen Turm. Seit seinem Gründungsjahr 1290 teilt er das Schicksal der Stadt. Kriege und Feuersbrünste haben ihn des öftern beschädigt, Wiederaufbauarbeiten und Erweiterungen veränderten seine Form mehrmals. Heute dient er als Pantheon und Museum. Mitten durch die Stadt fliesst der Aurafluss und erinnert mit seinen zahlreichen Ruderbooten und Jachten an niederländische Grachten. Etwas ausserhalb von Turku breitet sich auf einer Rundkuppe mit vereinzelten Kiefern ein grosser Soldatenfriedhof aus. Die Gräberreihen erscheinen endlos lang. Alle Gräber sind gleich angelegt, bedeckt mit feinem Rasen und rechteckigen Granitplatten mit den Namen der Gefallenen. Tausende von roten Rosen schmücken diese letzte Ruhestätte der vielen Opfer des Krieges. Neben dem Friedhof steht die Auferstehungskapelle, ein schlichter, hoher Bau mit freistehendem Turm. Sie wurde von Erik Bryggmann entworfen und ist ein berühmtes Beispiel moderner finnischer Architektur. Unweit der Stadt, nahe der Einmündung des Auraflusses, erhebt sich das Schloss Turku, dessen erste Anlagen auf das Jahr 1280 zurückgehen. Seit 1881 beherbergt es ein historisches Museum mit Objekten aus der Geschichte Turkus und des ganzen Landes.

Mit einem bequemen Autobus fahren wir nach Helsinki. Am Stadtrand von Turku stehen inmitten gut gepflegter Gärten schmucke, weisse, gelbe oder rote Einfamilienhäuser, alle aus Holz erbaut. Dann folgen fruchtbare Ebenen mit Hafer-, Roggen-, Gersten-, Weizen- und Zuckerrübenfeldern. Dazwischen breiten sich Wälder und Wiesen aus, auf welchen schwarz-weiss gefleckte und rotbraune Kühe weiden. Da und dort erheben sich runde, bewaldete Hügel, und immer wieder sehen wir irgendwo den roten Granit aus dem Grün der Pflanzen herausleuchten.

Auf dem Autobusbahnhof von Helsinki stehen über 100 Autobusse in Reih und Glied, bereit, nach allen Gegenden des Landes auszufahren. Gleich neben dem Busbahnhof erhebt sich ein runder Felsbuckel aus nacktem, rotem Granit – aber auch an vielen andern Stellen der Stadt, beim Bahnhof, im Vergnügungspark Linnanmäki und am Südhafen tritt dieser Fels zutage. Im Park Kaivopuisto bieten die Granitfelsen an schönen Tagen ideale Plätzchen, um auf dem warmen Stein ein Sonnenbad zu nehmen; die Kinder benützen sie als Kletterberge oder Rutschbahnen.

Auf den Ålandsinseln, auf den Schären vor Turku, auf der Fahrt nach Helsinki und in Helsinki selbst – immer wieder sehen wir den Granitgrund. Aber auch in den meisten andern Landschaften Finnlands tritt das Granitfundament zutage.

Das erdgeschichtliche Fundament Suomis

Der Untergrund von Finnland besteht tatsächlich zum grössten Teil aus Graniten und verwandten Gesteinen aus der geologischen Urzeit. Damals wurden hier Gebirge aufgefaltet und wieder abgetragen. Aus dem Erdinnern drangen glutflüssige Magmamassen in die Gesteinskruste ein, verwandelten diese teilweise durch Umschmelzen und erstarrten selbst zu hartem Fels. So entstanden Granite und andere Erstarrungsgesteine, unter ihnen auch der rotbraune, grobkörnige Rapakivi (= schlechter Stein). Er kommt besonders auf den Ålandsinseln und in Südfinnland vor. Seinen Namen verdankt er der Eigenschaft, leicht zu verwittern und zu zerfallen, weshalb er sich schlecht als Baustein eignet.

Während Millionen von Jahren ebneten die abtragenden Kräfte den Felsuntergrund zu einer Rumpffläche oder sogenannten Fastebene ein. Über diese lagerten sich Sandsteine, Tone und Kalke ab, die jedoch noch vor Beginn des geologischen Altertums von Graniten eingeschmolzen oder bis auf spärliche Überreste wieder abgetragen wurden. Im Altertum überflutete ein Meer das flache Gebiet. Während dieser kambro-silurischen Transgression entstanden nochmals Kalk- und Sandsteinschichten, doch Erosion und Verwitterung räumten auch diese bis auf wenige Rückstände weg. In den nachfolgenden Zeitaltern war der Untergrund Finnlands nur abtragenden Kräften ausgesetzt. Erst in jüngeren Epochen haben Energien aus dem Erdinnern die eingeebnete Gesteinskruste zu weiten, flachen Aufwölbungen und Mulden verbogen. Auf diese Weise bildeten sich auch der niedrige Schild des heutigen finnischen Festlandes und die schwache Einsenkung des Bottnischen Meerbusens. Diese Verbiegungen verursachten gewaltige Spannungen in der Felskruste, so dass unzählige kleine und grosse Risse und Bruchspalten entstanden. Die geschilderten erdgeschichtlichen Vorgänge spielten sich nicht nur auf dem Gebiet von Finnland, sondern auch in Ostskandinavien, auf der Kolahalbinsel und in Karelien ab. So entstand in diesem Raume der grösste älteste Gesteinssockel von Europa, dem der finnische Geologe W. Ramsay 1898 den Namen Fennoskandia gab. Die uralte Fastebene von weniger als 200 m Höhe bestimmt heute noch die Grossformen der finnischen Landschaften. Finnland ist ein flaches Land. Stundenlang fährt man mit der Bahn oder dem Auto, ohne merkliche Höhenunterschiede überwinden zu müssen. Sogar die waldbedeckten Erhebungen Mittelfinnlands und die baumlosen Tunturis im Norden vermögen nicht, den Gesamteindruck einer flachen Landschaft mit einem weitgezogenen, waagrechten oder leicht welligen Horizont abzuschwächen. Einzig im nordwestlichen Enontekiözipfel besitzt Suomi ein Bergland. Es gehört nach Entstehung und Relief zum skandinavischen Fjellgebiet; dort erhebt sich Suomis höchster Berg, der 1234 m hohe Haltiatunturi. Trotz dieses Eindrucks eines ruhigen, fast ebenen Reliefs sind die einzelnen finnischen Landschaften keineswegs eintönig oder langweilig, denn in relativ späten geologischen Zeiten haben eiszeitliche Gletscher, Überflutungen, Landhebungen, Flusserosion und Verwitterung, die Pflanzen und schliesslich auch der Mensch das alte Land verjüngt und ihm viele neue, reizvolle Aspekte verliehen.

Die Arbeit der Gletscher

Während des Diluviums, eines Abschnittes der geologischen Neuzeit, hatte sich in Fennoskandia das Klima derart verändert, dass sich eine 1 bis 2 km dicke Eismasse bilden konnte. Das Eis «floss» vorwiegend in südöstlicher Richtung weit nach Europa hinein. So weiss man dank der Leitgesteine, zu denen auch der Rapakivi gehört, dass diese Gletscher zum Beispiel über die Ostsee und die Norddeutsche Tiefebene bis zu den mitteldeutschen Gebirgen und nach Mittelrussland vordrangen. Sie scheuerten das Lockermaterial, das auf der finnischen Fastebene lag, weg und hobelten mit Hilfe dieses Schuttes den Felsgrund je nach Härte stärker oder weniger stark ab. Die schon vorhandenen Risse und Bruchspalten dienten den Eisströmen oft als Leitlinien. Hunderttausende von Jahren dauerte diese Vergletscherung, und Fennoskandia mochte damals ähnlich ausgesehen haben wie heute Nordgrönland oder die Antarktis. Dann besserten sich die Klimaverhältnisse. Langsam und mit verschiedenen Rückschlägen schmolz das Eis ab. Kleine und grosse Schmelzwasserbäche eilten dem Meer zu. Vor ungefähr 10000 Jahren wurde Finnland eisfrei. Zurück blieb eine Wüste mit ausgehobelten Felswannen, abgeschliffenen Felsbuckeln und Ablagerungen von Gletscherschutt, den sogenannten Moränen. Die durch die Eiserosion geschaffenen Felsformen geben heute noch vielen Landschaften das Gepräge. So die langgezogenen Rundhöcker mit flacher Luv- und steiler Leeseite. Aus solchen Rundhöckern entstanden durch

Überflutung und spätere Hebung unzählige Schäreninseln vor Finnlands Küste. In den Felswannen und hinter Moränenwällen staute sich Wasser; auch die Verbiegung voreiszeitlicher Täler führte zur Seenbildung. So entstanden schliesslich die Seen der Finnischen Seenplatte. Viele Hügel Mittelfinnlands und Lapplands – letztere auch Tunturi genannt – sind Inselberge oder Härtlinge, das heisst Felspartien, die den zerstörenden Kräften, besonders der Eiserosion, mehr Widerstand leisteten als die Gesteine ihrer Umgebung. Aber auch die Moränen bestimmen vielerorts das Antlitz der finnischen Landschaften. Ein grosser Teil des Felsfundamentes wurde mit Grundmoränen überdeckt, aus denen das Eis langgestreckte Buckel herausmodellierte, die sogenannten Drumlins.

Bei seinem Rückzug machte das Eis im südlichen Finnland zwei aufeinanderfolgende Halte, während welcher es an seinem Rande zwei mächtige Endmoränenwälle aufschüttete. Aus ihnen entstanden die Dammrücken der Salpausselkä, welche in zwei weitgezogenen Bogen von Hanko an der Südküste über Lahti bis gegen Joensuu verlaufen und die Seenplatte im Süden begrenzen. Auffallende Moränenaufschüttungen sind auch die Oser. Als gewundene Dämme durchziehen sie Wälder, Moore und Seen und bilden bevorzugte Verkehrswege. Es sind Moränenaufschüttungen, die in Gletscherspalten und -tunnels oder durch Ablagerungen vor den Gletschertoren des abschmelzenden Eises entstanden sind und im allgemeinen in der Richtung des Gletscherrückzuges verlaufen, also von Südosten gegen Nordwesten. Die bekannteste und ausgeprägteste Osbildung ist der Punkaharju im Saimaaseegebiet, der ein Stück weit von der Eisenbahn als Damm benutzt wird. Ein anderes Os ist dasjenige von Pyynikki bei Tampere, das als hoher Wall quer über die Talfurche verläuft und den Näsijärvi vom 18 m tiefer liegenden Pyhäjärvi scheidet.

Land steigt aus dem Meer

Nach dem Abschmelzen der eiszeitlichen Gletscher überflutete das Meer den grössten Teil des heutigen Suomi bis auf die nördlichen Regionen. Ein Meeresarm reichte damals sogar vom Finnischen Meerbusen zum Ladoga- und Onegasee, vielleicht sogar bis zum Weissen Meer. Die heutige Seenplatte war damals eine Schärenlandschaft. Nach einer relativ kurzen Hebung erfolgte nochmals eine Einsenkung und Überflutung. Endlich liess die erneut einsetzende Landhebung die heutigen Umrisse des Festlandes und der Inseln entstehen. Doch sind diese keineswegs endgültig, denn immer noch steigt die Landmasse, beispielsweise bei Vaasa jährlich um etwa 1 cm. Diese Hebung hat schwerwiegende Folgen für die Hafenstädte und den Schiffsverkehr.

Darüber schreibt der Geograph A. Penck: «Die Buchten des nördlichen bottnischen Meeres, an denen im 17. Jahrhundert zahlreiche Hafenstädte gegründet wurden, sind heute allesamt zu seicht geworden, nicht bloss, weil die Schiffe seither im Durchschnitt grösser geworden sind, sondern weil die Buchten um 3 m weniger tief geworden sind. Sie bedürfen deswegen der Vorhäfen. Uleåborg hat den seinen im 3 km entfernten Toppila erhalten, Vaasa den seinen im gleich weit entfernten Vasklot, und dabei ist die Stadt nach ihrem Brand von 1852

1 Blick von den Kolihöhen über die Landschaft des Pielinensees in Ostfinnland (Karelien). Typisch finnische Landschaft mit dem Zusammenklingen von Wäldern und Seen. In Koli steht ein modernes Hotel des Finnischen Touristenvereins inmitten eines idealen Geländes zum Wandern sowie für den Wassersport im Sommer und Skisport im Winter.

2 An der Südküste bei Airisto in der Nähe von Turku. Die eiszeitlichen Gletscher haben die Granitfelsen abgeschliffen, und auf weite Strecken bilden ihr Braunrot, das Blau des Wassers und das Grün der Wälder einen herrlichen Dreiklang.

3 Sommernacht in Aulanko. Zwischen den Städten Hämeenlinna und Tampere breitet sich eine der schönsten Seenlandschaften Finnlands aus, durch die die komfortablen Wasserbusse der «Silberlinie» fahren. Etwa 4 km nördlich von Hämeenlinna liegt der 80 ha grosse Aulanko-Nationalpark mit einem eleganten Hotel des Finnischen Fremdenverkehrsverbandes.

4 Die alte Holzkirche von Ruokolahti an einer geschützten Bucht des Saimaasees.

5 Das Tragflügelboot «Tehi» ist das modernste Schiff auf den Seen Finnlands. Es fährt auf dem Päijännesee zwischen den Städten Lahti und Jyväskylä durch eine der lieblichsten Landschaften der Finnischen Seenplatte.

6 Blick vom Landrücken von Punkaharju, der sich 7 km weit durch ein östliches Becken des Saimaasees hinzieht und streckenweise der Strasse und Bahn als Damm dient. Der Reisende geniesst auf dieser Route auf beiden Seiten herrliche Überblicke über die Seenlandschaft. – Am Ufer erblickt man die Sauna eines Touristenhotels.

um 6 km näher ans Meer gerückt worden. Alte Häfen sind ganz verschwunden. Das an der Mündung des Kumoflusses gelegene Kokemäki genügte bereits im Mittelalter dem Verkehr nicht mehr; an seine Stelle trat 38 km weiter talabwärts Ulfsby, das schon 1365 Stadtrechte besass. Auch dessen Hafen wurde zu seicht, und 1558 trat Björneborg (Pori), 7 km weiter seewärts, an seine Stelle; aber auch von Björneborg zog sich das Meer zurück, und die Stadt erhielt 1899 einen Vorhafen, 30 km weit entfernt, an der offenen Küste in Mäntyluoto, in dem sich ihr Seeverkehr abspielt. Östlich Vaasa trifft man im Innern von Österbotten Ortsnamen, die bezeugen, dass dorthin Meer reichte, zu Zeiten, als Skandinavier bereits dort siedelten. Da gibt es 18 km von der nächsten Bucht ein Meeresende: Havsändan, einen Norrsund, einen Strand. 18 m liegen diese Örtlichkeiten über dem Meere, und da die Hebung an der benachbarten Küste 0,9 m im Jahrhundert beträgt, so lässt sich das Alter der skandinavischen Besiedlung auf rund 2000 Jahre schätzen, während archäologische Funde auf den doppelten Betrag weisen.»

Eine wertvolle Hinterlassenschaft der Überflutungen sind die Meeresablagerungen im Süden und Südwesten Finnlands. Unterhalb der Linie des ehemals überschwemmten Gebietes, der sogenannten marinen Grenze, haben die Wellen das feinste Moränenmaterial, Schlamm und Sand von den höheren in die tieferen Zonen verlagert. Das sind heute die fruchtbarsten Ackerböden Suomis.

Die Verbiegungen der Erdkruste haben auch ihre Auswirkungen auf die Entwässerung des Landes. Die Seewannen werden «gekippt» und erhalten eine Neigung nach Süden oder Südosten. Befindet sich nun ein Seeausfluss im Südosten, so wird er durch die einsetzende Anschwellung des Wassers verstärkt und bewirkt dessen rasches Abfliessen und stärkere Erosion. Befindet er sich hingegen im Nordwesten, dann wird er stetig gehoben, und ein Ertrinken der Süd- oder Südostufer ist die Folge. Diesen Vorgang sieht man deutlich am Vanajavesi, wo die Südufer bis gegen Hämeenlinna untertauchen, so dass heute die Schiffe bis zur Stadt gelangen können. Viele Flüsse Finnlands sind zufolge dieser noch andauernden Erdkrustenverbiegung wieder jugendlich geworden, was sich vor allem in ihren Gefällsverhältnissen zeigt, die noch lange nicht ausgeglichen sind. Wenn auch eigentliche Wasserfälle selten sind, so gibt es doch zahlreiche Schnellen.

Der Wald erobert Finnland

Fels, Moränen und Flussablagerungen bestimmen die grossen und kleinen Formen der finnischen Landschaften. Doch was wäre deren Antlitz ohne die Pflanzendecke – ohne den Wald! Dieser Wald ist ebenfalls wie das Relief das Ergebnis jahrtausendelanger Entwicklung, die nach der Eiszeit begann.

Auf den vom Eis und Wasser freigegebenen Landflächen siedelten sich von Süden her vorerst Tundrapflanzen an. Flechten und Moose, Polsterpflanzen, niedere Sträucher und Stauden bildeten allmählich einen Überzug über Felsen und Schutt. Dann folgten – zuerst vereinzelt – höhere Sträucher und Bäume, die sich allmählich zum nordischen Wald verdichteten und die Tundravegetation nach Norden und auf die Hochflächen der Inselberge verdrängten.

Der finnische Wald ist artenarm. Am weitesten verbreitet ist die Birke, die von der Südküste bis an den nördlichen Tundrastreifen reicht, wo sie als niedriges Gebüsch die Baumgrenze bildet. Nicht viel kleiner ist das Verbreitungsgebiet der Kiefer, während die Fichte weniger weit nach Norden vordringt. Ausser diesen drei Hauptbäumen bilden Vogelbeerbäume, Zitterpappeln und Traubenkirsche noch bis weit in den Norden – Schwarzerlen, Linden, Ahorn, Ulmen, Haselbüsche und ganz wenige Eichen im Süden – eine verschwindend kleine Minderheit. Auf den Ålandsinseln wachsen sogar vereinzelte Eiben.

Der berühmte finnische Forstwissenschafter A.K. Cajander unterschied drei Nadelwaldformen, den «normalen Wald», den Trocken- und den Sumpfwald. Der «normale Wald» wächst vor allem auf Moränen. Kiefern, Fichten und vereinzelte Birken bilden das Oberholz. Das Unterholz setzt sich besonders aus Wacholdersträuchern und Erlen zusammen. Der Boden ist mit Heidel-, Preisel- und Krähenbeerensträuchern, Farnen, Moosen und Flechten überwachsen. Der Trockenwald ist charakteristisch für die Sand- und Kiesböden. Es sind in erster Linie Kiefern, die diesen wasserdurchlässigen Grund bevorzugen. Die Fichte fehlt oder zeigt sich nur noch ganz vereinzelt. Es ist ein lichter, parkartiger Wald ohne Unterholzpflanzen. Das Bodenpolster wird von ähnlichen Sträuchern wie dasjenige des «normalen Waldes» zusammengesetzt. Der Sumpfwald nimmt ungefähr einen Fünftel der gesamten Waldfläche ein. Er besteht vorwiegend aus Fichten und Kiefern, die Mühe haben, auf dem moorigen Boden zu existieren, vor allem im Übergangsgebiet zum Moor. Dort ragen oft nur noch abgestorbene Bäume in die Höhe, und im moorigen Grund liegen zahlreiche «Baumleichen» herum. Daneben ringen verzweifelt Gruppen von verkrüppelten Kiefern um ihre Existenz. Die Moorlandschaften breiten sich in weiten, flachen Mulden aus und bilden ausgedehnte Lichtungen mit Heidelbeeren, Rauschbeeren, Heidekraut, Seggen, Wollgras und Binsen.

Mit den Pflanzen kamen auch verschiedene Tiere ins Land. Während der kurzen Sommerzeit tummeln sich über den sumpfigen Niederungen Lapplands unzählige Insekten. Rentiere äsen auf den weiten Tundraflächen, und in ihrer Nähe treiben sich Vielfrasse und Luchse um. Bis weit in den Norden kommen Regenpfeifer, Schnee-, Auer-, Birk-, Haselhühner und Wachteln vor. Seeadler, Wildenten, Wildgänse und andere Zugvögel geben jeden Sommer in Lappland ein kurzes Gastspiel. An den südlichen Küsten wimmelt es von Enten, Tauchern und andern Wasservögeln. Biber, Elch, Fuchs, Hase und Luchs, aber auch Braunbären und Wölfe bevölkerten einst weite Landstriche. Natürlich fehlen in den zahlreichen Seen, Flüssen und in den Küstengewässern auch die Fische nicht. Besonders häufig sind Salme, Heringe, Felchen, Hechte und Forellen.

Kurze Sommer, lange Winter

Das finnische Landschaftsbild zeigt im Verlauf des Jahres grossen Wechsel. Die meisten Schilderungen vermitteln gewöhnlich nur ein Bild der hochsommerlichen Landschaft aus der Zeit nach der Sonnenwende, wenn es im ganzen Lande am wärmsten ist und im hohen Norden noch die Mitternachtssonne leuchtet. Die Vegetation ist dann in voller Entfaltung, die erwärmten Wasserflächen geben durch Verdunstung viel Feuchtigkeit ab, so dass im Juli und August in weiten Gebieten reichlich Niederschläge fallen.

Bald naht die Zeit der Reife, und schon im September färben sich die Blätter der Laubbäume: die Birke wird hellgelb, die Espe dunkelgelb, der Ahorn rot und viele Bodensträucher leuchten purpurn. Im Oktober verlieren die Bäume ihr Laub, schon fällt der erste Schnee. Sobald die Temperatur unter den Gefrierpunkt sinkt, bleibt die Schneedecke liegen – in Lappland schon Mitte Oktober. Im November beginnt der Winter. Die Schneedecke rückt weiter südwärts und erreicht bis zum Monatsende die Südküste. Gleichzeitig frieren die Küstengewässer und Seen des Nordens zu. Über das Land wölbt sich während vieler Tage eine graue Wolkendecke, von Südwesten her wehen feuchte Winde. Gegen Jahresende ist die ganze Küste vereist, nur das Nördliche Eismeer, an das Finnland früher grenzte, bleibt während des ganzen Winters eisfrei. Die Tage sind kurz, die Dunkelheit weicht erst am späten Vormittag und setzt schon bald am Nachmittag wieder ein. In Lappland herrscht die Polarnacht. Im Januar sind alle Binnenseen und Moore zugefroren. Mitte März ist die Schneedecke am dicksten, im Nordosten im Durchschnitt 75 cm, im Innern 50 cm und an den Küsten etwas dünner. Sie speichert ungefähr einen Drittel des gesamten Niederschlages auf, denn der Boden darunter ist bis 50 cm tief gefroren. Endlich steigt die Mitteltemperatur wieder über 0°, an der Südwestküste anfangs April, im Innern Mitte April und in Lappland erst Ende Mai. Bis anfangs April ist der Süden vom Schnee befreit. Der Boden ist mit Wasser durchtränkt, die Luft ist warm, der Frühling hält seinen Einzug. Langsam schwindet auch der Eispanzer auf dem Meer, doch das Meerwasser bleibt noch wochenlang kühl, daher sind zu dieser Zeit die Meerwinde relativ trocken, und in den Frühlingsmonaten fallen wenig Niederschläge. Im Mai beginnen die Laubbäume zu grünen. Es folgen sonnige Junitage mit der Mitternachtssonne in Lappland und den weissen Nächten im Süden.

Finnland erfreut sich wie Skandinavien einer klimatischen Bevorzugung. Es liegt zwischen dem 60. und 70. Breitenkreis, also ungefähr gleich nördlich wie die Südhälfte Grönlands. Dieses günstige Klima verdanken Skandinavien und Finnland dem Golfstrom, der die Küste Norwegens und noch einen Teil der Eismeerküste bespült. Die vorherrschenden West- und Südwestwinde tragen die Wärme, die sie über dem Golfstrom aufgenommen haben, bis in den finnischen Raum hinein. Allerdings machen sich oft auch die sibirischen und polaren Klimaeinflüsse geltend, da gegen Osten und Norden schützende Gebirge fehlen. Deshalb besitzt Suomi ein Übergangsklima vom gemässigten atlantischen zum kontinentalen Klima. Wichtig sind die Beleuchtungsverhältnisse. An der Südküste steht die Sonne im Hochsommer bis zu 19 Stunden über dem Horizont und nördlich des Polarkreises scheint sie ununterbrochen, im Bezirk Utsjoki während 73 Tagen.

Die Temperaturen Südfinnlands unterscheiden sich nur wenig von jenen Mitteleuropas. In Helsinki beträgt die mittlere Julitemperatur 16,8° und in Inari, in Nordlappland, sogar 12°. Im kältesten Monat, im Februar, hat Helsinki eine Mitteltemperatur von —5,2°, Kuopio von —10° und Inari von —13,8°, dann sind die kontinentalen Einflüsse stärker als im Sommer. Am ausgeprägtesten sind die Auswirkungen des Landklimas im Innern Lapplands, wurden doch dort sowohl die niedrigsten wie die höchsten Temperaturen von ganz Finnland registriert, nämlich im Februar 1861 —50° und im Juli 1914 + 35°. Im Süden des Landes sind die Temperaturen viel ausgeglichener. Rechnet man die Tage mit einer mittleren Temperatur von weniger als 0° als Winter- und mit mehr als 10° als Sommertage, dann ergibt das für Helsinki 115 Sommer- und 135 Wintertage, für Kuopio 99 und 159 und für Inari 51 und 207. Auch die Niederschlagsverhältnisse entsprechen der Übergangslage vom Meer- zum Landklima. Zwei Drittel von Finnland erhalten 500 bis 600 mm Niederschläge im Jahr. Im «ozeanischen» Südwesten fallen 750 mm, im «kontinentalen» Nordosten nur 450 mm. Die mittlere Schneebedeckung dauert auf den Ålandsinseln 90, in Helsinki 130, in Kuopio 170 und im Enontekiözipfel 250 Tage im Jahr.

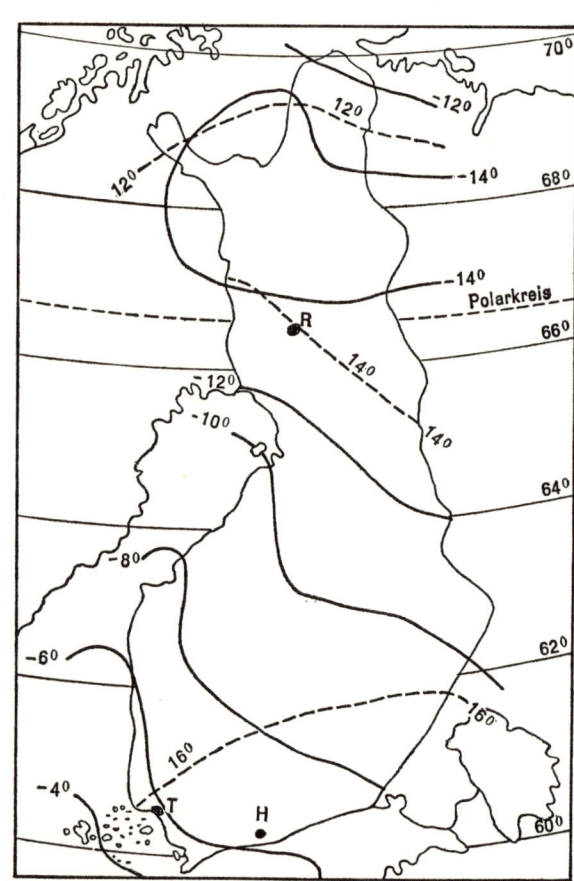
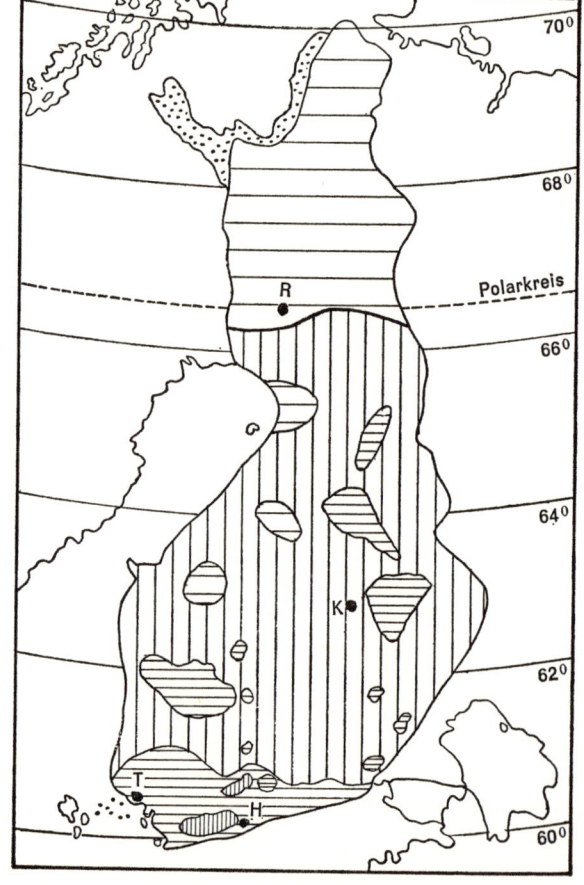

Mittlere Februar- und Julitemperaturen
—— mittlere Februartemperaturen
--- mittlere Julitemperaturen

Niederschläge
▓ unter 400 mm
☰ 400–500 mm
▥ 500–600 mm
≡ 600–700 mm
▥ über 700 mm

Der Mensch schafft die Kulturlandschaft

Die geschilderten Naturerscheinungen formen zusammen die Naturlandschaft. Sie erfuhr durch den Menschen in weiteren Jahrtausenden die Umwandlung zur Kulturlandschaft. Auf Grund von Funden lässt sich nachweisen, dass in Finnland schon im Neolithikum Menschen vorkamen und dass in der Bronzezeit in der südlichen Küstenregion vereinzelte Siedlungen bestanden. Zu Beginn unserer Zeitrechnung durchstreiften einige Nomadenstämme – wahrscheinlich Lappen mit ihren Rentieren – die Wildnisse Suomis.

Etwa 100 Jahre nach Christus drangen vom Baltikum finnische Einwanderer ins Land, zuerst nur periodisch als Jäger, später als sesshafte Siedler. Sie gingen auf die Jagd und den Fischfang, trieben Viehzucht und Ackerbau und errichteten in den Rodungen, an der Küste, an Fluss- und Seeufern Holzhäuser. Waren ihre Äcker und Jagdgründe nicht mehr ergiebig genug, dann zogen sie weiter ins Landinnere und verschafften sich durch Schwenden neue Kulturflächen. Allmählich wurden sie sesshafter und gründeten Einzelhöfe für ganze Sippen, im Süden auch Dorfgemeinschaften. Von Süden und Osten folgten weitere finnische Einwanderer, von Westen drangen Schweden ins Land. Die finnischen Sippen schlossen sich zu 3 Stämmen zusammen, dehnten ihre Kolonisation weiter nach Norden aus und drängten die nomadisierenden Lappen über den Polarkreis hinaus. So entstanden vorerst tupfenweise, später in grösseren zusammenhängenden Gebieten Agrarlandschaften mit Hofsiedlungen und Dörfern. Fast alle Bauern trieben auch Waldwirtschaft. Sie errichteten Sägereien mit Holzlagerplätzen, bauten Strassen und Kanäle, um die natürlichen Wasserwege abzukürzen. An günstigen Standorten entwickelten sich Hafenplätze, Marktflecken und Städte. Diese erhielten nach der Verbreitung des Christentums im 13. Jahrhundert als besondere Wahrzeichen Holz- oder Steinkirchen. Während der Streitigkeiten zwischen Schweden und Russland entstanden an einigen strategisch wichtigen Punkten Festungen, die wehrhafteste war wohl die Burg Olavinlinna, die heute noch ein dominierendes Landschaftselement ist. Während der «russischen Zeit» wurde das Antlitz verschiedener Städte durch repräsentative neoklassizistische Bauten verändert. Die eindrücklichsten Beispiele dafür sind die Gebäude um den Senatsplatz in Helsinki, vor allem der Dom, der heute noch das Bild der Innenstadt beherrscht. Auch die eingeschossigen Holzhäuser entlang ganzer Strassenzüge stammen aus dieser Zeit.

Die tiefgreifendste Wandlung der finnischen Landschaften durch den Menschen setzte um 1860 mit der Industrialisierung ein; sie geht heute noch in raschem Tempo weiter. Aus kleinen Sägereien entwickelten sich grosse Sägewerke, Papier- und Zellulosefabriken, die immer mehr Land in Anspruch nehmen. Die Wasserwege und Strassen genügten nicht mehr, um den Verkehr zu bewältigen, und man baute eine Eisenbahn, deren Netz naturgemäss im volksreichen Südwesten am dichtesten ist. In das Gebiet nördlich des Polarkreises führt nur eine einzige Linie, nämlich jene von Rovaniemi über Kemijärvi nach Salla an der russischen Grenze. Seit 1900 entwickelten sich neben den Holz- auch weitere Industrien, und die Anlagen der Metall-, Maschinen- und Textilindustrie sowie der Schiffswerften gaben verschiedenen Landschaften ein neues Gesicht. Wegen Mangels an eigener Kohle begann man die Wasserkräfte zur Elektrizitätsgewinnung zu nutzen. Dadurch erfolgten weitere Eingriffe in die Natur des Landes. Einst galten die Imatrastromschnellen als grosse Sehenswürdigkeit. Einer der grössten Flüsse Südfinnlands, der Vuoksi, hat hier, kurz nach seinem Austritt aus dem Saimaasee, eine 1,3 km lange und etwa 20 m breite Schlucht eingeschnitten und eine Reihe von Stromschnellen gebildet. Die unbändigen Wasser stürzten sich mit lautem Getöse in den engen Felsschlund und bildeten eine weitherum sichtbare Gischtwolke. Neben diesem Naturschauspiel wurde für die vielen Feriengäste das mächtige, schlossähnliche Valtionhotelli errichtet. Dann staute man in den zwanziger Jahren durch eine Staumauer das Wasser des Vuoksi, um das Gefälle von 18 auf 24 m zu erhöhen und das Wasser durch einen Stollen einem Elektrizitätswerk zuzuleiten. Seither liegt die Schlucht still und verlassen da, und in der Tiefe spiegeln sich die rötlichen Felswände in vereinzelten Wassertümpeln. Das Imatrakraftwerk beliefert Helsinki, Turku und Lahti, die Hüttenwerke von Outokumpu und viele Fabriken Südfinnlands mit elektrischem Strom, und die Hochspannungsleitungen und Transformatorenanlagen fallen in diesen flachen Landschaften besonders stark ins Auge.

Alle diese Vorgänge ballten sich zu einer gewaltigen Industrialisierung zusammen und hatten einerseits einen hohen Lebensstandard, andererseits aber auch Verstädterung und Landflucht zur Folge, so dass vielerorts komfortable Wohnquartiere und Satellitenstädte mit Hochhäusern gebaut wurden. Auch der letzte Krieg wirkte sich auf den Siedlungsbau aus, mussten doch für über 400000 Flüchtlinge neue Wohnungen und Arbeitsplätze geschaffen werden. Einen Wandel des Landschaftsbildes brachte ebenfalls der Siegeszug des Automobils. Heute durchziehen gute Strassen wie helle Bänder das Grün der Wälder, und ihre Brücken überspannen oft weite Wasserflächen. Schliesslich seien noch die Flughafenanlagen als neue Landschaftstypen erwähnt, die bereits schon im fernen Lappland in Erscheinung treten. Es liegt in der Natur Finnlands, dass die kulturlandschaftliche Entwicklung im Süden am weitesten fortgeschritten ist. Grosse Gebiete Südfinnlands sind heute moderne Siedlungs- und Industrielandschaften. In Mittelfinnland, besonders in der Seenplatte, überwiegen die Forst- und Agrarlandschaften, während Lappland noch weitgehend aus unberührten Naturlandschaften besteht.

Vielgestaltigkeit der Landschaft

HISTORISCHE LANDSCHAFTEN. Im Empfinden vieler Finnen leben noch heute Namen historischer Landschaften fort, die besonders als Folge der Besiedlung durch die verschiedenartigen Stämme entstanden sind. Sie stimmen nicht mit den natürlichen Regionen überein. Die kleinste und wichtigste historische Landschaft ist das «Eigentliche Finnland» (Varsinais-Suomi) im Südwesten, das seit der jüngeren Steinzeit besiedelt ist. Hier ist der Ausgangspunkt der finnischen Kolonisation, und das Wort «Suomi», dessen Bedeutung nicht genau erklärt werden kann und das vielleicht Sumpf- oder Moorland heisst, ist schliesslich zum Namen für das ganze Land geworden. Das östlich anschliessende Uusimaa oder Nyland umfasst den Küstenstreifen am Finnischen Meerbusen und wurde von den schwedischen Einwanderern als «Neuland» bezeichnet. In der Seenplatte liegen die Landschaften Karjala oder Karelien, dessen Hauptteile an Russland abgetreten werden mussten, Savo oder Savolaks und Häme oder Tavastland. Von Häme, das im Mittelalter bis zum Bottnischen Meerbusen reichte, wurde später der Westteil Satakunta als selbständiges Gebiet abgetrennt. Die grössten historischen Landschaften sind Pohjanmaa (Österbotten), das von Satakunta bis nach Lappland und vom Bottnischen Meerbusen bis zur russischen Grenze reicht, und Lappi oder Lappland, das bekanntlich den ganzen Norden einnimmt. Eine historische Sonderstellung hatten von jeher die Ålandsinseln als westlicher

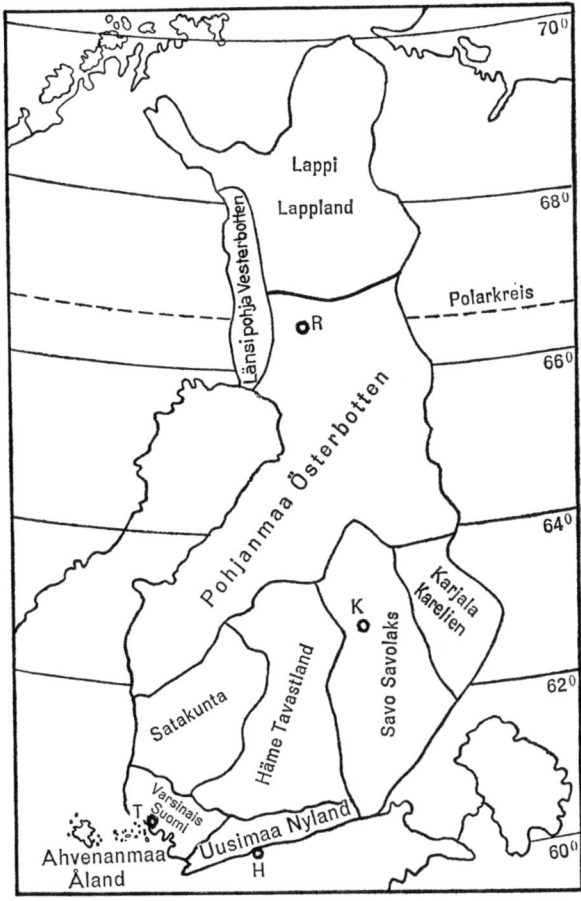

Historische Landschaften

Vorposten Suomis. In einigen Karten wird schliesslich auch noch ein schmaler Landstreifen nördlich des Bottnischen Meerbusens, entlang der Grenze auf schwedischer Seite, als Länsipohja oder Vesterbotten bezeichnet.

LANDSCHAFTEN DER GEGENWART. In der Gegenwart beherrschen jedoch die aus Natur und Wirtschaft integrierten Kulturlandschaften das Antlitz Finnlands. Von ihnen können hier nur die grossräumigsten umrissen werden: der Küstensaum, die Seenplatte, das Mittelfinnische Hügel- und Bergland sowie Lappland.

Der Küstensaum. Der Küstensaum ist reich an Schäreninseln, Halbinseln und Buchten und bildet einen flachen Tieflandstreifen von 30 bis 40 km Breite. Die tonigen und sandigen Ebenen werden als Äcker und Wiesen genutzt, die höchstens 50 m hohen, runden Buckel sind meistens bewaldet. Auf den südlichen Küstenstreifen gibt es zahlreiche Grossgrundbesitze. Die Bauernhäuser stehen meistens auf Anhöhen, wo das Klima milder ist als in der Ebene, da sich dort im Winter häufig Kaltluftseen bilden. Die Städte und andere grosse Siedlungen wachsen immer weiter ins Land hinaus, und verschiedenenorts stehen neue, grosse Fabrikanlagen mitten im Bauernland. Die Bottnische Küste ist weniger stark gebuchtet als die Südküste und hat nur eine schmale Inselflur. Gegen Norden wird der Ackerbau seltener, dort breiten sich Gras- und Moorflächen mit vereinzelten Kartoffeläckern aus. Ausser einigen kleinen Fischerorten in geschützten Buchten liegen an den grossen Flussmündungen moderne Industriestädte, worunter Oulu und Kemi die bedeutendsten sind.

Die Seenplatte. Der finnische Forscher I. Leiviskä schreibt in seinem Buch «Finnland»: «Der Seenreichtum ist nicht allein für Finnland charakteristisch, sondern für alle Gebiete, die von eiszeitlichem Landeis bedeckt gewesen sind. Doch dürfte wohl kaum sonst irgendwo die Anzahl der Seen so gross sein wie in Finnland, das etwa 70000 hat – alle mit wenigstens 200 m Durchmesser gerechnet...»
Wasser und Wald. Das sind die beiden Elemente, die das Bild der Finnischen Seenplatte bestimmen. Mit einer Fläche von mehr als 100 000 km² erstreckt sich das Seengebiet von der Bottnischen Küstenebene hinüber zur Sowjetgrenze. Es wird im Süden von den Salpausselkä begrenzt und geht im Norden, ungefähr beim Oulujärvi, allmählich ins Mittelfinnische Hügelland über. Wohl nirgends sonst gibt es ein derart kompliziertes Ineinandergreifen von Wasser und Land wie hier. Tausende von grossen und kleinen Wasserflächen, zerfranst und durchsetzt von unzähligen Buchten, Landzungen und Inseln, scheinen ohne jegliche Gesetzmässigkeit hingestreut zu sein. Am besten lassen sich diese Seen ordnen, wenn man sie nach ihrer Entwässerung in Systeme gliedert. So spricht man vom Saimaaseesystem, das im östlichen Finnland eine Wasserfläche von 1760 km² einnimmt. Es wird durch den Vuoksi zum Ladogasee entwässert. Savonlinna, Imatra, Lappeenranta und Kuopio, alles Zentren der Holzverarbeitung, bilden die Hauptsiedlungen im Bereiche des Saimaasees. Den mittleren Teil der Seenplatte beherrscht das System des Päijännesees (1112 km²), dessen Abfluss, der Kymijoki, bei Kotka in den Finnischen Meerbusen mündet. Der See

erstreckt sich ungefähr über 120 km in nördlicher Richtung vom wichtigen Eisenbahn- und Industrieort Lahti zum kulturellen Zentrum Mittelfinnlands Jyväskylä. Das westlich anschliessende Näsijärvisystem nimmt die kleinste Fläche ein. Es wird vom Kokemäenjoki entwässert, der bei der Stadt Pori in den Bottnischen Meerbusen fliesst. In diesem Gebiet liegt die grösste Industriestadt Suomis, Tampere, mit Papier-, Textil-, Maschinen- und Schuhfabriken. Schliesslich sei noch der Oulujärvi erwähnt. Er bildet mit zahlreichen kleineren Seen den Abschluss der Seenplatte gegen das Mittelfinnische Bergland. Alle diese Seen sind nur flache Wasserbecken. Die grösste Tiefe des Saimaasees beträgt 62 m, des Päijännesees 93 m, des Näsijärvi 60 m und des Oulujärvi nur 35 m. Die Wasserspiegel liegen 76 m (Saimaasee) bis 124 m (Oulusee) über Meer. Die Seenplatte erreicht ihre höchsten Erhebungen nordöstlich des Saimaaseesystems, in den Kolihöhen, mit 346 m und südöstlich des Oulusees im Naulavaara mit 355 m.

Es gibt kaum etwas Erholsameres als eine Fahrt durch dieses Seenlabyrinth. Sei es mit einem der altmodischen Dampferchen, die früher mit Birkenholz geheizt wurden, oder mit einem modernen Motorschiff der Silberlinie – jedesmal ist es ein Hochgenuss. Langsam ziehen die Uferlandschaften vorüber. Wasser und Wald – aber immer in neuer Anordnung, immer schieben sich neue bewaldete Kulissen vor, immer wechselt die Szenerie. Hier greift eine Bucht in den dunkeln Wald hinein, dort liegt eine Schar winzig kleiner Inselchen. Selten einmal steht ein kleines rotes Häuschen, vielleicht eine Sauna, am Wasser. Hie und da begegnen wir einem riesigen Holztransport. Nun durchfahren wir einen Durchstich durch einen Moränenwall. Eine hölzerne, weisse Brücke dreht sich, dass wir passieren können, dann werden wir hochgeschleust. In einer Lichtung neben einem Sägewerk erhebt sich ein hoher braunroter Hügel aus Sägemehl. Nun fährt unser Schiff entlang einem lieblichen Wiesenufer mit grossen Bauernhäusern und einer Windmühle. Auf einer Anhöhe steht eine weisse Steinkirche. Nicht nur der landschaftliche Reiz, auch die Atmosphäre auf diesen Schiffen sowie die gepflegte Küche helfen mit, eine solche Reise angenehm zu gestalten.

Das Mittelfinnische Hügel- und Bergland. Es erstreckt sich zur Hauptsache zwischen dem Oulujärvi und dem Kemijoki und ist die Übergangszone zwischen dem Seengebiet und Lappland. Die Bezeichnung «Bergland» erscheint vielleicht übertrieben. Für Suomi mit seiner geringen vertikalen Gliederung ist sie jedoch verständlich. Langsam steigt die Landschaft vom Gebiete des Oulujärvi gegen Norden und Osten an. Die Seen werden seltener, riesige Moore und Sümpfe treten an ihre Stelle. Daneben aber breiten sich Wälder, nichts als Wälder aus. Die rundlichen Berge werden gegen Norden zahlreicher und treten sogar in Gruppen auf. Sie erreichen Höhen von 300 bis 400 m und an der Sowjetgrenze sogar bis 600 m. Sie ragen schon über die obere Grenze des Waldes hinaus. Diese kahlen Erhebungen nennt der Finne Tunturi. Da und dort erinnert eine Rodung, eine einsame Siedlung oder ein schnurgerader Strassenzug daran, dass hier noch Menschen leben und wirtschaften.

Lappland. Vom Kemijoki nordwärts, mit dem einen Zipfel bis gegen die Eismeerküste und mit dem Enontekiözipfel bis nahe an den norwegischen Lyngenfjord, breitet sich die immense Landschaft von Finnisch-Lappland aus. Sie umfasst einen Drittel der Flächenausdehnung Suomis.

Das Relief unterscheidet sich kaum merklich von jenem des Mittelfinnischen Berglandes. Ein breiter Höhenrücken, der Maanselkä, mit aufgesetzten 500 bis 800 m hohen Restbergen und vielen niedrigen, zum Teil vermoorten Pässen, verläuft in west-östlicher Richtung und bildet die Wasserscheide. Dort wurzeln die mächtigen Ströme, die in grossen, verwilderten Mäandern das einsame Land durchziehen. Der Maanselkä teilt Nordfinnland in drei hydrographische Gebiete: in die bottnische Abdachung im Süden, das zum Weissen Meer entwässernde Bergland von Salla im Osten und in das Einzugsgebiet des Eismeeres im Norden. Im südlichen Lappland legt der Nadelwald seine grüne, von vereinzelten Seen und Rodungen durchlöcherte Decke über das Land. Gegen Norden werden die Fichten und Kiefern zum Teil von Birken abgelöst. Vorerst noch einigermassen hochstämmig, werden diese immer niedriger, bis dann die Zwerg- oder Polarbirken vollständig überhandnehmen. Diese bilden schliesslich gemeinsam mit der gelblich-grünen Rentierflechte ein zerzaustes Polster, die Tundravegetation.

Im Zentrum einer weiten Senke breitet sich der 1085 km² grosse Inarisee aus. Seine unübersehbare, schwarzgrau schimmernde Oberfläche liegt 119 m über dem Meeresspiegel und wird von rund 3000 Inseln durchsetzt. Zum lappländischen Landschaftsbild gehören auch die grossen Sumpf- und Moorflächen, Brutstätten der Myriaden von Mücken.

Die 170 000köpfige Bevölkerung Lapplands, wovon nur noch 2000 bis 2500 Lappen sind, vermag das Landschaftsbild kaum merklich zu beeinflussen. Die wenigen, weit auseinanderliegenden Ortschaften, einige Touristenhotels und die vereinzelten, punktweisen Rodungsflächen der Neusiedler und Lappen sind Spuren menschlicher Bewirtschaftung. Verlässt man aber die Strasse, so kann man tagelang durch vollständig menschenleere Naturlandschaften streifen.

Der Hauptort des Nordens ist Rovaniemi, am Ufer des Kemijoki und 5 km südlich des Polarkreises. Einst war diese Ortschaft Mittelpunkt für den Tauschhandel, heute ist sie Markt- und Touristenzentrum. Hunderte von Kilometern weit her kommen die Leute von ihren einsamen Waldsiedlungen, um sich mit Nahrungsmitteln und andern Gütern einzudecken und um wieder einmal andere Gesichter zu sehen. Im Herbst, im Februar und März finden hier grosse Messen statt, bei denen der Pelzhandel eine wichtige Rolle spielt. Eine Verkaufsorganisation für Felle und andere Produkte aus Lappland bemüht sich, den Absatz zu steigern. In Rovaniemi hat auch die Zentrale der lappländischen Forstwirtschaft ihren Sitz. Rovaniemi wurde während des letzten Krieges weitgehend zerstört. Der Wiederaufbau wie auch die Erweiterung durch moderne Quartiere erfolgte nach den Plänen von Alvar Aalto. Schon heute hat die Siedlung den Charakter einer ganz modernen Stadt. Flugzeuge, Bahn und Buslinien gewährleisten Verbindungen nach dem Süden des Landes wie nach den Landschaften Lapplands. Jahr für Jahr besuchen Tausende von Touristen diese eigenartige Siedlung am Polarkreis. Unweit der Ortschaft ragt der 99 m hohe Skisprungturm aus den Tannen heraus. Im März finden in Rovaniemi Skiwettspiele statt. Und in der Johannisnacht gleicht der nahegelegene Ounasvaaraberg einem Wallfahrtsort, denn von ihm aus ist dann die Mitternachtssonne sichtbar. Tags darauf zeigen wagemutige Floss- und Kanufahrer auf dem reissenden Ounaskoski ihre Künste.

Beide grossen Nordrouten Lapplands, diejenige nach Kilpisjärvi und die Eismeerstrasse, welche über Inari nach Karigasniemi und Utsjoki führt, werden immer mehr von Touristen befahren. Landschaften, die noch vor einigen Jahrzehnten kaum von Ausländern besucht wurden, sind heute beliebte Ziele für Gesellschaftsreisen. Natürlich möchten die Touristen auf ihrer Fahrt auch Lappen und Rentiere sehen und photographieren. Einige Lappenfamilien haben sich auf den Fremdenverkehr eingestellt und ihre Zelte nahe der Strasse aufgeschlagen. Das Zeltgerüst besteht aus kunstvoll angeordneten und zusammengebundenen Ästen. Darüber sind dicke Wolltücher gespannt, die oben eine Öffnung als Rauchabzug freilassen. In der Mitte des Zeltbodens befindet sich die runde, von Steinen eingefasste Feuerstelle, und darüber hängt an einer Kette der Kochkessel. Der Boden ist mit Birkenzweigen bedeckt. Entlang der Zeltwand liegen zusammengerollte Rentierfelle, in die sich die Lappen zum Schlafen einwickeln. Die Bewohner des Zeltes tragen ihre farbenfrohe Tracht. Der Mann eine dunkle Bluse mit roten und gelben Bordüren verziert, eine dunkle Hose, Stiefel aus Rentierleder und als Kopfbedeckung die «Vierwindmütze». Das lange Kleid der Frau ist aus gleichem Stoff und ähnlich verziert wie die Bluse des Mannes. Auf dem Boden vor dem Zelt liegen Rentierpelze und -geweihe, Lappenmesser sowie bunt gewobene Bänder, alles Gegenstände, die die Lappen als Souvenirs den Touristen verkaufen. Auf einer

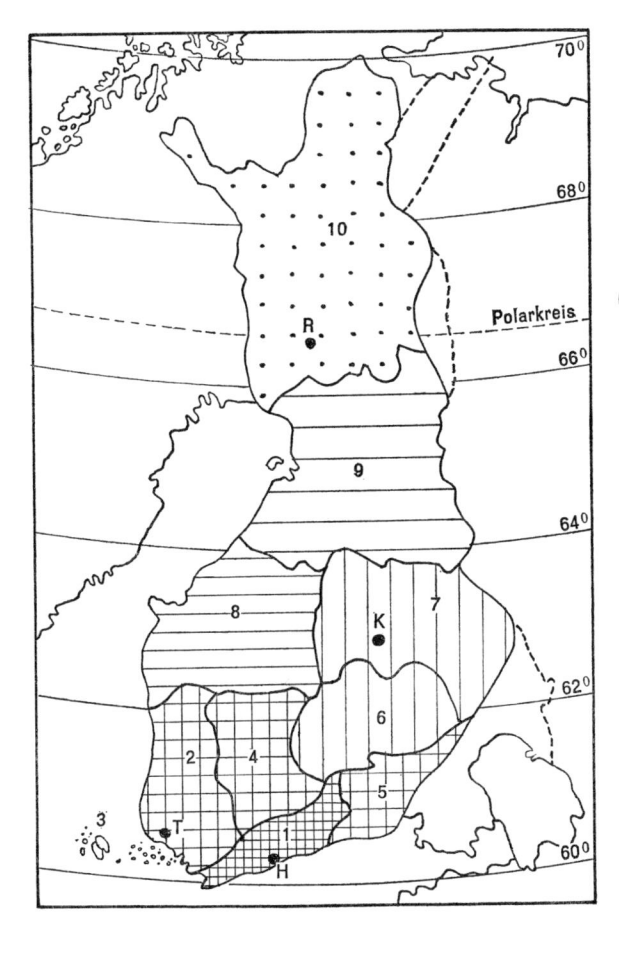

Provinzen und Bevölkerungsdichte (1952; gilt in etwa noch heute)

Provinz	Einwohner je Quadratkilometer
1 Uudenmaanlääni	über 50
2 Turun- und Porinlääni	20–30
3 Ahvenanmaanlääni	15–20
4 Hämeenlääni	20–30
5 Kymenlääni	20–30
6 Mikkelinlääni	10–15
7 Kuopionlääni	10–15
8 Vaasanlääni	15–20
9 Oulunlääni	5–10
10 Lapinlääni	bis 5

––– Grenze vor 1940

Wiese neben der Strasse weiden einige zahme Rentiere. Nur noch wenige Familien führen das Leben der Zeltnomaden und ziehen mit ihren Rentierherden von Weideplatz zu Weideplatz. Einige sind noch Halbnomaden, sie verbringen den Winter in Blockhütten, und ihre Kinder wohnen während der Schulzeit in Schülerheimen. Die meisten Lappen sind schon seit einigen Jahrzehnten sesshaft geworden und treiben neben der Rentierzucht Ackerbau und Waldwirtschaft.

PROVINZEN. Zu Verwaltungszwecken ist das Land in Provinzen, Sprengel und Kommunen eingeteilt: die beiden ersten sind staatliche Verwaltungsgebiete, die letzteren geniessen lokale Autonomie. Die Provinzen, deren es zehn gibt, werden von einer Provinzialverwaltung unter der Leitung eines Landeshauptmanns regiert. Die 50 Sprengel sind in Amtmannsbezirke eingeteilt, deren Verwaltungsbeamter je ein Bezirksamtmann ist. Die kommunale Verwaltung beruht auf lokaler Selbstverwaltung. Es gibt in Finnland keine autonomen Gemeinschaften auf höherer Stufe mit Ausnahme der schwedischsprachigen Ålandsinseln.

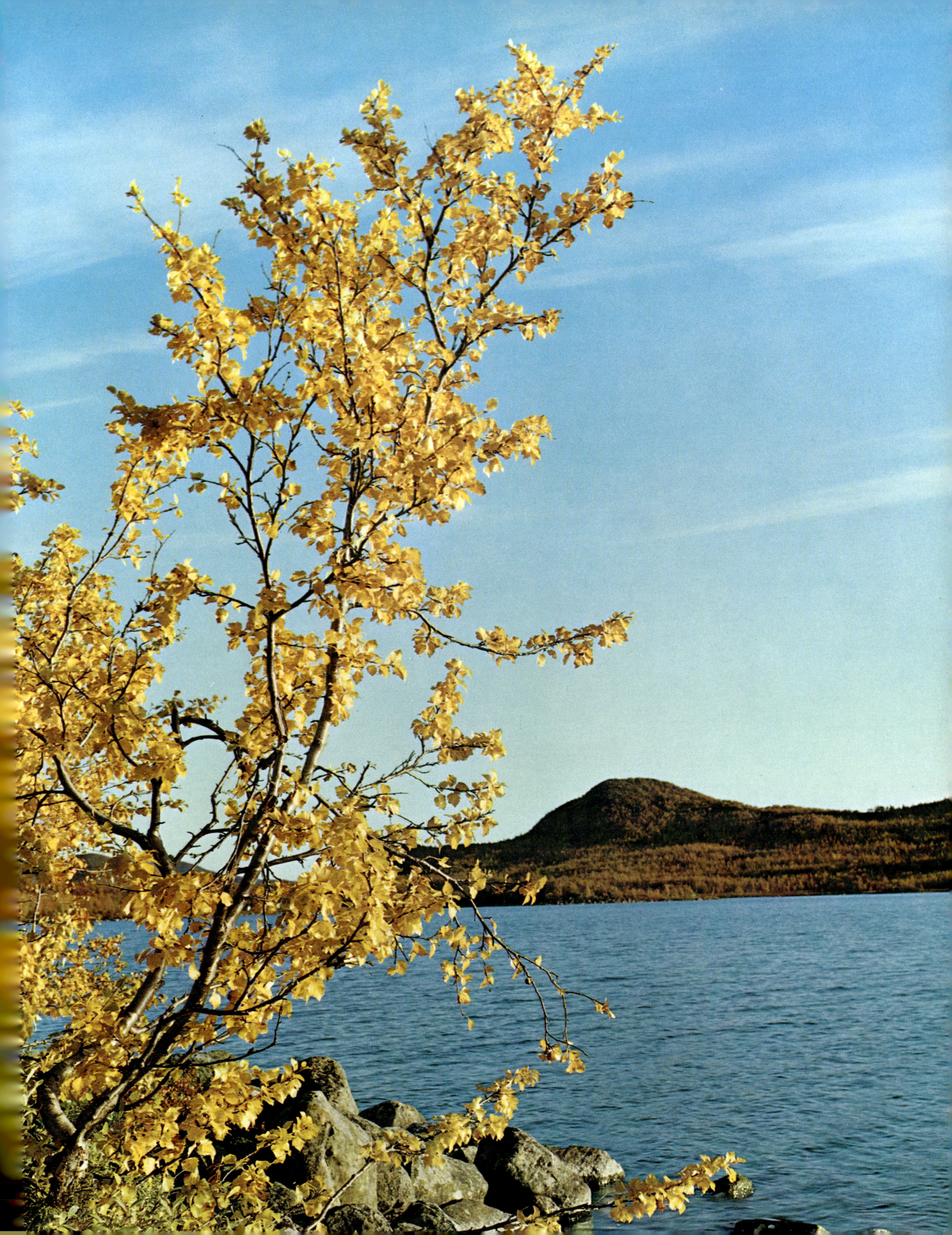

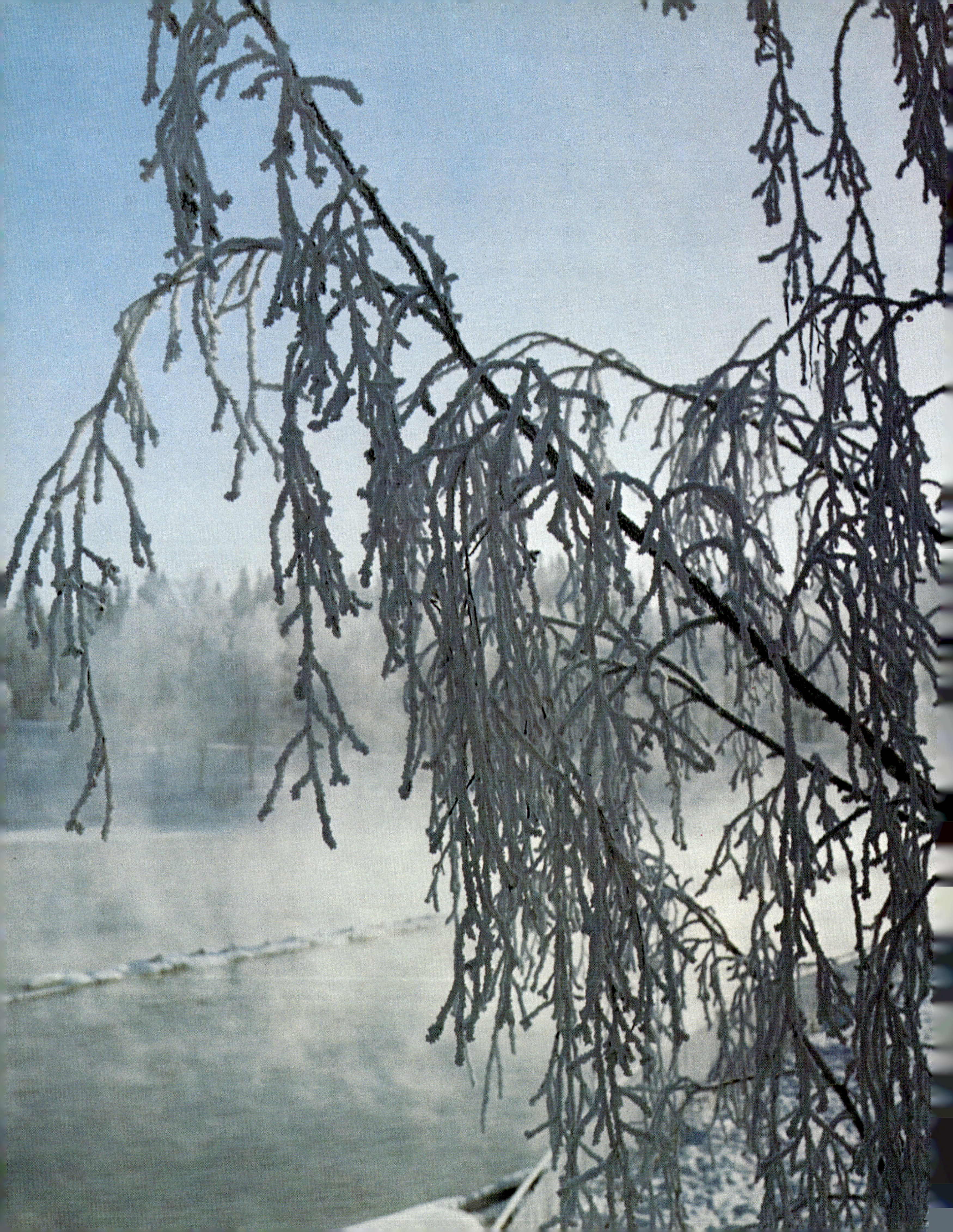

7 Ruska-Zeit in Lappland. «Ruska-Zeit» nennen die Finnen die kurzen Herbsttage, in denen sich in Lappland die ganze Landschaft mit allen Pflanzen in einer unbeschreiblich schönen Farbenpracht zeigt. – Im Vordergrund eine Krüppelbirke im goldenen Herbstkleid.

8 Winterstimmung in Kajaani in Nordostfinnland. An vielen Wintertagen sind die Bäume mit Rauhreif verziert, und über die Landschaft legt sich eine märchenhafte Stille.

9 Vom Winter verzauberte Landschaft in Pallastunturi im westlichen Lappland. Dieses Grenzgebiet gegen Schwedisch-Lappland erreicht Höhen von über 700 m, und die höchste Bergkuppe hat den schönen Namen Himmelreich.

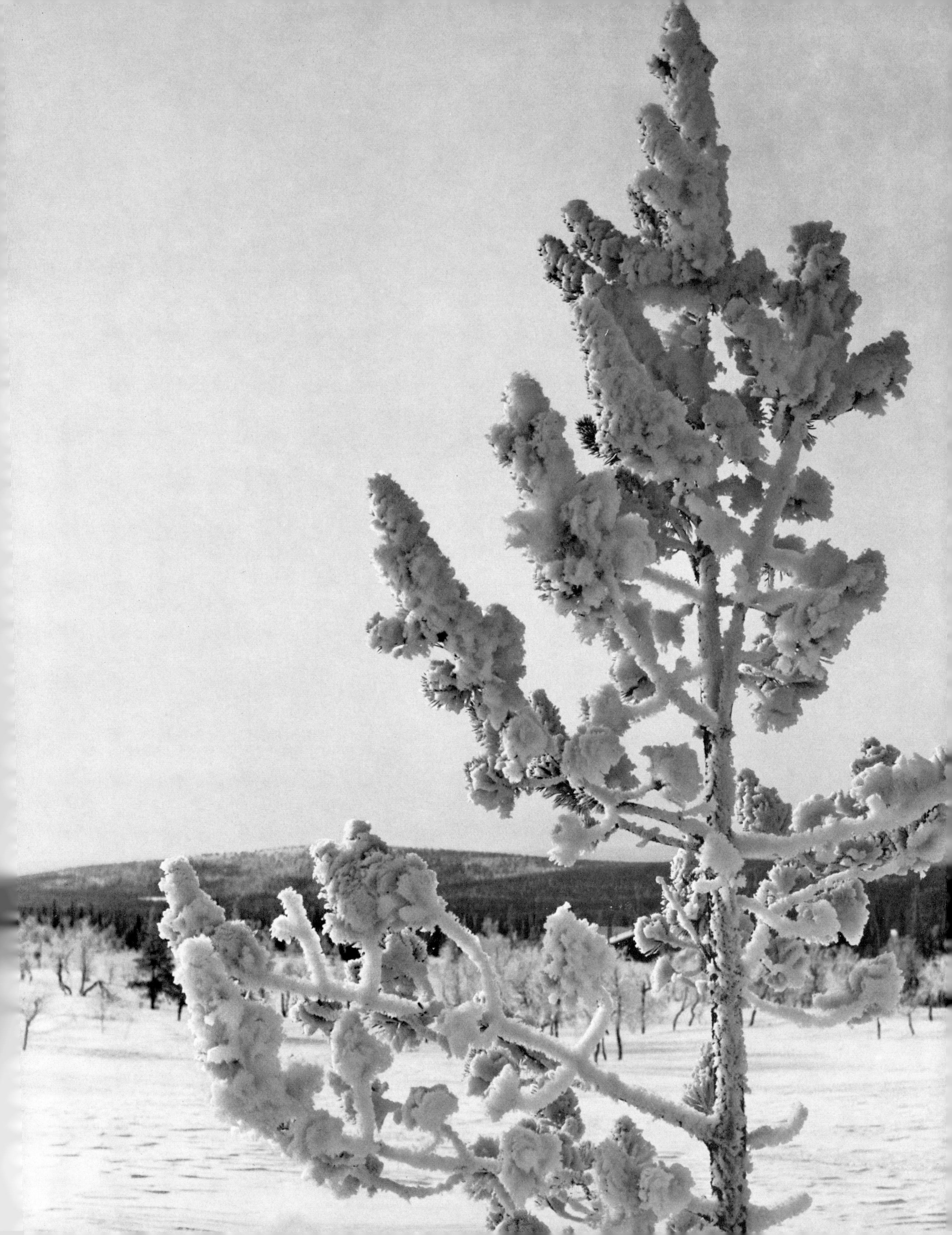

10 Vorfrühlingsmorgen an der Südküste bei Helsinki.

11 Die Frühlingssonne und das von Südwesten herströmende Meerwasser schmelzen das Eis an den Küsten Suomis.

12 Uferpartie am Pielinensee in Ostfinnland (Karelien).

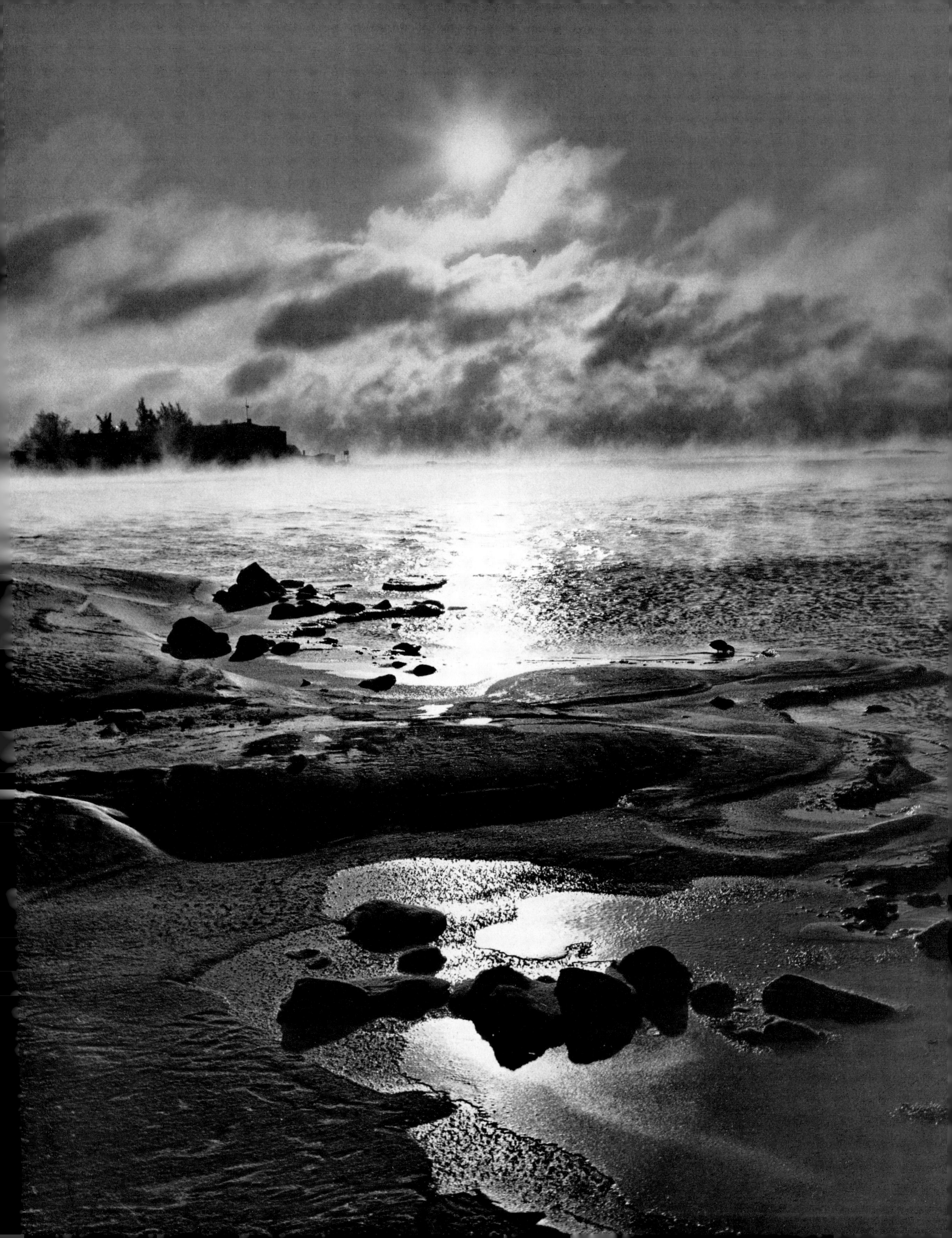

11

12

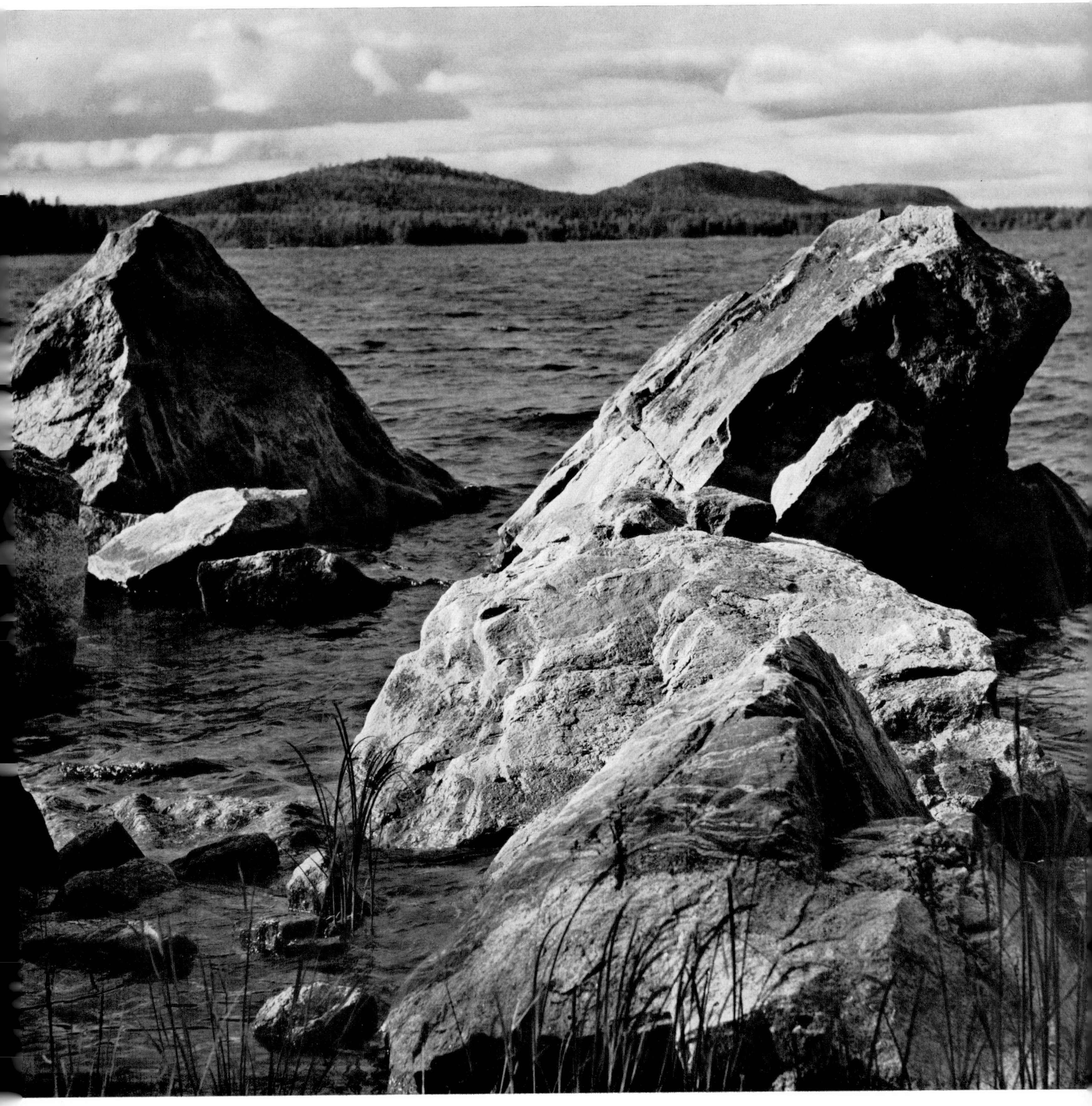

13 Herbst im Nuuksio-Gebiet, das 30 km von Helsinki
   entfernt ist und während aller Jahreszeiten ein beliebtes
   Erholungsgebiet der Grossstadtmenschen ist. Im Herbst
   sehen die Birkenkronen wie leuchtende, goldene
   Filigranarbeit aus.

14 Am Kilpisjärvi im nordwestlichsten Zipfel von
   Finnisch-Lappland an der norwegischen Grenze. Im
   Hintergrund der Saanaberg, der «Heilige Berg» der Lappen.
   Er ist ein typischer Tunturi und gehört mit seiner Höhe von
   1029 m ü. M. zu den höchsten Erhebungen Finnlands.

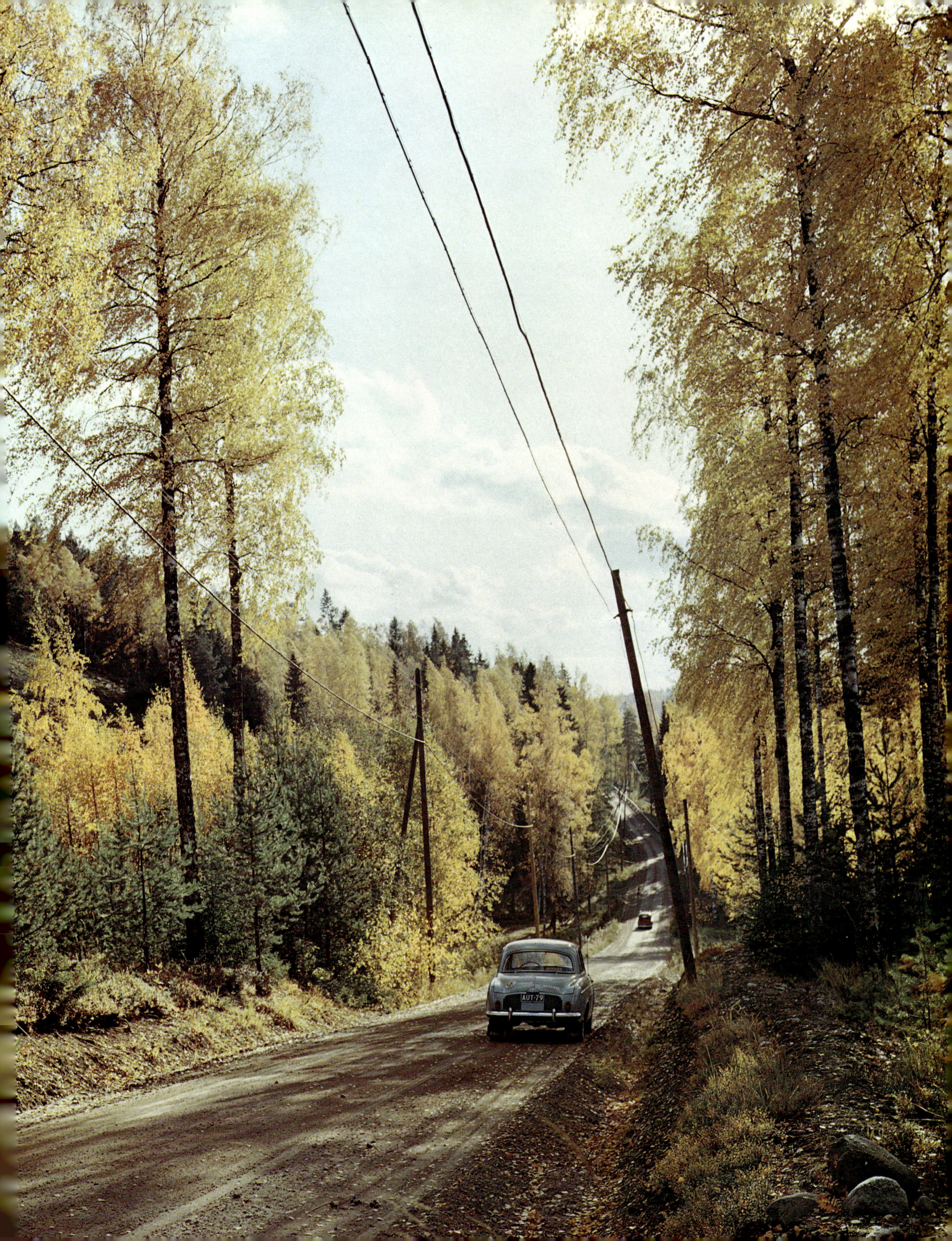
AUT-79

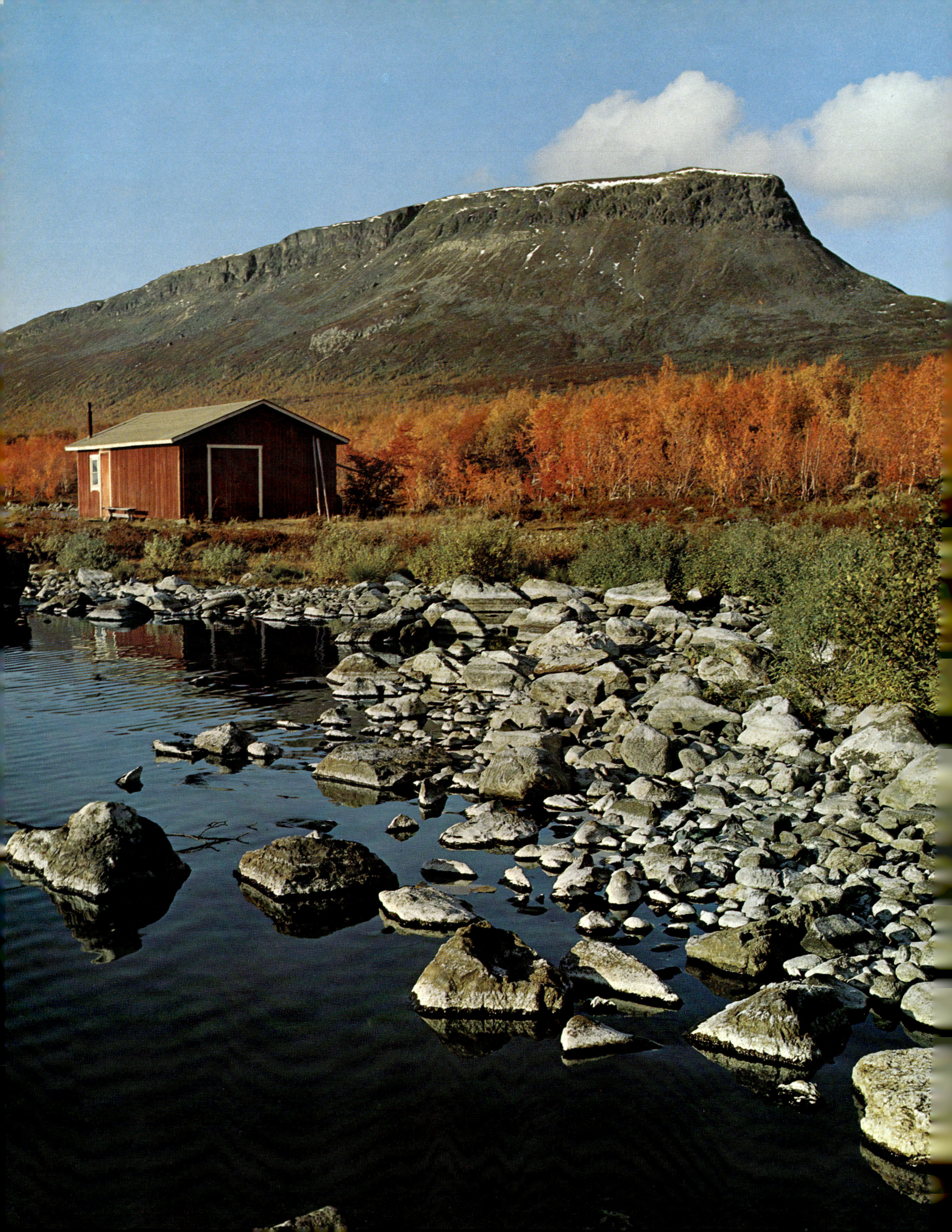

Finnlands Städte

Mehr als die Hälfte der finnischen Bevölkerung (1972: 55% = 2,53 Millionen) wohnt in Städten, deren es insgesamt 75 gibt. Zu den Städten werden in dieser Darstellung auch die Marktflecken gerechnet. Diese treten in Finnland seit dem 19. Jahrhundert in Erscheinung und sind auf Grund ihrer Einwohnerzahl, Grösse, Anlage und Funktion den eigentlichen Städten gleichzustellen.

Die Verstädterung

In Finnland entstanden die Städte vor allem im 20. Jahrhundert, also später als in vielen andern Ländern, in denen die Industrialisierung und der damit verbundene Verstädterungsprozess früher eingesetzt hatten. Im Jahre 1800 lebten 5,6 Prozent der Bevölkerung in den damals insgesamt 28 Städten. Zu Beginn unseres Jahrhunderts zählte man 41 Städte, und der Anteil der städtischen Bevölkerung betrug 12,5 Prozent. Seither sind nochmals so viele, also 41 Städte, gegründet worden. Zwei davon wurden inzwischen bereits von einer Nachbarstadt eingemeindet und zwei weitere liegen heute wie Viipuri, Sortavala und Käkisalmi in dem an die Sowjetunion abgetretenen Gebiet. Seit dem Zweiten Weltkrieg wurden nicht weniger als 17 neue Städte gegründet, und gegenwärtig planen einige Landgemeinden die Umwandlung zur Stadt. In Finnland gibt es wenig mittelalterliche Städte. Zu Beginn des 16. Jahrhunderts existierten nur Turku (gegründet im 14. Jahrhundert), Porvoo (1346), Pori (1365), Rauma (1442), Naantali (1443) und Viipuri. Das verstädterte Gebiet Finnlands ist in Wirklichkeit ausgedehnter als die Statistiken verzeichnen. Ausser den eigentlichen Städten gibt es nämlich noch über 1000 dicht besiedelte Ortschaften. Rund ein Drittel der Landbevölkerung wohnt in «Provinzflecken», welche nach Charakter und Erwerbsstruktur grösstenteils städtisch sind. Zu ihnen gehören 62 mit mehr als 2000 Einwohnern; die grössten zählen 5000 bis 10000 Bewohner.

Die Lage der Städte

Als ursprünglich wichtige Handels- und Hafenplätze liegen die meisten alten Städte am Meer. In unserem Jahrhundert hingegen wurden an den Küsten nur noch 2 Städte, nämlich Espoo und Karhula, gegründet, dagegen zahlreiche im Landesinnern. Von den finnischen

Binnenstädten stammen bloss vier aus dem 17. Jahrhundert, sie wurden hauptsächlich aus strategischen Überlegungen dort gebaut. Die meisten Städte im Innern wurden an Schlüsselpunkten des Binnenwasserverkehrs angelegt. Einige, vor allem Tampere, haben zudem Standorte mit günstigen Wasserkräften gewählt. Verschiedene Städte entstanden an Verkehrsknotenpunkten des Eisenbahnnetzes. Überdies hat auch die aufkommende Industrie zu Städtegründungen geführt. Da und dort bildeten sich Doppelstädte, zum Beispiel Tornio-Schwedisch-Haparanda, Hyvinkää-Riihimäki, Kotka-Karhula, Helsinki-Espoo. Bei einigen ist bald der formelle Zusammenschluss beziehungsweise die Eingemeindung zu erwarten.

Die Einwohnerzahl

In Finnland gibt es nur 4 Grossstädte (mit mehr als 100000 Einwohnern), nämlich Helsinki, die alte Hauptstadt Turku, die Industriestadt Tampere und Espoo; letzteres befindet sich bereits merklich im Sog des nahen Helsinki. Für finnische Verhältnisse müssen auch die 7 Städte mit mehr als 50000 Einwohnern als grosse Städte bezeichnet werden: Lahti, Oulu, Pori, Kuopio, Jyväskylä, Vaasa und Lappeenranta. Von diesen stehen mit über 80000 Einwohnern Lahti und Oulu an der Spitze. Bedeutend ist ferner die Doppelstadt Kotka-Karhula mit 58000 Einwohnern. Unter den vielen kleinen «wirklichen Städten» (mit weniger als 5000 Einwohnern) ist der Marktflecken Ikaalinen die kleinste (1967: 648 Einwohner). Als «echte Städte» gelten auch einige Zwergstädte an der Küste, die ihre besten Tage in der Epoche der Segelschiffahrt erlebt haben und seither in ihrer Entwicklung stehengeblieben sind. Interessant ist, dass dies die einzigen Siedlungen Finnlands sind, in denen die schwedischsprechende Bevölkerung bis auf den heutigen Tag die Majorität zu halten vermochte.

Die wichtigsten Städte	Gründungsjahr	Einwohnerzahl laut Schätzung am 1.1.1973
Helsinki	1550	507 654
Tampere	1779	162 838
Turku	im 14. Jh.	160 157
Espoo	1963	108 144
Lahti	1878	92 149
Oulu	1605	88 264
Pori	1365	78 076
Kuopio	1782	68 208
Jyväskylä	1837	59 552
Vaasa	1606	53 542
Lappeenranta	1649	51 659

Die Funktion der Städte

In den Städten wohnen rund 40 Prozent der erwerbstätigen Bevölkerung Finnlands. Die wichtigsten Erwerbszweige der Stadtbewohner sind Industrie und Baugewerbe mit einem Anteil von 45 Prozent, Dienstleistungen mit 23 und Handel mit 19 Prozent. Über die Hälfte der Bewohner mehrerer Städte findet ihr Auskommen in Erwerbszweigen des sekundären Sektors; in Valkeakoski, einem Zentrum der Papierindustrie in der Nähe von Tampere, sind es sogar 71, in Nokia 66, Kuusankoski 65, Karhula 62 und Imatra 61 Prozent. In Tampere sind mehr als die Hälfte der erwerbstätigen Bevölkerung in der Industrie und im Baugewerbe beschäftigt, in Turku 46 Prozent. In Helsinki dagegen verdanken 52 Prozent ihr Einkommen den tertiären Erwerbszweigen, vor allem dem Handel, dem Verkehr und den öffentlichen Diensten. Verhältnismässig gross ist der Anteil an den tertiären Erwerbszweigen auch in Turku (40 Prozent), Tampere (31), Oulu (47), Joensuu (46), Kotka (45), Kuopio (45) und Jyväskylä (41). Alle diese Städte sind bedeutende Handels- und Dienstleistungszentren ihrer Region. Nach einer neuen Untersuchung können 40 Städte Finnlands als städtische Zentren ländlicher Regionen bezeichnet werden. Verschiedene Städte vermögen ihre Stellung als zentrale Orte zufolge ihres zunehmenden Industriecharakters immer weniger zu behaupten. Einige Zwergstädte sind sogar auf Dorfniveau herabgesunken. Die Funktionen der städtischen Zentren ergeben in ihrer Gesamtheit ein sehr buntes Mosaik, das besonders in Südfinnland am vielseitigsten ist. Die dünnbesiedelten östlichen und nördlichen Regionen sind sehr weitläufig und ihre Zentren demzufolge verhältnismässig klein.

Einige Städte

HELSINKI. Helsinki ist etwas mehr als 400 Jahre alt und wurde 1812 Hauptstadt. Mit seiner ursprünglich ungünstigen Lage an der Mündung eines unbedeutenden Flusses entwickelte es sich anfänglich nur langsam. Die Verlegung der Stadt auf die felsige Landzunge am offenen Meer, die Befestigung, die Gründung einer Garnison sowie die Erhebung zur Hauptstadt ergaben nach und nach neue Wachstumsimpulse. Heute ist Helsinki mit Abstand die wichtigste und grösste Stadt des Landes und führendes Zentrum der Verwaltung, des kulturellen und wirtschaftlichen Lebens.

Der beschränkte Raum auf der stark gegliederten Landzunge, deren höchster Punkt 62 m über Meer liegt, und auf den umliegenden Inseln bedingt, dass Helsinki einerseits eine ungewöhnlich enge, andrerseits eine besonders reizvoll gelegene Stadt ist. Im Laufe der Zeit wuchs die Siedlung fächerartig entlang der Eisenbahnlinie und der Hauptstrassen ins Landesinnere hinein. Gleichzeitig hat sie sich längs der Küste und auf weiter entlegenen Inseln ausgebreitet, so dass ein starkes Gefühl der Meeresnähe erhalten geblieben ist. Die im Westen angrenzende Stadt Espoo (108 144 Einwohner) mit der «Gartenstadt» Tapiola bildet praktisch einen Teil von Gross-Helsinki. Hingegen ist die nördlich gelegene «Landsiedlung» von Helsinki bestrebt, eine selbständige Stadt zu werden, dadurch würde eine ausgedehnte «Dreier-Stadt» mit 726 km² Fläche und rund 700000 Einwohnern entstehen. In Helsinki gibt es keine alten Stadtteile mit schmalen Gassen. Das älteste Steinhaus stammt aus dem 18. Jahrhundert. Einige Quartiere der Innenstadt weisen trotzdem – verglichen mit den neuen, weiten Wohnsiedlungen – ein «historisches Gepräge» auf. Den Kern der Altstadt stellt das deutlich erkennbare Geschäftszentrum dar, das im Osten durch den monumentalen Senatsplatz mit dem Dom und den Gebäuden der Universität und des Staatsrates begrenzt ist. Nördlich des Zentrums erstreckt sich von der ehemaligen Meeresbucht Töölönlahti eine Grünzone landeinwärts. In ihr liegen verschiedene Sport- und Parkanlagen (zum Beispiel das Olympiastadion), weiter nordwärts setzt sie sich als herrliches Wandergebiet fort. Die verschiedenen Grünflächen, die insgesamt einen Drittel des Stadtgebietes umfassen, trennen auch die neuen Wohnsiedlungen voneinander und vom Industriegebiet.

Die Verkehrsprobleme sind zufolge der Halbinsel- und Insellage sehr kompliziert. Der Verkehrsfluss wurde durch den Bau von Ringstrassen erleichtert, und eine kurze Teilstrecke der geplanten Untergrundbahn ist fertiggestellt. Helsinkis Flughafen ist weitaus der wichtigste des Landes, sowohl für den Inland- wie für den internationalen Verkehr. Dank guter Flug- und Schiffsverbindungen kann Helsinki aus dem Ausland rasch und bequem erreicht werden. Es ist auch der beste Ausgangspunkt der Touristenrouten nach allen Teilen des Landes. Helsinkis führende Stellung als vielseitiges Industriezentrum, als Hafen- und Handelsplatz und als Importstadt ist unbestritten. Der Güterverkehr der Stadthäfen beträgt jährlich im Mittel 5–6 Millionen Tonnen.

Die Universität von Helsinki ist die älteste des Landes, sie wurde 1640 in Turku gegründet und 1828 nach Helsinki verlegt. Mit Bezug auf die Studentenzahl – 1969 waren es 22932 immatrikulierte Studenten – gehört sie zu den grössten Europas. Andere akademische Bildungsstätten sind die Technische Hochschule, 2 Handelshochschulen, die Veterinärmedizinische und die Pädagogische Hochschule. Zu den übrigen Lehranstalten mit Hochschulcharakter gehören u. a. die Militärakademie, die Kadettenschule und die Sibeliusakademie.

KUOPIO gehört zur Gruppe der mittelgrossen finnischen Städte. Diese typische Stadt der Finnischen Seenplatte erfreut sich einer sehr günstigen Lage auf der Landzunge am Kallavesi im Norden des Saimaa-Gewässers. Kuopio, als alter Handelsplatz bekannt, erhielt die Stadtrechte vor rund 200 Jahren und hat sich seither zu einem wichtigen Provinzzentrum entwickelt. Gleichzeitig wuchs es zu einer namhaften Industriesiedlung heran, deren Hauptzweig die Holzverarbeitung darstellt. Vom drehbaren Aussichtsturm auf dem 232 m hohen Hügel Puijo geniesst man einen grossartigen Rundblick über das ganze Stadtgebiet. Kuopio nimmt mit seinen guten Land-, Wasser- und Flugverbindungen eine Pionierstellung als Touristenstadt ein. Die Skiwettkämpfe an den Puijo-Hängen haben sich zu internationalen Sportereignissen entwickelt. Auch in kultureller Hinsicht gewinnt Kuopio stets an Ansehen und Bedeutung; 1972 wurde die Hochschule Kuopio gegründet.

KARHULA. Karhula wurde 1951 gegründet und zählt 21 999 Einwohner (1967). Es ist das Beispiel einer jungen finnischen Industriestadt. An der Einmündung des Kymiflusses in den Finnischen Meerbusen gelegen, hat es Karhula verstanden, nebst den Wasserfällen auch das weite Flössgebiet im seenreichen Hinterland zu nutzen. Jährlich passieren 10 bis 15 Millionen Baumstämme die Holzsortierungsstelle der Stadt. Dank ihren grossen, holzverarbeitenden, Metall- und Glasindustrien gehört Karhula heute zu den Schwerpunkten der finnischen Wirtschaft. Hier befinden sich die von Alvar Aalto im Jahre 1939 entworfene Sulfat-Zellstoff-Fabrik der Sunila Oy, die als die architektonisch schönste Industrieanlage Finnlands gerühmt wird, sowie Europas grösste Faserplattenfabrik, die Insulitfabrik der Enso-Gutzeit Oy. Ebenfalls internationalen Ruf geniessen die Betriebe der A. Ahlström Oy, darunter eine grosse Glashütte und eine Maschinenfabrik. Das rasche wirtschaftliche Wachstum hat Karhula und dessen Nachbarstadt Kotka, Finnlands wichtigsten Exporthafen und Industriestadt (1969 : 34 000 Einwohner), zu einer Siedlungseinheit zusammengefügt.

TAMPERE. Als Zar Alexander I. im Jahr 1819 Tampere besuchte, war es ein Dorf mit 800 Einwohnern und einer kleinen Papierfabrik, der ältesten des Landes. Mit klugem Weitblick erkannte der Monarch die günstigen Voraussetzungen dieses Standortes für eine Industriestadt. Von Nordwesten her kommt ein über 100 km langer Oszug, der den Näsijärvi staut, so dass dessen Wasserspiegel 18 m höher liegt als jener des Pyhäjärvi. Der Abfluss des Näsijärvi hat sich durch den Oszug durchgefressen und bildet die Stromschnellen Tammerkoski. Bessere Grundlagen für einen industriellen Aufschwung als in Tampere kann man sich in Finnland kaum vorstellen. Hier treffen sich der Landweg über den Oszug und die Wasserwege der Seen. Die Distanzen zu den Meerhäfen und wichtigen Verbrauchszentren Helsinki und Turku sind relativ kurz. Die Umgebung ist fruchtbar und waldreich, liefert also sowohl Nahrungsmittel wie auch den Rohstoff für die Holz- und Papierindustrie. Dazu kommt noch die Wasserkraft der Stromschnellen. Den Grundstock zur industriellen Entwicklung legte der Schotte James Finlayson. Er kam 1820 hierher und gründete 8 Jahre später eine Baumwollspinnerei. Zar Alexander I. verlieh Tampere das Recht einer Freistadt, alle Industrien auf Stadtgebiet durften ihre Maschinen und Rohstoffe zollfrei einführen. Diese Privilegien wurden erst 1905 aufgehoben. Der amerikanisch anmutende Aufstieg dieser Stadt zeigt sich deutlich in der Zunahme der Bevölkerung. 1819 zählte Tampere 800, 1880 14 000, 1910 45 000, 1925 52 000 und 1973 162 838 Einwohner. Beidseits des Tammerkoski entstanden Fabriken, die die Wasserrechte erwarben. Heute gibt es in Tampere neben zahlreichen Textilunternehmen auch mehrere Papier-, Schuh- und Maschinenfabriken.
Den besten Überblick über die Stadt geniesst man vom 120 m hohen Aussichtsturm Näsinneula. Von dort sieht man den Oszug, der die Wasserflächen des Pyhäjärvi und Näsijärvi trennt, die Stromschnellen, den Staudamm, ein Elektrizitätswerk und die Fabrikgebäude an beiden Ufern. Und man blickt über die freundliche Stadt, die trotz des schachbrettartigen Grundrisses nicht langweilig aussieht, weil die blauen, buchtenreichen Seen mit riesigen schwimmenden Holzlagern und viele Grünflächen für Abwechslung sorgen. Die zahlreichen Fabrikgebäude sind zum grossen Teil aus roten Backsteinen errich-

tet, und der Rauch ihrer rund 50 Hochkamine wird vom Südwestwind landeinwärts getragen. Östlich des Tammerkoski steht der Dom mit seinen beiden verschieden hohen Türmen. Er wurde von 1902 bis 1907 im nationalromantischen Stil erbaut. Mit seinen grauen Granitmauern macht er einen wuchtigen Eindruck. Ein krasser Gegensatz zu diesem Bauwerk ist das von Reima Pietilä entworfene, 1966 erbaute Gotteshaus im neuen Stadtteil Kaleva, ein Beispiel des modernen finnischen Kirchenbaues. Tampere ist auch ein aufstrebendes Kulturzentrum. Neben verschiedenen höheren Schulen gibt es seit 1966 auch eine Universität, die nach der Zahl der Studierenden bereits an fünfter Stelle unter den finnischen Hochschulen steht. Berühmt ist das Sommertheater inmitten einer herrlichen Waldlandschaft mit der ersten drehbaren Zuschauertribüne der Welt.

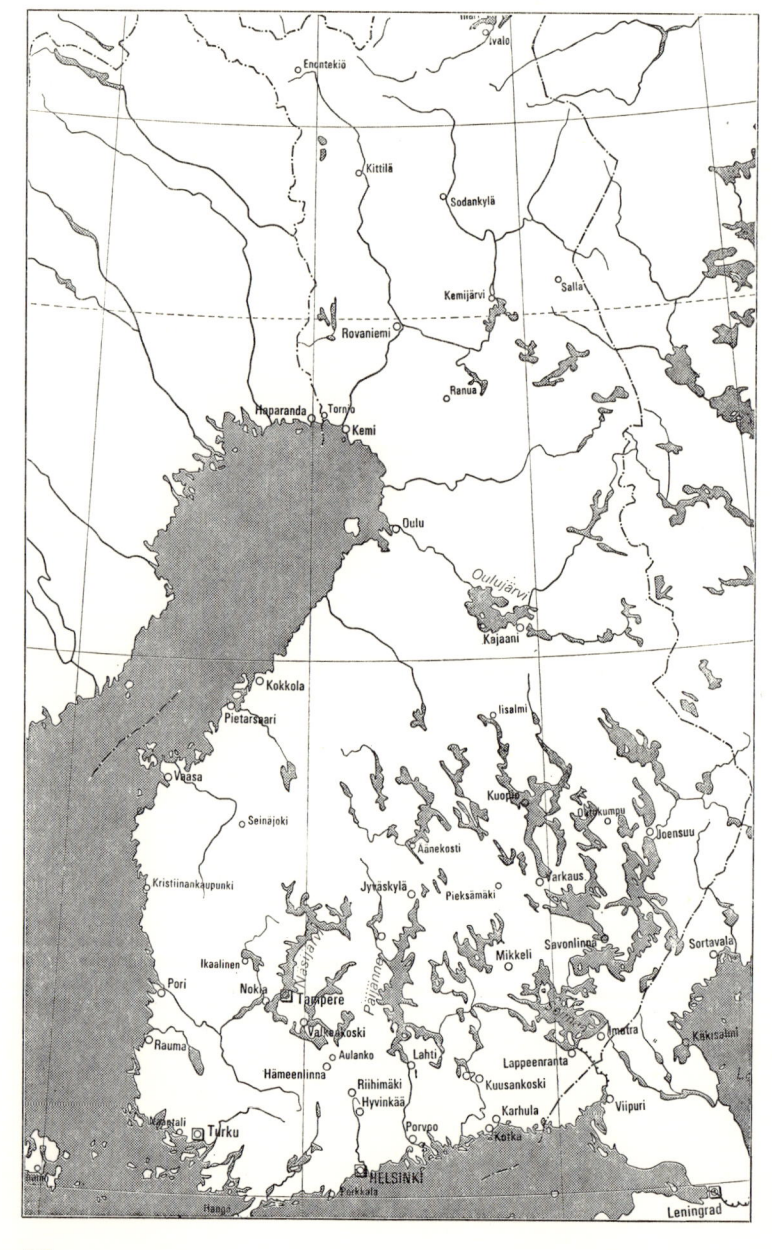

Die wichtigsten Städte und Orte Finnlands

Forstwirtschaft

Finnland gehört zu den wichtigsten Forstwirtschaftsländern der Erde, und das «grüne Gold» bildet die Hauptgrundlage der finnischen Volkswirtschaft. Laut der neuesten Bestandesaufnahme umfasst der Wald 21,7 Millionen Hektaren oder 71 Prozent der Gesamtfläche des Landes. Der ab und zu verwendete Ausdruck «Waldmeer» ist daher berechtigt, vor allem, wenn man überlegt, dass die finnischen Wälder ein grösseres Gebiet einnehmen als die Ostsee.

Die Naturbedingungen der Forstwirtschaft

Die Grösse und Bedeutung unserer Wälder wird unterstrichen, wenn man an die geringe Bevölkerungsdichte des Landes denkt (1970: 14 Einwohner je km²). Im Verhältnis zur Einwohnerzahl weist Finnland den grössten Waldbestand auf. Der Waldreichtum bildet die primäre Voraussetzung für eine blühende Forstwirtschaft; in Finnland aber bestehen zudem noch weitere günstige Faktoren. Erstens herrscht im grössten Teil des Landes ein Klima, in dem der Wald gut gedeiht. Einzig der hohe Norden bildet in dieser Beziehung eine Ausnahme. Zweitens eignen sich weite Regionen, die für den Ackerbau unbrauchbar sind, besonders gut als Waldland. Und drittens hat das flache Relief, trotz der Vermoorungsgefahr, mancherlei Vorteile für die Waldwirtschaft.

Auch die Transportverhältnisse sind sehr zweckdienlich. Während der strengen Winterszeit ebnet der Schnee den hartvereisten, holprigen Boden aus, so dass der Holznahtransport auf guten Winterwegen erfolgen kann. Als Ferntransportnetz dient weitgehend das ausgedehnte Binnengewässer-Labyrinth mit seinen Flüssen und Seen. Da die meisten Gewässer der Ostseeküste zustreben, kann das Holz direkt zu den dort gelegenen Exporthäfen und holzverarbeitenden Fabriken geflösst werden.

Die nordische Nadelwaldzone – besonders der finnische Anteil – weist verhältnismässig wenig Baumarten auf. Die hauptsächlichsten sind die Kiefer (46 Prozent des Gesamtbestandes) und die Fichte (36 Prozent), beide eignen sich mit ihrem langfaserigen Holz vorzüglich als Rohstoff für die holzverarbeitende Industrie. Der wichtigste Laubbaum ist die Birke (16 Prozent), welche ebenfalls wertvolles Holz liefert.

Der Holzvorrat der Wälder

Der gesamte Holzvorrat der Wälder Suomis wird auf etwa 1450 Millionen Kubikmeter geschätzt. Diese Menge würde, auf einen Meter Breite und einen Meter Höhe kompakt gestapelt, sechzigmal den Äquator umspannen. Die durchschnittliche Vorratsmenge je Hektare Wald beträgt 68 m³, dabei sind die Unterschiede von Gebiet zu Gebiet beträchtlich. In der Seenplatte beläuft sie sich auf 100 m³ je Hektare, in Nordfinnland dagegen nur auf 40. Die räumliche Verteilung ist vorteilhaft, weil die reichsten Reserven an den leistungsfähigsten Wasserwegen liegen. Die mittlere Jahreswuchsleistung wird auf 2,2 m³ je Hektare geschätzt, in Südfinnland auf 3,3 und in Nordfinnland auf 1,0. Der jährliche Zuwachs beträgt 43 Millionen Kubikmeter, daran hat allein Südfinnland einen Anteil von über 75 Prozent. Mehr als die Hälfte des Holzertrages stammt aus dem Gebiet der drei südlichen Seensysteme Kokemäenjoki, Kymi und Vuoksi. Dem oben erwähnten Jahreszuwachs von 43 Millionen Kubikmeter steht in der letzten Zeit ein jährlicher Ausschlag von 50 Millionen Kubikmeter gegenüber. Davon entfallen rund 10 Prozent auf Verluste, wie zum Beispiel durch Krankheiten, Schädlinge, Brände und Überalterung. Es werden heute grosse Anstrengungen unternommen, um das Gleichgewicht zwischen Vorratsvermehrung und -abnahme herzustellen.

Die Arbeitskraft

Überraschend gering ist die Zahl der in der Forstwirtschaft beschäftigten Personen. Sie beträgt heute nur noch 4 – 5 Prozent der erwerbstätigen Bevölkerung Finnlands. Dies erklärt sich zum Teil damit, dass in Finnland die Waldwirtschaft in hohem Masse als Nebenerwerb der Landwirtschaft betrieben wird. Viele Landwirte und Landarbeiter finden während des Winters willkommene Beschäftigung im Wald, so dass sich die Land- und Forstwirtschaft hier sehr gut ergänzen. Allerdings mangelt es in den letzten Jahren während der Winterszeit ein wenig an Arbeitskräften. Durch verstärkte Mechanisierung, besseres Schulen des Forstpersonals und durch Verbesserung der Arbeitsbedingungen will man diesen Mangel beheben.

Besitzverhältnisse und Forstkultur

Mehr als die Hälfte der Wälder Finnlands, nämlich 60 Prozent, sind Privatbesitz, 32 Prozent sind staatlich, und die restlichen 8 Prozent gehören Körperschaften, Gemeinden und Kirchspielen. Im allgemeinen haben die privaten Wälder, welche vorwiegend Bauern gehören, eine vorteilhaftere Lage als die staatlichen, da sich letztere zum grossen Teil in Nordfinnland und in den kargen Randgebieten des Südens befinden. Die Forstgesetzgebung hat unter anderem das Ziel, Waldverwüstungen und Verminderung des Waldareals zu verhindern. Die staatlichen und privaten Wälder sind in Forstreviere und Kreise aufgeteilt. Nach Ansicht der Fachleute könnte die Nutzung und Pflege der privaten Forstkulturen noch wesentlich verbessert werden. Ein bedeutendes Anliegen ist das Schulen des Forstpersonals. Seit 1909 werden an den Universitäten Forstingenieure ausgebildet. Sieben staatliche und zwei private Forstschulen bilden Forsttechniker aus, zudem werden zahlreiche Kurse für Waldarbeiter durchgeführt.

Holztransport und -verwertung

Das Flössen ist eindeutig die billigste Art des Holztransportes, doch stehen naturgemäss nicht überall Wasserwege zur Verfügung, und einen Teil des Ferntransportes müssen Lastwagen und Eisenbahn übernehmen. Zur Zeit erfolgt der Holztransport zu etwa 50 Prozent auf dem Wasser, die andere Hälfte mit dem Lastauto und mit der Bahn. Sollte das Projekt für den Ausbau der Wasserwege zum Bundflössen verwirklicht werden, dann wird diese Transportart in Zukunft wieder die Hauptrolle spielen.
Der Holzeinschlag für Handelszwecke betrug im Jahre 1971 36,3 Millionen Kubikmeter; der grösste Teil wird als Rohstoff für die Industrie verwendet. Die wichtigsten Exportprodukte der holzverarbeitenden Industrie sind Papier, Schnittholz, Papiermasse, Rundholz und Sperrholz sowie vorfabrizierte Holzhäuser. Dazu kommt noch der Holzverbrauch in ländlichen Haushaltungen, der statistisch schwer zu erfassen ist, da die meisten Bauern gleichzeitig auch Forstwirtschaft betreiben.

Die holzverarbeitende Industrie

Die holzverarbeitende Industrie, deren Anteil ungefähr einen Fünftel (1967) der gesamten Bruttoproduktion der finnischen Industrie ausmacht, gliedert sich in 2 Hauptzweige: die Holz- und die Papierindustrie. Zu ihr gehören in erster Linie die für Finnland typischsten Unternehmen, die Sägewerke. Mit ihnen stehen meist Hobelwerke in Verbindung. Neben kleinen und mittleren Sägereien gibt es, vor allem an den Mündungen der grossen Flüsse, einige Grosssägewerke, wie zum Beispiel diejenigen von Pori, Kemi, Oulu und im Kymital. In Zusammenhang mit den reichen Birkenvorkommen hat sich in Mittel- und Ostfinnland eine blühende Sperrholzindustrie entwickelt; heute gehört Suomi zu den wichtigsten Sperrholzproduzenten der Welt. Von zunehmender Bedeutung ist auch die Produktion von Spanplatten, Möbeln (besonders die Möbelindustrie von Lahti), fertigen Holzhäusern und Schiffen. Über 400 grössere Möbel- und Bauschreinereien beschäftigten 1967 insgesamt 12000 Personen.
Die Papierindustrie umfasst weniger Betriebe (1967: 207) als die Holzindustrie, beschäftigt jedoch mehr Leute (1967: 43 500). Sie gliedert sich in die Zellulose-, die eigentliche Papier- und die Papierveredelungsindustrie. Das Hauptzentrum der Sulfat- und Sulfit-Zellstoff-

betriebe ist das Kymital in Südostfinnland. Es gibt indessen auch an andern Orten, zum Beispiel in Oulu und Kemi, wichtige Zentren. Die eigentliche Papierindustrie hat sich weitgehend mit der Zelluloseindustrie verbunden und oft auch dieselben Standorte gewählt. Hauptprodukte sind Karton, Zeitungs- und Kraftpapier sowie die durch diesen Industriezweig hergestellten Faserplatten.

Der Export der Produkte der Forstwirtschaft

Der Export von Rohholz und von Erzeugnissen der Holz- und Papierindustrie bildet seit jeher die Hauptstütze der Wirtschaft Finnlands. Der Exportwert betrug 1967 für Rohholz und Erzeugnisse der Holzindustrie 920 Millionen Finnmark, das sind 17,6 Prozent des gesamten Exportwertes; für Holzschliff, Zellstoff sowie die Produkte der eigentlichen Papierindustrie 2384 Millionen Finnmark (45,6 Prozent). Beachtenswert ist, dass das Rohholz nach dem Zweiten Weltkrieg den ersten Platz als Exportgut an die Produkte der Papierindustrie abtreten musste.

In Finnland düngt man Wälder
(«finnfacts» vom 18. April 1968)

Die Walddüngung in Finnland hat in den letzten Jahren grosse Fortschritte gemacht. Einer der führenden Experten auf diesem Gebiet, Prof. Dr. P. J. Viro, Helsinki, berichtet, dass die in Finnland gedüngte Waldfläche seit einiger Zeit Jahr für Jahr verdoppelt werden konnte. So wurden 1967 schon rund 100 000 ha (davon 80 Prozent Moorgebiete) gedüngt. Bis 1975 liesse sich die Fläche auf 1 Million Hektaren erweitern. Allerdings könne man nur bei einem Minimumbestand von 100 m³ Holz auf einer Hektare durch Düngung gute Resultate erzielen. Die Holzproduktion liesse sich durch Düngung um 10 Millionen Kubikmeter im Jahr vermehren. Nach Ansicht von Prof. Viro hat Finnland auf dem Gebiet der Walddüngung eine führende Stellung in der Welt.

Verwendung des Holzes in Prozenten

Rohstoffe für Industrie	64
Verbrauch in ländlichen Haushaltungen	26
Export von Rundholz	5
Brennholz für die Industrie	2
Brennstoff für den Verkehr	1
Andere Gruppen	2

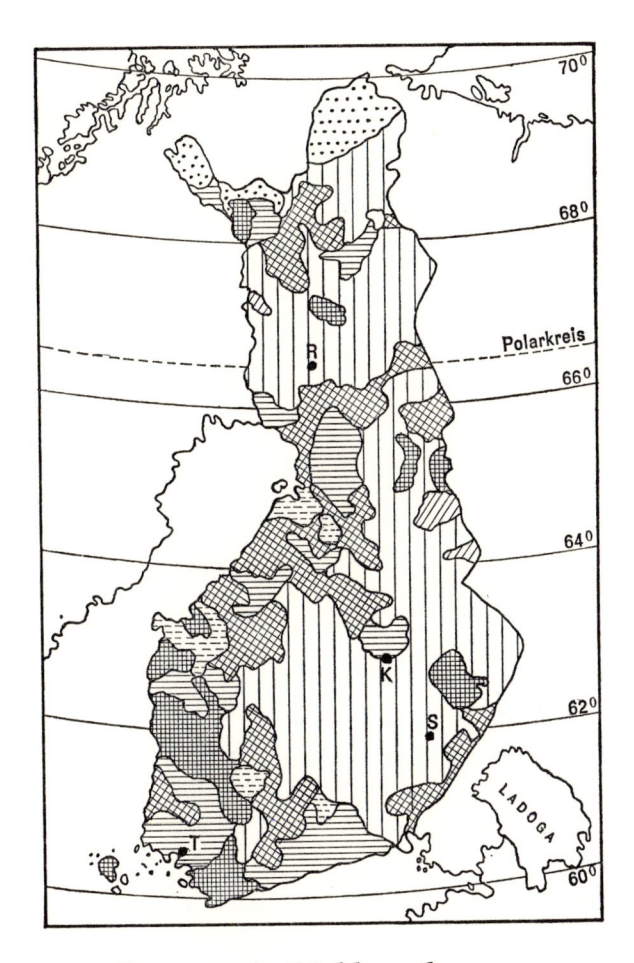

Prozentualer Waldanteil

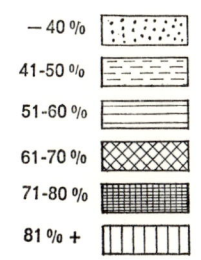

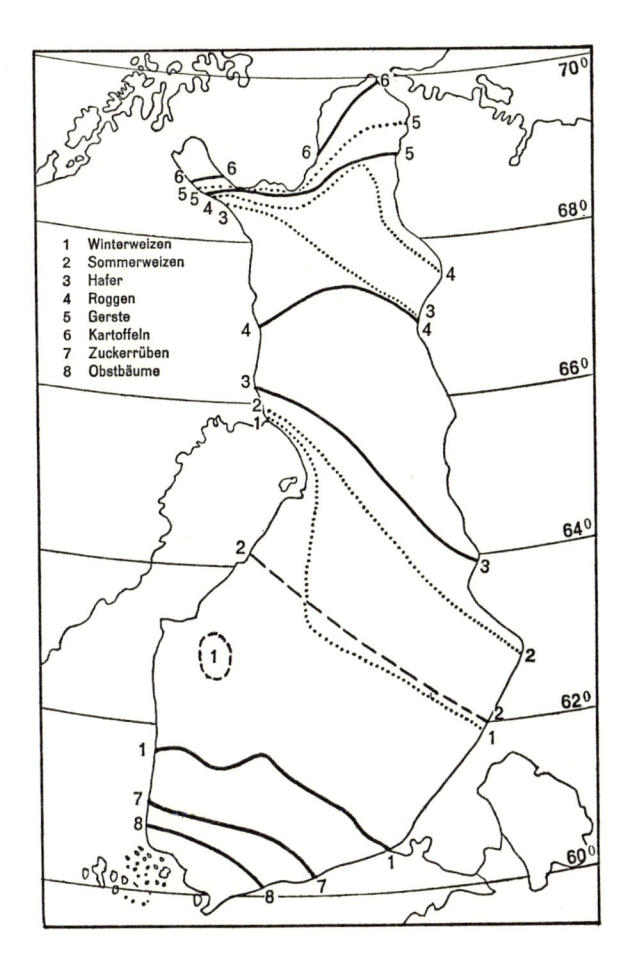

Nördliche Anbaugrenzen einiger Kulturpflanzen

1 Winterweizen
2 Sommerweizen
3 Hafer
4 Roggen
5 Gerste
6 Kartoffeln
7 Zuckerrüben
8 Obstbäume

- −40 %
- 41-50 %
- 51-60 %
- 61-70 %
- 71-80 %
- 81 % +

—— Nordgrenze des allgemeinen Hauptanbaus

--- Nordgrenze des Anbaus auf grösseren Flächen

……… Nordgrenze des Anbaus auf vereinzelten, meist kleinen Flächen

Holzflössen

Im Winter, wenn alle Seen zugefroren sind und sich über das ganze Land eine Schneedecke legt, wechseln viele Bauern ihren Beruf – sie werden Waldarbeiter. In den scheinbar unberührten Wäldern heulen Motorsägen auf, und unzählige Bäume fallen krachend zu Boden. Die Äste und häufig auch die Rinde werden entfernt – bald liegen die Stämme zum Abtransport bereit. Starke Traktoren, nur noch selten Pferde, schleifen sie auf den Winterwegen zu den Seen und Flüssen. Wenn die Macht des Winters gebrochen ist, wenn sich kleine und grosse Bächlein zu reissenden Strömen vereinen, wenn die Eisschollen flussabwärts treiben und in den Stromschnellen zerbersten – dann beginnt die Zeit des Flössens.
Die ursprünglichste Art ist das Wildflössen. Die Stämme werden auf ihrer Fahrt sich selbst überlassen. Scheinbar herrenlos treiben sie einzeln oder in Gruppen langsam – über die Schnellen in raschem Tempo und ausser Rand und Band – stromabwärts. Plötzlich stauen sie sich zu einem Riesenknäuel, drohen mit gewaltiger Wucht loszuschiessen und irgendwo Unheil anzurichten. Doch um das zu verhüten, sind die Flösser da. Überall dort, wo Gefahr lauert, wo das Holz Brücken oder Wehre beschädigen könnte, stehen diese starken, wagemutigen Männer mit langen Stangen bereit. Mit erstaunlicher Fertigkeit entwirren sie das Durcheinander und leiten die Stämme in die richtige Bahn. Gewandt setzen sie über das Wasser auf das schwimmende Holz, springen von Stamm zu Stamm und verrichten ihre ordnende Arbeit, ihr lautes Rufen übertönt das tosende Wasser.
Weniger aufregend sind die Holztransporte auf den Seen: zuvorderst ein kleiner Schleppdampfer; man traut ihm kaum zu, dass er das hinter ihm folgende Riesenfloss zu ziehen vermag. Etwa 80 bis 100 Baumstämme sind mit Ketten zu einem Teilfloss zusammengebunden; 8 bis 10 solcher Riesenbündel machen die Breite, zirka 50 die Länge des ganzen Transportes aus. Das ergibt total 400 bis 500 Teilflösse oder rund 50000 Baumstämme. Verteilt auf verschiedene Posten dieser schwimmenden Inseln, stehen Männer und helfen mit langen Stangen mit, das Mammutfloss zu lenken, das ganz langsam über das Wasser gleitet. Nach oft langer und abenteuerlicher Reise erreichen die Stämme die Sortieranlagen und endlich das Sägewerk. Dort werden sie vorerst auf dem Wasser gelagert, dann gelangen sie über eine Fördereinrichtung zu automatischen Sägemaschinen. Es gibt Betriebe, die von den dünnsten Brettern bis zu den schwersten Balken alles zuschneiden. Bretter und Balken werden dann im Freien oder in Trockenräumen zu kubischen Stapeln aufgeschichtet. Mannigfaltig sind die Produkte der holzverarbeitenden Industrie: Brennholz zum Kochen und Heizen und für Schiffe, Grubenholz, Bauholz, Fertighäuser, Sperrholz, Spanplatten, Spulen für Spinnereien, Zündhölzer, Holzschliff, Zellulose, Pappe, Karton, Papier und Kunstfasern.

Landwirtschaft

Finnland gehört zu den nördlichsten Ländern der Erde, in denen noch Landwirtschaft betrieben wird. Kein anderes Land besitzt im Verhältnis zum Gesamtareal in denselben Breitenlagen eine derart grosse Landwirtschaftsfläche wie Suomi. Im Norden dauert die Wachstumsperiode nur ungefähr 150, im Süden dagegen rund 220 Tage. Als Wachstumsperiode bezeichnet man in Finnland die Zeit zwischen dem Beginn der Frühjahrsarbeiten und der Beendigung des Pflügens im Herbst. Finnland wird nicht selten von Missernten heimgesucht. Besonders die Fröste im Frühjahr und Sommer verursachen in den Obst- und Gemüsekulturen oft grosse Schäden. Die Herbstfröste gefährden die Feldfrüchte, vor allem die Kartoffeln, aber auch das Sommergetreide. Überdurchschnittlich gross ist die Frostgefahr im flachen westlichen Küstengebiet Mittelfinnlands, im Landesinnern ist sie hingegen relativ gering, da dort die vielen Seen eine ausgleichende Wirkung auf die Temperaturen ausüben.

Die landwirtschaftliche Bevölkerung Finnlands wird auf 1 120 000 Personen geschätzt, das sind rund 25 Prozent der Gesamtbevölkerung. Hierbei ist zu betonen, dass in dieser Zahl auch Personen inbegriffen sind, die ihr Haupteinkommen der Forstwirtschaft und Fischerei verdanken, für die also die Landwirtschaft nur einen Nebenerwerb darstellt. An der landwirtschaftlichen Bevölkerung haben die selbständigen Bauern den grössten Anteil. Auf 2,86 Millionen Hektaren Acker- und Weideland wirtschafteten 1969 nahezu 24 000 selbständige Bauern und noch 100 000 Nebenerwerbssiedler mit Landstücken bis zu 2 Hektaren Acker. Trotz der relativ grossen Zahl der Bauern erbringt die Landwirtschaft nur ungefähr 10 Prozent des Nettovolkseinkommens. In normalen Erntejahren kann sich Finnland praktisch selbst versorgen. Allerdings besteht ein Überschuss an Milch und Eiern, während die Zuckererzeugung nicht genügt. Im Betriebsjahr 1965/66 deckte die Landwirtschaft 96 Prozent des Landesbedarfs an Brotgetreide, und die Milchproduktion überstieg den Eigenverbrauch sogar um 21 Prozent. Die gesamte landwirtschaftliche Produktion ist während der fünfziger Jahre indessen nur um 2 Prozent angestiegen.

Finnlands Areal ohne Seen umfasst 30,5 Millionen Hektaren. Davon sind nur 9 Prozent oder 2,86 Millionen Hektaren Äcker und Weideland, dagegen 71 Prozent oder 21,7 Millionen Hektaren Wald, welcher für die meisten Bauern eine wichtige Rolle spielt. Die Hauptgebiete des Ackerbaus liegen in Südfinnland und in der südwestlichen Landschaft Süd-Österbotten. Im Nordosten dagegen kommt Ackerbau nur noch spärlich vor; immerhin findet man noch weit über den Polarkreis hinaus vereinzelte Hafer-, Roggen-, Gersten- und Kartoffelfelder.

1969 zählte man rund 240 000 selbständige Bauern und etwa 100 000 Bauern im Nebenerwerb, letztere mit bis zu 2 ha Ackerland. 2–10 ha Ackerland bearbeiten 173 000 Bauern, 10–20 ha 60 000, 20–50 ha 28 000 und mehr als 50 ha 19 000. Die mittlere Ackerfläche eines finnischen Hofes umfasst 9 ha, die mittlere Waldfläche dagegen 34 ha. In Nord- und Südfinnland gibt es beispielsweise Bauern, die nur wenig Ackerboden, dafür jedoch imponierende Waldflächen bewirtschaften. Bauern, die weniger als 10 ha Ackerland besitzen, beziehen im Mittel 60 Prozent ihres Einkommens aus der Land-, 15 Prozent aus der Waldwirtschaft und 25 Prozent aus andern Beschäftigungen. Bei Grossbetrieben beträgt der Anteil der Nebenverdienste nur 10 Prozent. Die verschiedenartigen Naturgrundlagen der einzelnen Regionen bedingen grosse Unterschiede im Pflanzenbau. Zwischen den Betrieben in Südfinnland, die hauptsächlich auf Brotgetreide und Zuckerrübenanbau eingestellt sind, und jenen am Polarkreis, die praktisch nur noch Grasbau betreiben, bestehen eine Reihe von Übergangsformen. In Süd- und Mittelfinnland dominiert die Fruchtfolge von Getreide und Klee-Timothee(Lieschgras-) Gemisch unter Einbeziehung von Hackfrüchten, Kartoffeln und Brache. Je weiter man nach Norden kommt, desto umfangreicher ist der Anteil des Grasbaus im Fruchtwechsel. In Nordfinnland umfasst dieser 80 Prozent der Anbaufläche. Nur ungefähr 13 Prozent des Ackerlandes wird mit Brotgetreide (Roggen, Weizen) bepflanzt. Das übrige Areal dient dem Anbau von Futterpflanzen. Die Gerste, deren Anbaufläche mehr als doppelt so gross ist wie diejenige des Brotgetreides, wird hauptsächlich als Viehfutter und nur zum kleinen Teil für die menschliche Ernährung verwendet. Die Hektarerträge sind von Region zu Region verschieden. Im Südwesten rechnet man bei normalen Ernten durchschnittlich mit 1800 Ernteeinheiten je Hektare (1 Ernteeinheit entspricht dem Nährwert von 4 kg Gerste). Die Bauern Lapplands müssen sich mit 1400 Einheiten begnügen. Für das ganze Land wird der durchschnittliche Hektarertrag auf 1600 bis 1700 Ernteeinheiten geschätzt. Die Steigerung der Pflanzenproduktion hängt zu einem wesentlichen Teil von der zweckmässigen Verwendung von Kunstdünger ab. Diesem Problem wird heute allgemein grosse Aufmerksamkeit geschenkt. In den letzten Jahren wurde die Mechanisierung der Landwirtschaft wesentlich beschleunigt. Besonders stark angestiegen ist die Anzahl der landwirtschaftlichen Traktoren, nämlich von 6000 im Jahre 1950 auf 150 000 im Jahre 1969. Die Zahl der Mähdrescher beträgt heute 23 000. Die Traktoren bewältigen gegenwärtig mehr als 90 Prozent der Bodenbearbeitung, die Mähdrescher die Hälfte der Ernte- und Drescharbeiten.

Leider wird der Drainage noch viel zu wenig Aufmerksamkeit geschenkt. Die offenen Gräben, die für viele Felder charakteristisch sind, hemmen die Mechanisierung beträchtlich. Obwohl der Staat die Drainage durch Auszahlung von Prämien und Gewährung von Anleihen fördert, sind bis heute erst ca. 20 Prozent aller Felder drainiert. Da insgesamt 60 Prozent der gesamten Ackerfläche drainiert werden sollte, muss noch eine Riesenarbeit geleistet werden, bis alle offenen Gräben verschwunden sind. In letzter Zeit werden jährlich ungefähr 35 000 ha drainiert.

Trotz den Fortschritten in der Pflanzenzucht, der Vergrösserung des Maschinenparks, der zweckmässigen Kunstdüngung und besseren Arbeitsmethoden ist in den letzten 20 Jahren nur eine minimale Steigerung der Hektarerträge erzielt worden. Verschiedene Untersuchungen wurden durchgeführt, um die Gründe dieses geringen Erfolgs zu ermitteln. So hat man festgestellt, dass das Wetter, vor allem die Temperaturen, in der fraglichen Zeit ungünstiger war als beispielsweise in den dreissiger Jahren. Möglicherweise eignen sich freilich die Pflanzen für den modernen Mähdreschbetrieb zu wenig, und die schweren Maschinen verringern die Bodenqualität. Einzig die Graskulturen weisen eine merkliche Steigerung der Ernte auf.

Die wichtigste Einnahmequelle der Bauern ist seit jeher die Viehwirtschaft. Ihr verdanken sie drei Viertel ihrer Einnahmen. Der Tierhaltung wird aus klimatischen Gründen viel weniger Schranken auferlegt als dem Getreidebau, und zudem eignen sich die vielen Kleinbetriebe für die Viehwirtschaft besser als für den Ackerbau. Der wichtigste Zweig ist die Milchwirtschaft; sie erbringt den Bauern rund die Hälfte des Verdienstes. Die Zahl der Milchkühe beträgt 1,14 Millionen und der durchschnittliche jährliche Milchertrag von einer Kuh 3400 kg. Auf vielen kleinen Höfen ist die Betreuung des Viehs Aufgabe der Bauersfrau und der Töchter. 70 Prozent der Gutsbetriebe haben nur vier oder weniger Kühe. In Finnland werden 2 Rinderrassen, die finnische und die Ayrshirer Rasse, gezüchtet. In den letzten Jahren interessieren sich manche Bauern auch für das Niederungsvieh, das aus Schweden importiert wird. 50 Prozent des Rindviehbestandes gehören der finnischen, 45 der Ayrshirer Rasse und 5 Prozent Mischrassen an. Neuerdings kommt dem Export von Zuchttieren eine gewisse Bedeutung zu. Die künstliche Besamung der Kühe wurde erst im Jahre 1947 eingeführt. Sie fand bald das Interesse vieler Bauern; heute sind über 70 Prozent der Viehhalter Mitglieder von Genossenschaften für künstliche Besamung. Der Fortschritt auf dem Gebiet der Rinderhaltung ist einerseits der besseren Pflege und Fütterung, anderseits dem erhöhten Interesse für die Zucht und schliesslich dem auf genossenschaftlicher Basis gut organisierten Handel mit tierischen Erzeugnissen zurückzuführen. Die durchschnittliche Milchproduktion der kontrollierten Kuhbestände – das sind 30 Prozent aller Kühe – ist während der letzten 10 Jahre um 1000 kg je Kuh gestiegen. Sie beträgt heute 4200 kg Milch mit einem Fettgehalt von 4,6 Prozent.

Die meisten Pferde Finnlands – es handelt sich dabei vorwiegend um Arbeitspferde – gehören der finnischen Rasse an. Der Pferdebestand ist in den letzten 20 Jahren als Folge der Motorisierung von 300 000 auf 74 000 zurückgegangen.

Die Produktion von Schweinefleisch genügt gegenwärtig dem Bedarf des Landes. Es werden 2 Schweinerassen gezüchtet, die Yorkshire (die grosse englische Rasse) und eine veredelte finnische Landrasse. Wie die Schweinezucht, so ist auch die Hühnerhaltung stark konjunkturbedingt. Letztere bildet für viele Kleinbauern eine wichtige Einnahmequelle. Dank sorgfältiger Pflege und gut eingerichteter Ställe ist die Eierproduktion auch im Winter sehr gross. Die Zahl der Hühner ist in den letzten 30 Jahren von 2,5 Millionen auf 4 Millionen angestiegen.

Finnlands Klima ist genügend kalt und trocken, um eine lohnende Pelztierzucht zu gewährleisten. 1965 zählte man rund 3000 Nerzfarmen mit 850 000 Tieren. 97 Prozent der Pelze im Werte von 80 Millionen Finnmark wurden exportiert. 1966 erhöhte sich der Bestand auf die bisherige Rekordzahl von 2 100 000 Nerzen. Diese Tiere brauchen im Jahr 140 Millionen Kilogramm Futter; man ist gezwungen, 55 Millionen Kilogramm Rohfutter einzuführen. In Österbotten befindet sich die grösste Nerzfarm der Welt, die Keppo AG, mit einer Jahresproduktion von 250 000 Fellen. Seit jeher ist das Ren die Existenzgrundlage der Lappen. Die Rentiere, deren Zahl auf 80 000 geschätzt wird, sind auch heute noch von grosser Bedeutung für die Bewohner nördlich des Polarkreises.

Ein Vergleich zeigt, dass die Ertragssteigerung bei der Viehhaltung bedeutend grösser ist als bei der Pflanzenproduktion. Dies ist offenbar dadurch zu begründen, dass die Tierhaltung weniger stark von der Witterung und der Bodenbeschaffenheit abhängig ist als der Pflanzenbau. In der Viehwirtschaft verfügt der Bauer über mehr Möglichkeiten, die Produktion zu beeinflussen.

Wie in andern Ländern mit stark anwachsender Industrie erfolgt auch in Finnland eine immer engere Bindung der Landwirtschaft an die Lebensmittelindustrie. Bereits werden gewisse Nutzpflanzen auf Grund von Kontrakten mit landwirtschaftseigenen oder selbständigen Lebensmittelfabriken angebaut. Vor allem in Südfinnland, wo viele Bauern ihre Rinderbestände aufgeben, entstehen neue Betriebsformen. Da man dort im Zusammenhang mit dem Fruchtwechsel nicht ganz auf den Grasanbau verzichten kann, wird auf den Höfen ohne Tierhaltung das Gras zu Heumehl verarbeitet. Das grösste Problem der finnischen Landwirtschaft bilden die vielen kleinen Höfe. Seit 1969 offeriert der Staat den Kleinbauern folgende Möglichkeit: Wer sich verpflichtet, seinen Betrieb für einige Jahre stillzulegen, bekommt pro Hektare Ackerland eine Prämie, mit der er – ohne Arbeit – leben kann. Diese Gelegenheit nahmen viele alte Bauern wahr; bis zum Sommer 1970 wurden Anträge für rund 15 000 ha Ackerland und für das Abschlachten von 33 000 Kühen gegen Schlachtprämien gestellt. Das Ziel dieser Massnahmen ist, die kleinen Parzellen aufzuforsten, doch zögern viele Bauern, dies zu tun, denn der Wald wächst in Finnland ja sehr langsam!

Bei einem Bauern in Lappland

Im nordischen Urwald

Nördlich des Polarkreises – 30 km von der nächsten grösseren Ortschaft und 10 km von der nächsten Autobusstation entfernt – liegt inmitten des nordischen Urwaldes eine Rodung mit einem neuen Bauernhof. Man sieht es der Bäuerin und dem Bauern an, dass sie harte Arbeit zu leisten haben; schwerfällig und kraftvoll ist ihr Gang; braun gegerbt von Sonne, Wind, Regen, Schnee und Kälte ihr Gesicht; wortkarg ihr Wesen. Mit zurückhaltender, aber ungespielter Freundlichkeit heissen sie uns, die Unbekannten, willkommen und zeigen uns bereitwillig Haus und Hof. Sie sind Neusiedler und gehören zu jenen 425 000 Menschen, die nach dem Zweiten Weltkrieg das an die Sowjetunion verlorene Gebiet verlassen haben. Der Staat hat ihnen – sie stammen aus dem fruchtbaren Karelien – zu einer neuen Heimstätte hier im Norden verholfen. Es ist nicht einfach, auf «vorgeschobenem Posten» eine neue Existenz aufzubauen. Ohne den grossen Waldbesitz wäre dies unmöglich. Während der dunklen Wintertage beschäftigen sich der Bauer und die Söhne mit Waldarbeit und Holztransporten. Der Anbau von Gerste, Roggen, Hafer und Kartoffeln spielt eine kleine Rolle, denn der Schnee liegt 6 bis 7 Monate und die frostfreie Zeit dauert in den günstigsten Erntejahren 3 Monate. Dank der hellen Sommernächte braucht aber die Gerste nur 70 Tage von der Aussaat bis zur Ernte, sie bildet hier in Lappland das Hauptgetreide. Weit günstiger sind die Verhältnisse für die Viehzucht. Während des kurzen Sommers stehen den Tieren Waldweiden zur Verfügung, und die grünen Kunstwiesen in den Flusstälern liefern genügend Heu für die Winterfütterung. Nahe beim Hof liegt ein kleiner, sehr gut gepflegter Garten mit etwas Gemüse – vor allem aber mit buntleuchtenden Blumen.

Der Bauernhof

Das Wohnhaus, der Stall, die Tenne, die Vorräte- und Gerätehäuser, die Sauna – alles rotangestrichene Holzbauten – umfassen auf drei Seiten einen Platz, auf dem ein Ziehbrunnen mit langem, schrägem Holzarm und eine weisse Holzschaukel stehen. Das Wohnhaus ist zweigeschossig, der Eingang ist durch einen Vorbau vor Wind und Wetter geschützt, auf das Dach führt die obligate Brandleiter. Die Fensterumrahmungen und die Hausecken sind weiss gestrichen. Die geräumige helle Stube zeugt von gediegener ländlicher Wohnkultur.

Ein gemauerter Ofen nimmt etwa ein Viertel des Raumes ein. Den Tisch schmücken eine handgewobene Leinendecke und ein Blumenstrauss. Darüber hängt eine Petrollampe. Bunte Vorhänge und zahlreiche Zimmerpflanzen zieren die Fenster. Ein grosser, selbstgewobener Teppich, ein geknüpfter Wandbehang mit farbenfrohen, eigenartigen Mustern, ein stattlicher Kasten aus Birkenholz und ein Schaukelstuhl sorgen für Behaglichkeit. Die ganze Ausstattung, wie beispielsweise Beschläge an Kasten und Türen, Bilderrahmen, Blumenvasen und viele weitere Details, zeigt, dass die Bewohner Sinn und Geschmack für das bäuerliche Kunstgewerbe haben. Wie gemütlich muss es in dieser Stube sein, wenn der grosse Ofen wohlige Wärme ausstrahlt, wenn sich der Bauer, eine Pfeife rauchend, im Schaukelstuhl wiegt, die Hausfrau am Rye (Knüpfteppich) arbeitet und draussen der Wintersturm heult. Stallung und Scheune sind unter demselben Dach. Zwei hörnerlose Kühe stehen im schneeweiss gekalkten Stall, die übrigen zwölf Tiere sind draussen auf der Weide. Durch eine Verbindungstüre gelangt man in eine Art Küche, die gleichzeitig als Sennerei dient. Überall herrscht Sauberkeit wie in einem Musterbetrieb. Die liebenswürdigen Bauersleute lassen uns nicht ziehen, ohne uns noch ein Glas erfrischende Sauermilch zu offerieren. – Wie lange wird es dauern, bis sie das nächste Mal Besuch erhalten?

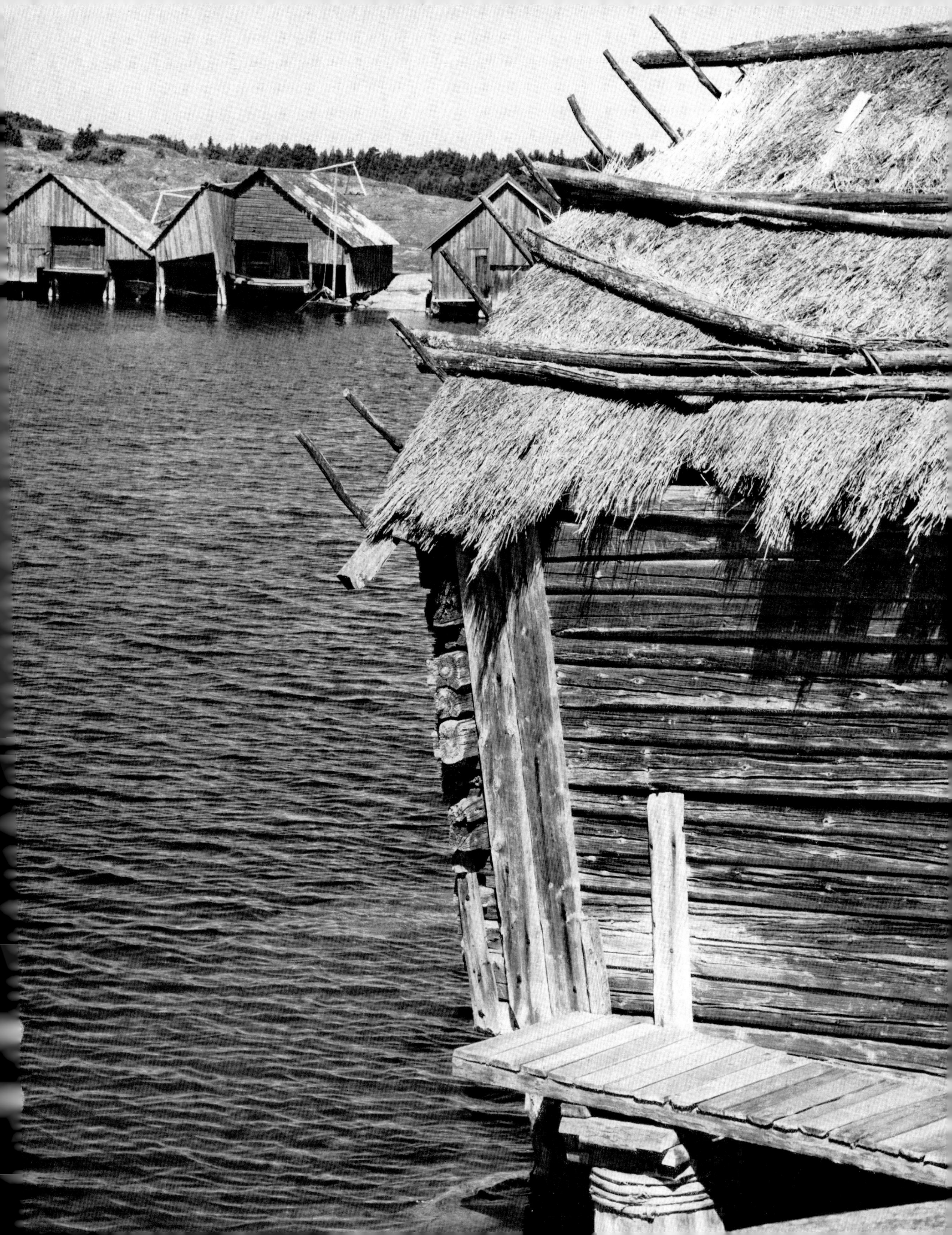

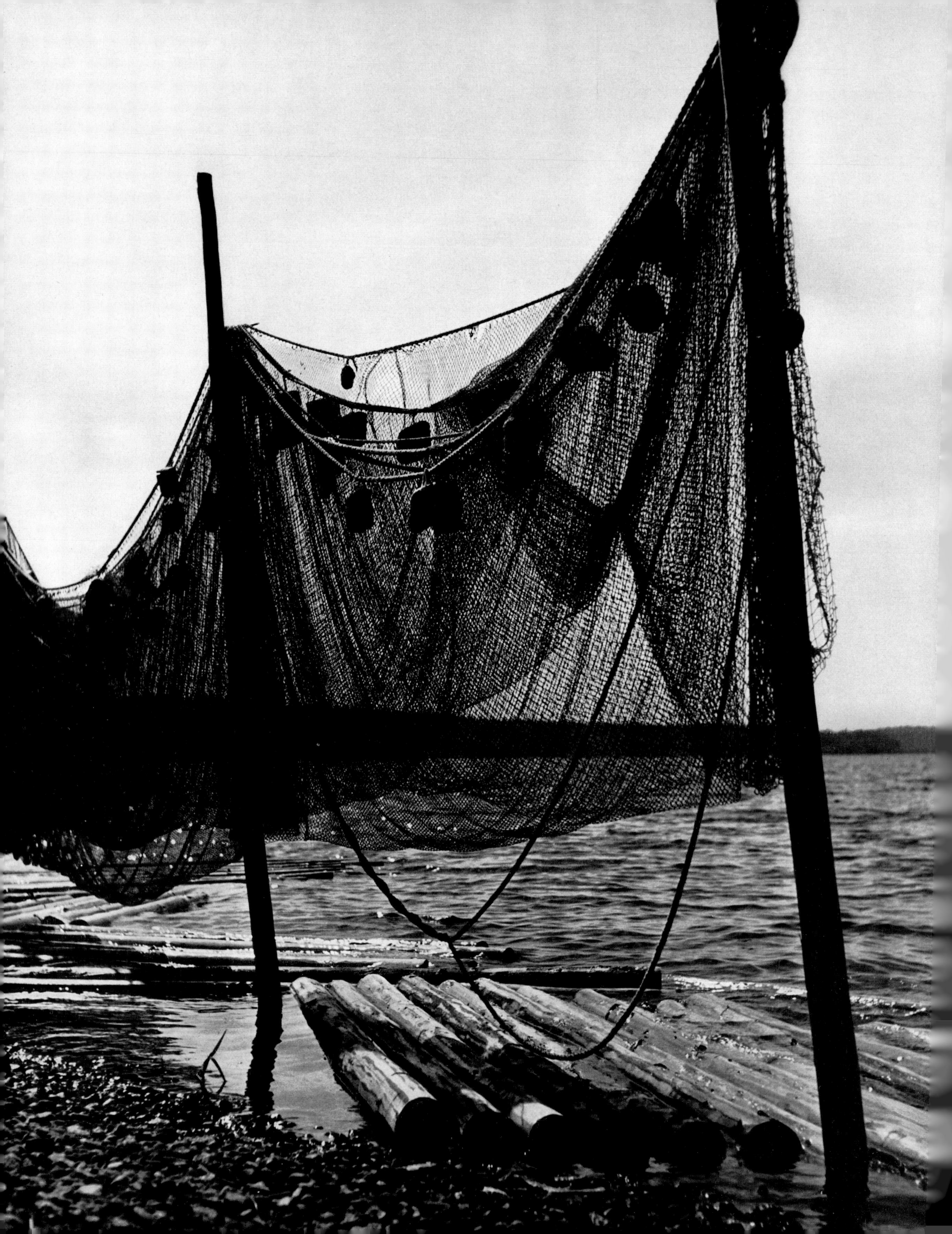

15 Bootsschuppen der Fischer an der Küste der Ålandsinseln. Früher wurde hier die Fischerei kollektiv betrieben, und die Bootsschuppen und Hafenanlagen wurden von allen Fischern eines Dorfes in Gemeinschaftsarbeit errichtet. Heute findet man diese alten Fischerhäfen nur noch vereinzelt auf den Ålandsinseln und an der Westküste Finnlands.

16 Fischernetze am Päijännesee.

17 Noch schnell einen Blick in die Zeitung, ehe der Fischmarkt beginnt. Fischverkäuferin, die mit ihrem Boot zum Südhafen Helsinkis kommt und direkt aus dem Schiff die Kunden bedient.

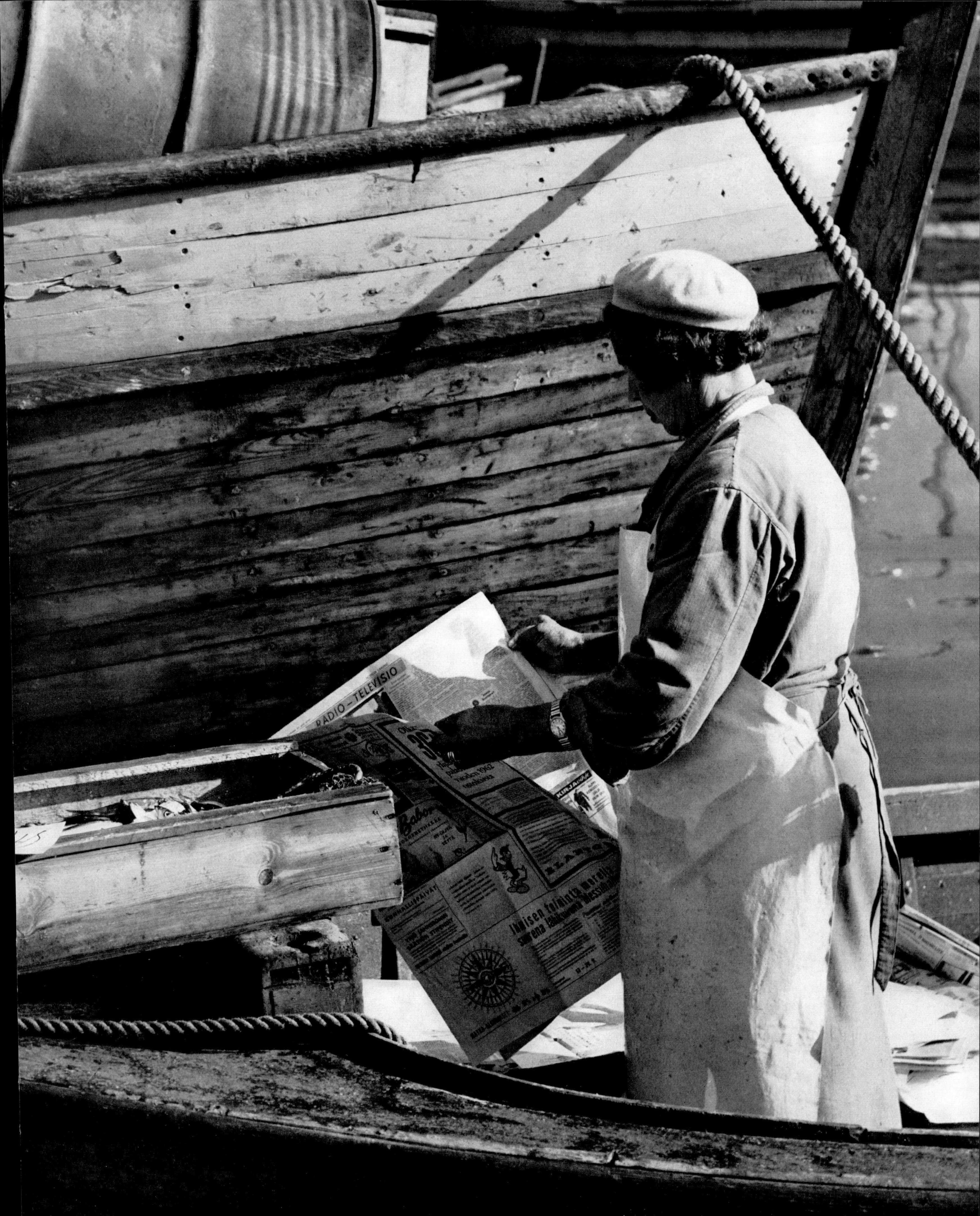
RADIO—TELEVISIO

18 Einer alten Tradition folgend, wird in Helsinki jedes Jahr der «Herbstmarkt» abgehalten. Zu diesem Markt kommen jeweils auch die Fischer der Ålandsinseln mit ihren Booten zur Hauptstadt, um ihre Ware anzubieten. Ihre Spezialitäten sind eingesalzene Heringe in kleinen Holzfässern sowie dunkles, würziges Brot.

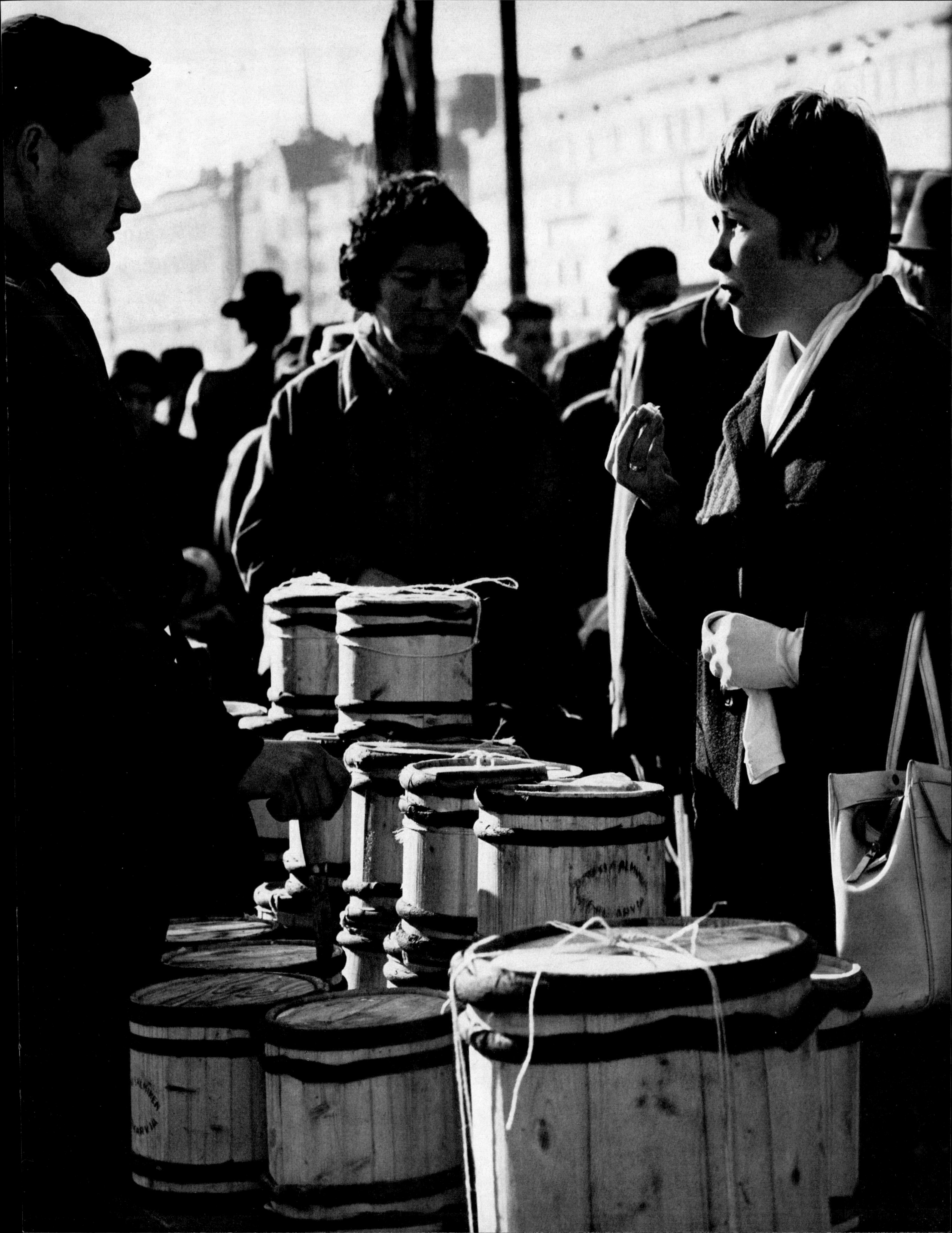

19 «Käringsund» (Altweibersund) hat der Volkshumor diesen alten Fischerhafen auf den Ålandsinseln getauft. Die Bootshütten sind auf genossenschaftlicher Basis in Gemeinschaftsarbeit von den Fischern gebaut worden.

20 Sonnenuntergang über dem Kallavesi bei Kuopio.

21 Alvar Aalto entwarf den Plan zum Verwaltungsgebäude des Enso-Gutzeit-Konzerns am Südhafen in Helsinki, das aus weissem Marmor erbaut ist. Im Hintergrund erheben sich die Türme mit goldenen Kuppeln der orthodoxen Uspenski-Kathedrale.

22 Fischerboote im winterlichen Südhafen von Helsinki. Im Mittelgrund der neoklassizistische Palast des Präsidenten. Im Hintergrund rechts die Kuppel des Doms.

23 Der finnische Schiffsbau beruht auf einer alten Tradition, und Finnlands Werften arbeiten für Schiffahrtsgesellschaften in aller Welt. Besondere Spezialitäten sind Eisbrecher und Fährschiffe. Das Bild zeigt einen Ausschnitt aus den Anlagen der grössten Werft Finnlands in Turku.

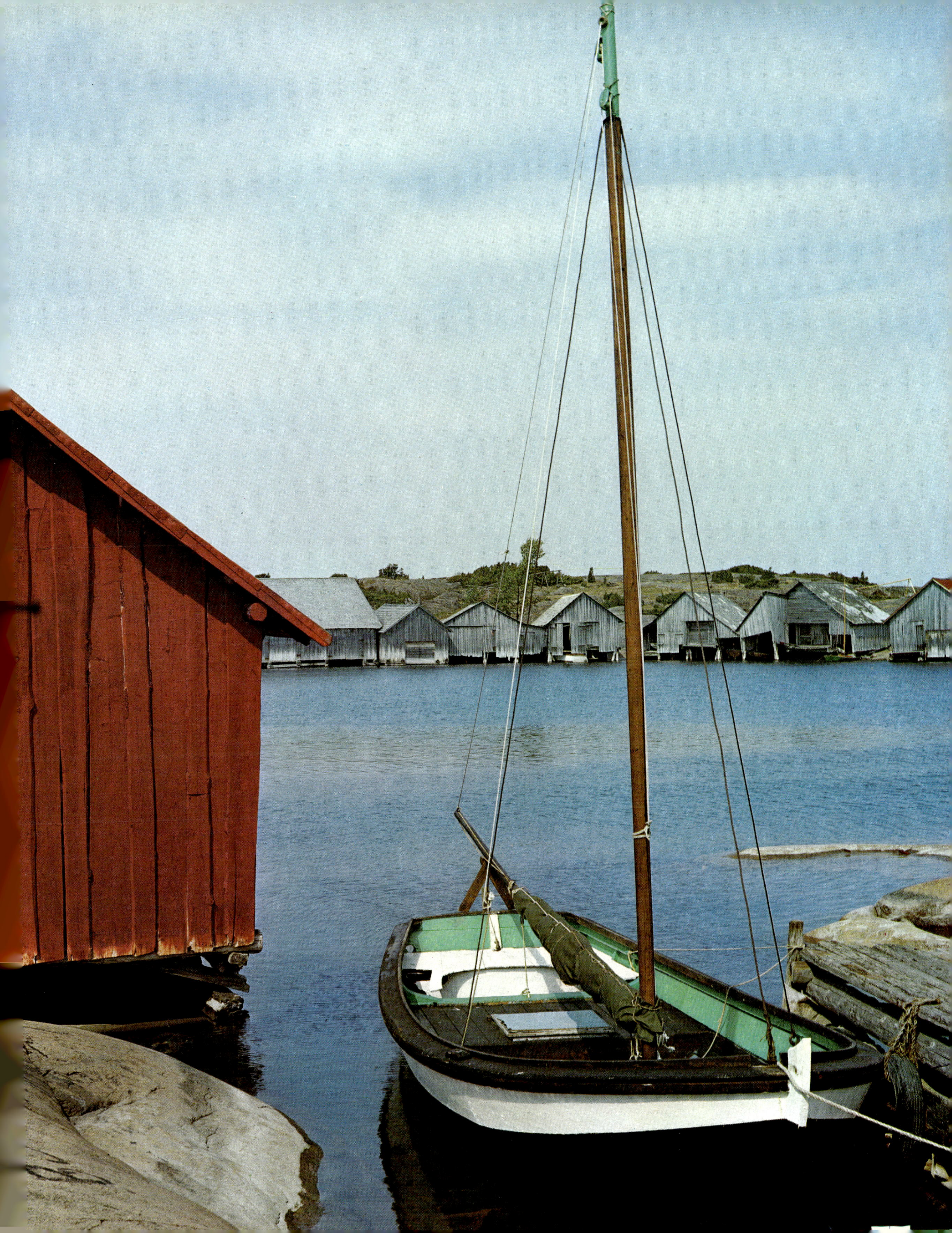

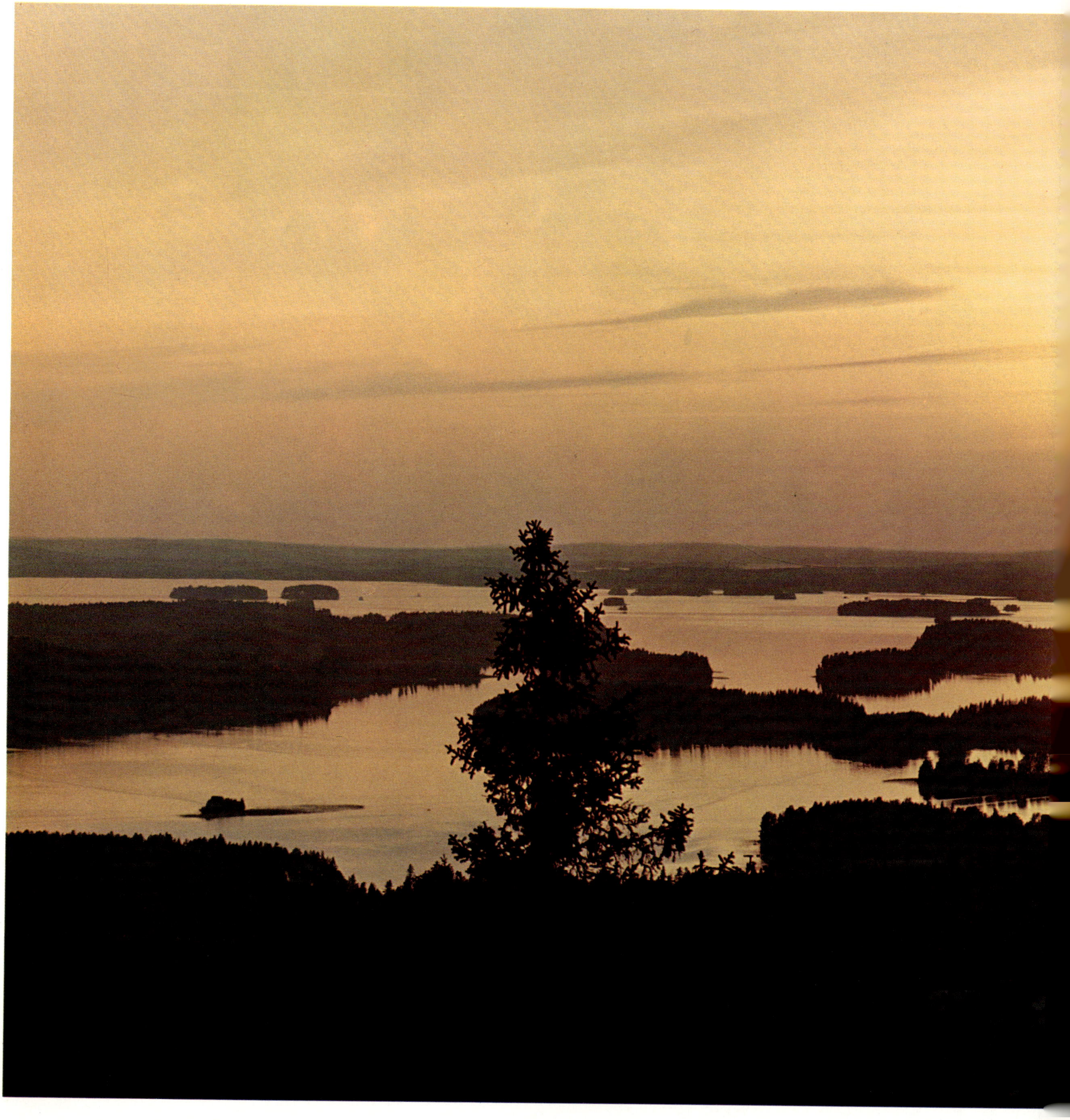

20

21

22

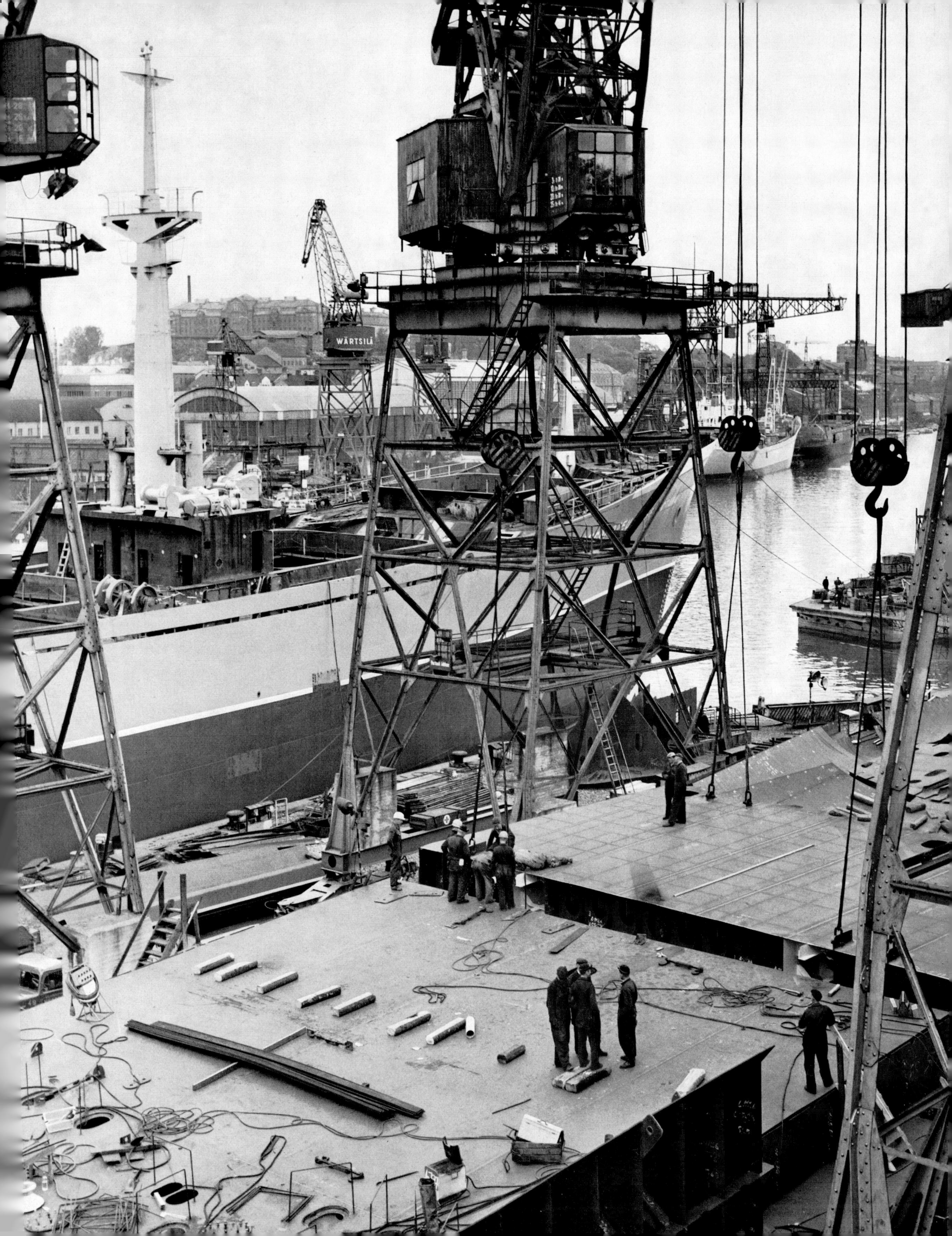
WÄRTSILÄ

24 Winter im finnischen Wald. Die schwere Schneelast verwandelt die Tannen zu bizarren Märchenfiguren.

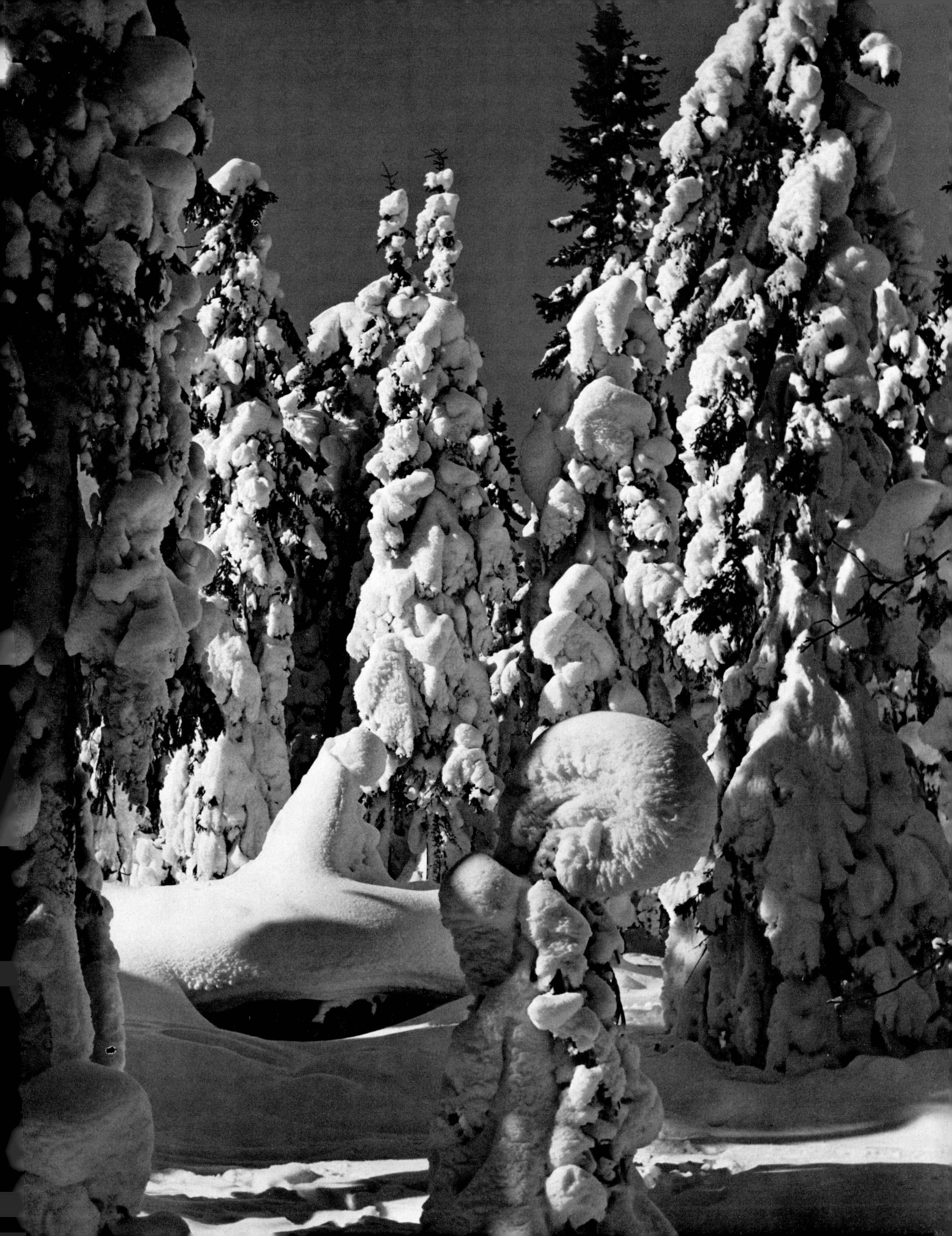

25 «Baumleiche» am Kivijärvi.

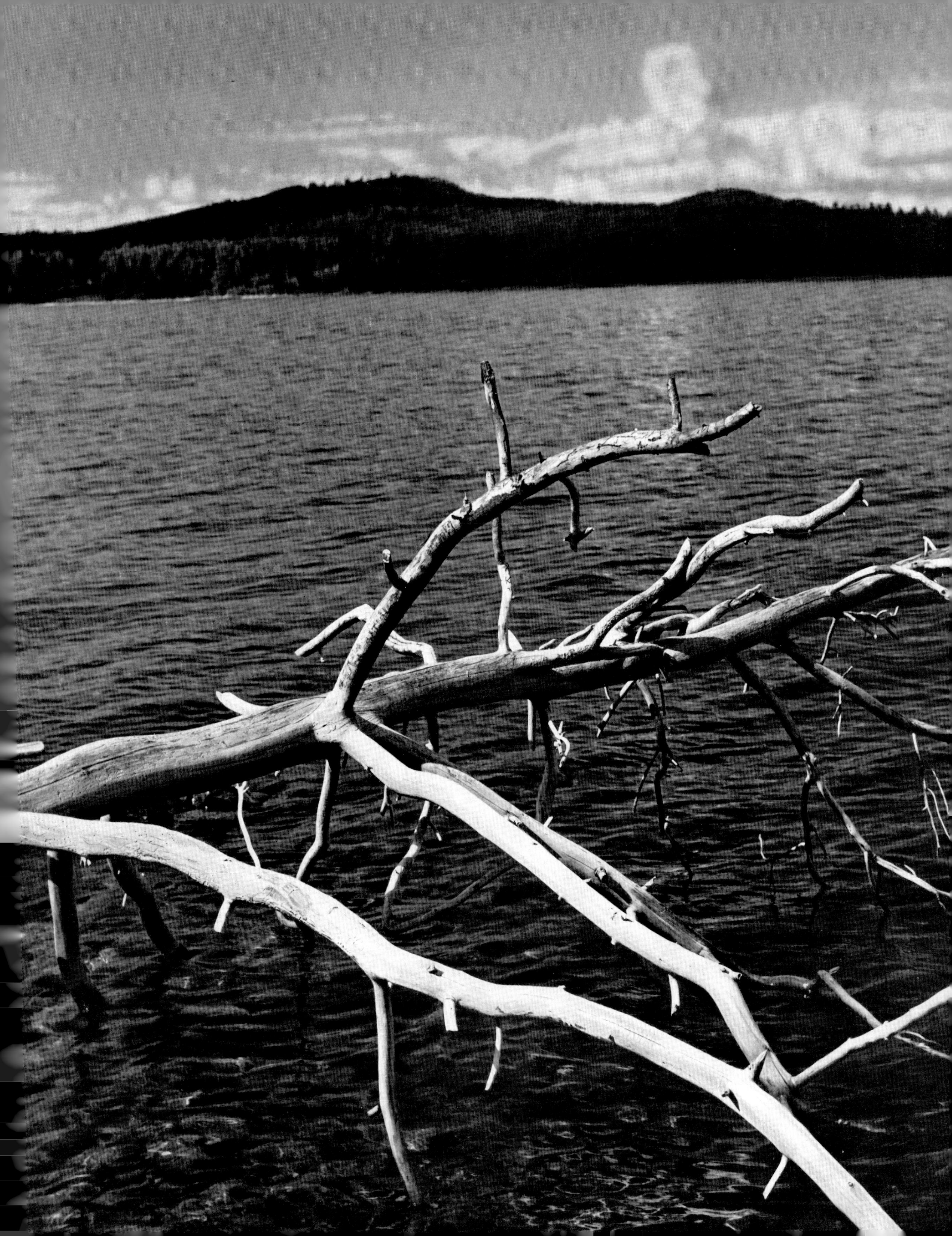

26 Verschneiter, alter Bauernhof
im Freiluftmuseum Seurasaari bei Helsinki.

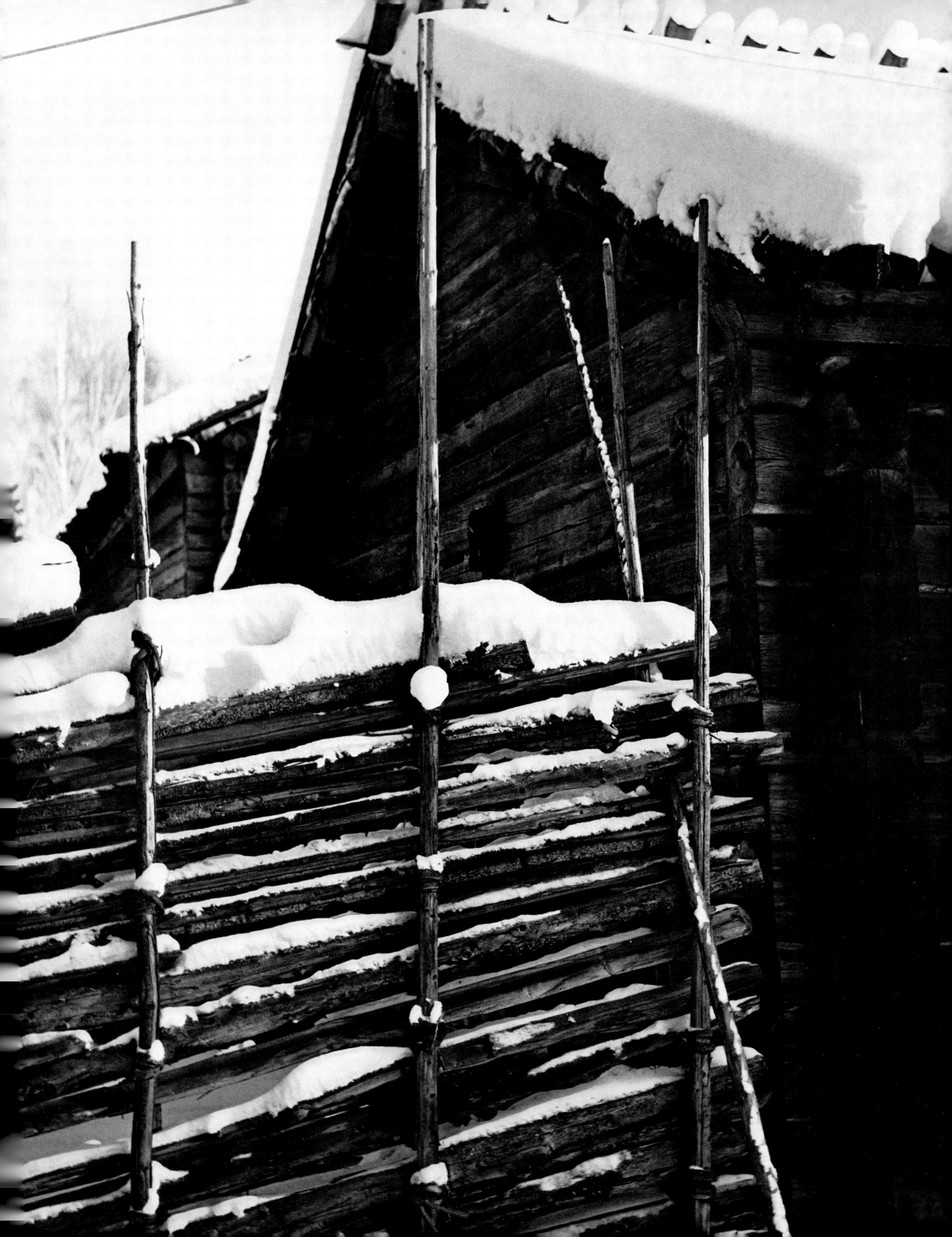

27 Der Auttiköngäs-Wasserfall südöstlich von Rovaniemi mit einem Kännel zum Holzflössen. Obwohl Finnland im allgemeinen ein flaches Land ist, entstanden dank der Landhebung in geologisch junger Zeit zahlreiche Stromschnellen und Wasserfälle, von denen allerdings schon viele dem Bau von Wasserkraftwerken zum Opfer fielen.

28 Blick vom Puijoberg bei Kuopio über die Seen-Waldlandschaft mit Rodungen.

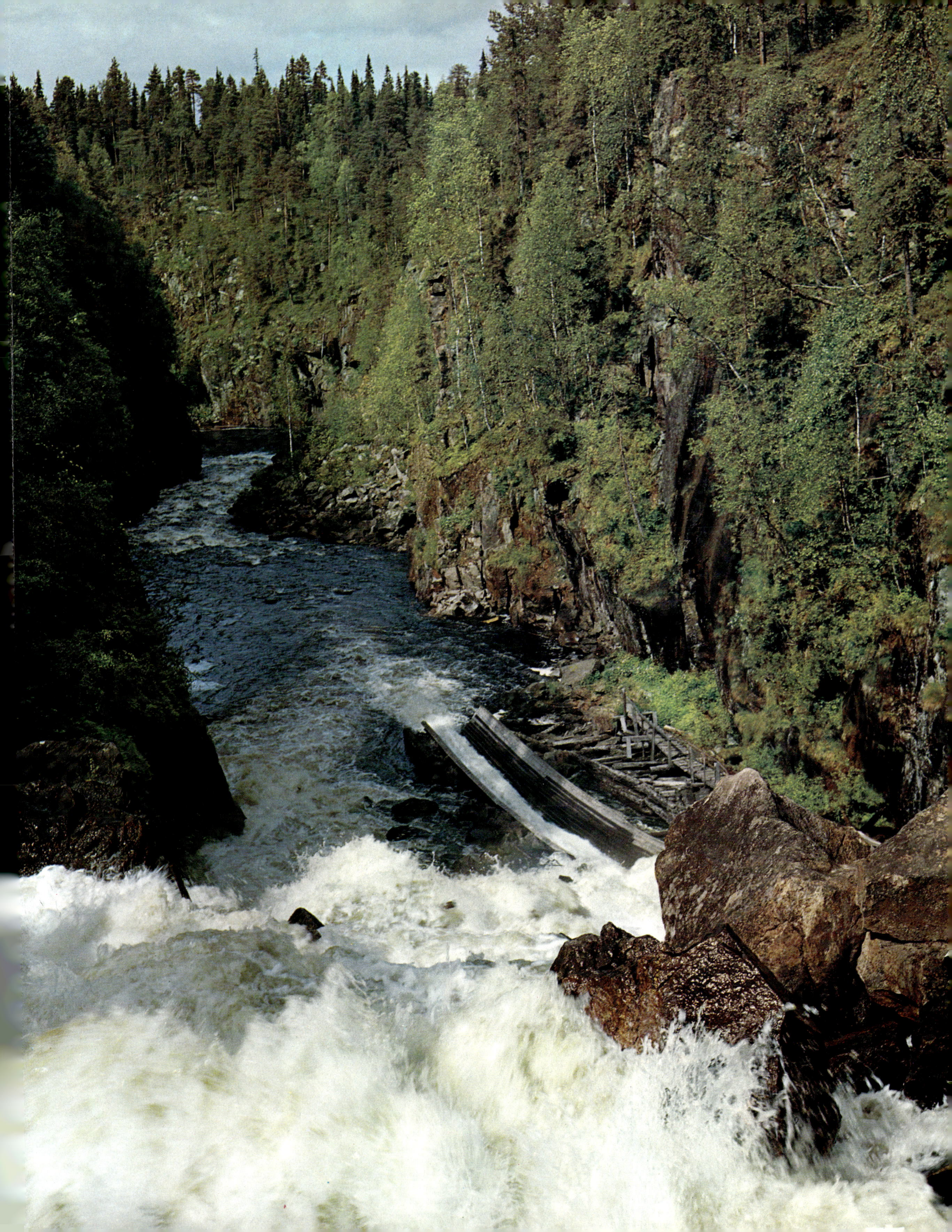

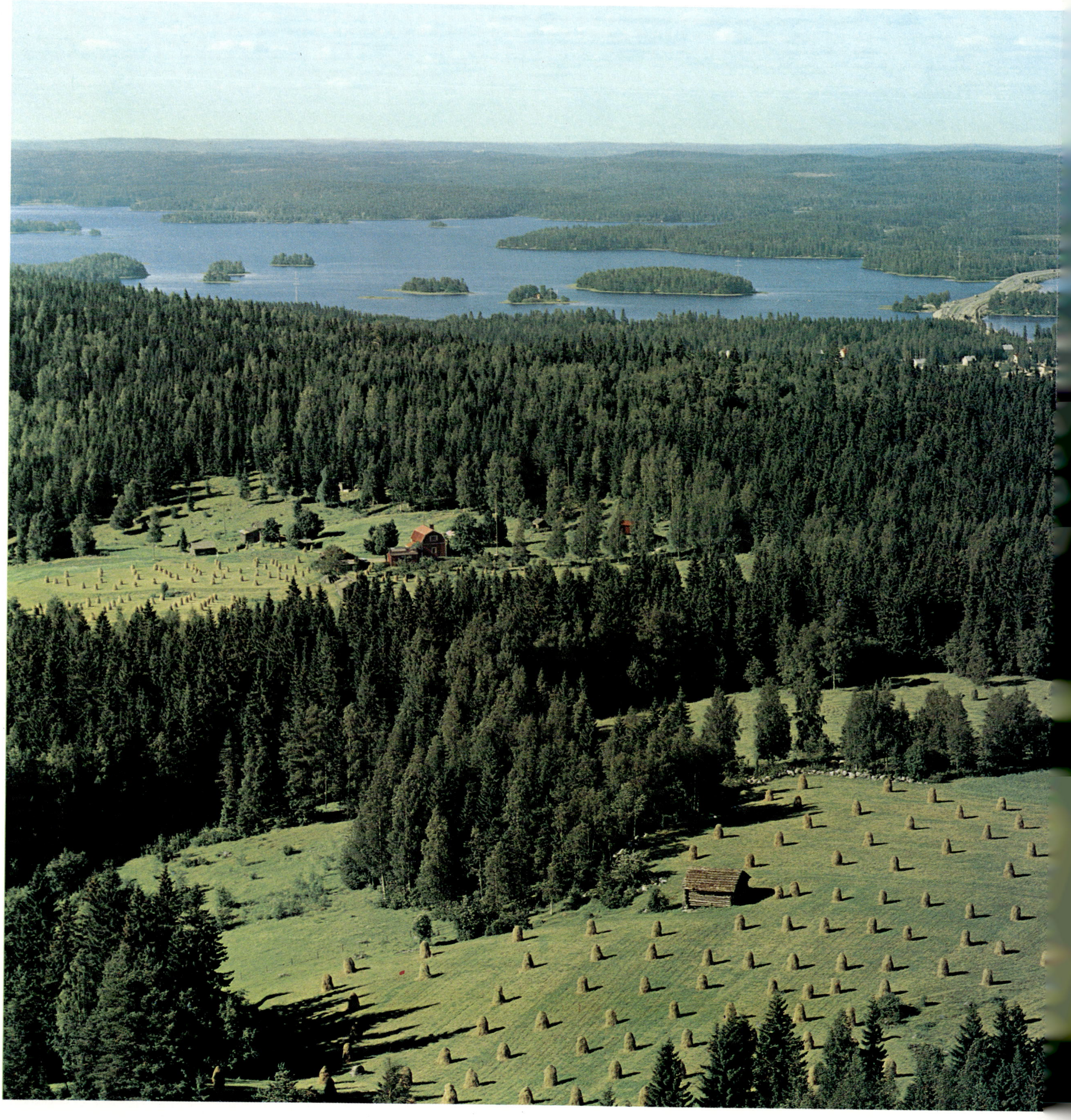

28

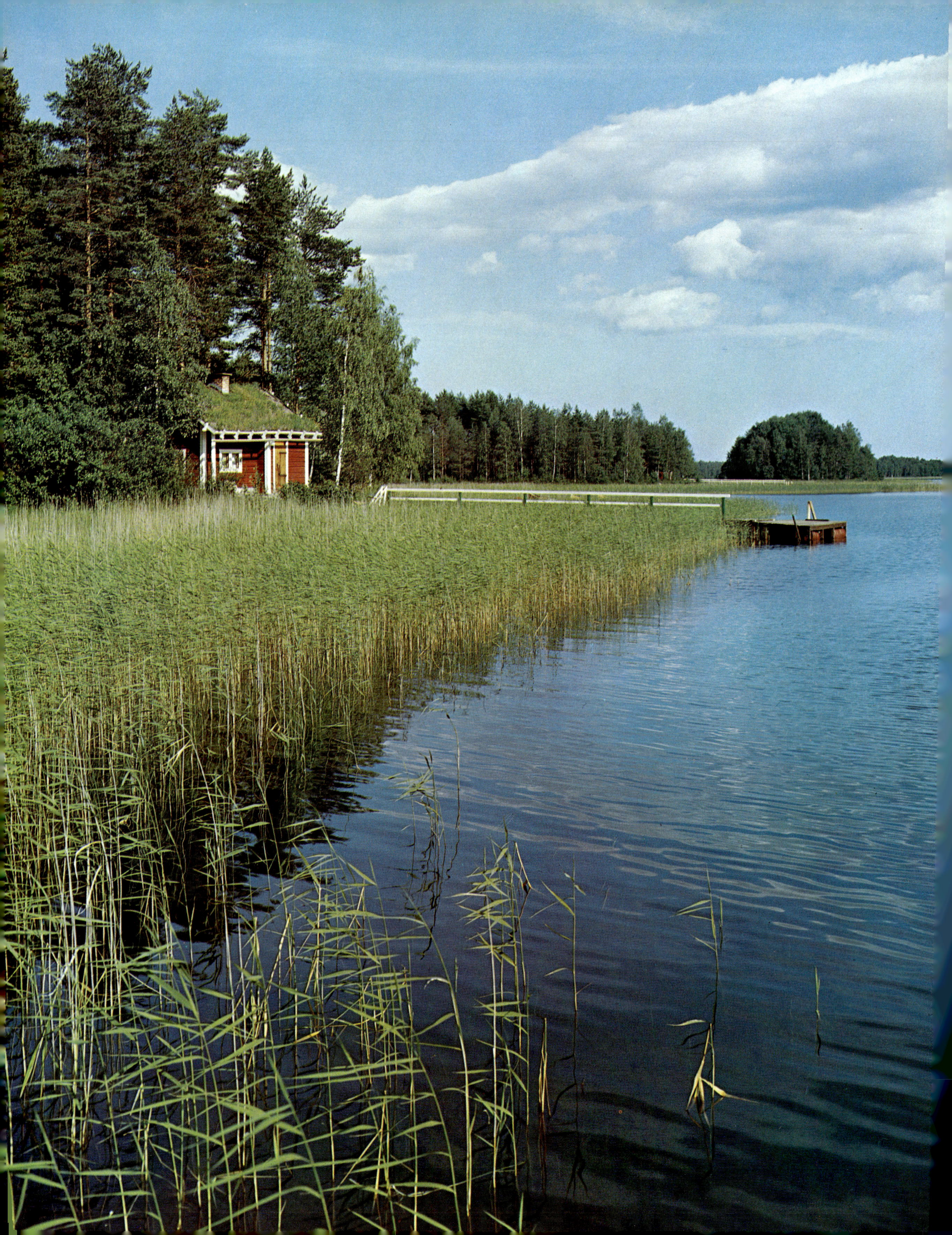

29 Sauna mit Grasdach am Puruvesi.
Der Steg dient den Saunabenützern, um sich nach dem Dampfbad in die kühlenden Fluten zu begeben.

30 Blick über die Töölönlahti-Bucht auf das Zentrum von Helsinki. Im Hintergrund von rechts nach links die Silhouetten des Turmes des Nationalmuseums, des Reichstagsgebäudes und der Hauptpost.

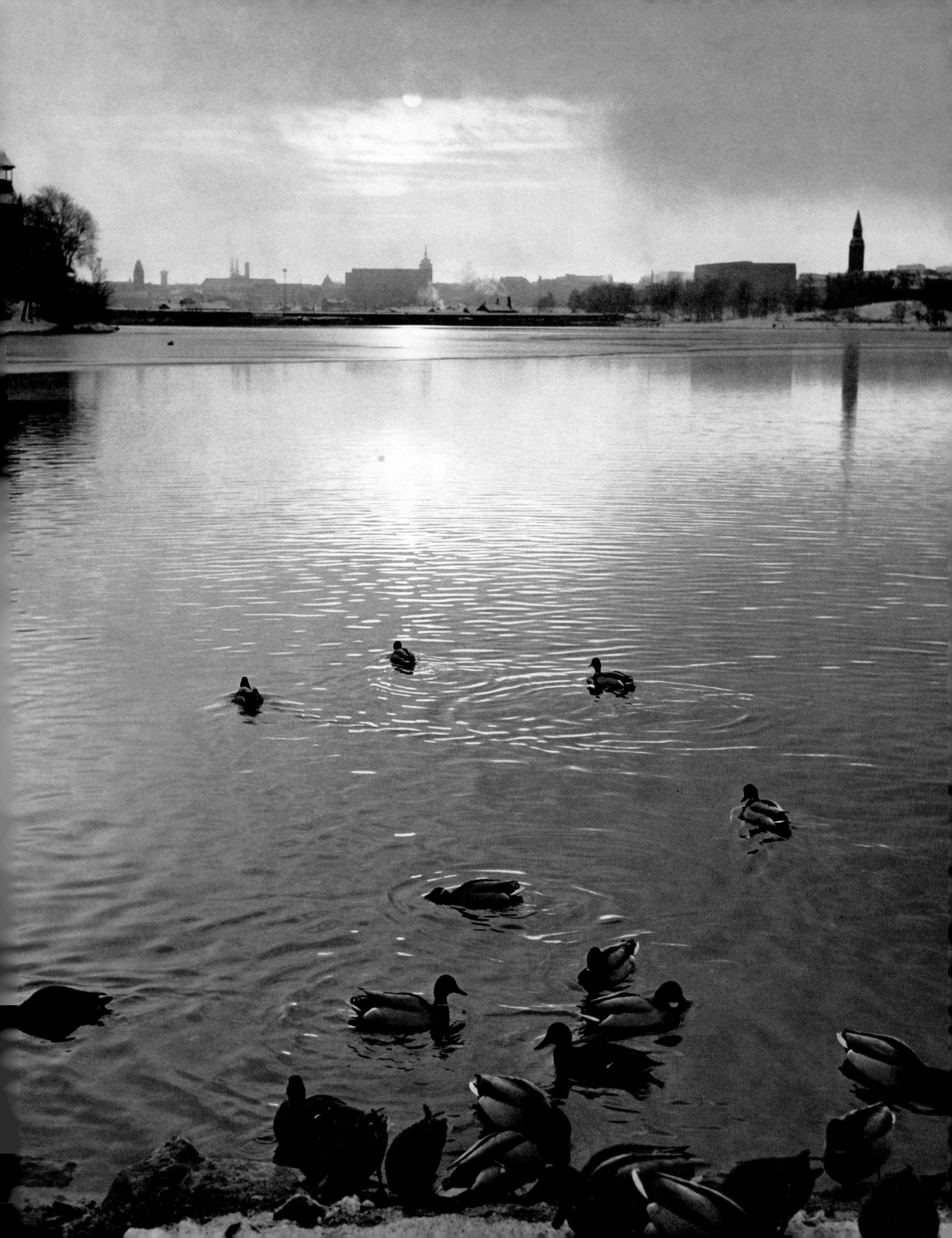

31 Luftaufnahme des Zentrums von Helsinki. Diagonal durch das Bild verläuft die Esplanade, die Prachtsstrasse Helsinkis. Um den Dom und den Senatsplatz gruppiert sich das Quartier mit zahlreichen neoklassizistischen Bauten, die vom Städtebauer C. L. Engel entworfen wurden, so vor allem die Universität und das Staatsratsgebäude. Im Vordergrund Geschäftshäuser, rechts am Bildrand die orthodoxe Uspenski-Kathedrale.

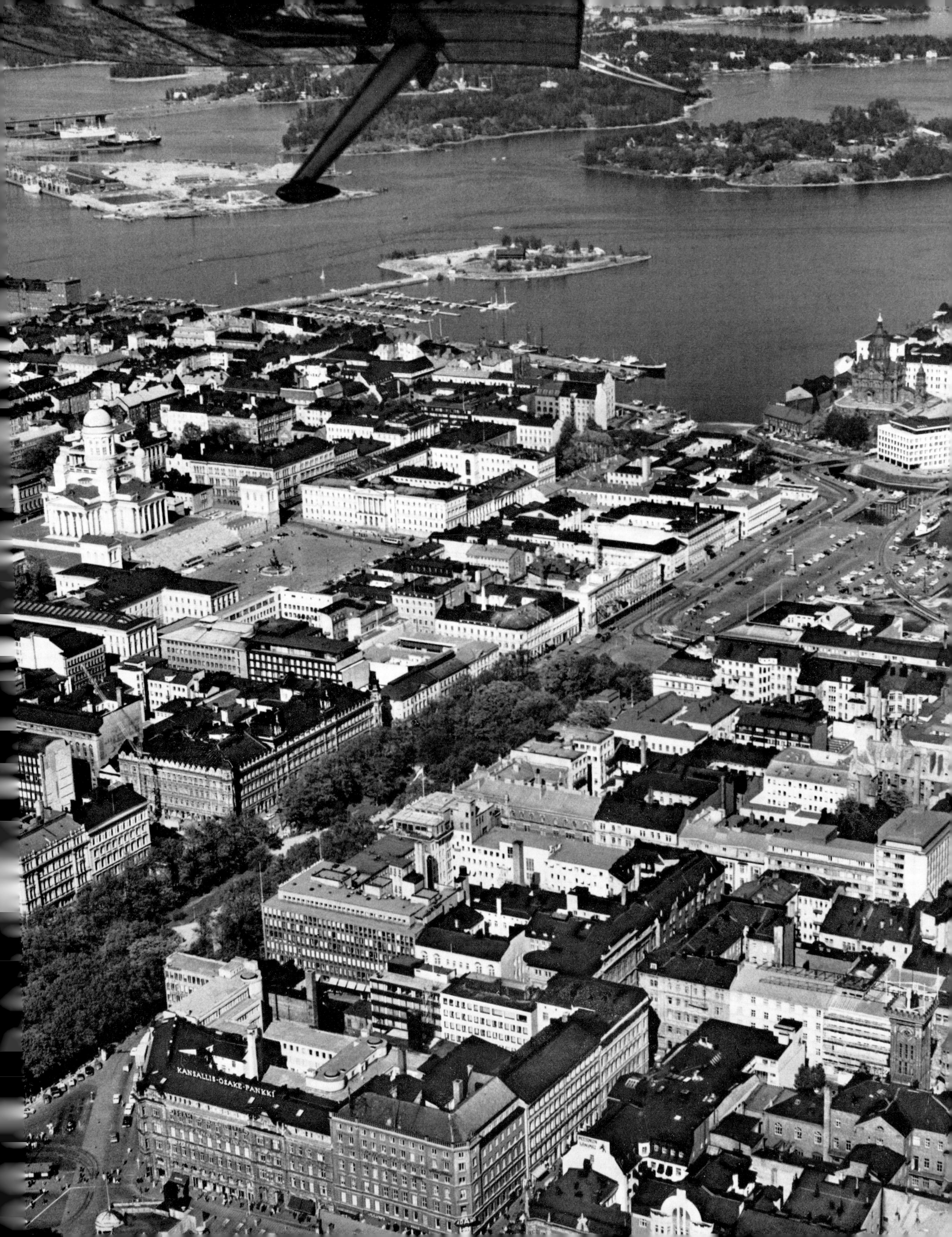
KANSALLIS-OSAKE-PANKKI

32 Blick durch die winterlichen Parkanlagen des Observatoriumsberges auf das Stadthaus und den Dom von Helsinki.

33 Teilansicht des modernen Studentenheims «Dipoli» der neuen Technischen Hochschule vor den Toren Helsinkis. Dipoli gilt als Ausdruck der Opposition gegen das rationale und technokratische Denken. In diesem Bau, der als Meilenstein der modernen finnischen Architektur gilt, spielen unbearbeitetes Holz, roher Beton und Natursteine eine dominierende Rolle.

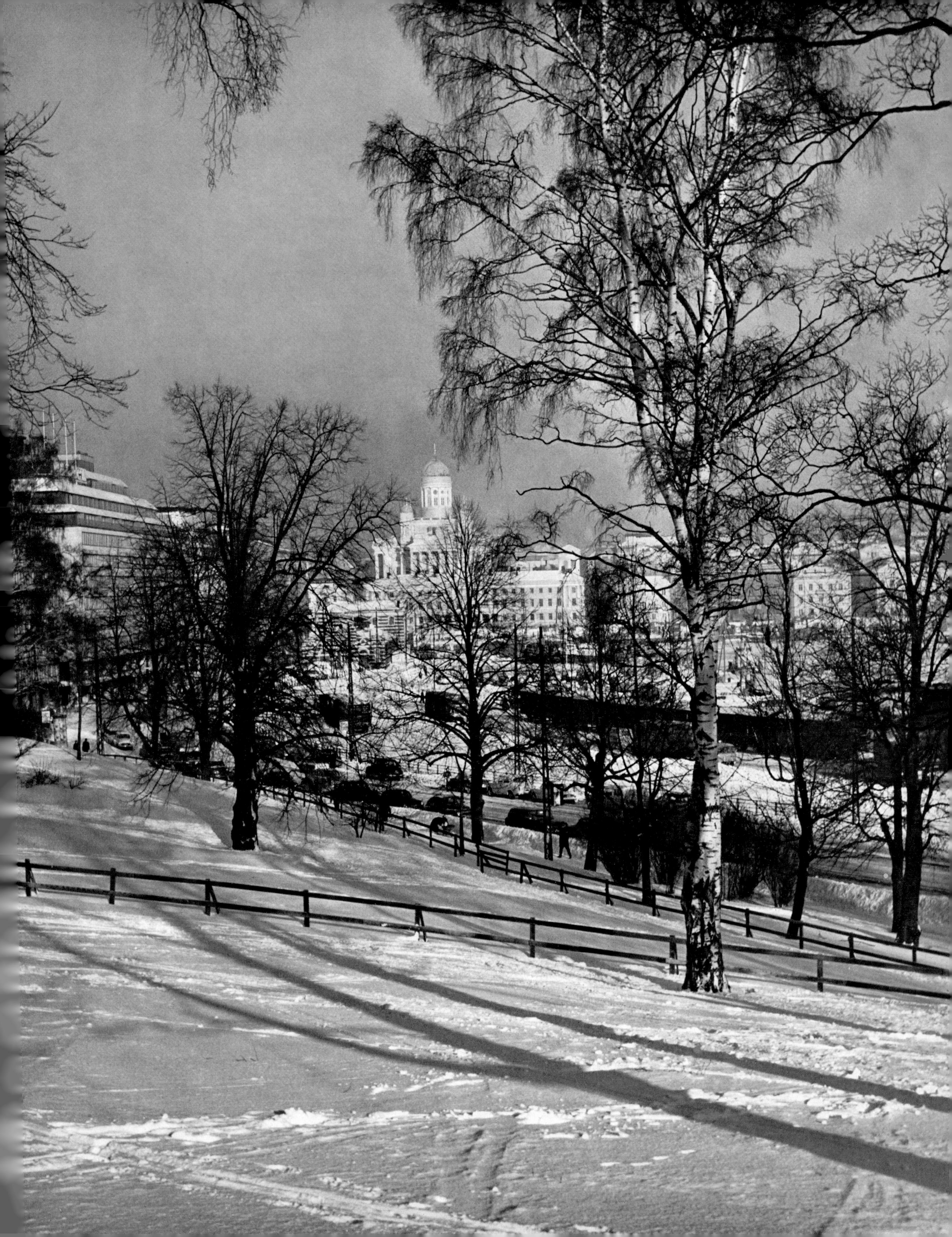

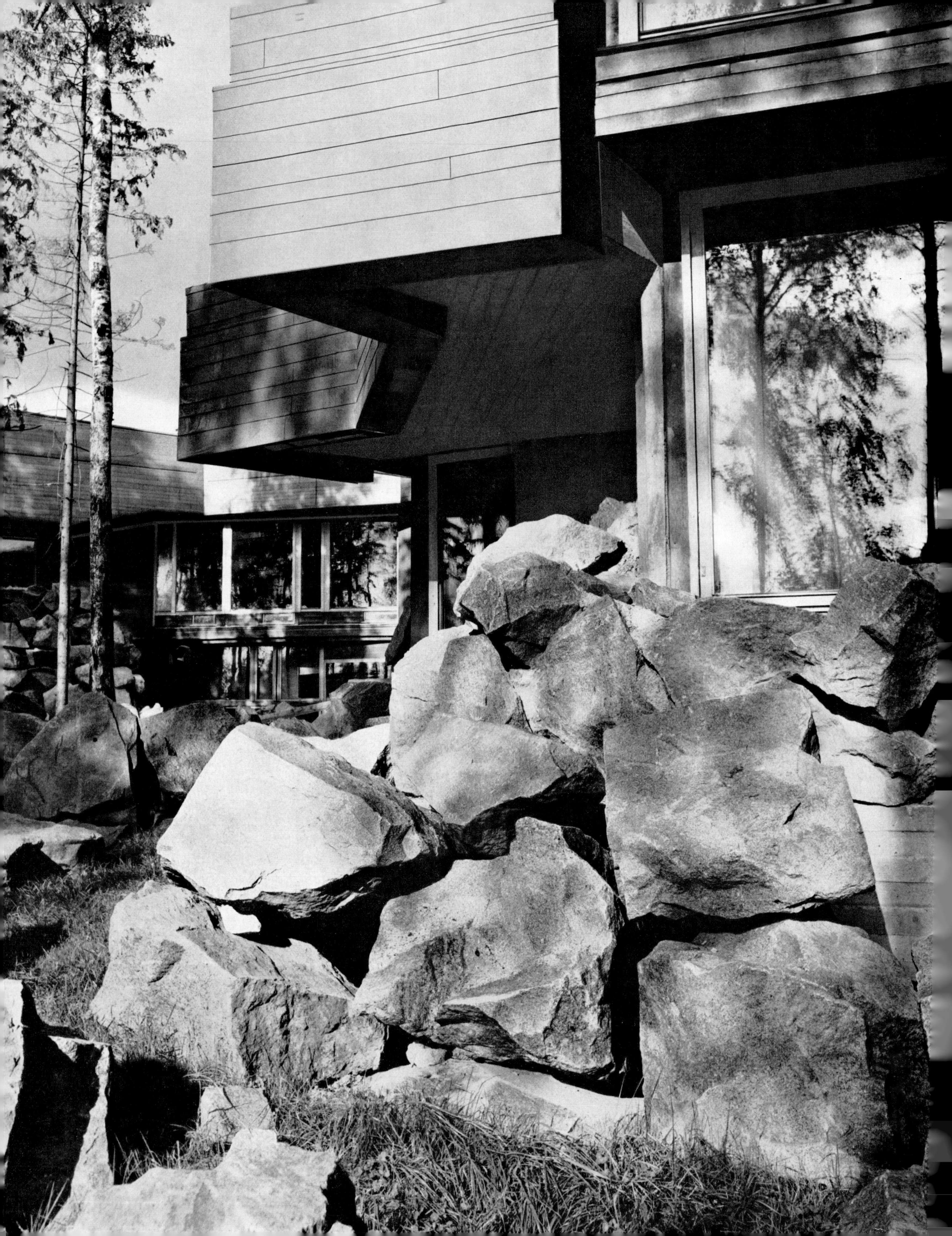

«Suomis sång» – Der Gesang Suomis

Der grosse, kühle Rationalist der finnischen Literaturforschung Viljo Tarkiainen sagt:
«Seit jeher hat der Mensch seine Gefühle, seine Freuden und Leiden durch Sprache zum Ausdruck gebracht. Der melodische Ruf, der gefühlsvolle Ausbruch, die nachdrückliche Betonung sind, nur einmal hervorgebracht, freilich spurlos verweht. Aber oft wiederholt, haben sie den Keim zur primitiven ‚Singtradition' gebildet, die möglicherweise in einer bestimmten Gegend als Ausdruck eines bestimmten Gefühls allgemein geworden ist.»
Auf unsere Frühgeschichte soll hier nicht eingegangen werden. Erwähnt sei nur, dass das finno-ugrische Stammvolk offenbar vor ungefähr 4000 bis 5000 Jahren am Mittellauf der Wolga wohnte. Von dort zogen die Ungarn, die Esten und die Urfinnen allmählich an ihre heutigen Wohnorte, um Ackerbau zu treiben, zu fischen, zu jagen, zu schmieden – der Wunderschmied Ilmarinen gehört zu den Hauptpersonen unseres Nationalepos Kalevala – und um in «melodischen Rufen», Worten und Liedern ihre Sinnes- und Gefühlswelt auszudrükken. Von allen Nachkommen des Stammvolkes haben nur diese 3 Völker eine bedeutende eigensprachliche Literatur schaffen können.
Die finnischsprachige Literatur muss in gewissem Sinne als recht jung bezeichnet werden. Der Gründer der finnischen Schriftsprache Mikael Agricola wirkte erst um die Mitte des 16. Jahrhunderts, und weit bis ins 19. Jahrhundert hinein schuf man in finnischer Sprache «lauter ABC-Literatur», wie der geniale Pionier unserer Physikforschung J. J. Nervander in seiner sarkastischen Art dem grossen Erwecker des Finnentums J. V. Snellman schrieb. Anderseits ist die finnische Volksdichtung viel älter als Agricola. Ihre Anfänge verlieren sich im schwachen Schein der Lagerfeuer, vermutet man doch, dass die frühesten Ansätze unserer Volksepik um das Jahr 1000 herum entstanden sind. Erstaunlich ist der Reichtum dieser Volksdichtung. «Neben den entsprechenden estnischen sind die finnischen Sammlungen über Volkstradition die umfassendsten, vielseitigsten und literarisch wertvollsten in der ganzen Welt» (Tarkiainen).
Ich wage zu behaupten, dass die Finnen in einigen Sprachbelangen eine besondere Begabung bewiesen haben. Das Finnische hat einen reich nuancierten Wortschatz. Seine Lautung ist klar und wohlklingend. Die ausnahmslose Betonung der ersten Silbe, die langen Vokale und die vielen Diphthonge verleihen ihm Regelmässigkeit und Musikalität. Strukturell weist die finnische Sprache «konservative» Elemente auf, wie eine Vielzahl von Kasusbildungen, die Flexion mit dem Possessivsuffix (kirja*ni* – *mein* Buch; puutarha*nne* – *euer* Garten), die «Geschlechtslosigkeit» der dritten Person, das Fehlen der Präpositionen, der Reichtum des schildernden Wortmaterials. Sie ist unbequem in der Grammatik, jedoch

bestrickend für das Ohr. Aber sie ist auch «modern»: seit Agricola bildet sie erfinderisch und kühn neue Wortschöpfungen, Ableitungen, Abkürzungen, Synonyme. Während der letzten 70 bis 80 Jahre ist aus dem «poetischen» Finnisch auch ein «intellektuelles» Finnisch geworden, eine Sprache des exakten Denkens, der genauen Analyse, der Technik. Mancher Kalevala-Bewunderer hat sogar Grund zur Sorge: mit der Technisierung und der Verstädterung hat die finnische Sprache einen Teil ihrer Melodie und Klangfülle an die Verliesse der Tonbandarchive und Wörterbücher verloren. Dennoch vermag die Elektrogitarre den Wohlklang unserer alten Sprachkantele noch lange nicht zu ersticken...

Meine Fachkenntnisse reichen nicht aus, um unsere zweite Nationalsprache, das Schwedische, vorzustellen. Auf jeden Fall darf nicht vergessen werden, dass die schwedische Sprache bei uns nicht geboren, sondern eingeführt wurde. Sie wurde vom Westen her nach Finnland importiert, war im 12. bis 13. Jahrhundert schon eine verhältnismässig «fertige» Sprache, die ihre eigenen Züge der Wikinger- und Rittertradition, der kirchlichen und staatlichen Überlieferungen besass; es war eine Sprache der Germanen, nicht der Ugrier. Ich zitiere eine Probe sowohl aus unserer finnisch- wie schwedischsprachigen Volksdichtung; der Vergleich soll uns weiterhelfen. Die finnischsprachige Probe:

Tuuti lasta, tuuti pientä,	*Schlafe Kindchen, schlafe Kleines,*
tuuti lasta nukkumahan.	*schlafe Kindchen, schlaf bald ein.*
Laulan lasta nukkumahan,	*Ich singe mein Kleines in den Schlaf,*
uuvutan unen rekehen;	*lull' es ein in den Schlitten des Traums;*
käy unonen kätkemähän,	*komm Schlaf, es sanft verbergen,*
poik' unosen ottamahan	*Sohn des Schlafs, es heimlich holen*
kultaisehen korjahasi,	*in deine goldene Wiege,*
hopiaisehen rekehen!	*in deinen silbernen Schlitten!*
– vieös tuonne vienoistani,	*– nimm mit mein süsses Kleines,*
kuletellos kullaistani,	*führ' fort mein goldenes Kind,*
harjulle hopiavuoren,	*auf die Gipfel der silbernen Berge,*
kultavuoren kukkulalle,	*auf die Wipfel der goldenen Höhen,*
hopiaisehen salohon,	*in den silbernen Föhrenwald,*
kultaisehen koivikkohon,	*in den goldenen Birkenhain,*
kussa käet kullan kukkui,	*wo die goldenen Kuckucke riefen,*
lauleli hopialinnut. KANTELETAR	*wo die silbernen Vögel sangen.*

Auch der fremdsprachige Leser bemerkt den Gebrauch des «einschläfernden» Vokals «u» (das *u*nettava *U*), des einlullenden Konsonanten «l». Er nimmt die Alliteration und die Vokalharmonie wahr, die Wirkung der «silbernen» und «goldenen» Bilder, den weichen und wehmütigen Rhythmus.

Und nun eine Probe aus Finnlands schwedischsprachiger Volksdichtung:

Det var en vacker sommarkväll vid solens nedergång. Då skulle jag gå till min lilla vän, trallerallera till min lilla vän, min mening att få ja.	*Es war ein schöner Sommerabend beim Sonnenuntergang. Da wollte ich gehen zu meinem Schatz, trallerallera, zu meinem kleinen Schatz voll Hoffnung auf ihr Ja.*
Men när jag kom i loftet in, så neg hon vännen min: «Ack, far du din väg med himlens vind, trallerallera med himlens vind, ty jag kan ej bli din.» –	*Doch als ich in ihre Kammer kam, da sagte mein kleiner Schatz: «Ach, geh deinen Weg mit des Himmels Wind, trallerallera, mit des Himmels Wind, denn ich kann nicht dein sein.» –*
Det var en vacker sommarkväll vid solens nedergång. En glader sjöman gick kring bygden grön, trallerallera gick kring bygden grön, och han var ung och fri.	*Es war ein schöner Sommerabend beim Sonnenuntergang. Ein froher Seemann wandert' im Land, trallerallera, wandert' im Land, und er war jung und frei.*

Hier ist wohl leicht zu sagen, welche Probe poetischer wirkt: die finnischsprachige. Sie ist das Resultat einer glücklichen Wortinspiration, einer harmonischen Stimmung: ein abendlich gesummtes Schlafzauberlied, hoffnungsvoll und sehnsüchtig zugleich. Es ist ein *passives* Gedicht. Das schwedischsprachige Beispiel ist nicht gesummt, sondern erdichtet – unter anderem die klare Aufteilung in Strophen, es zeigt eine unverkennbar intellektuelle Komposition, einen berechnet unbekümmerten Refrain; es ist ein *aktives* Gedicht. Es gäbe freilich auch in der finnischen Volksdichtung poetische Beispiele mit Spitzbuben, Vagabunden, Weiberhelden. Vergessen wir zudem den wuchernden, mit ausgelassenem Humor gewürzten Realismus unserer Redensarten nicht, auch nicht den Trotzkopf Kullervo unserer Kalevala. Der Grundton der *Musa fennica* ist jedoch eher sehnsüchtig und gefühlvoll, eher weiblich als männlich – und grossenteils auch von Frauen geschaffen und erhalten. Unser Homer ist eine Frau: Larin Paraske, deren traurige und geistvolle Züge die Kunstmaler Alpo Sailo und Eero Järnefelt verewigt haben; sie sang den Liedersammlern über 30000 Verse vor! Von der zweiten Liedersängerin Juljaana Pohjalainen schreibt Martti Haavio, Mitglied der Finnischen Akademie: «Juljaana Pohjalainen erklärte mir, dass der Strom der Tränen, der während dieser schweren Jahre (der russischen Unterdrückung) aus ihren Augen floss, in ihren Pupillen zu Haut erstarrte, so wurde sie vollkommen blind.»

Der finnische Volkssänger belauschte die Stimmen im Dorf: das Zwitschern der Vögel, das Knarren des Wetterhahns oder des Brunnenschwengels, das Klopfen der Totenuhr im Stubengebälk, das Knirschen der Schlittenkufen, das Rauschen der Fichten. Und er trauerte um seine Verwandten, um das Leid in Dorf und Heimat. Finnlands schwedischsprachige

Volksdichtung entstand in Gutshöfen, an Marktplätzen, rund um Turku und Helsinki und auf den Schären; sie scheute die Idylle und das stille Leben, sie war extrovertiert.

Die sprachlich-nationale Entwicklung Finnlands stellt ein Paradox dar. Die Finnen hatten eine eigene schöne Sprache, eine eigene reiche Volksdichtung. Aber ihrer Sprache fehlte der *Wille,* sie war unwirksam als Medium der national-staatlichen Entwicklung. Anders das Schwedische. Es war in Finnland eine «fremde» Sprache, ohne bedeutende Tradition. Aber es war imstande, die Idee eines national-staatlichen Finnland, zunächst unklarer, dann deutlicher, in Worte zu kleiden; weit ins 19. Jahrhundert hinein war die schwedische Sprache die fast ausschliessliche Vermittlerin dieser Idee. Dieses Paradox wird vielleicht am treffendsten veranschaulicht durch das Lebenswerk des grossen Festungsbauers Augustin Ehrensvärd. Nachdem er in den sechziger Jahren des 18. Jahrhunderts für die Sicherheit *Finnlands* die stärkste Festung des Nordens, die *Schweden*burg (Sveaborg), gebaut hatte, liess er oberhalb der Königspforte den *schwedisch*sprachigen Wappenspruch in Stein einhauen: «*Suomis* Volk, steh' hier auf deinem eigenen Boden und traue nicht der fremden Hilfe.» Heute heisst die Festung *Finnlands*burg (Suomenlinna), und wo anders könnte der *schwedische* Bauherr zum ewigen Schlaf eingebettet sein, wenn nicht dort!

Die Sprache der Wandlung ist nicht die Sprache des Dorfes, vielmehr die Sprache der Stadt, der Kulturzentren, der Universität. Der Sozialhistoriker R. W. Tawnay erwähnt:

«Im Mittelalter und noch zu Beginn der Neuzeit war die Grundeinheit der Gemeinwesen das Dorf. Die Lebensweise des Dorfes festigte der Bauernstand, und einmütig in seinen Tugenden widerstand dieser allen verwirrenden Wünschen, welche seine traditionelle Lebensform mit einem grossen Unheil bedrohten: mit Veränderung. Mehr und mehr Rechte aber genoss das Gemeinwesen der Stadt, in der die Bürger und Zünfte ihre steinernen Gesichter gegen die Eindringlinge vom Lande gewandt hatten. Im Hintergrund standen die allmählich erwachenden Nationen. Die Nation wurde zuerst ein wirtschaftlicher Faktor und erst dann eine politische Realität.»

Die finnischen Städte Turku, Helsinki, Viipuri, Oulu waren nach europäischem Massstab klein. Aber dort hatte sich zeitweise ein reges geistiges Leben und eine beachtliche wirtschaftliche Tätigkeit angebahnt. Der Sprache der Landschaft freilich hatten die Städte ihre «steinernen Gesichter» zugewandt. Das Ziel des Dorfes und der Stadt war jedoch das gleiche: Finnlands Recht, seine Lebensform selbst zu bestimmen. Das Ziel blieb nur lange unterbewusst, der Weg ohne Wegweiser. Der Historiker George Thompson meint das gleiche mit seinen Worten über die Widersprüche im «Nationalwillen»:

«Der Nationalwille (The National Will) wird einmal erwachen. Und wie heftig die Streitigkeiten, die er verursacht, auch sein werden, am Schluss ist er ein und dasselbe. Der Nationalwille ist der Ausdruck des endgültigen Wirkens nach all jenen Motiven, die mitspielten. Der Nationalwille ist etwas, was zu einem Souveränitätswillen werden will.»

Finnland ist nicht das einzige Land Europas, in dem der Nationalwille um seine Verwirklichung gegen eine fremde und fremdsprachige Macht sowie gegen Zersplitterung von innen kämpfen musste. Das Besondere bei Finnland besteht darin, dass es diesen Kampf lange Zeit gerade in der Sprache des fremden Eroberers führte. Auf die Frage, welche Sprache die gebildete Schicht Finnlands zum nationalen Eigenbewusstsein weckte, ist die Antwort klar: die schwedische. Und welche Sprache fachte den «Nationalwillen» in den träumenden Dörfern an? Die Antwort ist ebenso klar: die finnische. Aber dazu brauchte man eine neuartige, aufgeklärte, aktive finnische Sprache, und diese zu schaffen war eine Aufgabe von Jahrhunderten.

Das Streben nach dem finnischen Nationalbewusstsein könnte auch sprachtheoretisch ausgedrückt werden. Benedette Croce, Björn Collinder, Edward Sapir und andere haben sich mit Humboldt darin einig erklärt, dass die lebendige Sprache niemals «fertig» ist, kein «gegebenes» System, kein *ergon*. Zum Wesen der Sprache gehört Dynamik, eine fortlaufende Entwicklungs- und Änderungstendenz; die Sprache ist *energeia*. «Das Finnische der Liedersänger» war schon im 16. und 17. Jahrhundert eine Art *ergon*: geschliffen, vollkommen, schön. Während der Zeit der buchlosen Stammeskultur hatte es ohne Zweifel auch eine «politische» Bedeutung enthalten. Aber in den neuen Verhältnissen war es ein Relikt, es lebte in der Erinnerung des Volkes fort, aber nicht in seinem Wirken; es war nicht *energeia*. Erst als es aus dem Dunkel ans Licht der Druckerei, des intellektuellen Forschens, der «Politik» gezogen wurde, als ihm eine neue Aufgabe geschaffen wurde, weitete es seinen Wirkungskreis über Sprach- und Literaturgeschichte hinaus.

Schon das Vorwort zu Agricolas «Gebetbuch» weist früheste Spuren von «Sprachpolitik» auf: «Er (Gott), der den Geist alles Seins versteht, begreift auch die finnische Sprache.» So lauten die bescheidenen Leitworte der finnischen Nationalbewegung.

Zu Agricolas Zeit war Finnland im ganzen genommen einsprachig. Fast alle seine Standesvertreter, Pfarrer und Kaufleute sprachen – oder verstanden mindestens – Finnisch. Finnlands Nationalitätsverhältnisse waren noch ohne Probleme; das Volk führte ein stilles Alltagsleben, zahlte Steuern, zog in den Krieg, wenn er befohlen wurde, machte bisweilen «Königsbesuche» in Stockholm, um von seinen Sorgen zu berichten, ertrug Hunger und Armut und sang, «sich gegenseitig die Hände haltend, leise wiegend», die alten Lieder seiner Mussestunden. Erst im 17. Jahrhundert, als das zentralistische Regierungssystem in Schweden-Finnland in Kraft trat, setzte der Druck und Herrschaftsanspruch der schwedischen Sprache in Finnland ein. Manches ursprünglich finnische Geschlecht wurde mit schwedischem Namen geadelt und wechselte seine Sprache; die höhere Geistlichkeit, die Professoren der Turkuer Universität wurden aus Schweden berufen. «Während der Alleinherrschaft Karls XI. wurde die Verschmelzung Finnlands mit dem Mutterland zu einem ideologischen Ziel», schreibt der Historiker Eino Jutikkala. *Una regio, una lingua, una lex, iidem mores*. Und obwohl während des «Grossen Nordischen Krieges» (1700–1721) die schwedische Grossmachtstellung sowie die Alleinherrschaft zusammenbrachen, ging die finnische Kulturentwicklung zurück. Die Lehrer, die Pfarrer, die Professoren, die Beamten flüchteten vor der russischen Besetzung nach Schweden. Nach dem Frieden kamen an ihre Stelle Schweden, die kein Finnisch verstanden.

Die ersten Bestrebungen um ein finnisches Nationalbewusstsein setzten Ende des 18. Jahrhunderts ein. Es entstand die sogenannte fennophile Bewegung, deren Bannerträger der vielseitige Gelehrte H. G. Porthan und der Bischof Daniel Juslenius waren. Porthan wirkte unter anderem erweckend auf die Erforschung der nationalen Geschichte und Volksdichtung. Juslenius war als Geschichtsforscher ein Dilettant, der in Rudbeckschem Geiste für Finnland eine mächtige Vergangenheit zu rekonstruieren versuchte. Sprachgeschichtlich war sein Werk jedoch bedeutend. Er verfasste auch das erste finnische Wörterbuch, für das er eine Unzahl von Neubildungen erfand. Und sein Manifest *Die Verteidigung der Finnen* (Vindiciae Fennorum) rief die schwedisierten Gebildeten auf, die Lage und die Bedürfnisse des finnischen Volkes wahrzunehmen. Der Krieg der Jahre 1808/09 und die neue Stellung Finnlands – Autonomie unter russischer Herrschaft – veränderten die Situation radikal. Anstelle der «Gefahr der Schwedisierung» trat die «Gefahr der Russifizierung», welche das ganze finnische Rechts- und Staatssystem mit Auflösung bedrohte. Wie war diese neue Gefahr zu bannen? Es war nutzlos und überdies politisch unklug, die schwedische Sprache und Kultur zu fördern. Eine neue «neutrale» Sprache musste als Medium der Nation gefunden werden. Man «fand» das Finnische: Wahrhaftig erstaunlich, aber man musste in Finnland das Finnische entdecken und zu einem Programm machen. Der erste grosse Ideologe der fennophilen Bewegung A.I. Arwidsson begriff das Gebot der Zeit ebenso radikal wie weitsichtig. Ich zitiere die Worte seiner Zeitung «Åbo Morgonblad»:

«Die Sprache ist nicht das Resultat des willkürlichen Wirkens eines einzelnen Menschen oder einer Klasse oder einer bestimmten Zeit. Die Sprache ist der Ausdruck des gesamten geistigen Lebens einer Nation, der Spiegel ihrer Kulturbereiche, ihres Lebens, ihrer Weltanschauung und ihrer Grundsätze. In ihr vereinigen sich aufs engste die mythischen und religiösen Begriffe des Volkes, seine Geschichte und Schicksale; mit einem Wort, sie ist das Resultat jahrhundertelanger Umwälzungen, auf welches das Klima, die Staatsform, die Entwicklung des Handels, des Ackerbaus, der Industrie, der Wissenschaft und der Kunst miteingewirkt haben. – In Finnland ist diese Sprache das Finnische.»

Dies und mehr verkündete Arwidsson, und zwar in einem markigen, rhetorischen – Schwedisch. Denn wie er selbst feststellte, war Finnisch als Sprache der Kultur und Politik noch unbrauchbar. Dies zeigen auch die finnischsprachigen Versuche, welche die Zeitgenossen Arwidssons verfassten. Der erste finnischsprachige «Kunstlyriker» Jaakko Juteini produzierte eine Unmenge Gedichte, die auch national-politische Tendenzen aufwiesen. Aber es waren naive, plumpe Elaborate; allein das Gefühl war echt:

> «Weshalb nicht auch Finnland preisen,
> Finnlands Lande weit und gross –
> Dem, der pflügt, wird Brot gegeben,
> zäher Fleiss bringt jedem Segen.» (Übersetzung von Elisabeth Kurkiala)

Zum Vergleich sei daran erinnert, auf welche Weise der grosse schwedische Lyriker Esaias Tegnér zur gleichen Zeit die schwedische Sprache handhabte. In einem in «Stockholms-Posten» erschienenen Gedicht teilt er die europäischen Sprachen höchst herablassend in gute und schlechte ein. «Schlechte» Sprachen sind seiner Meinung nach unter andern das «protzige» Spanisch, das «breiige» Dänisch sowie das Italienische, Deutsche und sogar das

Französische. Das Schwedische ist für Tegnér eine Sprache «der Ehre und der Helden», sie klinge «männlich und edel», sein Rhythmus sei «sicher wie der Gang der Sonne». Tegnérs einzige Sorge war, ob das Schwedische noch – 1817! – rein und ursprünglich bleibe, frei von fremder Verderbnis; die schwedische Sprache sei schützenswert, und es sei nötig, ihr «frisch von den männlichen Zügen die fremde Schminke zu fegen». *Solche* Sorgen erwuchsen dem Finnischen erst in den fünfziger und sechziger Jahren des 20. Jahrhunderts... Mit seinem Sprachprogramm war Arwidsson seiner Zeit weit voraus. Doch er säte den Samen in die Herzen einiger junger, schöpferischer Geister. Es war zudem nicht bloss eine sprach-, sondern auch eine nationalpolitische Saat. Zwischen den Zeilen erweckt Arwidsson mit dem finnischsprachigen «Nationalwillen» gleichzeitig den finnischen «Souveränitätswillen». Und dies witterte – ohne sich dessen voll bewusst zu werden – auch die russische Beamtenschaft, die Arwidsson des Landes verwies und seine Zeitung konfiszierte. Der finnische «Nationalwille» musste sich auf der Suche nach einer Sprache weiterhin auf die Folklore stützen. Arwidsson selber verzichtete nach seiner Übersiedlung nach Schweden für 2 Jahrzehnte auf die «Politik» und konzentrierte sich auf die Erforschung der Volksdichtung. In Finnland hingegen begann der junge Bezirksarzt Elias Lönnrot seine ersten Studienwanderungen zur Sammlung karelischen Volksliedguts, um zu gegebener Zeit und zum Erstaunen seines Landes und der Welt die Kalevala (1835, Neufassung 1849) und die Kanteletar herauszugeben. Mit gutem Recht darf betont werden, dass die Bedeutung der Kalevala damals nicht in erster Linie eine literarisch-volkskundliche, sondern eine volkspolitische war. In der Verborgenheit der Wildnis war ein ganz «neues» finnisches Volk gefunden worden, ein Volk der «Helden und Liedersänger», das zu schöpferisch-geistiger Arbeit, zu höherer Kultur, zu selbständigem Wirken fähig war. Diese Entdeckung führte einen vollständigen Sinneswandel, einen «Erdrutsch» neuer Hoffnungen, neuer Möglichkeiten herbei. Auch in grossen Kulturländern wurde das «neue Finnland» entdeckt. Schon 1845 stellte Jakob Grimm die Kalevala und ihr Volk in Deutschland vor, binnen kurzer Zeit erschienen schwedische und französische Prosa-Übersetzungen. Anders verhielt es sich mit der zeitgenössischen finnischen Nationalliteratur, die auf sich warten liess. Sowohl J.J. Nervander als auch Fredrik Cygnaeus – Professor, Dichter, mächtiger Rhetoriker – beklagten sich noch in den vierziger Jahren des 19. Jahrhunderts über den kümmerlichen Zustand der finnischen Nationalliteratur:

«Von einem Volk, dessen Vorväter schon vor 2 Jahrhunderten ein Riesenwerk, die vollständige finnische Bibelübersetzung vollbrachten, darf man mit Recht auch grosse Ernten auf den Äckern der einheimischen Literatur erwarten. Aber gibt es wohl auf der Welt eine zweite Nationalliteratur, die in den vergangenen Jahrhunderten ebenso langsame Fortschritte gemacht hätte wie die eigentliche finnische Literatur» (Fr. Cygnaeus).

Gegen diese Trägheit und Passivität erhob sich Arwidssons nächster Erbe J.V. Snellman zum aktiven Kampf. Snellmans philosophische und staatswissenschaftliche Geistesarbeit wäre in einem grossen Kulturstaat zu Weltruf gelangt; darüber soll hier nicht berichtet werden. Für Finnland ist sein Wirken als nationaler Erwecker jedenfalls wichtiger als seine Forschungsarbeit. Viljo Tarkiainen charakterisiert ihn folgendermassen:

«Dann trat ein Mann auf, welcher jener Todesstille und Schläfrigkeit den Kampf ansagte, Arwidssons Behauptung vom Fehlen eines lebendigen Nationalgeistes in Finnland bekräftigte und erneut das Recht der finnischen Volksmehrheit forderte, mit Hilfe ihrer eigenen Sprache der allgemein menschlichen Kultur teilhaftig zu werden. Dieser Mann war J. V. Snellman (1806–1881). Er war damals, in den vierziger Jahren des 19. Jahrhunderts, Lektor in Kuopio, später Philosophieprofessor und Senator. Er war eine Kämpfernatur mit Feuerseele; kein Dichter, sondern ein Denker; kein Stubentheoretiker, sondern ein praktischer Staatsmann. Und obwohl er sich seiner schwedischsprachigen Abstammung zufolge ein Leben lang in seinen Schriften fast ausschliesslich der schwedischen Sprache bediente, sein Herz war finnisch, und er hat eindrücklicher als irgendeine andere Persönlichkeit auf das Erwachen des finnischen Geistes und auf den kulturellen, gesellschaftlichen und staatlichen Aufschwung des finnischsprachigen Volkes eingewirkt.»

Zu Snellmans Zeit und noch lange nach ihm hiess die Parole: «Ein Geist, zwei Sprachen.» Von der finnischen Sprache, von der Kalevala, von Snellmans Nationalitätsprogramm aufgerüttelt, machten sich die schwedisierten Gebildeten eifrig daran, nachzuholen, was bisher versäumt wurde. Mancher gebildete junge Mann lernte die finnische Sprache und setzte sich auch sonst nach bestem Willen für die Sache des Finnentums ein. Aber der Gedanke eines rein finnischen, finnischsprachigen Nationalstaats wäre ihrer Meinung nach absurd gewesen. Das Finnentum als Idee – das begeisterte! Arwidssons pathetische Proklamation, Snellmans eigenwillige Logik hatten ihre Aufgabe sozusagen innerhalb des Wissens und des Wollens erfüllt. Not tat noch der Beitrag der Dichtung.

Im gleichen Jahr, in dem Snellmans Zeitung «*Saima*» erstmals herausgegeben wurde (1844), veröffentlichte der kaum siebzehnjährige Schüler Emil von Qvanten in einem Helsinkier Blatt das Gedicht *Suomis sång* (Suomis Gesang), das wie ein Lauffeuer von Mund zu Mund ging:

Hör, hur härligt sången skallar	*Hör ein herrlich Lied erschallen*
mellan Väinös runohallar:	*zwischen Väinös Liederhallen:*
det är Suomis sång!	*es ist Suomis Sang!*
Hör de höga furor susa,	*Hör die hohen Föhren sausen,*
hör de djupa strömmar brusa:	*hör die tiefen Ströme brausen:*
det är Suomis sång!	*es ist Suomis Sang!*
Se, i natten högt vid polen	*Sieh, im Norden strahlend wacht*
strålar klar midsommarsolen:	*Sommersonne zur Mitternacht:*
det är Suomis sång!	*es ist Suomis Sang!*
Åskans dån från himlens båga,	*Donnerschlag an Himmels Rand,*
vinterns vilda norrskenlåga:	*Winters wilder Nordlichtbrand:*
det är Suomis sång!	*es ist Suomis Sang!*

Die Wortgestalt, die Bilder, der Rhythmus, das Pathos, alles widerspiegelt den gleichen «Nationalwillen», von dessen Geist Arwidssons und Snellmans Zeitungsprosa erfüllt war. Und der Refrain ist zweisprachig: *Suomis sång*. So weit ist hier die schöpferische Harmonie von Finnlands Sprach- und Nationalitätsgeschichte gediehen: Schwedisch und Finnisch, Wille und Gefühl stimmen überein. Der zweisprachige Nationalwille war im Begriffe, zu einem zweisprachigen Souveränitätswillen zu werden. Und bald erhielt «Suomis sång» mannigfache Flügel: Vier Jahre später (1848) erschien das berühmte Dichtwerk *Fähnrich Stahl* – Vänrikki Stoolin tarinat (Fänrik Ståls Sägner) von J. L. Runeberg im Druck. Die Sammlung ist realistisch, sogar humoristisch gehalten. Aber ihr Grundton ist stark idealisierend. Die Geschichtsforschung von heute schliesst sich ihren Auffassungen über den Charakter des Krieges der Jahre 1808/09 keineswegs an. Aber dies ist nebensächlich; in Runebergs Dichtung erhielt der finnische Mann aus dem Volke erstmals Individualität, Profil, bewussten patriotischen Willen. Das Eingangsgedicht *Vårt land* (Unser Land) wird später Finnlands Nationalhymne. Und wie Qvanten gebraucht auch Runeberg das Wort *Suomi*. Ein Ausschnitt aus dem Gedicht «Der fünfte Juli», das zu den schönsten des «Fähnrichs» gehört und dem vielleicht eindrücklichsten finnischen Heldentyp des Kriegs, Major Duncker, gewidmet ist:

Och stod du nu längst upp i nord,	*Und standst du auch lange im Norden,*
du såg en lika härlig jord	*stets sahst du das gleich herrliche Land*
ifrån dess fjäller höga;	*von seinen Bergeshöhen;*
och om den flacka kust du såg,	*und schautest weite Küsten,*
som slöjs af Bottenhafvets våg,	*umspült von Bottniens Wogen,*
låg Finland för ditt öga	*da lag Finnland dir vor Augen,*
och tände kärlek i din håga –	*entfachte Liebe in deinem Gemüt –*
Här fanns et folk i *Suomis* land –.	*Hier war ein Volk in* Suomis *Land –.*

Was Runeberg vom finnischen Volk in Gedichtform erzählte, das kleidete Z. Topelius in historische Prosa (Fältskärens berättelser, Välskärin kertomuksia – Erzählungen eines Feldschers). Die schwedischsprachige Dichtung des Finnentums dieser zwei und einiger anderer war um so wichtiger, als die radikalen und kühnen Thesen der von Snellman angefachten «Fennomanie» die traurigberühmte Zensurverordnung vom Jahre 1850 zur Folge hatten, welche das Publizieren finnischer – mit Ausnahme wirtschaftlicher und religiöser – Literatur verbot. Natürlich reizte dieses Edikt nur den rebellischen Geist der Fennomanen. Und als der Zensurerlass nach ein paar Jahren aufgehoben wurde, begann das Finnische kraftvoll neue Blüten zu treiben. Der geniale Bahnbrecher der finnischen Erzählerkunst Aleksis Kivi, Sohn eines Dorfschneiders, trat mit seinen «*Sieben Brüdern*» unmittelbar in die Fussstapfen von Cervantes und Shakespeare; August Ahlqvist (Dichter Oksanen), Professor der finnischen Sprache, heftiger und stolzer Kämpfer, kannte keine Hemmung, als er die erste grosse Kampfhymne der Finnentumsbewegung verfasste:

Nouse, riennä, Suomen kieli,	*Wach auf, eile, Suomis Sprache,*
korkealle kaikumaan!	*schall' zur Höhe unverwandt!*
Suomen kieli, Suomen mieli,	*Suomis Sprache, Suomis Geist,*
niiss' on suoja Suomenmaan;	*Schutz und Trutz für Suomis Land;*
yksi mieli, yksi kieli	*einen Geist und eine Sprache*
Väinön kansan soinnuttaa.	*lass erklingen, Väinös Volk.*
Nouse, riennä, Suomen kieli,	*Wach auf, eile, Suomis Sprache,*
korkealle kaikumaan!	*schall' zur Höhe unverwandt!*

Seit den Zeiten des melancholischen Volksdichters, des bescheidenen Schaffers Agricola, vergingen Jahrhunderte, bis das Finnische in Ahlqvist-Oksanens Versen seine reine Kampffahne hisste. Die finnische Sprache, die finnischsprachige Dichtung schritt von Sieg zu Sieg. Die «nationale Erweckung» wirkte Wunder um die Jahrhundertwende, im kulturellen wie im staatlichen Leben. Nach Oksanen folgte Paavo Cajander, ein Lyriker, der auch Shakespeare ins Finnische übertrug, nach Cajander Juhani Aho, nach Aho Eino Leino, Siljo, Koskenniemi. Diese und viele andere, sie alle schufen auch «programmatisch»-nationale Dichtung (z. B. Cajander: «Die befreite Königin» = die finnische Sprache; Koskenniemi: «Sonette über die finnische Sprache»). Pessimistische Stimmen mahnten, denn der Kampf war bitter und lang. Der einsame Kaarlo Kramsu kleidete den tragischen Trotz der Finnentumsbewegung in eiserne Rhythmen und peitschende Worte. Die Verteidiger der schwedischen Sprache erhielten ebenfalls ihre Theoretiker. Professor A. O. Freudenthal entwickelte einen «wissenschaftlichen» Mythos von der schwedischen Rasse und Nationalität in Finnland. Der Mythos zerbrach an seiner eigenen Unhaltbarkeit, hatte jedoch literarische Bedeutung, denn er inspirierte Dichter, Rhetoren und Publizisten. Die neue Schwedentumsideologie fand in Arvid Mörnes und Bertel Gripenbergs Werk unvergleichlichen Ausdruck. Mörne schrieb «vom schwedischen Boden», den Nylands Bauer in stillem Trotz pflügt.

«In Spätherbstdämmerung furcht der Pflug das Feld
zum Takte der Pferdehufe.
Schleppend müht sich das Tagwerk voran.»

Gripenbergs berühmte Hymne auf das Schwedentum ist glanzvolle Wortkunst:

Fast stormen skakar stugans dörr	*Trotz Sturm, der an der Türe zerrt,*
och lås och hakar springa,	*dass Schloss und Haken springen,*
än hör den sången liksom förr	*lass neu den Sang, wie eh gehört,*
med manlig malmton klinga.	*mannhaft und erzen klingen.*
Du svenska språk, din klang är stål	*Du schwedsche Sprach', Stahl ist dein Klang*
mot solskens blanka hjälmar!	*auf blendendblanke Helme!*
Hugg in, vårt svenska modersmål	*Schlag zu, du schwedscher Urgesang,*
mot nidingar och skälmar!	*gen Frevler und gen Schelme!*

Neben der programmatischen finnischen Lyrik aber blieb die Tradition des elegischen Volkslieds weiter wirksam. Sie verlieh der finnischen Dichtersprache immer reichere Ausdrucksmöglichkeiten. Diese Tradition vollendete Otto Manninen, der Übersetzer von Homer und Goethe, in dessen Werk die finnische Stimmungslyrik ihren formalen Höhepunkt erreichte:

<table>
<tr><td>

Yli soiluvan veen ne sousi,
ne aallon ulpuina ui,
kun aurinko nuorna nousi,
yöt Pohjan kun punastui.
Lumikaulat kaartehin ylpein,
veen kuultoon kuvia loi,
povet aamun kullassa kylpein
ne outoja unelmoi.   JOUTSENET

</td><td>

Über rieselndes Wasser ruderten sie,
gleich Seerosen schwebten sie,
als jung die Sonne aufging,
als Nordens Nächte sich röteten.
Schneehälse mit stolzem Bogen
warfen Bilder auf schimmerndes Wasser,
den Busen badend im Golde des Morgens,
sie Seltsames träumten.   DIE SCHWÄNE

</td></tr>
</table>

Es besteht kein Zweifel, dass sich die finnische Sprache und die finnische Dichtung durchsetzen mussten in einem Land, dessen schwedischsprechende Bevölkerung in ihrer besten Zeit ungefähr 13,5 Prozent der Gesamtbevölkerung betrug; heute macht sie 7,4 Prozent aus. Und wie Thompson sagt, findet der Nationalwille nach anfänglichen Konflikten immer einen gemeinsamen Weg. In den Prüfungen, die Finnland während der sogenannten Frostjahre (der russischen Unterdrückung in Finnland 1899–1905, ferner in den Jahren 1918 sowie 1939–1944) erfuhr, schritten die finnisch- und die schwedischsprachige Muse im gleichen Takt unter blauweissem Banner. Gripenberg war nicht nur Lyriker, er war auch Krieger und Patriot, der den finnischen Selbständigkeitswillen in die Worte kleidete:

«Eisig die Nacht, die Föhren flüstern und schwanken,
finster die Nacht, und doch bleiben hell die Gedanken. –
Finnlands Armee zieht vorbei in der rauschenden Nacht.»

Gleiche Kunde brachte aus den Schützengräben des Winterkriegs der Kompanieführer Yrjö Jylhä, als poetischer Herold des finnischen Nationalwillens, vollblütiger Erbe Runebergs:

<table>
<tr><td>

Mikä vannottiin, se pidetty on
yli päämme kun löi tulilaine,
ja rinnalla tuntomme tuomion
muu kunnia meille on arvoton,
katinkultaa kiitos ja maine.

</td><td>

Wir hielten, was wir geschworen,
da Kugelregen uns schlug;
vor dem Urteil unsres Gewissens
bleibt wertlos andere Ehrung,
Flittergold Dank und Ruhm.

</td></tr>
</table>

Am Anfang war der Logos...
Als der Zeitgenosse Christi, der Philosoph Philon, den Begriff Logos anzuwenden begann, meinte er damit die göttliche Vernunft, eine Weltidee, mit deren Hilfe unser Herr das Ur-

chaos klärte und das System des Himmels und der Erde aufbaute. Der Evangelist Johannes gab dem Wort die uns bekannte lyrische Nuance. Philons Logos war Wille und Vernunft, Johannes' Gefühl und Schwärmerei. Bis zu unseren Tagen hat Logos beide Bedeutungen beibehalten.

Der Konflikt zwischen Finnisch und Schwedisch, Dichtung und Nationalgeist, Gefühl und Willen ist in Finnland beigelegt. Unsere Kontroversen von heute sind andere: Wir kämpfen um den Inhalt der Begriffe «Neutralität» und «Selbständigkeit». Aber wenn wir uns ein Gesamtbild davon machen wollen, was «Suomis sång» der Nation bedeutet hat, müssen wir uns des schon in diesen Wörtern selbst enthaltenen Dualismus bewusst sein. Die finnische Literatur hat im ganzen einen nordischen und westeuropäischen Charakter; der Einfluss skandinavischer Vorbilder schwedischsprachiger Ideenrichtungen des Heimatlandes ist bedeutend. Aber ihr tiefster Impuls kommt aus der rund 1000 Jahre alten Urschicht lyrischbetonter Volksdichtung. Einen eigenen Zug in die finnische Dichtung gebracht haben darüber hinaus die Agricolasche Religiosität, die von Kirchenliedern, frommen Gesängen, Bänkelliedern geprägte Tradition. «Meine Kantele wird einst im Himmel schöner klingen.» Mit dem staatlichen Erwachen ist diese Dichtung vielseitiger, reicher und aktiver geworden. Das Schwedentum war sowohl der Erwecker als auch der Herausforderer dieser Dichtung – gleichwie sie von der Russlandherrschaft herausgefordert wurde; bis aus den Tränen Juljaana Pohjalainens die «Elegie für Finnlands Freiheit» von Koskenniemi hervorgesprossen war. Die heutige finnische Literatur ist europäisch orientiert und zum grössten Teil einsprachig. Aber unsere Nationalhymne ist immer noch Runebergs *Vårt land*.

Oi maamme, Suomi, synnyinmaa!	*O Heimat, Heimat, unser Land,*
Soi sana kultainen!	*kling laut, du teures Wort!*
Ei laaksoa, ei kukkulaa,	*Kein Land, so weit der Himmelsrand,*
ei vettä, rantaa, rakkaampaa	*kein Land mit Berg und Tal und Strand*
kuin kotimaa tää pohjoinen,	*wird mehr geliebt als unser Nord,*
maa kallis isien.	*hier unsrer Väter Hort.*

Sitten und Gebräuche

Feine Sitten und Gewandtheit in Umgangsformen sind nicht eben die hervorstechendsten Charakteristika des Finnen. Er ist eher verschlossen und wortkarg. In den einsamen Wäldern und weit voneinander gelegenen Bauernhöfen hat er zuerst das Schweigen gelernt. Dafür gilt er als unbedingt ehrlich, zuverlässig und treu. Darum sollten Sie sich, wenn Sie einmal in Finnland sind, von der Zurückhaltung und der herben Art der Finnen nicht entmutigen lassen. Sie dürfen es auch nicht als Unhöflichkeit auslegen, wenn die Finnen Ihnen nicht bei jeder Begrüssung die Hand entgegenstrecken. Oft begrüsst man sich nämlich nur mit Kopfnicken und mit den Worten «päivää» oder «terve» oder «hei», was etwa dem Gruss «Tag» oder «Servus» entspricht. Bei vielen Kindern und Jugendlichen geht es allerdings noch etwas formeller zu; die Mädchen machen beim Begrüssen einen Knicks, die Knaben eine Verbeugung, wobei sie die Absätze zur Habacht-Stellung zusammenschlagen. Sind Sie in einem finnischen Heim zu Gast, wird Ihnen auffallen, dass man sich vor dem Essen selten «guten Appetit» oder «Mahlzeit» wünscht. Nach jeder Mahlzeit aber sagt man «kiitos», das heisst «Danke». Und zwar danken nicht nur der Mann und die Kinder der Hausfrau, auch die Hausfrau dankt allen, die gegessen haben.
Sie müssen in Finnland damit rechnen, dass man Ihnen zum «Teekränzchen» nicht etwa Tee, sondern Kaffee anbietet. Denn der Kaffee ist das Nationalgetränk der Finnen. Auf dem Lande steht die Kaffeepfanne jederzeit griffbereit auf dem Herd. Ohne eine Tasse Kaffee, der ziemlich schwach zubereitet wird, darf kein auch noch so eiliger Gast fortgehen. Zum Kaffee gehören der süsse Zopf und die «sieben Sorten» Kleingebäck.
Bei finnischen Einladungen haben Sie Gelegenheit, sich in der Kunst des Balancierens zu üben. Denn sehr beliebt ist hier der «seisova pöytä», wörtlich übersetzt der «stehende Tisch», in Deutschland und der Schweiz etwa als skandinavisches Buffet bekannt. Auf dem Esstisch stehen Gläser, Teller, Besteck und Speisen bereit. Jeder holt sich selbst sein Essen und kommt damit wie ein Jongleur zu seinem Stuhl zurück. Wenn Sie Ihren Teller leergegessen haben, müssen Sie auf das «supplément» warten, bis alle andern auch ausgegessen und ausgetrunken haben.
Diese Tischsitten sind jedoch kein Hindernis, sich in einer finnischen Gesellschaft wohlzufühlen. Wenn Sie nach der Mahlzeit «kiitos» sagen und innerhalb von zwei, drei Tagen nach dem Besuch schriftlich oder telephonisch «für das Letzte», wie es heisst, danken, dann sind Sie in den Augen der Finnen ein vollkommener Gast.
Zu den finnischen Spezialitäten gehört das Ostergericht «mämmi». Es ist eine aus gemalztem Roggenmehl zubereitete süsse Speise, die mit Rahm und Zucker gegessen wird. Ein

hoher amerikanischer Gast, der nach dem Kriege Finnland besuchte und «mämmi» vorgesetzt bekam, habe unverzüglich nach Hause telegraphiert: «Die Finnen brauchen dringend Hilfe; sie essen Hühnerfutter!»

Verdutzen mag den Finnlandbesucher beim ersten Anblick auch ein typisches Alltagsgericht, eines der vielen Fischgerichte. In diesem «kalakeitto» finden sich Fisch und Gemüse «harmonisch vereint» – in Milch. Anstelle von Schnecken und Austern gelten in Finnland als Delikatessen der Rogen oder zum Beispiel die karelische Suppe aus kleinen Maränen: die gesäuberten kleinen Fische werden in Salzwasser mit Butter gar gekocht. Zuerst isst man die Fische samt Gräten, anschliessend die Brühe – alles mit dem Löffel aus dem Suppenteller.

Im allgemeinen kann man sagen, dass die finnische Kost eher schwer ist. Dies hängt sicher mit dem Klima und den Lebensbedingungen zusammen. Eine wahre Kraftprobe für den Magen eines Mitteleuropäers ist zum Beispiel «kalakukko», eine mit Fischen oder mit Fleisch und Rüben gefüllte Brotteigpastete, die aussieht wie ein 5 kg schwerer Brotlaib. Ausgezeichnet dagegen schmecken den meisten Ausländern Spezialitäten wie Lachs und geräuchertes Rentierfleisch. Ausserdem gibt es in Finnland westeuropäisch-«zivilisiertes» Essen, unbelastet von der urtümlichen Tradition nordländischer Kulinarik.

Die herkömmlichen Fest- und Feiertage der meisten europäischen Länder werden auch in Finnland gefeiert. Allerdings fehlen in dem zu 93 Prozent evangelisch-lutheranischen Land einige ausgesprochen katholische Feiertage. Aus der katholischen Zeit ist aber z. B. der Faschingsdienstag (vor Aschermittwoch) geblieben. Viele wissen nicht mehr, weshalb es diesen «laskiainen» gibt, doch gehört es zur Tradition, den Tag zu feiern. Die Hausfrauen backen «laskiaispullat», das sind Brötchen aus Hefeteig, die mit heisser Milch übergossen werden. Am Abend macht man mit dem Schlittengespann eine Ausfahrt. Es braucht keinen Mond, denn das Nordlicht, das in weitgespanntem Bogen am sternklaren Himmel leuchtet, erhellt die Schneefelder und vereisten Seen und vermittelt mit seinen ständigen Bewegungen ein einzigartiges Schauspiel.

Der Winter mit seinen langen Abenden ist die Zeit der Häuslichkeit, der Heimarbeit. Die emsigen Hände der Finninnen knüpfen aus Wolle Wandbehänge zu eigentlichen Gemälden verschiedenster Farben und Muster. Ein solcher Wandbehang, «ryijy» genannt, darf in keinem finnischen Heim fehlen.

Ab und zu wird an den langen Winterabenden auch noch die Kantele, das finnische Nationalinstrument, von ihrem gewohnten Platz an der Wand heruntergeholt. Der Spieler zupft die Saiten, und die Stube ist erfüllt von den teils heiteren, teils melancholisch-traurigen Melodien der finnischen Volksweisen.

Finnlands Nationalepos Kalevala berichtet, dass Väinämöinen, der Held des Epos, die erste Kantele aus dem Kieferbein eines riesigen Hechtes baute, als Saiten Haare einer Jungfrau nahm und dass bei den Klängen seines Spiels die Natur aufhorchte. Sogar die Vögel verstummten, um dem Kantelespiel zu lauschen. Erwähnenswert scheint, dass Väinämöinen und die anderen Helden des Epos keine Krieger waren – im Gegensatz zu den Helden der anderen Volksepen Europas. Die Macht der Kalevala-Helden liegt in der geistigen Überlegenheit. Kraft eines Zauberlieds beispielsweise vermögen sie einen Gegner in den Sumpf zu «versingen».

Auch den Kindern bedeutet die früh einbrechende Winterdunkelheit – gegen 3 Uhr nachmittags braucht man künstliches Licht – keinen Grund zur Langeweile. Wochen vor Weihnachten sind sie schon damit beschäftigt, Briefe an den Weihnachtsmann zu schreiben. Sie geben sich Mühe, recht brav zu sein, denn der Weihnachtsmann, der oben in Lappland im Berg Korvatunturi wohnt, schickt seine Helfer, die Weihnachtszwerge, schon im November in Dorf und Stadt. Dort beobachten sie unbemerkt durch die Fenster, ob Tun und Lassen der Kinder Belohnung oder Strafe verdienen. Seine Geschenke stellt der Weihnachtsmann mit Hilfe der Weihnachtszwerge während des Jahres in seiner Werkstatt im Korvatunturi her und bringt sie den Kindern und Eltern am Heiligen Abend höchst persönlich auf dem Rentierschlitten. Im übrigen wird Weihnachten in Finnland – ähnlich wie in anderen Ländern – mit Christbaum, Lesung der Weihnachtsgeschichte und Besuch des Weihnachtsgottesdienstes gefeiert.

Wie anderswo, sind die finnischen Feste und Bräuche meist von den Jahreszeiten geprägt. Besonders intensiv feiert der Finne die Feste des mit Sehnsucht erwarteten Sommers, den er ganz bewusst erlebt und geniesst.

Am Ersten Mai, dem Vappu-Fest, verlässt jung und alt das Haus, um den Frühling zu feiern. Trotz des oft noch kühlen Wetters spazieren die Leute in ihren leichten Frühlingskleidern auf den Strassen, geschmückt mit Papierblumen, bunten Wedeln und Luftballons. Der eine trägt eine Clownnase, der andere einen lustigen Hut – es sind bescheidene Anspielungen auf die mittel- und südeuropäischen Faschingsbräuche.

Die Glücklichen aber, die ihr Abitur erfolgreich bestanden haben – sei es erst vor kurzem oder schon vor Jahren und Jahrzehnten – setzen an diesem Tag ihre weisse oder vielleicht schon vergilbte Studentenmütze auf, denn der Erste Mai ist auch der Tag der Studenten. Ein turbulentes Treiben herrscht auf den Strassen und Plätzen, Lieder erschallen, und die Finnen sind in ihrer Ausgelassenheit nicht wiederzuerkennen.

Am Samstag vor dem 24. Juni wird das altüberlieferte Mittsommernachtsfest, Juhannus, gefeiert. Am Vortag holt jeder Hausbesitzer aus dem Wald 2 Birken und stellt sie beidseits vor den Hauseingang. Am Abend lodern grosse Feuer zum Himmel und werden vom Volk in bunten Trachten umtanzt. Ans Schlafen denkt niemand, denn wer möchte in dieser Sommernacht auch nur eine Minute verpassen? Geht doch die Sonne im Süden des Landes nur für ein paar Stunden unter – im Norden überhaupt nicht. Zu rasch endet der kurze nordische Sommer. Noch einmal jubiliert die Natur während der wenigen Herbstwochen, indem sie die Birken mit leuchtendem Gold übergiesst – die herbstliche Farbenpracht ist überschwenglich. Doch dann folgen die Winterstürme, die langen Nächte, Kälte und Schnee. Im warm und farbenfroh eingerichteten Haus pflegt man die Geselligkeit, und auf der Loipe direkt vor der Haustür rückt man aus zum Skilaufen und Skiwandern.

34 Das neue Universitätskrankenhaus in Helsinki – im Volksmund «Hilton» genannt – ist seinem Volumen nach das grösste Gebäude Finnlands.

35 Das Vappufest am Ersten Mai wird im ganzen Land als Frühlings- und Studentenfest gefeiert. Buntes Treiben am Vappufest auf dem Marktplatz in Helsinki.

36 Die Promotionsfeier an der Medizinischen Fakultät der Universität Helsinki erfolgt nach alter akademischer Tradition.

37 Teilansicht der monumentalen Treppe und Säulenreihe des Reichstagsgebäudes in Helsinki. Der Bau wurde 1931 nach den Plänen von J. S. Sirén in rosafarbigem Granit errichtet und ist eines der Symbole des jungen, freien Landes.

38 Der Plenarsaal des Reichstagsgebäudes in Helsinki. Der seit 1906 bestehende Reichstag ist ein Einkammer-Parlament. Seine 200 Abgeordneten werden nach dem System der Verhältniswahl erkoren. Wahlberechtigt sind alle Bürger beiderlei Geschlechts, die das 21. Lebensjahr vollendet haben.

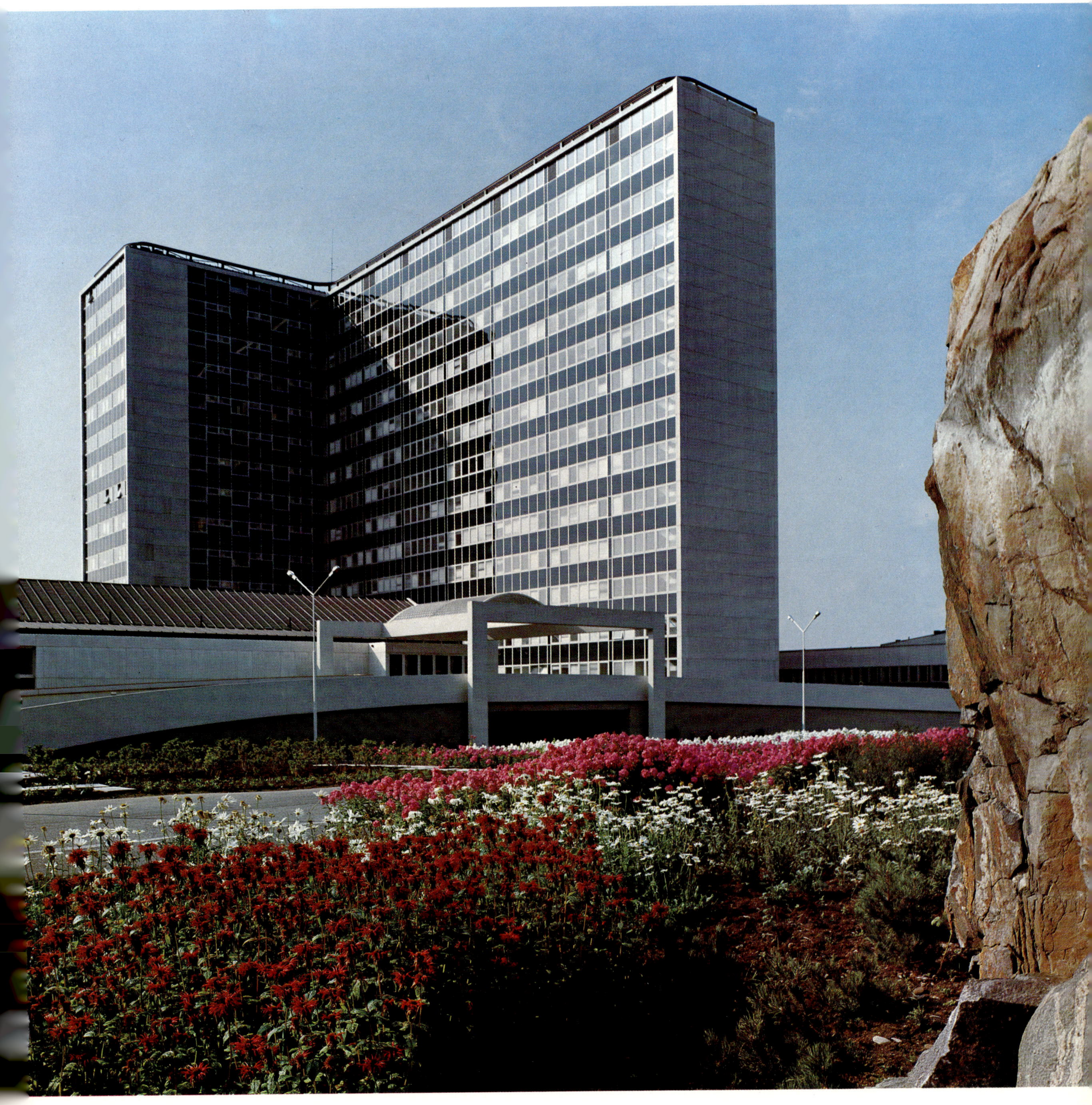

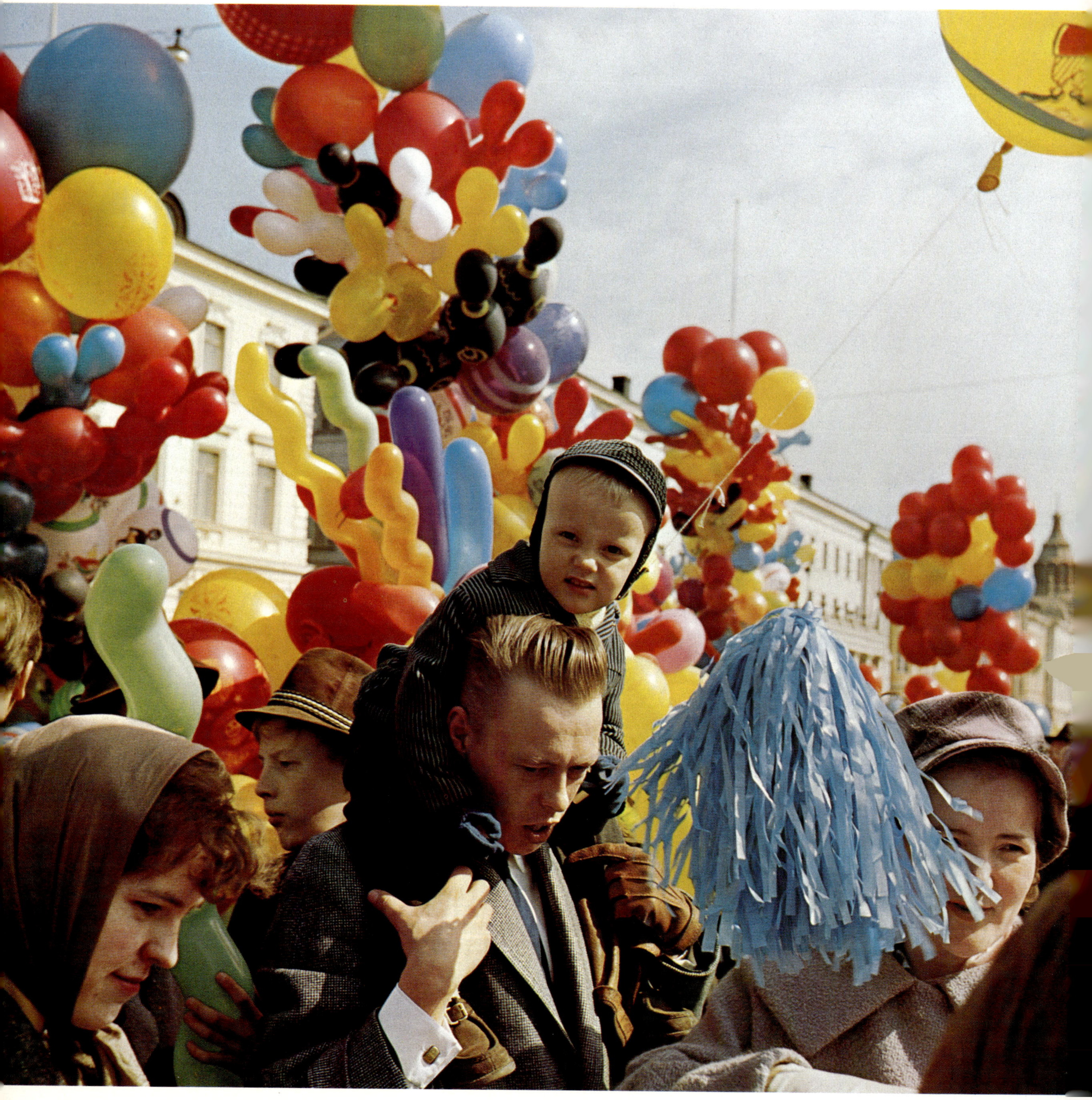

35

36

37

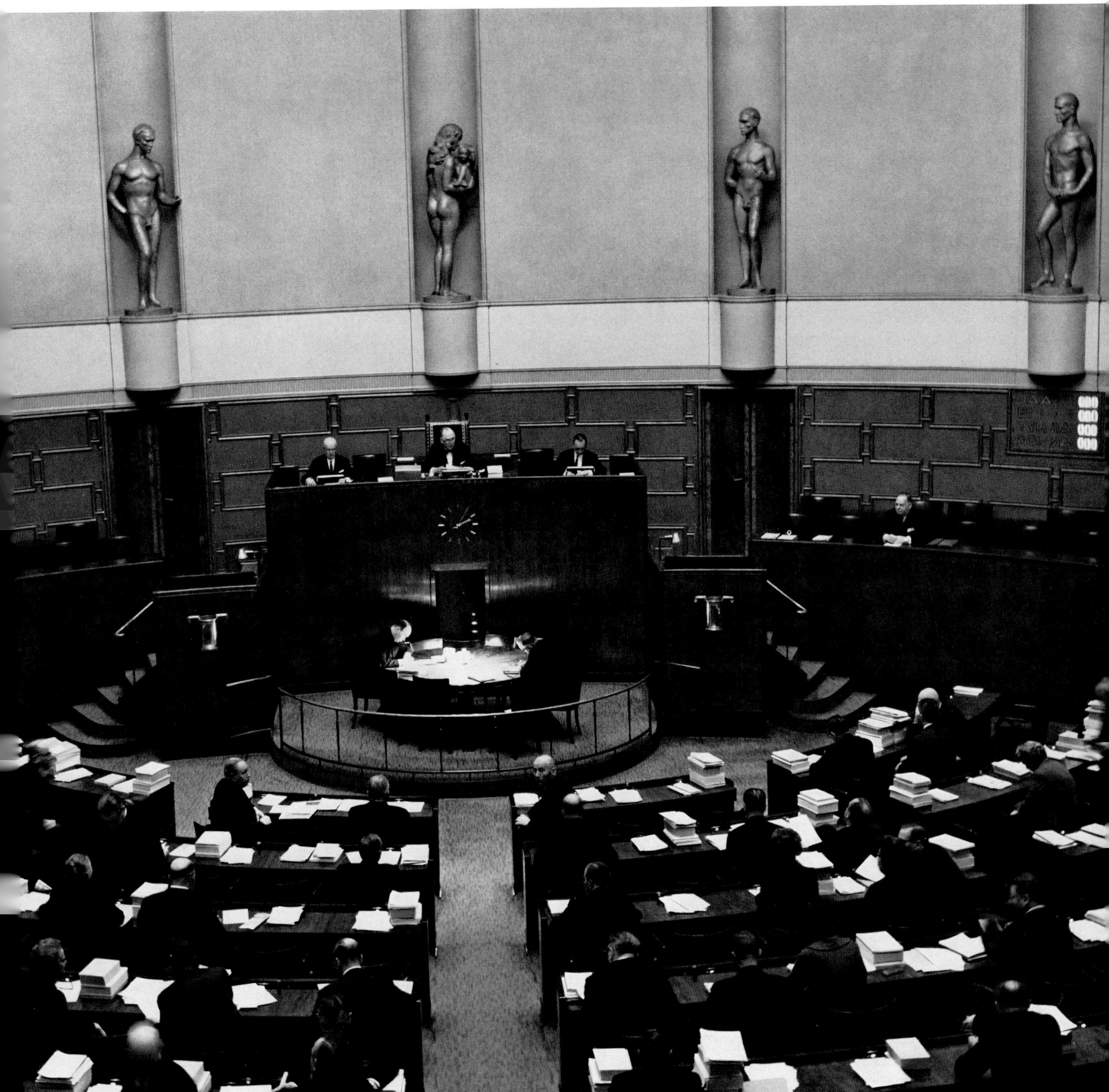

39 Finnischer Birkenwald. Die Birke ist der weitverbreitetste Laubbaum Finnlands. An der nördlichen Waldgrenze kommt sie als niederer Krüppelbaum vor, in Mittel- und Südfinnland bilden die hochstämmigen Birken stattliche Wälder.

40 Carl-Gustav Mannerheim (1867–1951), Marschall von Finnland, Staatspräsident von 1944 bis 1946, hat auf dem Heldenfriedhof von Hietaniemi in Helsinki inmitten von 3000 Gefallenen seine letzte Ruhestätte gefunden.

41 1960 wurde beim Hauptpostgebäude in Helsinki das von Aimo Tukiainen geschaffene Reiterstandbild von Marschall Mannerheim enthüllt. Es wird in dem geplanten neuen Zentrum der Hauptstadt eine zentrale Stellung einnehmen.

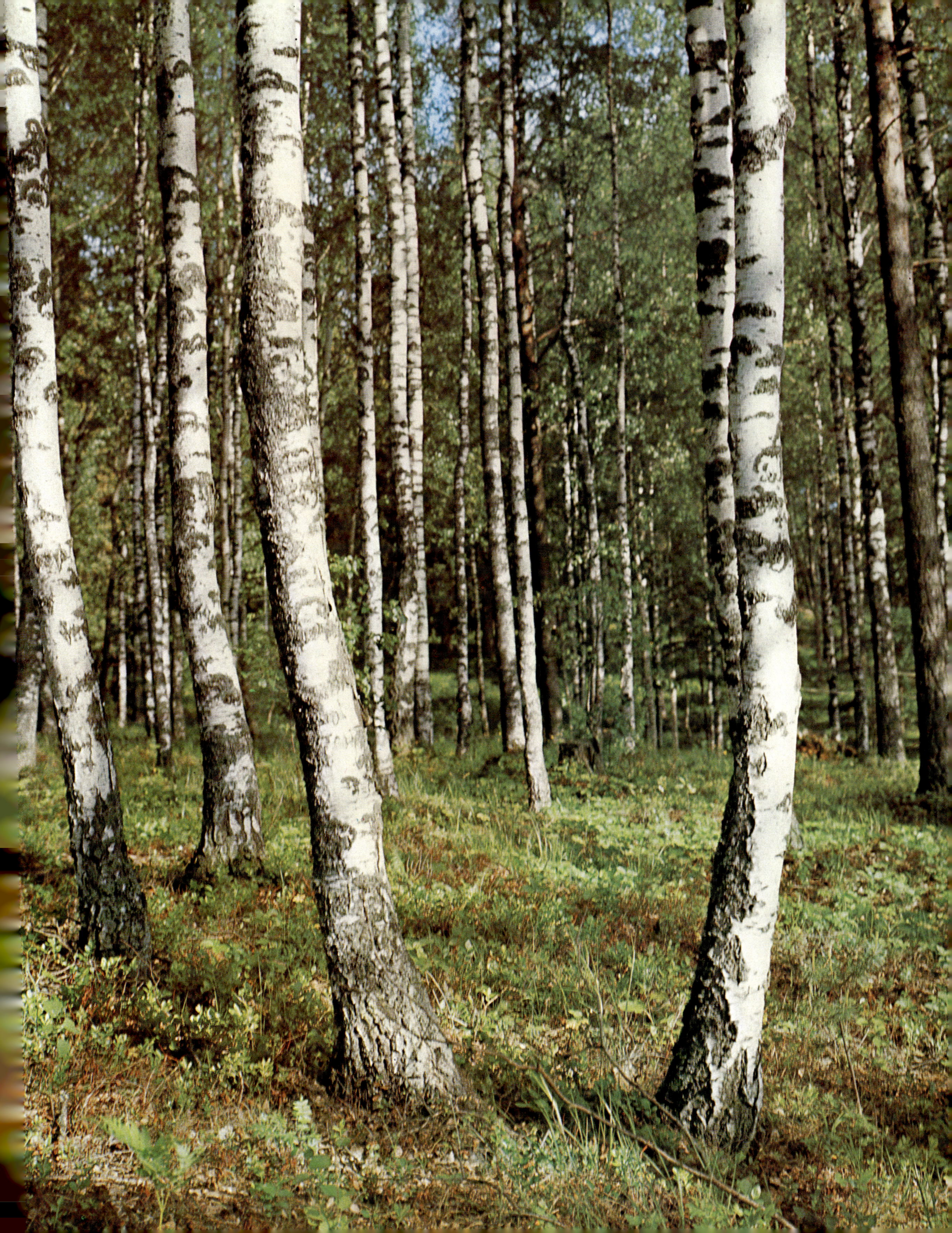

C. G. E. MANNERHEIM
✶ 4.6.1951

40

41

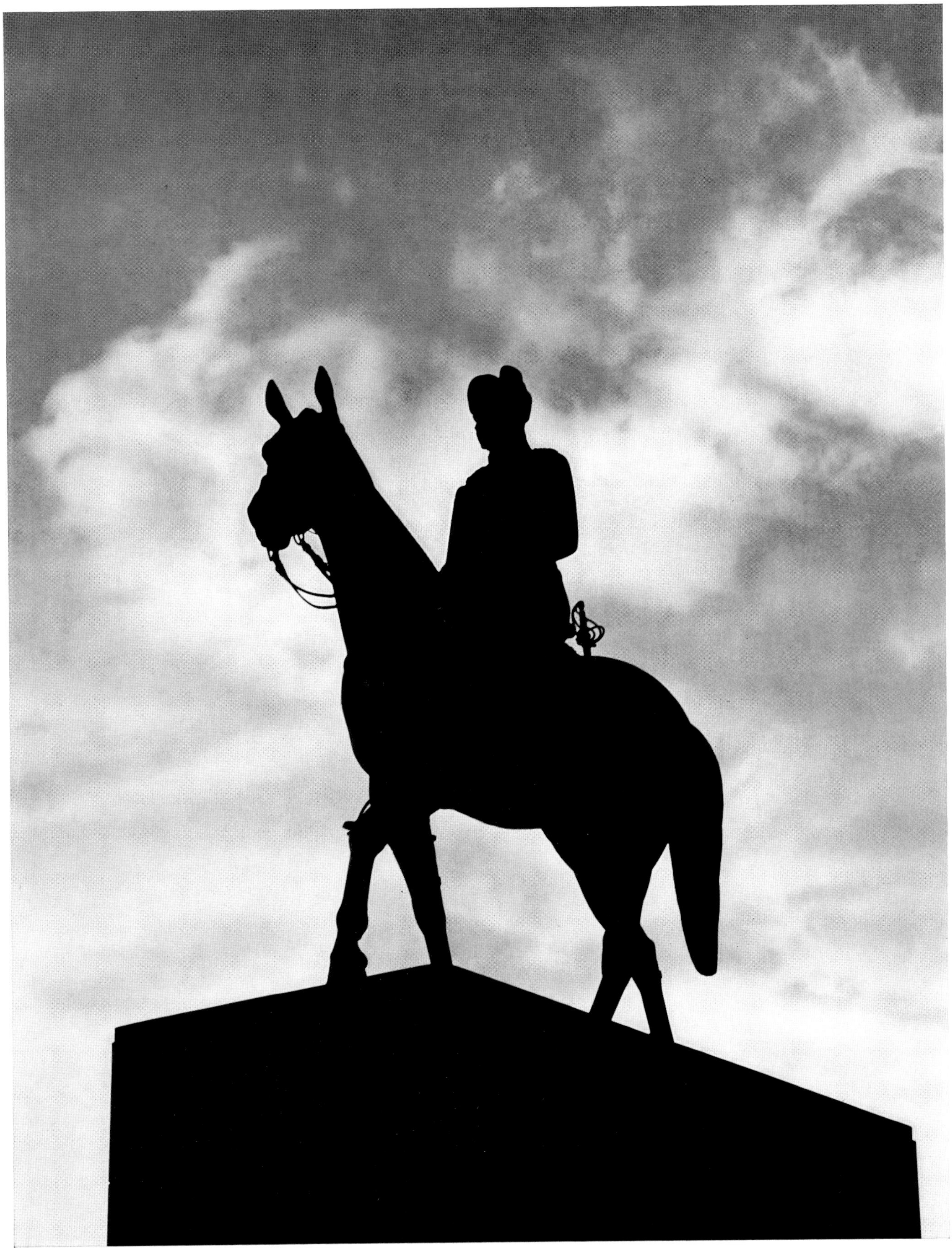

42 Einer der bekanntesten Sportler der Welt ist der «Wunderläufer aus Finnland» Paavo Nurmi, der in den zwanziger Jahren zahlreiche olympische Siege errang. Die von Wäinö Aaltonen geschaffene Statue von Nurmi vor dem Olympiastadion in Helsinki symbolisiert das Sportinteresse der ganzen Nation.

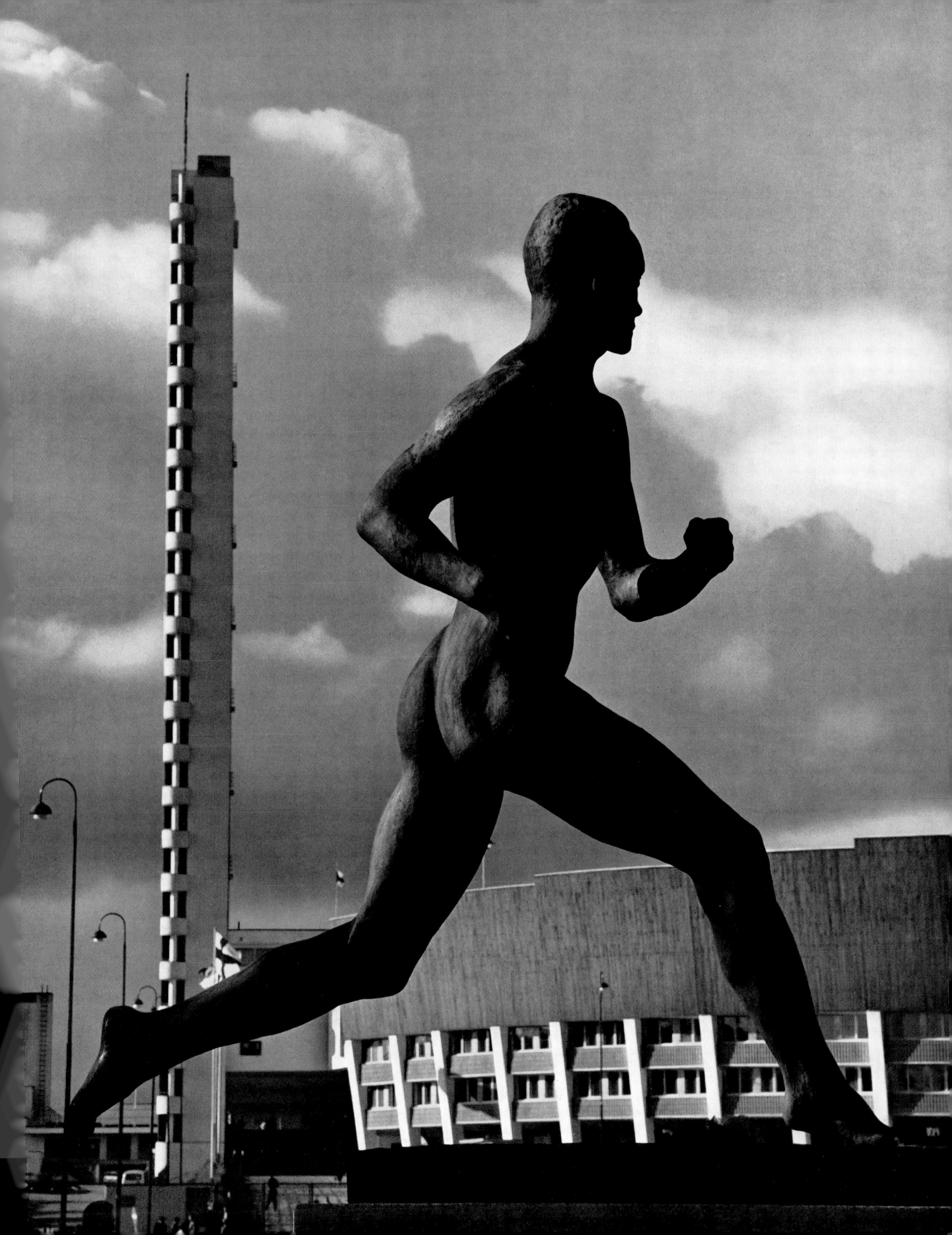

43 Sportfest der Jugend vor dem Olympiastadion in Helsinki.

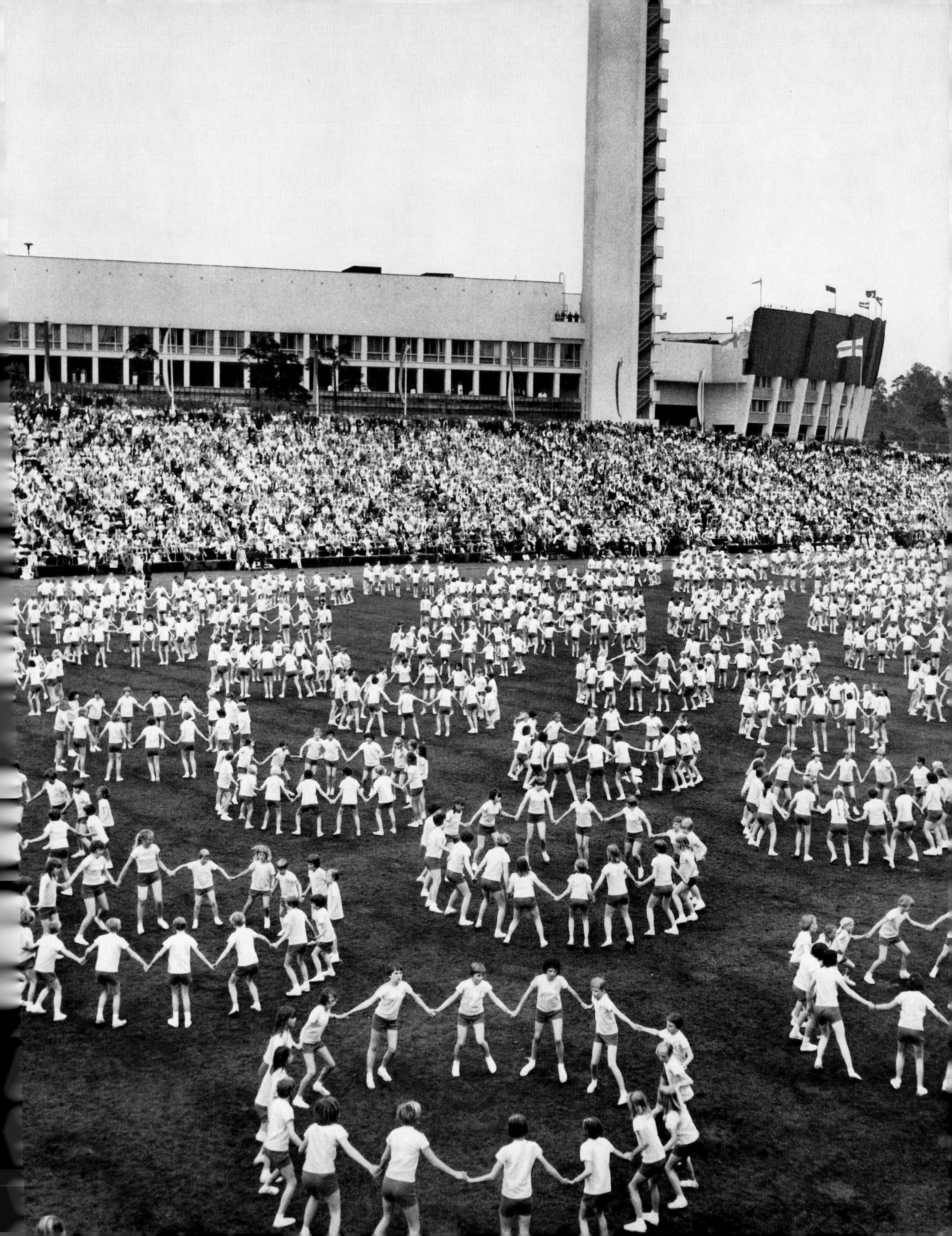

44 Vielerorts tritt der Granitfels zutage und
bietet versteckte Plätzchen, um sich zu erholen.

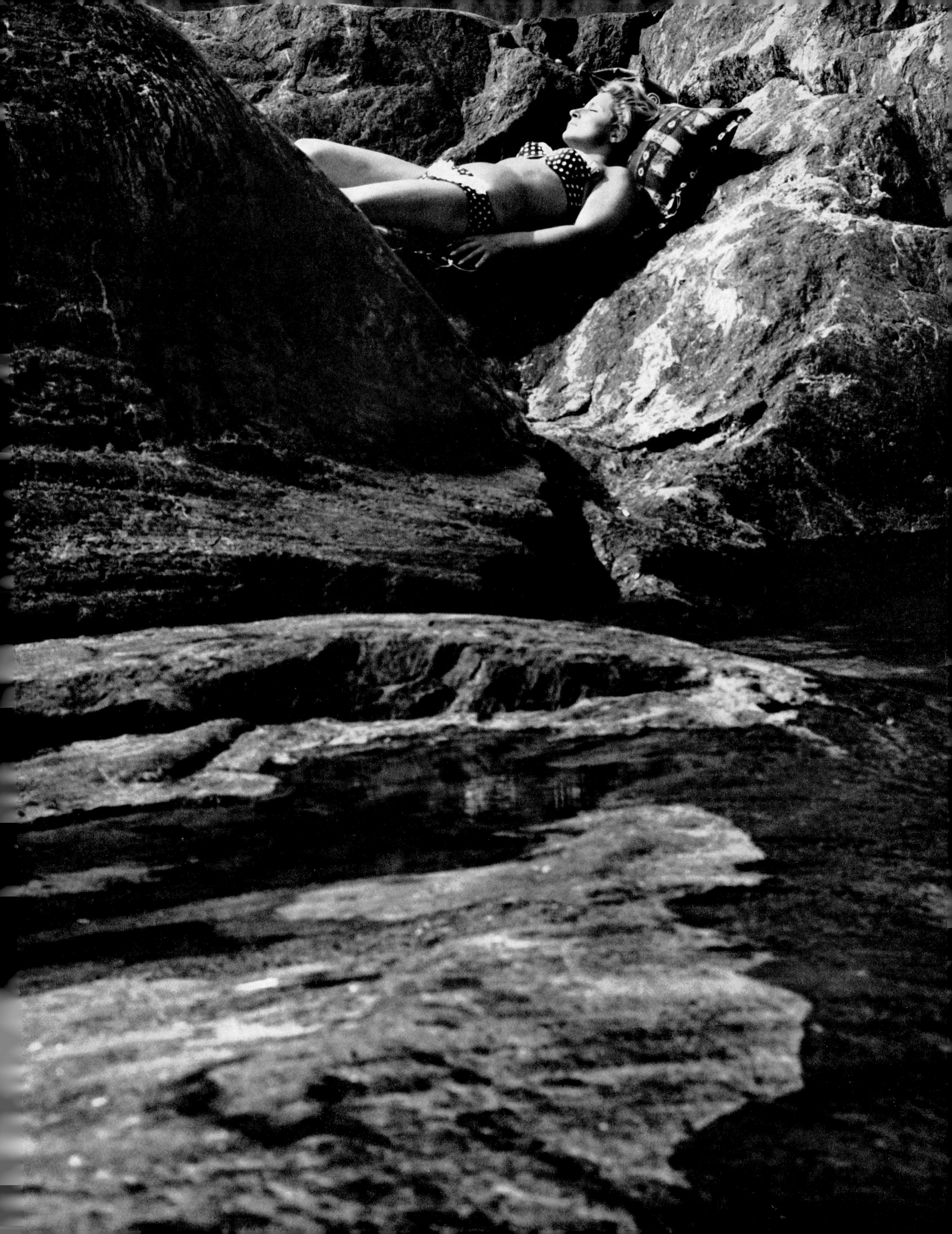

45 Finnische Bäuerin in der Volkstracht.

46 Lappe in seiner Tracht.

47 Junges finnisches Mädchen.

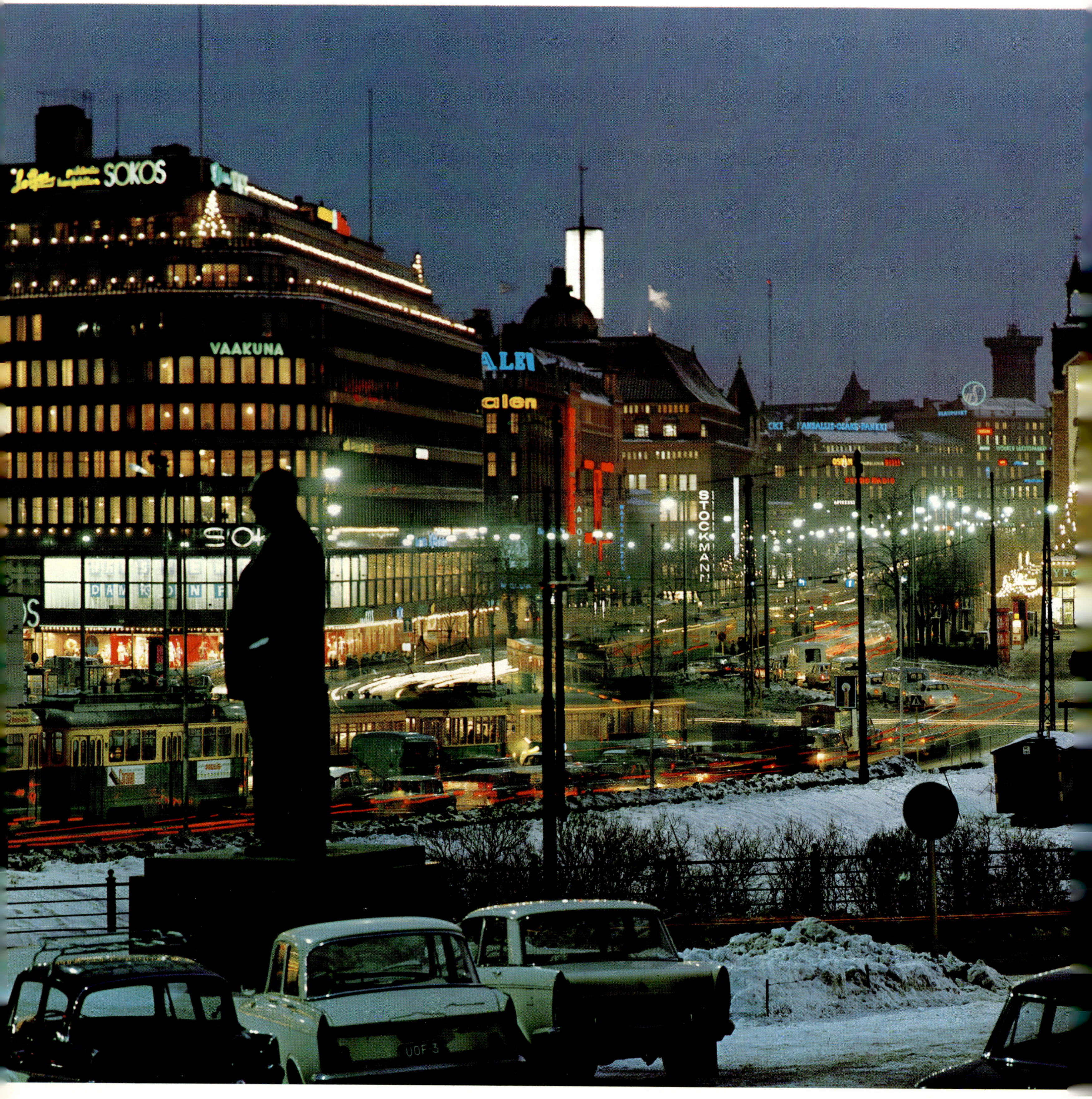
SOKOS
VAAKUNA
STOCKMANN
UOF 3

48 Die Mannerheimstrasse bei Nacht,
die Hauptverkehrsader von Helsinki.

49 Ohne Worte...

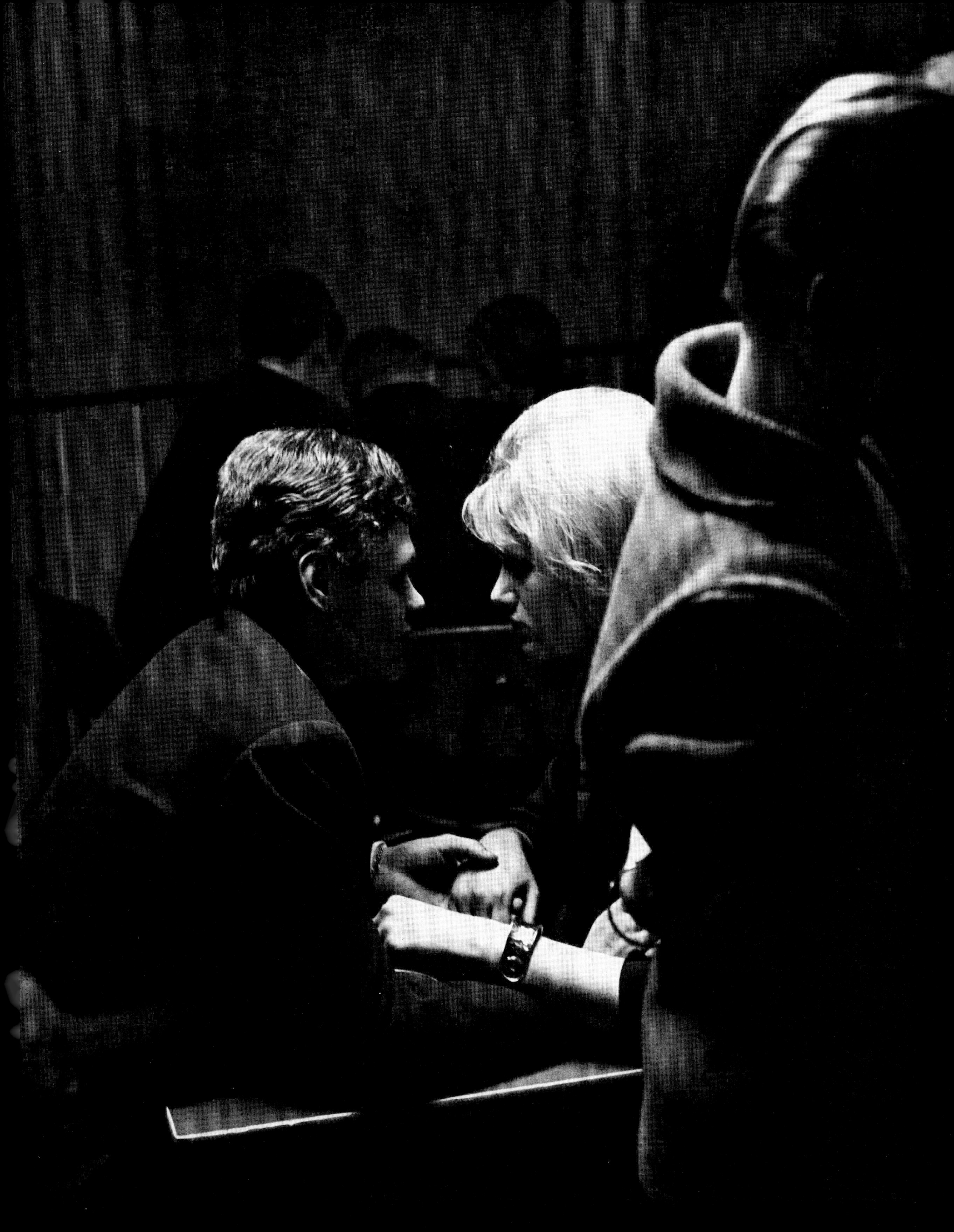

50 Tapiola, die grösste und bekannteste Satellitenstadt Helsinkis. Hier konnten viele junge Architekten ihre Vorstellungen über modernen Städtebau in die Tat umsetzen.

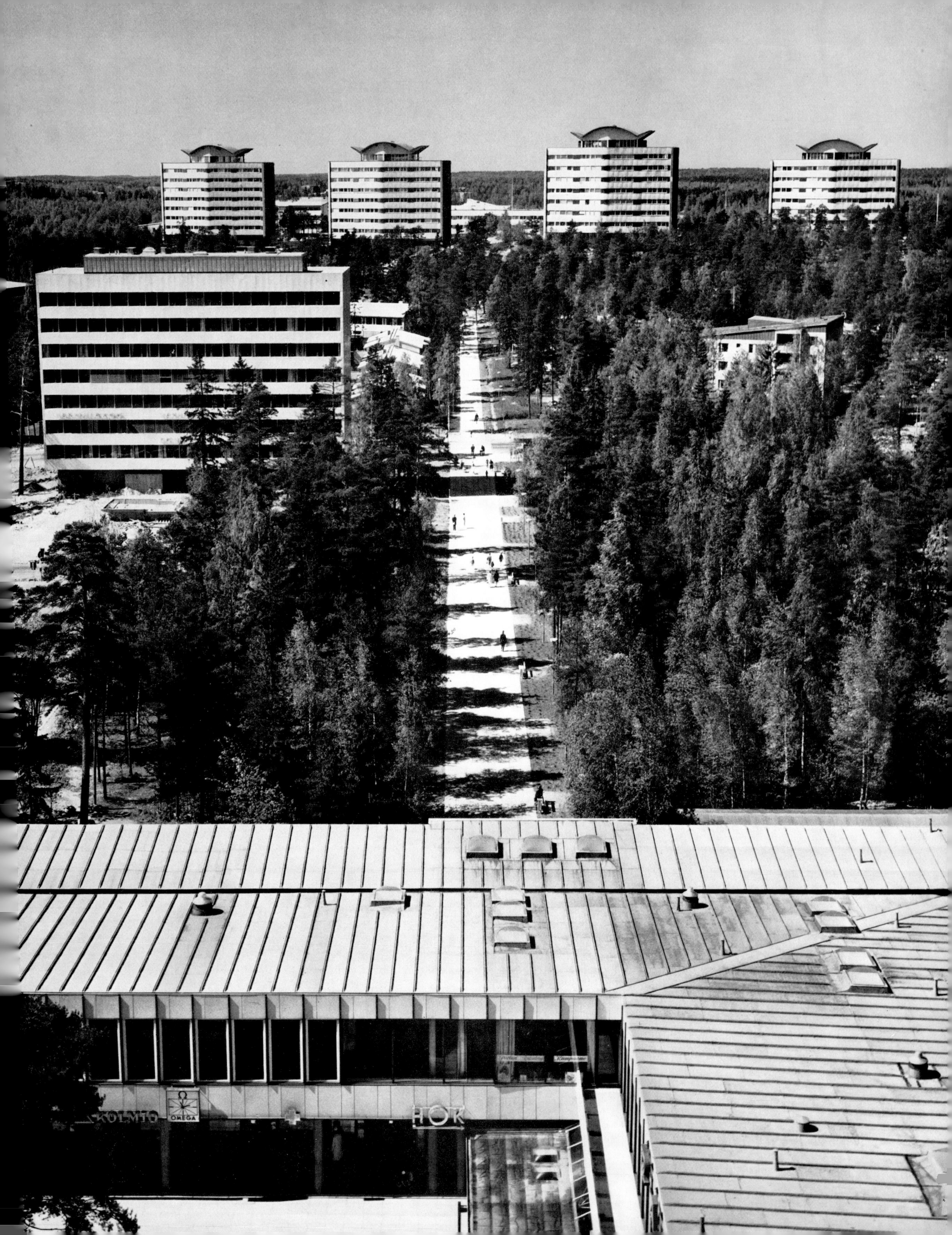
KOLMIO
OMEGA
HOK

51 Ein Teilstück der Autobahn, die die westlichen Vorstädte mit Helsinki verbindet. Die Zahl der Autos stieg in Finnland in den letzten Jahren sprunghaft in die Höhe.

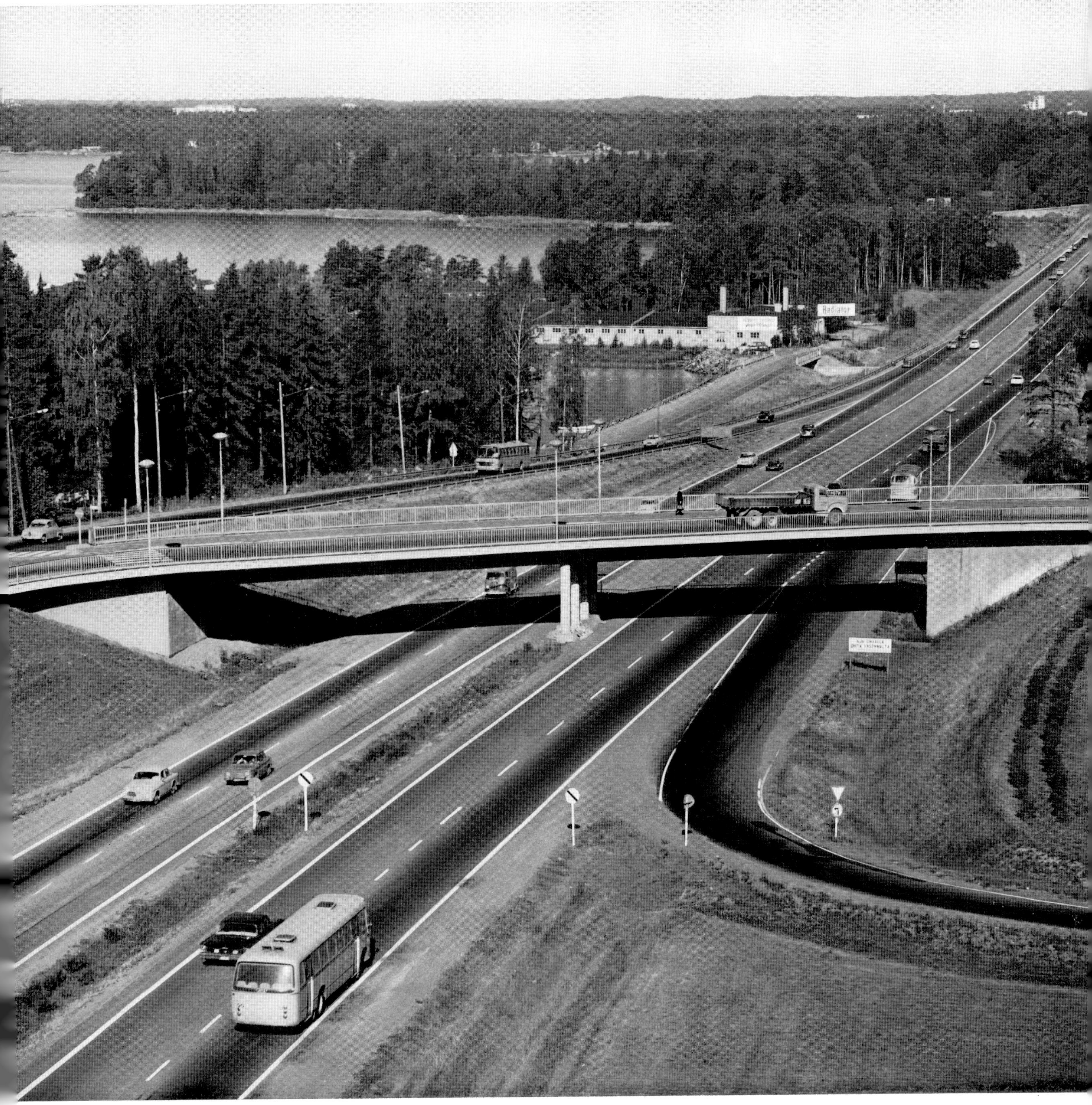
Radiator

52 Markt in Turku. Die finnischen Märkte stehen hinsichtlich Farbenpracht denjenigen in südlicheren Ländern keineswegs nach.

53 Am Südhafen von Helsinki. Viele Bauern und Fischer verkaufen ihre Produkte direkt aus ihren Booten, mit denen sie oft ziemlich weit herkommen. Im Hintergrund der neoklassizistische Bau des Stadthauses, darüber die Kuppel des Doms, welcher das Stadtbild charakterisiert.

54 Rentier und Pulkka-Schlitten, das einst klassische Verkehrsmittel im winterlichen Lappland.

55 Immer mehr dringt die Technik in Lappland ein. Der Motorschlitten verdrängt das Ren als Zugtier.

52

53

54

55

Das unabhängige Finnland

Geschichtlicher Hintergrund

Finnland blieb wegen seiner nördlichen Lage von den Strömungen der Weltpolitik unberührt im Gegensatz zu den meisten übrigen Ländern Europas. Nachdem Schweden zu Anfang des 18. Jahrhunderts seine Stellung als Grossmacht verloren hatte, stand die Aussenpolitik Finnlands noch mehr als vorher unter dem Einfluss Russlands, gegen den keine Macht in Nordeuropa aufzukommen vermochte. Die Schweden dachten seit Mitte des 19. Jahrhunderts nicht mehr an eine Wiedereroberung Finnlands, so dass Finnland und Russland planmässig zusammenarbeiten konnten. Diese Entwicklung wurde nur durch die grossen Umwälzungen in der Weltgeschichte gehemmt. Während der Kämpfe zwischen der römisch-katholischen und der orthodoxen Kirche stellte sich Finnland auf die Seite der ersteren.

Im Zusammenhang mit der Aussenpolitik Napoleons I. wurde Finnland von Schweden losgelöst und Russland angegliedert. In der letzten Phase des Ersten Weltkrieges erlangte es seine Unabhängigkeit. Die Spannungen zwischen Nationalsozialismus und Kommunismus und die Welteroberungspläne Hitlers verwickelten Finnland in den Zweiten Weltkrieg. Nach dessen Ende konnte Finnland eine vertrauensvolle Zusammenarbeit mit der Sowjetunion aufnehmen, ohne dadurch die Unabhängigkeit preiszugeben. Die andauernden Kriege hatten die besten menschlichen Kräfte aufgezehrt und die Wirtschaft des Landes geschwächt.

Der Weg zur Selbständigkeit

Das Streben Finnlands nach Unabhängigkeit war eine natürliche Folge des im Anfang des 19. Jahrhunderts entstandenen Nationalismus. Der ideologische Urheber der Bewegung war der Universitätsprofessor und Hegelianer J. V. Snellman, der die mehrheitlich finnischsprechende Bevölkerung ermutigte, auf ihren sprachlichen und kulturellen Rechten zu bestehen. Dasselbe Bewusstsein erfasste auch die schwedischsprechende Bevölkerung, der fast alle gebildeten Kreise angehörten. So gab es eine finnische und eine schwedische nationale Bewegung, deren Wesensarten sich von der russischen deutlich unterschieden. Obwohl sich zwischen ihnen ein heftiger sprachwissenschaftlicher Kampf entspann, schlossen sie sich Ende des 19. Jahrhunderts und in den ersten Jahren des 20. Jahrhunderts zum gemeinsamen

Widerstand gegen die Versuche einer Russifizierung zusammen. So entwickelte sich seit 1850 die Idee der Unabhängigkeit, die durch die Gefahr der nationalen Auflösung noch gestärkt wurde. Erst im Verlauf des Ersten Weltkrieges entstand jedoch die aktive Unabhängigkeitsbewegung. Vertreter der beiden Sprachgruppen nahmen daran teil, ferner die Arbeiter, welche das marxistische Ideal des ausgehenden 19. Jahrhunderts verfochten und gegen die Alleinherrschaft des russischen Zaren kämpften. Die Anhänger der Unabhängigkeit versuchten sowohl mit den russischen Revolutionären als auch mit den äusseren Feinden Russlands zusammenzuarbeiten.

Schweden war seit Ausbruch des Ersten Weltkrieges neutral und glaubte, weder einen Abfall Finnlands von Russland unterstützen noch die militärische Ausbildung junger Finnländer auf schwedischem Boden zulassen zu dürfen. Deshalb trat die akademische Jugend, die sich am eifrigsten für die Unabhängigkeit einsetzte, 1915 mit den militärischen Behörden Deutschlands in Verbindung. Finnland brauchte vor allem Offiziere und Unteroffiziere, da die kleine finnische Armee während der Unterdrückungsperiode 1901 aufgelöst worden war. Auf die finnischen Offiziere, die im Dienste Russlands standen, konnte man sich für die Organisation der Unabhängigkeitsbewegung nicht verlassen. Dank der Initiative der Studenten wurden ungefähr 2000 Mann in Deutschland auf die militärische Laufbahn vorbereitet.

Die Entwicklung der aussenpolitischen Lage Finnlands war, wie bereits erwähnt, von den Schwankungen der Verhältnisse in Russland abhängig; der militärische Einsatz Finnlands blieb ohne entscheidende Bedeutung, was sich auch bei grösserem Aufwand nicht geändert hätte. Im Jahre 1905, nachdem das zaristische Reich im russisch-japanischen Krieg schwere Verluste erlitten hatte, wurde Russland von der Revolution erschüttert. Der Zar war gezwungen, die Unterdrückungsmassnahmen aufzuheben. Er musste sogar eine neue finnische Verfassung anerkennen, welche die grundlegenden Freiheiten und Rechte der Bürger gewährleistete und auf deren Grundlage 1907 durch allgemeine Abstimmung ein Parlament mit einer Kammer gewählt wurde, in das auch Frauen wählbar waren.

Nach der Wiederherstellung des Friedens im Fernen Osten festigte der Zar seine Stellung. Finnland erlebte seine zweite Periode der Unterdrückung. Ihr Höhepunkt war nach dem Beginn des Ersten Weltkrieges durch eine im November 1914 abgegebene Erklärung erreicht, laut welcher den Finnen als Folge des Kriegszustandes alle besonderen Rechte entzogen wurden. Die Regierung wurde russifiziert, und man traf Massnahmen zur Aufhebung der finnischen Nationalität. Dies vertiefte das nationale Bewusstsein des finnischen Volkes, und die Freundschaftsbande mit Russland lösten sich. Die Revolutionäre nutzten die Gelegenheit, und bald wurde die Trennung von Russland gefordert, die aber erst durch die Niederlage Russlands im Kriege zustande kam, als die bolschewistische Revolution ausbrach und der Zar 1917 gestürzt wurde. Lenin bemühte sich, mit den Zentralmächten um jeden Preis Frieden zu schliessen; er befürwortete den Grundsatz, dass die zu Russland gehörenden Völker selbst über ihr Schicksal entscheiden sollten, auch wenn dies ihre Loslösung von Russland mit sich zog. Finnland ergriff die Gelegenheit und erklärte unter P. E. Svinhufvud am 6. Dezember 1917 seine Unabhängigkeit. Svinhufvud hatte lange Zeit für dieses Ziel gekämpft und wurde nach Sibirien deportiert; nach Jahren befreiten ihn die Revolutionäre. Die nunmehr unabhängige Landesregierung bedurfte einer Armee. Sie beauftragte General C. G. Mannerheim, der bis zur Oktoberrevolution ein russisches Armeekorps an der Westgrenze befehligt hatte, mit der Aufstellung des Heeres. Dieses war zur Hauptsache aus schlecht bewaffneten Bauern und Studenten zusammengewürfelt, vermochte aber doch am 28. Januar 1918 in Österbotten die nach der Unabhängigkeitserklärung in Finnland gebliebenen russischen Soldaten ausser Gefecht zu setzen. Am gleichen Tag rissen die in vollem Einverständnis mit den russischen Revolutionären handelnden Führer der Arbeiterbewegung in Helsinki und im ganzen Süden Finnlands die Macht an sich. In den nördlichen Gegenden kämpften die Truppen der gesetzmässigen Regierung für die Freiheit, indem sie die Russen entwaffneten; als sie jedoch die Erhebung im Süden zu unterdrücken begannen, standen sie ihren eigenen Landsleuten gegenüber, und der Unabhängigkeitskrieg artete in einen Bürgerkrieg aus. Deutschland, dessen militärische Interessen eine Teilnahme am finnischen Bürgerkrieg zu erfordern schienen, sandte eine Division, um den Süden Finnlands von den Aufrührern zu befreien. So kämpften vom Winter bis zum Frühjahr 1918 die Rebellen mit Hilfe der russischen Armee gegen die von den Deutschen unterstützten Regierungstruppen. Finnland hatte sich zur neutralen Republik erklärt. Doch infolge des Kampfes, der sich über das ganze Frühjahr 1918 hinzog und, zum Teil dank deutscher Waffen, mit einem Sieg der Regierungstruppen geendet hatte, musste es seine Neutralität preisgeben und sich Deutschland fügen. Als die Niederlage der Zentralmächte eindeutig schien, wandte sich Finnland, das General Mannerheim zum Regenten ernannt hatte, wieder den Westmächten zu; dadurch konnte es eine Lösung des schwierigen Problems der Lebensmittelversorgung finden und eine drohende Hungersnot vermeiden.

Die im Bürgerkrieg unterlegene Arbeiterbewegung wurde unter der Leitung von Väinö Tanner, der sich dem Aufstand widersetzt hatte, neu organisiert. Nach skandinavischem Vorbild und auf demokratischer westlicher Grundlage wurde die Sozialdemokratische Partei Finnlands gegründet. Sie verzeichnete einen erstaunlichen Erfolg bei den Wahlen im März 1919, als sie von 200 Abgeordneten deren 80 stellte. Somit gewann sie unmittelbar nach dem Bürgerkrieg bedeutenden Einfluss auf die Innenpolitik. Die neue Verfassung beruhte auf dem System der parlamentarischen Demokratie. Nachdem sie im Juli 1919 in Kraft getreten war, wurde Professor K. J. Ståhlberg zum ersten Präsidenten der Republik ernannt. Er hatte einen umgänglichen Charakter und liberale politische Ansichten. Während der Unterdrückung durch Russland war er, wie die Mehrzahl der Staatsmänner des unabhängigen Finnlands, eine leitende Persönlichkeit im Kampf um die Legalität. Bei den Wahlen unterstützten ihn die Sozialdemokraten. Unter seiner Leitung wurde die Verfassung von 1919 ausgearbeitet, die während eines halben Jahrhunderts praktisch unverändert als Grundlage des politischen Lebens diente.

Die Verfassung

Finnland ist eine parlamentarische Demokratie, in der die Staatsgewalt beim Volke liegt. Dieses macht von seinem Recht nicht direkten Gebrauch – als Ausnahme gilt das Plebiszit von 1931, durch welches ein Prohibitionsgesetz ausser Kraft gesetzt wurde –, sondern überträgt es durch alle 4 Jahre folgende Wahlen einem Parlament von 200 Abgeordneten. Zwischen den Erneuerungswahlen verfügt somit das Parlament über die höchste Staatsgewalt. Der Präsident der Republik und der Ministerrat verfügen über die exekutive Gewalt. Ersterer wird durch das Volk gewählt: Alle 6 Jahre erfolgt die direkte Wahl von 300 Wahlmännern, die ihrerseits den Präsidenten bestimmen. Präsident wird derjenige Kandidat, welcher beim ersten Wahlgang mindestens 151 Stimmen erhält. Wenn kein Kandidat die absolute Mehrheit erreicht, wird unter denselben Bedingungen der zweite Wahlgang vorgenommen. Vereinigt wiederum kein Kandidat die absolute Stimmenmehrheit auf sich, so entscheidet ein dritter Wahlgang zwischen den beiden Kandidaten, die im zweiten Wahlgang die meisten Stimmen erhielten. Gewählt wird dann derjenige, welcher die relative Mehrheit erhält. Somit ist der Präsident der finnischen Republik nicht vom Parlament abhängig; er hat das Recht, es aufzulösen, falls der Ministerrat diese Massnahme billigt. Will der Präsident trotz des Einspruchs der Minister das Parlament auflösen, so kann er diese absetzen und an ihrer Stelle eine mit den laufenden Geschäften beauftragte Regierung bestellen, mit der er die Auflösung vornehmen kann. Doch die Tatsache, dass das Parlament die Stellung eines höher stehenden Organes im Staat einnimmt, zeigt sich in der Pflicht des Präsidenten, sich zu fügen, wenn nach der Auflösung das neue Parlament ein Gesetz genehmigt, das der Präsident nicht angenommen hatte. Obwohl das Parlament berechtigt ist, die Gesetzmässigkeit und die Tätigkeit der Regierung und der Staatsorgane zu überwachen und die Aussenpolitik des Präsidenten zu tadeln, verlangen die Regeln des Parlamentarismus, dass jeder Minister die Verantwortung für die Aufgaben übernimmt, welche ihm zukommen. Die Präsidenten der finnischen Republik liessen nie einen Meinungsstreit mit dem Parlament über eine Frage der Machtbefugnis entstehen; sie fügten sich regelmässig dem Willen der Abgeordneten oder lösten das Parlament auf, indem sie an das Volk appellierten.
Eines der wichtigsten Rechte, über die der Präsident der Republik verfügt, ist die Ernennung der Minister. Nachdem der Präsident sich mit dem Vorsitzenden des Parlamentes und mit den parlamentarischen Gruppen der vertretenen Parteien beraten hat, beauftragt er eine von ihm gewählte Person mit der Bildung der Regierung und ernennt auf Vorschlag dieser Person jene finnischen Bürger zu Mitgliedern des Ministerrates, die durch ihre Tüchtigkeit und Rechtschaffenheit bekannt sind und das Vertrauen des Parlamentes geniessen. Hieraus ist ersichtlich, dass der Ministerrat, um mit Erfolg handeln zu können, sowohl das Vertrauen des Präsidenten der Republik als auch das des Parlamentes besitzen muss. Wiederum zeigt sich die Verschiedenheit der Stufen der Gewalten: Der Ministerrat oder eines seiner Mitglieder können das Vertrauen des Präsidenten verlieren und trotzdem im Amt bleiben; nimmt aber das Parlament einen Vertrauensantrag gegen den Ministerrat oder eines seiner Mitglieder an, so ist der Rücktritt unvermeidlich.

Neben der legislativen und der exekutiven Gewalt gibt es in Finnland einen politisch unabhängigen Richterstand mit verschiedenen Instanzen. Die höchste richterliche Gewalt besitzt der Oberste Gerichtshof, bei dem Berufungen gegen die Urteile der andern Instanzen eingelegt werden können. Beim ausserordentlichen Staatsgerichtshof werden Klagen gegen Regierungsmitglieder behandelt.

Die Bewährungsprobe

Das unabhängige Finnland war gebrochen aus dem Bürgerkrieg hervorgegangen. Die siegreiche Partei zweifelte an der Redlichkeit der Unterlegenen, und die Arbeiterbewegung fürchtete sich vor Vergeltungsmassnahmen nach dem Aufstand. Sie musste bald feststellen, dass die vor kurzem anerkannten, verfassungsmässigen Freiheiten der Bürger für diejenigen Männer eingeschränkt wurden, welche an der Erhebung teilgenommen hatten. Die Sozialdemokraten fühlten sich zum Teil verantwortlich für die Entwicklung des politischen Lebens, da sie eine bedeutende Vertretung im Parlament erhalten hatten und da die Verfassung die Gleichheit der Bürger gewährleistete. Anderseits hatten die liberalen und bürgerlichen Kreise und die Leitung des Staates die Notwendigkeit eingesehen, die Wunden des Bürgerkrieges zu heilen, und deshalb eine neue Gesetzgebung eingeführt: Auf Anregung von Kyösti Kallio, einer leitenden Persönlichkeit der Agrarpartei, wurden die Aufrührer amnestiert und die Pächter zu unabhängigen Grundbesitzern erklärt; ausserdem wurde ein Gesetz über die Arbeitszeit erlassen und ein weiteres über die Sozialversicherung ausgearbeitet. Der breitere Ausbau des Schulwesens ermöglichte eine Hebung des Bildungsstandes, die dazu beitragen sollte, die Lebensbedingungen aller Schichten der Bevölkerung zu verbessern.

Die Bestrebungen, das Volk zu vereinen, leitete der erste Präsident der Republik, Ståhlberg, was bewirkte, dass die Sozialdemokratische Partei eine positive Einstellung zum unabhängigen Staat bekundete. Diese wurde noch gestärkt, weil die Arbeiterbewegung unmittelbar nach dem Bürgerkrieg in zwei Teile zerfiel: die radikalen Elemente trennten sich von der Sozialdemokratischen Partei und traten der Kommunistischen Partei Finnlands bei. Letztere war 1918 in Russland von entflohenen Rebellen gegründet worden: besonders unter der Führung von O. V. Kuusinen, einer später in Russland einflussreich gewordenen Persönlichkeit. Zwischen den beiden Gruppen der Linken entspann sich ein heftiger Kampf um die Macht, in welchem die von der Komintern geleitete Kommunistische Partei die Grundsätze des internationalen Kommunismus befolgte; die westliche Tendenz der Sozialdemokraten trat deutlich hervor.

Die Regierungen Finnlands waren in den ersten Jahren der Unabhängigkeit vornehmlich bürgerliche Minderheitsregierungen. Doch schon 1926 bildete Väinö Tanner eine sozialdemokratische Minderheitsregierung. Während ihrer kurzen Amtszeit stützte sie sich auf die fortschrittlichen Elemente im Parlament und brachte mehrere bedeutende Sozialreformen zur Ausführung.

Dann erlebte Finnland eine Periode der Krise. Die Parteien der Rechten hatten, wie sie selbst glaubten, im Kampf für die Unabhängigkeit des Landes eine Schlüsselstellung eingenommen, sahen sich aber auf die Seite gedrängt. Sie waren besonders mit dem Parlamentarismus und mit dem Parteiensystem unzufrieden, um so mehr als die Weltwirtschaftskrise zu Ende der zwanziger Jahre auch in Finnland spürbar wurde. Die Agitation der Rechten zielte auf die Gründung einer faschistischen Diktatur. Diese konnte nicht mit Hilfe einer geschlossenen Volksbewegung errichtet werden, so dass es 1932 zu einem Erhebungsversuch kam, der indessen unter der Führung des Präsidenten der Republik, Svinhufvud, ohne Blutvergiessen unterdrückt wurde.

Wenig später erweckte die Machtübernahme des Nationalsozialismus in Deutschland Furcht vor einem bewaffneten Weltkonflikt. Es entstand eine Bewegung für die nationale Einigung, die bald Bedeutung erlangte. 1937 wurde Kyösti Kallio zum Präsidenten gewählt. Er unterstützte die Bestrebungen für eine Einigung aktiv, und es wurde eine auf breiter Basis beruhende Regierung gebildet. Der liberale Professor A.K. Cajander war Ministerpräsident, und beide grossen Parteien, die Sozialdemokraten und die Bauernpartei, waren vertreten. Diese Regierung musste von Anfang an mit der Möglichkeit eines Weltkrieges rechnen. Gegen aussen verfolgte sie seit 1935 die vom Parlament durch einstimmigen Beschluss gebilligte Neutralitätspolitik der nordischen Länder. Sie hatte sich auch auf einen bewaffneten Angriff gefasst zu machen, und daher war es notwendig, die Landesverteidigung zu verstärken. Die unstabile weltpolitische Lage bedeutete auch für Finnland eine Bedrohung; sie wurde aber mit Gleichmut hingenommen, denn die sozialdemokratischen Arbeiter trugen einen Teil der Verantwortung in der Regierung und anerkannten die Notwendigkeit, die Unabhängigkeit zu wahren. Die Sicherung der eben erlangten Unabhängigkeit galt von Anfang an als die wesentlichste Aufgabe der Aussenpolitik Finnlands. Man glaubte, dass die Unabhängigkeit nur von Osten her bedroht werden könne und fürchtete, dass die Sowjetunion darauf ausgehen würde, die Grenzen des früheren Territoriums des russischen Reiches wieder herzustellen und die Versuche einer Weltrevolution auch auf Finnland auszudehnen. In der finnischen Regierung hatte sich schon 1918 der Wille zur Ausdehnung jenseits der Grenze bis zu den Bewohnern finnischer Sprache im östlichen Karelien kundgetan. Diese Absichten wurden während der beiden nächsten Jahre vergeblich verfolgt. 1920 unterzeichnete Finnland mit der Sowjetunion das Abkommen von Tartu, durch welches es sein angestammtes Land und ausserdem die am Rande des Nördlichen Eismeeres gelegene Halbinsel Petsamo erhielt.

Die Idee von «Gross-Finnland» bestand fort, besonders unter der akademischen Jugend, und erregte Verdacht in der UDSSR. Obwohl 1932 zwischen Finnland und der Sowjetunion ein Nichtangriffspakt auf 10 Jahre geschlossen wurde, herrschte unter den Diplomaten der beiden Länder Misstrauen und Zurückhaltung. In der Sowjetunion fürchtete man, Finnland werde sich eine günstige Weltlage zunutze machen und sein Territorium einer Grossmacht für den Angriff auf Russland zur Verfügung stellen. Da die Eroberungspläne Hitlers auch gegen die Sowjetunion gerichtet waren, unterbreitete Stalin seit 1938 geheime Vorschläge zu territorialen Änderungen. Die finnische Regierung hielt sie für unangebracht und berief sich auf den Grundsatz der Unverletzlichkeit der staatlichen Gebiete und auf die Neutralität Finnlands. Im Abkommen mit Ribbentrop, das im August 1939 unterzeichnet wurde, teilten Deutschland und die Sowjetunion die zwischen ihnen liegenden unabhängigen Staaten in 2 Interessensphären auf, wobei die Baltischen Staaten und Finnland als dem sowjetischen Interessenbereich zugehörig bezeichnet wurden. Stalin brachte sogleich die Verfügungen des Abkommens in den Baltischen Staaten zur Ausführung. Als er seine Gebietsansprüche an Finnland erneut erhob, hatte sich die Haltung der finnischen Regierung nicht geändert: sie war wohl bereit, Grenzberichtigungen zuzulassen, doch konnten diese die Sowjetunion nicht zufriedenstellen. Stalin hielt aus Sicherheitsgründen an seinen Forderungen fest und erreichte sein Ziel durch den Angriff auf Finnland im November 1939. Während des Winterkrieges 1939 bis 1940 verteidigte sich Finnland verbissen in einem von ungleich starken Kräften geführten Kampf. Die von den Westmächten angebotene Waffenhilfe lehnte es ab und unterzeichnete am 13. März 1940 den Frieden von Moskau: Finnland musste der Sowjetunion ein Gebiet abtreten, welches das 1939 geforderte an Grösse bei weitem übertraf. Die Grenze entsprach wieder annähernd derjenigen, die 1721 im Frieden zwischen Russland und Schweden festgelegt worden war.

Der Friede von Moskau stellte Finnland vor ungeheure Probleme, da alle in abgetretenen Gebieten lebenden Finnen, das heisst mehr als 400000 Menschen, nach dem westlichen Finnland geflohen waren. Die Aufgabe, ihnen in einem durch den Krieg verarmten Land eine neue Existenz zu verschaffen, forderte enorme Opfer. Die finnische Regierung beschloss, ihre im Krieg preisgegebene Neutralitätspolitik wieder aufzunehmen und das verlorene Karelien durch intensive Innenkolonisation zu ersetzen. Es gelang nicht, den nach dem Frieden von Moskau zwischen den beiden benachbarten Völkern herrschenden kalten Krieg zu beenden; vielmehr entstanden fortwährende Meinungsverschiedenheiten über die Auslegung des Friedensvertrages. Die Spannung zwischen Moskau und Helsinki verschärfte sich, besonders als die Militärbehörden Finnlands im Herbst 1940 mit Deutschland ein Abkommen über den Transport von Soldaten durch Finnland nach Nordnorwegen vereinbarten. Etwas früher hatte die finnische Regierung mit der Sowjetunion ein ähnliches Abkommen über Transporte bis zu der im Vertrag von Moskau abgetretenen Operationsbasis von Hanko unterzeichnet.

Als Hitler im Juni 1941 zum Angriff auf die UDSSR schritt, glaubte diese, Finnland werde als Verbündeter Deutschlands am Krieg teilnehmen und eröffnete die Kampfhandlungen. Die finnische Regierung, die sich nicht verpflichtet hatte, an der Seite Deutschlands zu kämpfen, versuchte zwar, die Neutralität des Landes zu wahren, hoffte jedoch, die während des Krieges verlorenen Gebiete zurückzugewinnen. Die öffentliche Meinung glaubte an einen deutschen Sieg. Die finnische Heeresleitung ihrerseits hatte schon vor Beginn des sowjetischen Angriffs die Mobilisierung der Armee zur Wiedereroberung der abgetretenen Gebiete angeordnet. Da die sowjetischen Truppen auf jenen Teil der Grenze konzentriert waren, der Deutschland berührte, konnten die Finnen die im Vertrag von Moskau weggenommenen Gebiete relativ leicht zurückerobern. Nachdem die finnische Heeresleitung die Lage geprüft hatte, besetzte sie zusätzlich Gebiete jenseits der Grenzen, die, wie die Anhänger von «Gross-Finnland» meinten, nach dem Sieg Finnland angegliedert werden sollten. Das Kommando erklärte, es beabsichtige eine Verkürzung der Front. Die Regierung und das Parlament beschlossen, die im Frieden von Moskau abgetretenen Gebiete mit Finnland wieder zu vereinigen, hielten es aber für angebracht, die übrigen territorialen Fragen der Zuständigkeit der künftigen Friedenskonferenz vorzubehalten.

Nachdem der russisch-deutsche Krieg beinahe 3 Jahre angedauert hatte, zog die UDSSR im Juni 1944 Truppen zusammen, um die finnische Front zu sprengen. Die Rote Armee erzwang den Durchbruch in der Landenge von Karelien, und die Finnen vermochten ihre Stellung nur mit Mühe zu halten. Der finnische Widerstand war nun gebrochen. Da die UDSSR aber ihre besten Streitkräfte wieder für den Endkampf im Zentrum Europas benötigte, war sie zu einem Waffenstillstand bereit. Dieser wurde im September 1944 annähernd auf der Grundlage der Grenzen von 1940 in Moskau unterzeichnet. Finnland trat das ganze Gebiet von Petsamo ab und verpflichtete sich zu einer Kriegsentschädigung von 300 Millionen Dollar; sie wurde in der Folge nach dem Kurs von 1938 berechnet, so dass sie dem Betrag von 500 Millionen Dollar des Jahres 1944 entsprach.

Risto Ryti, Direktor der Staatsbank, hatte während des Krieges das Amt des Staatsoberhauptes inne. Da er nicht in der Lage war, die Friedensverhandlungen mit der UDSSR zu führen, demissionierte er. Zum Präsidenten der Republik wurde im August 1944 Marschall Mannerheim, Oberbefehlshaber in beiden Kriegen, gewählt.

Im Waffenstillstand war die Internierung oder Vertreibung der im Norden Finnlands gegen die Sowjetunion kämpfenden deutschen Truppen vorgesehen. So mussten die Finnen gegen ihre einstigen deutschen Waffenbrüder vorgehen. Dieser «Lapplandkrieg» war blutig; die Deutschen zerstörten die ganze Provinz. Es war Ende des Winters 1944/45, als Finnland endlich die Lösung der durch den Friedensschluss entstandenen Probleme an die Hand nehmen konnte. Der Übergang vom Krieg zum Frieden erfolgte unter Marschall Mannerheim. Doch an der Spitze der neuen politischen Richtung stand J.K. Paasikivi, der 1918 bereits Premierminister und 1940/41 bevollmächtigter Minister Finnlands in Moskau gewesen war. Er zeichnete sich als Spezialist für russische Angelegenheiten aus und genoss das Vertrauen der führenden Männer der UDSSR. Während der Jahre 1944 bis 1946, da er Premierminister und dann Präsident der Republik war, konnten die Beziehungen zwischen den beiden Ländern wieder aufgenommen werden. In seiner Amtszeit wurde 1948 auf Anregung Stalins, aber gemäss den von Paasikivi aufgestellten Grundsätzen, ein Freundschaftspakt mit dem Ziel der Zusammenarbeit und des gegenseitigen Beistandes zwischen Finnland und Russland geschlossen. Durch ihn sollten die Grenzen zwischen diesen beiden Ländern gesichert werden, ohne dass die Möglichkeit eines weltweiten, bewaffneten Konfliktes übersehen wurde. Die Ostpolitik von Paasikivi hatte Erfolg: 1955 trat die UDSSR vor der vereinbarten Frist das Gebiet von Porkkala in der Nähe von Helsinki, das bis dahin der Sowjetunion als Militärstützpunkt zur Verfügung gestellt werden musste, wieder an Finnland ab. Als Präsident machte sich Paasikivi in der Entwicklung der Neutralitätspolitik verdient. Doch erst sein Nachfolger Urho Kekkonen, Präsident der Republik seit 1956, festigte die Neutralität Finnlands und erwirkte deren internationale Anerkennung.

Politische Parteien

Seit 1860 bestanden in Finnland politische Gruppen. Sie bildeten sich, weil das Schwedische als ein Erbe der 1809 zu Ende gegangenen schwedischen Herrschaft offizielle Sprache war und die finnische Sprache, zu 90 Prozent in der Mehrheit, keine Rechte besass. Jede dieser beiden Gruppen gründete zur Verteidigung der verschiedenen Interessen ihre eigene Partei. Die eigentlichen politischen Parteien entstanden jedoch erst um 1906, als Finnland infolge der russischen Revolutionsbewegung eine neue Regierung erhielt, die ein Parlament mit einer Kammer gründete und jedem Bürger das Stimmrecht gewährleistete, als erstes europäisches Land auch den Frauen. An den Wahlen von 1907 beteiligten sich ausser den beiden traditionellen sprachlichen Parteien die liberale, sozialistische und die Bauernpartei. Die marxistische Bewegung hatte nach 1890 in Finnland Fuss gefasst. Die im Klassenkampf gemässigte Sozialdemokratische Partei nahm an den ersten Wahlen erfolgreich teil.

Von 1932 bis 1944 war die Kommunistische Partei untersagt. Trotz den politischen Umwälzungen kam es in den Linksparteien nur zu geringen Änderungen: bei den Wahlen von 1966 erreichte die Sozialdemokratische Partei zum drittenmal, wie 1916 und 1958, die Mehrheit im Parlament, sie erhielt 55, die kommunistisch geprägte Demokratische Union des finnischen Volkes 41 und die sozialdemokratische Opposition 7 Sitze. Die Bauernpartei (Agrarpartei), der 1907 bei den Wahlen nur 9 Sitze zufielen, erlangte nach der Unabhängigkeitserklärung Finnlands grosse Bedeutung. Sie nahm besonders seit den fünfziger Jahren eine zentrale Stellung im politischen Leben des Landes ein; 1966 wurde sie Partei der Mitte genannt und erhielt 49 Sitze. Die Liberale Partei wechselte häufig ihren Namen; ihr Einfluss wurde aber stets geringer, um so mehr als die Regierung selbst die liberalen Grundsätze schrittweise verwirklichte. Die Zahl der Sitze der Liberalen Partei belief sich 1907 noch auf 26, sank aber bei den Wahlen von 1966 auf 9. Auch die Konservativen finnischer Sprache (Nationale Sammlungspartei) konnten ihre Stellung nicht behaupten: 1907 erhielten sie 59, 1966 nur noch 26 Sitze, nachdem sie 6 Abgeordnete verloren hatten. Die schwedische Minderheit (Schwedische Volkspartei) wurde wegen der niedrigen Geburtenziffer und der Emigration ihrer Mitglieder kleiner und kleiner. Sie hatte stets weniger Vertreter im Parlament, da ein Teil auch für die Sozialdemokraten und die Kommunisten stimmt. 1907 hatte sie 24 Sitze, 1966 nur noch 12 (für 1970 vgl. Tabelle S.74).

Obwohl das finnische Regierungssystem die politischen Parteien nicht anerkannte, wurden solche schliesslich doch zur Regel. So kam es, dass in dem neuen, 1931 gegründeten Parlament jede Gruppe ihren eigenen Versammlungsort hatte und dass 1966 ein Entwurf für die Anerkennung des Parteiensystems ausgearbeitet wurde; unter anderem sollten die Parteien registriert werden und in den Genuss von staatlichen Subventionen gelangen. Da in Finnland die Vielzahl der Parteien herrschte und keine von ihnen die Mehrheit im Parlament besass, stiess die Regierung auf grosse Schwierigkeiten; nur selten gelang auf längere Zeit eine Zusammenarbeit zwischen den Gruppen der parlamentarischen Mehrheit. Ein wesentlicher Grund zur Uneinigkeit lag darin, dass sowohl Demokratie als auch Gewaltanwendung als Mittel zur Machtergreifung betrachtet wurden. Dies bewirkte lange Zeit das Fernbleiben der Kommunisten. Als aus dem Agrarstaat Suomi rasch ein modernes Industrieland entstehen sollte, das auf den internationalen Märkten konkurrenzfähig war, war es schwierig, auch nur zu einem bescheidenen Kompromiss zu gelangen, da die Sozialdemokraten und die Agrarier in Opposition standen.

In der nach den Wahlen von 1966 gebildeten Regierung sind ausser den Sozialdemokraten und der Gruppe, die sich von ihnen während der fünfziger Jahre getrennt hat, die Agrarpartei (Agrarier) und die Demokratische Union des finnischen Volkes vertreten. Diese Parteien haben zusammen 152 Sitze im Reichstag (1970 143 Sitze).

Vertretung im Reichstag (Sitze der Parteien)	1939	1945	1948	1951	1954	1958	1962	1966	1970
Nationale Sammlungspartei	25	28	33	28	24	29	32	26	37
Nationale Fortschrittspartei	6	9	5	–	–	–	–	–	–
Finnische Volkspartei	–	–	–	10	13	8	13	9	8
Schwedische Volkspartei	18	15	14	15	13	14	14	12	12
Agrarpartei	56	49	56	51	53	47	53	49	37
Sozialdemokratische Partei	85	50	54	53	54	36	38	55	52
Sozialdemokratische Opposition	–	–	–	–	–	14	2	7	18
Demokratische Union des finnischen Volkes	–	49	38	43	43	50	47	41	36
Andere Parteien	10	–	–	–	–	2	1	1	–

Die wirtschaftliche Entwicklung

Trotz der schwierigen Lebensbedingungen, des Mangels an Bodenschätzen, der verheerenden Kriege und der Auswanderung nach Amerika während der Jahrhundertwende hat sich die Einwohnerzahl in 2 Jahrhunderten mehr als verzehnfacht: 1750 zählte die Bevölkerung 422000 Einwohner, 1970 war sie auf 4710000 angestiegen. Finnland weist nur eine Bevölkerungsdichte von 14 Einwohnern je Quadratkilometer auf, während die entsprechende Ziffer für die ganze Welt 27, für Europa 92 und für die Niederlande als das am dichtesten bevölkerte Land Europas 385 beträgt. Trotz der grossen Oberfläche seines Gebietes (337000 km²) gehört Finnland zu den kleinen Nationen und konnte während der europäischen Kriege nicht selbst über sein Schicksal entscheiden. Der Zuwachs der Bevölkerung von 1900, als sie 2700000 Einwohner zählte, bis zum letzten, eben erwähnten Stand ist in erster Linie auf die Industrialisierung zurückzuführen, die – mit einer gewissen Verspätung gegenüber der europäischen und der amerikanischen Entwicklung – sehr schnell erfolgte und die Auswanderung bremste. Um 1900 bezogen 68 Prozent der tätigen Bevölkerung ihren Lebensunterhalt aus der Agrarwirtschaft, 1971 nur noch 19 Prozent. Die Industrien beschäftigten um 1900 nur 11 Prozent der erwerbstätigen Bevölkerung, 1971 aber bereits 37 Prozent. Für die Dienstleistungen waren die entsprechenden Ziffern bei 21 Prozent und 44 Prozent.

Die Autonomie, welche Finnland 1809 nach seiner Angliederung an das Russische Reich erhalten hatte, ermöglichte eine nationale Wirtschaftspolitik. Dies zeigte sich in der Errichtung einer Zollgrenze zwischen Russland und Finnland. Doch die systematische Entwicklung des Exportes begann erst nach Erlangung der Unabhängigkeit. Ende des Ersten Weltkrieges musste Finnland nach Schliessung russischer Märkte infolge der Revolutionswirren neue Absatzmärkte suchen.

Im Zweiten Weltkrieg befand sich die Wirtschaft Finnlands in einer ähnlichen Lage: Die Meere waren zu Kriegsschauplätzen geworden, und der Handel konnte nur im Bereich des Baltischen Meeres betrieben werden. Nach dem Krieg mussten wieder neue Exportmärkte gesucht werden. Bis heute ist ein bedeutender Warenaustausch mit dem Osten zustande gekommen. Zuerst hatte Finnland der UDSSR Waren im Wert von 500 Millionen Dollar als Kriegsentschädigung geliefert; dann entstand ein Warenaustausch mit der UDSSR, der jedes Jahr ungefähr gleichviel zunahm wie der gesamte Aussenhandel, von dem er annähernd ein Fünftel betrug.

Finnland ist vollständig vom internationalen Geldverkehr abhängig; jede vierte Mark des Volkseinkommens stammt aus dem Export, und die zur Ausfuhr bestimmte Produktion besteht in erster Linie aus den Erzeugnissen der Holz- und Metallindustrie. Die Frage der Konkurrenzfähigkeit ist somit für die Hebung des nationalen Lebensstandards von grosser Bedeutung. Das wichtigste Ziel der finnischen Aussenpolitik kann darin gesehen werden, dass die Ausfuhrprodukte ihre Konkurrenzfähigkeit während der Integration bewahren. Deshalb ist Finnland der EFTA als assoziiertes Mitglied beigetreten und nahm gegenüber den Zollverhandlungen der Kennedy-Runde eine positive Haltung ein. Dank der Handelspolitik und der Steigerung der industriellen Entwicklung konnte die Konkurrenzfähigkeit trotz der Abwertung der fünfziger Jahre behauptet werden.

Das Bruttovolkseinkommen je Einwohner stieg von 1958 bis 1971 um mehr als 150 Prozent. Mit einem Sozialprodukt von 10000 Finnmark nimmt Finnland heute den 15. Rang ein. Das finnische Volkseinkommen pro Einwohner liegt z.B. höher als in Italien und Österreich, jedoch niedriger als in den Vereinigten Staaten, der Schweiz, Westdeutschland, Schweden, Frankreich und England. Trotz der abseitigen Lage und der daraus sich ergebenden Transportkosten hat das unabhängige Finnland der Konkurrenz auf den internationalen Märkten entgegenzutreten vermocht.

Die Schulen

Die fruchtbarsten Rückwirkungen der nationalen Unabhängigkeit sind vielleicht auf kulturellem Gebiet erzielt worden. Immerhin muss das Alter der kulturellen Tradition Finnlands hervorgehoben werden: Schon im 16. Jahrhundert nahmen die Priester der lutherischen Kirche den Schreib- und Leseunterricht auf, und 1640 wurde die erste Universität Finnlands, die Akademie von Turku, gegründet. An dieser abgelegenen Universität unterrichteten zunächst nur 9 Professoren. Nach der Angliederung Finnlands an Russland blieb sie die einzige Universität des Landes und erlebte einen raschen Aufstieg, besonders als sie 1828 nach dem Brand von Turku in die nunmehrige Hauptstadt Helsinki verlegt wurde. Dort begannen 340 Studenten ihr Studium unter der Leitung von 20 Professoren. Sechzig Jahre später waren es bereits 1000 Studierende und 40 Professoren. 1972 betrug die Zahl der Studenten 21 570 und jene der Dozenten 2109. Nach der Unabhängigkeit wurden ausser der zwei-

Universitäten und andere Hochschulen

Gründungsjahr	Name, Ort	Studierende November 1972		Dozenten
		total	davon weibliche	Frühling 1972
1640	Universität, Helsinki	21 570	11 096	2 109
1917	Universität, Turku	7 600	4 179	780
1918	Åbo Akademi, Turku	2 770	1 247	247
1879	Technische Hochschule, Helsinki	4 919	592	729
1907	Handelshochschule, Helsinki	3 354	1 540	172
1950	Handelshochschule, Turku	1 119	442	67
1927	Schwedische Handelshochschule, Helsinki	1 544	672	82
1927	Handelshochschule der Åbo Akademi, Turku	524	245	35
1966	Universität, Tampere	5 330	3 105	411
1945	Tierärztliche Hochschule, Helsinki	182	70	53
1966	Universität, Jyväskylä	4 710	2 775	365
1959	Universität, Oulu	4 842	2 071	641
1968	Handelshochschule, Vaasa	611	391	44
1969	Technische Hochschule, Lappeenranta	193	13	41
1971	Technische Hochschule, Tampere	916	57	142
1970	Hochschule, Joensuu	654	343	60
1972	Hochschule, Kuopio	129	69	–
	Sektion für Lehrerausbildung an der Universität Oulu (1971/72)	221	115	38
	Sektion für Lehrerausbildung an der Universität Jyväskylä (1971/72)	410	228	117
	Pädagogische Hochschule, Helsinki (1971/72)	221	143	85
	Pädagogische Hochschule, Turku (1971/72)	212	124	43

sprachigen Universität von Helsinki neue Hochschulen gegründet, so in Turku eine finnische und eine schwedische und je eine Universität in Oulu, Tampere und Jyväskylä. Neben der vor mehr als 100 Jahren gegründeten Technischen Hochschule Helsinki wurde auch eine in Lappeenranta und in Tampere errichtet. Zudem öffneten 12 weitere neue Hochschulen ihre Pforten, darunter Handelshochschulen und Lehrerbildungsanstalten, die zum Teil Sektionen von Universitäten darstellen. 1972 betrug die Zahl der Studierenden an finnischen Hochschulen 62 211 (siehe Tabelle Seite 76).

Die höheren Schulen (Gymnasien, Handelsschulen u. a.) haben eine ebenso alte Tradition wie die Universität. Die Vorbereitung der Jugend auf die Akademie von Turku erfolgte bis zu Beginn des 19. Jahrhunderts bloss in 2 Schulen mit nur unteren Klassen, deren Unterricht in einem einzigen Gymnasium und in privaten Internaten vervollständigt wurde. Das erste Gymnasium finnischer Sprache wurde 1858 gegründet. Wie bereits erwähnt, bedeutete die Unabhängigkeit für Finnland eine rasche Entwicklung des höheren Schulwesens: um 1900 gab es 20 höhere Schulen, 1920 deren 164. Bis 1968 hat sich diese Ziffer mehr als verdreifacht, indem sie auf 509 gestiegen ist. Die Zahl der Schüler stieg zwischen 1920 und 1972 von 33 000 auf ungefähr 300 000. Der Unterricht in den Unterstufen an den beruflichen, technischen, kommerziellen und zum Teil auch landwirtschaftlichen Schulen hat sich zur Zeit, besonders aber in den fünfziger Jahren, so stark entwickelt, dass sich die Zahl der Schüler auch hier vervielfachte. Auf dem Gebiet der Bildung kann daher Finnland als eine fortschrittliche Nation betrachtet werden. 1966 bahnte sich eine weitere Entwicklung an, indem das System der «Grundschule» eingeführt wurde. Wenn sich diese Neuerung einmal auf das kulturelle Leben ausgewirkt hat, wird sich das Bildungsniveau jedes einzelnen Bürgers heben. Unter anderem umfasst der Lehrplan der Grundschule während 7 Jahren den Unterricht in einer Weltsprache.

Für jedes Kind besteht die achtjährige Schulpflicht. In den ländlichen Gebieten umfasst die Volksschule eine siebenjährige Grund- und eine anschliessende einjährige Fortbildungsschule. In grösseren Ortschaften und Städten gliedert sich die Volksschule in eine sechsjährige Grund- und zweijährige Fortbildungsschule. Die Fortbildungsschulen haben einen auf praktische Fächer ausgerichteten Lehrplan. Das Schuljahr umfasst in der Regel 36 Wochen und wird durch die Sommer- und Weihnachtsferien in 2 Semester geteilt.

Kunst und Wissenschaft

Im Jahre 1947 wurde die Finnische Akademie gegründet. Ihre Aufgabe ist die Förderung von Kunst und Wissenschaft. Ihre 12 Mitglieder werden vom Staatspräsidenten ernannt; vier sind Vertreter der Natur- und je drei der Geisteswissenschaften und der Künste. Neben ihrer schöpferischen Arbeit bemühen sie sich, begabte junge Künstler und Wissenschaftler zu beraten und zu fördern. Ausser der Architektur, der Literatur und dem Kunsthandwerk haben auch die Musik, die Malerei, die Bildhauerkunst sowie zahlreiche wissenschaftliche Leistungen der Finnen Weltbeachtung gefunden. Die Musik Finnlands hat ihre Wurzeln in einer sehr alten Volks- und Kirchenmusik, die sich bis ins 12. Jahrhundert zurück verfolgen lassen. Erzählende Volksweisen, Liebes-, Klage- und Heldenlieder wurden von Generation zu Generation überliefert. In der Volksmusik spielte die Kantele, das fünfsaitige finnische Zupfinstrument, eine bedeutende Rolle. Mit ihr wurden viele Lieder begleitet. Daneben entwickelte sich im Mittelalter eine eigenständige Kirchenmusik mit liturgischen Gesängen. Mit der Reformation kamen Kirchenlieder aus Deutschland und Schweden nach Finnland. Ein Markstein in der Geschichte der finnischen Musik bedeutet die 1790 erfolgte Gründung der «Musikalischen Gesellschaft» in Turku. Ihr Orchester, dem anfänglich nur Laien angehörten, war das erste in Finnland, das regelmässig Konzerte veranstaltete. Die Gesellschaft legte auch eine umfassende Notenbibliothek an, organisierte Kurse für Unterricht in Musik und nahm Kontakte mit ausländischen Musikern und Orchestern auf.

Nachdem Helsinki Hauptstadt geworden war, wurde dort 1828 die «Akademische Musikgesellschaft» ins Leben gerufen, die die Tradition der «Musikalischen Gesellschaft» von Turku weiterführte. 1882 gründete Robert Cajanus den «Orchesterverein Helsinki», aus dem das heutige Stadtorchester, das älteste Sinfonieorchester des Landes, hervorging. Unter dem Einfluss der nationalromantischen Bewegung entstand eine beachtenswerte finnische Kunstmusik, die einheimische Tradition mit ausländischer klassisch-romantischer Musik verband.

Internationale Bedeutung erlangte die finnische Musik jedoch erst durch Jean Sibelius (1865–1957). Seine Schöpferkraft verdankt er wohl zu einem guten Teil der finnischen Landschaft, mit der er sich innig verbunden fühlte. Sein einzigartiger Stil und seine Werke von höchster künstlerischer Qualität finden in aller Welt grosse Anerkennung und Begeisterung. Zu den berühmtesten Kompositionen des begnadeten Komponisten gehören neben vielen andern sieben Sinfonien, die Karelia-Suite und Finlandia. Seit 1951 findet in Helsinki alljährlich im Juni die Sibelius-Festwoche statt, die zu den grossen international bekannten musikalischen Ereignissen gehört.

Von den zahlreichen über die Grenzen bekannten finnischen Komponisten seien nur einige genannt: Toivo Kuula, Selim Palmgren, Leevi Madetoja, Yrjö Kilpinen, Aarre Merikanto, Uuno Klami, Erik Bergman, Ahti Sonninen, Tauno Marttinen und Einojuhani Rautavaara. Die Kompositionen der jüngeren Generation haben sich besonders seit dem letzten Krieg immer mehr der Ausdrucksweise der neuen Musik des Auslandes genähert.

Der erste finnische Maler, der internationalen Ruf erlangte, war Albert Edelfelt (1854–1905). Als vielseitiger Vertreter des französischen Naturalismus nahm er mit seinen Fresken, Landschaften, Porträts, Historien und Genrebildern eine führende Stellung im künstlerischen Leben Finnlands ein. Der Stil des französischen Naturalismus entwickelte sich zur nationalen Romantik, deren bekanntester Vertreter Akseli Gallen-Kallela war. Seine künstlerisch hervorragenden Darstellungen aus dem Sagenkreis der Kalevala erweckten auch ausserhalb Finnlands Bewunderung. Der bedeutendste Exponent des finnischen Expressionismus war Tyko Sallinen, der sich nach dem Ersten Weltkrieg mit seinen Landschaften und Bildnissen einen Namen schuf. In der jüngsten Zeit schaffen die finnischen Maler immer mehr Werke in reiner Abstraktion.

Von den finnischen Bildhauern ist vor allem Wäinö Aaltonen (1894–1966) zu erwähnen. Er hat im Granit den geeigneten Werkstoff für seine künstlerischen Schöpfungen erkannt. Er schuf die bekannten Statuen von Paavo Nurmi und Aleksis Kivi in Helsinki, das Genossenschaftsdenkmal in Tampere und das Denkmal des ersten finnischen Präsidenten Stålberg vor dem Reichstagsgebäude. Zu den bekannten Werken der finnischen Bildhauerkunst gehören schliesslich auch das von Aimo Tukiainen geschaffene Reiterstandbild des Marschalls Mannerheim vor dem Postgebäude in Helsinki, das 1960 enthüllt wurde, und das grossartige Denkmal für Jean Sibelius im Sibeliuspark von Helsinki, ein Werk der Bildhauerin Eila Hiltunen, aus dem Jahr 1967.

Auch auf dem Gebiet der Wissenschaften hat das kleine Volk im hohen Norden Grosses geleistet. Es können hier von den vielen bedeutenden Wissenschaftlern nur einige erwähnt werden, so A. K. Cajander, der die Grundlage für die wissenschaftliche Erforschung der finnischen Waldbestände schuf und geobotanische Forschungsreisen nach Sibirien unternahm; V. H. Heiskanen, der das weltumfassende Gravitationsprogramm aufstellte; der Biochemiker A. I. Virtanen, der 1945 den Nobelpreis für Chemie erhielt; der Geograph J. G. Granö, der sich durch seine originelle Methode der Landschaftsanalyse einen Namen schuf; der Astronom K. F. Sandman, dem erstmals die Lösung des «Dreikörper-Problems» gelang, und die berühmten Mathematiker Lars Ahlfors, P. J. Myberg und Rolf Herman Nevanlinna, die auf dem Gebiete der Funktionstheorie bahnbrechende Leistungen vollbracht haben.

56 Lappe mit Rentierherde im winterlichen Birken-Buschwald.

57 Spielmann auf Åland.

58 Volkstänzer in ihrer Tracht.

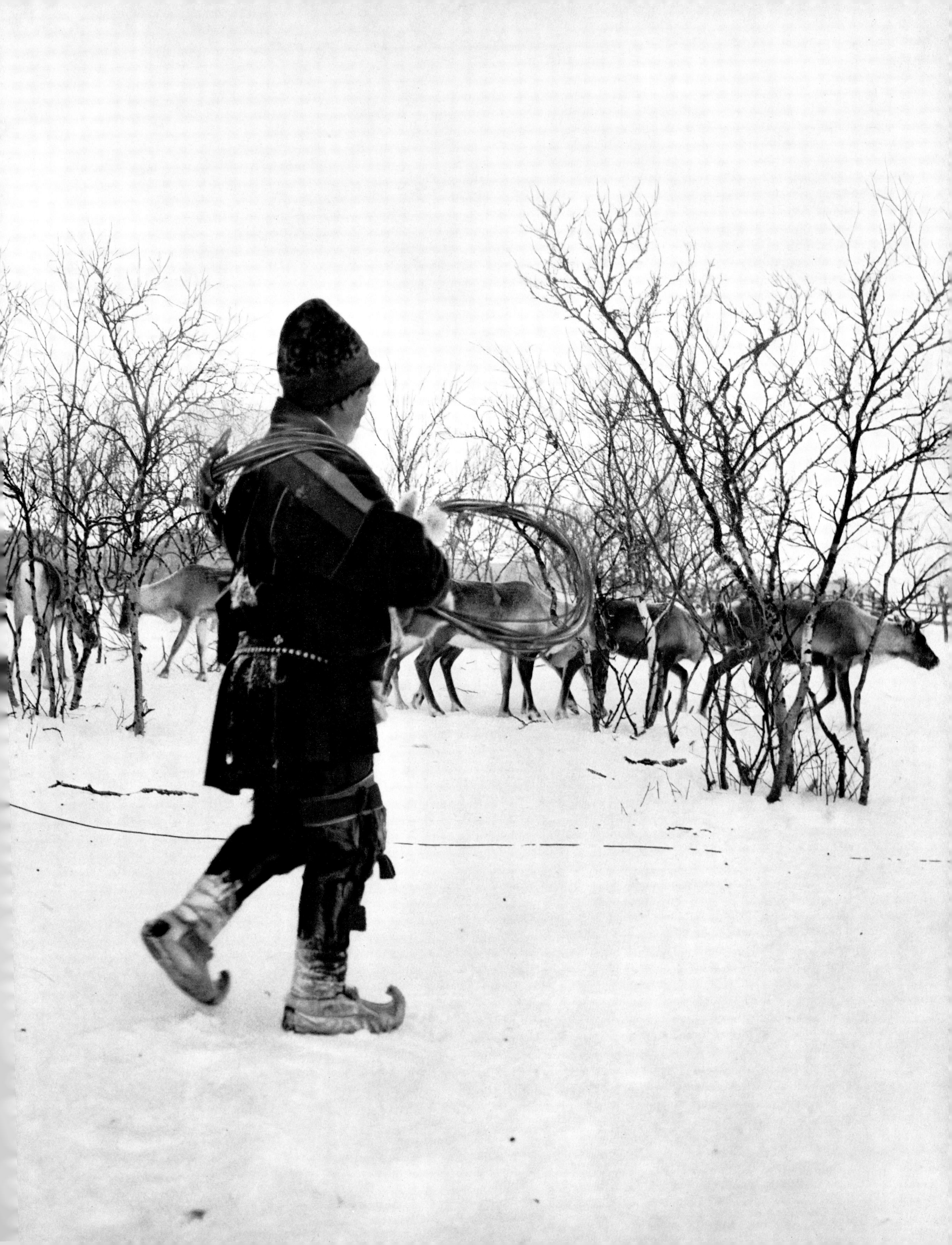

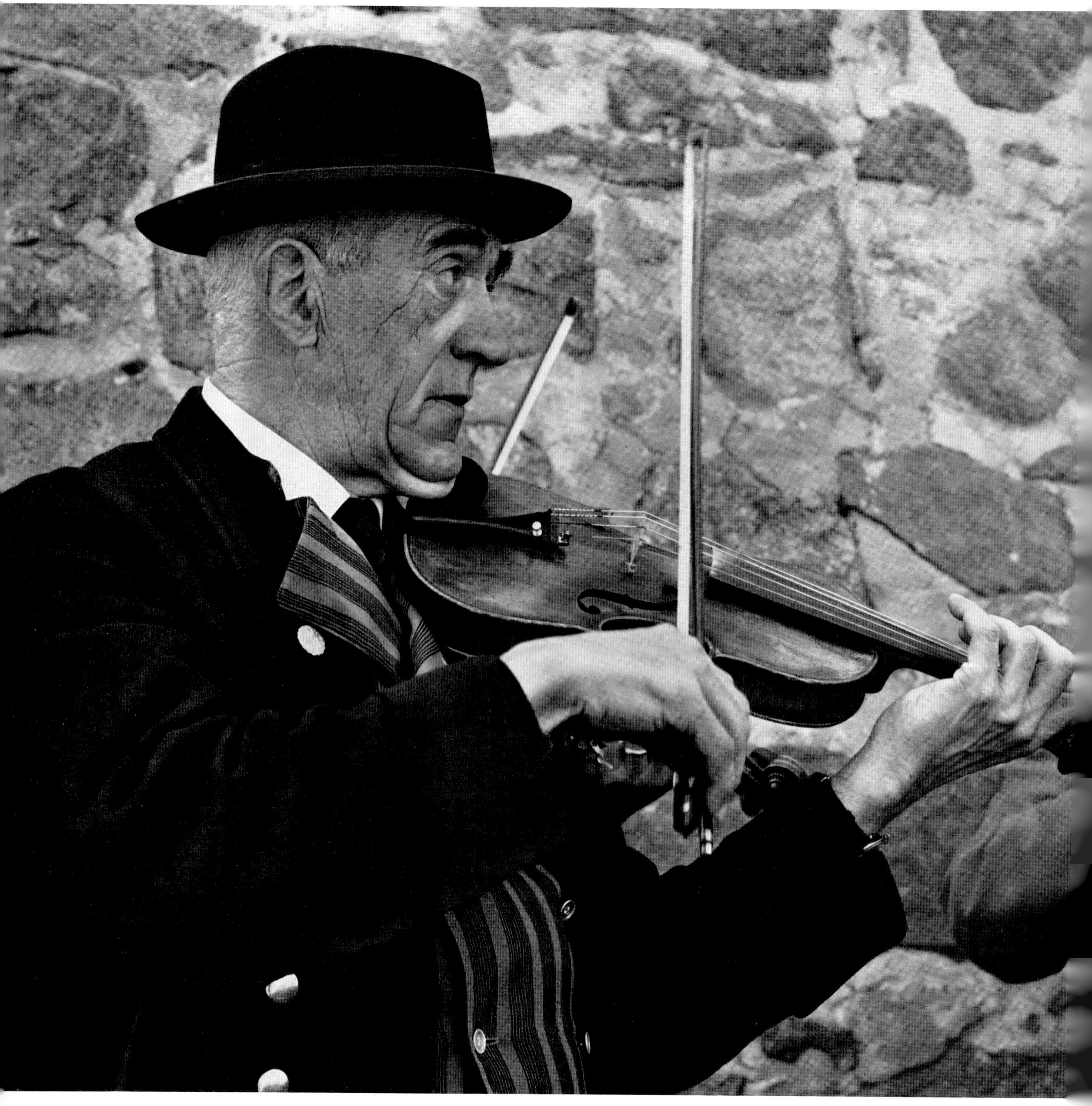

57

58

59

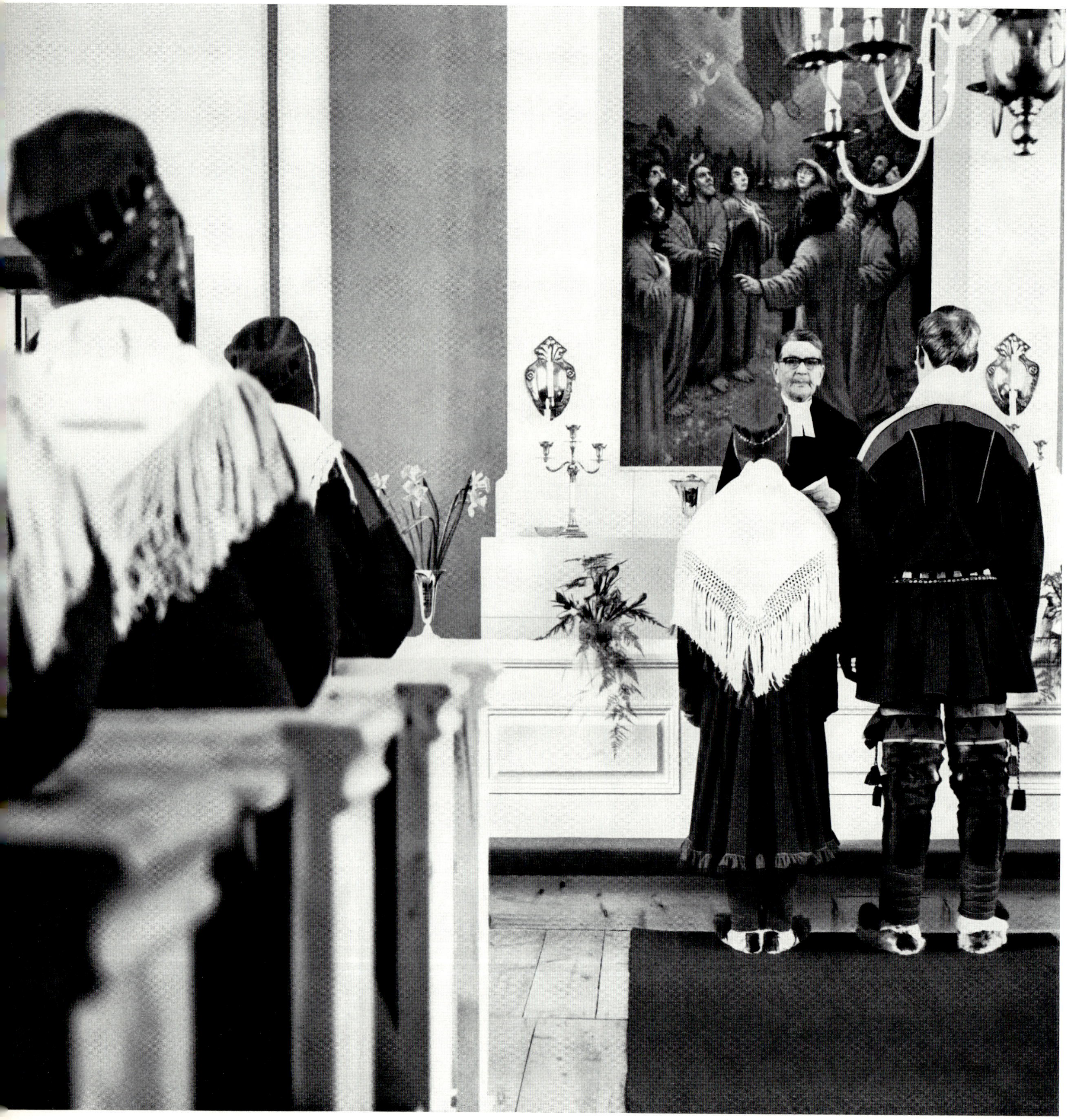

6

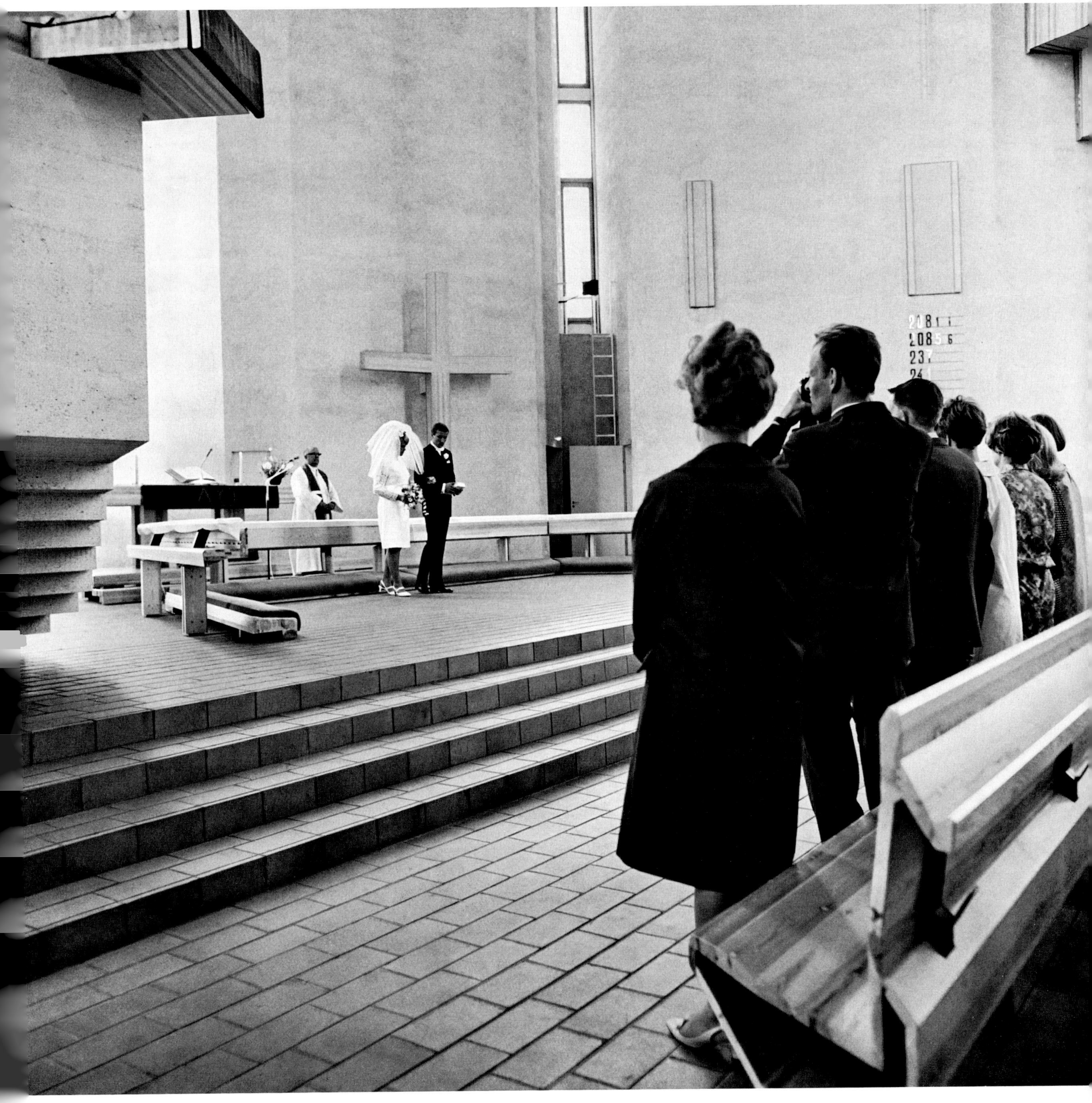

59 Lappenhochzeit in Utsjoki.

60 Hochzeit in der neuen Kaleva-Kirche von Tampere.

61 Teilansicht des Innern der 1966 erbauten Kaleva-Kirche von Tampere, die von Reima Pietilä entworfen wurde.

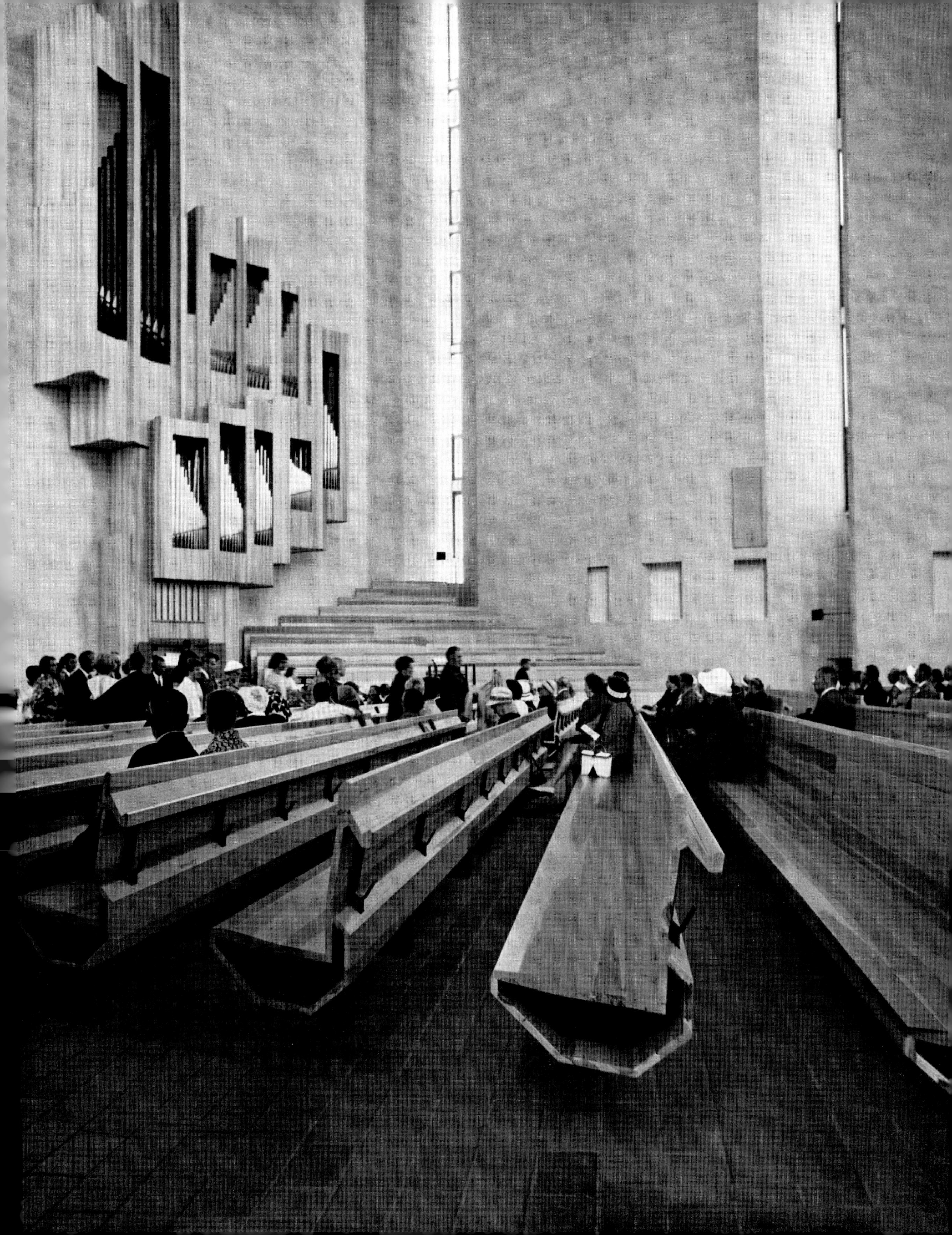

62 Die Kirche in Hyvinkää.

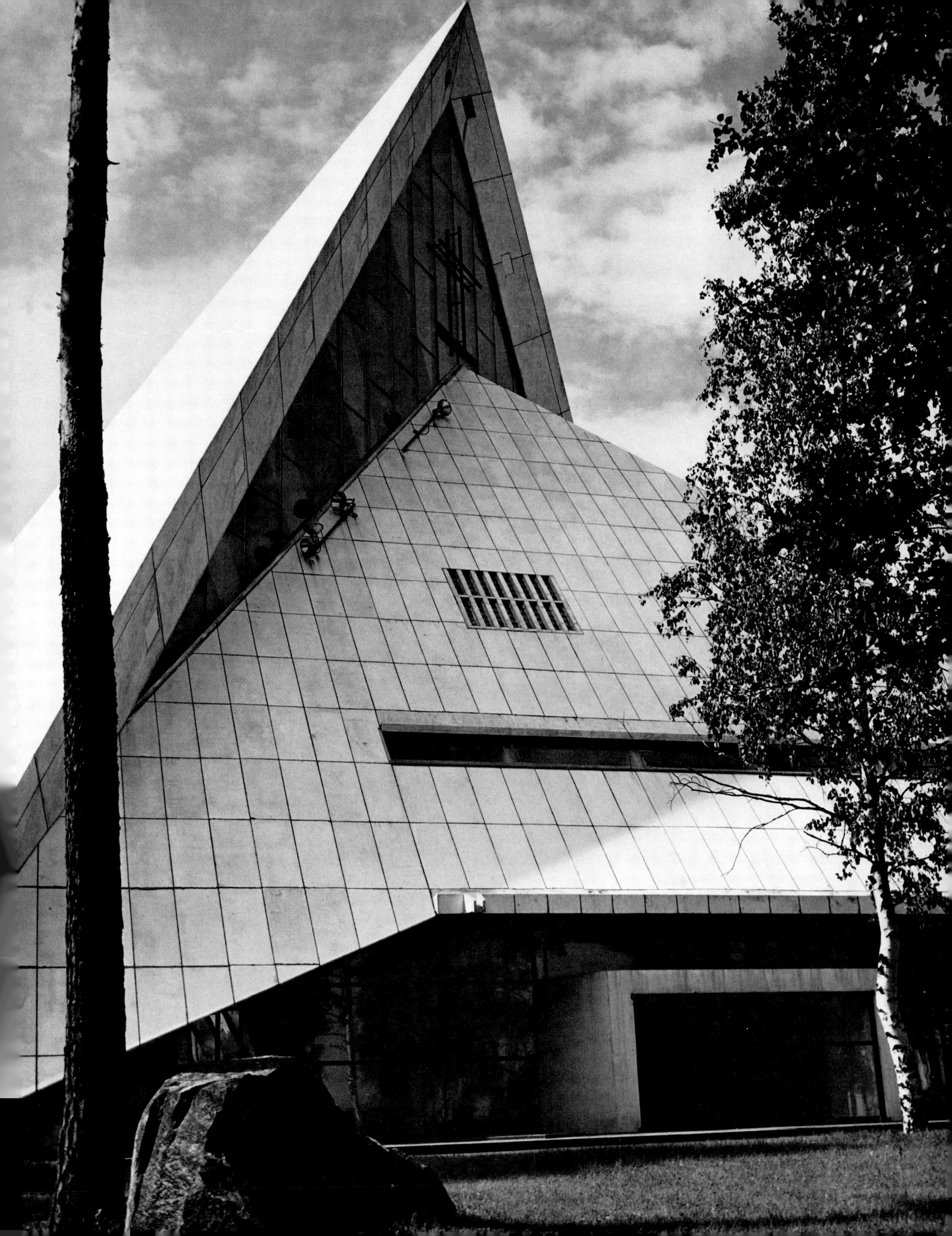

63 Die orthodoxe Kirche von Ilomantsi in Ostkarelien.
   Ilomantsi hat die grösste orthodoxe Kirchgemeinde in Finnland.

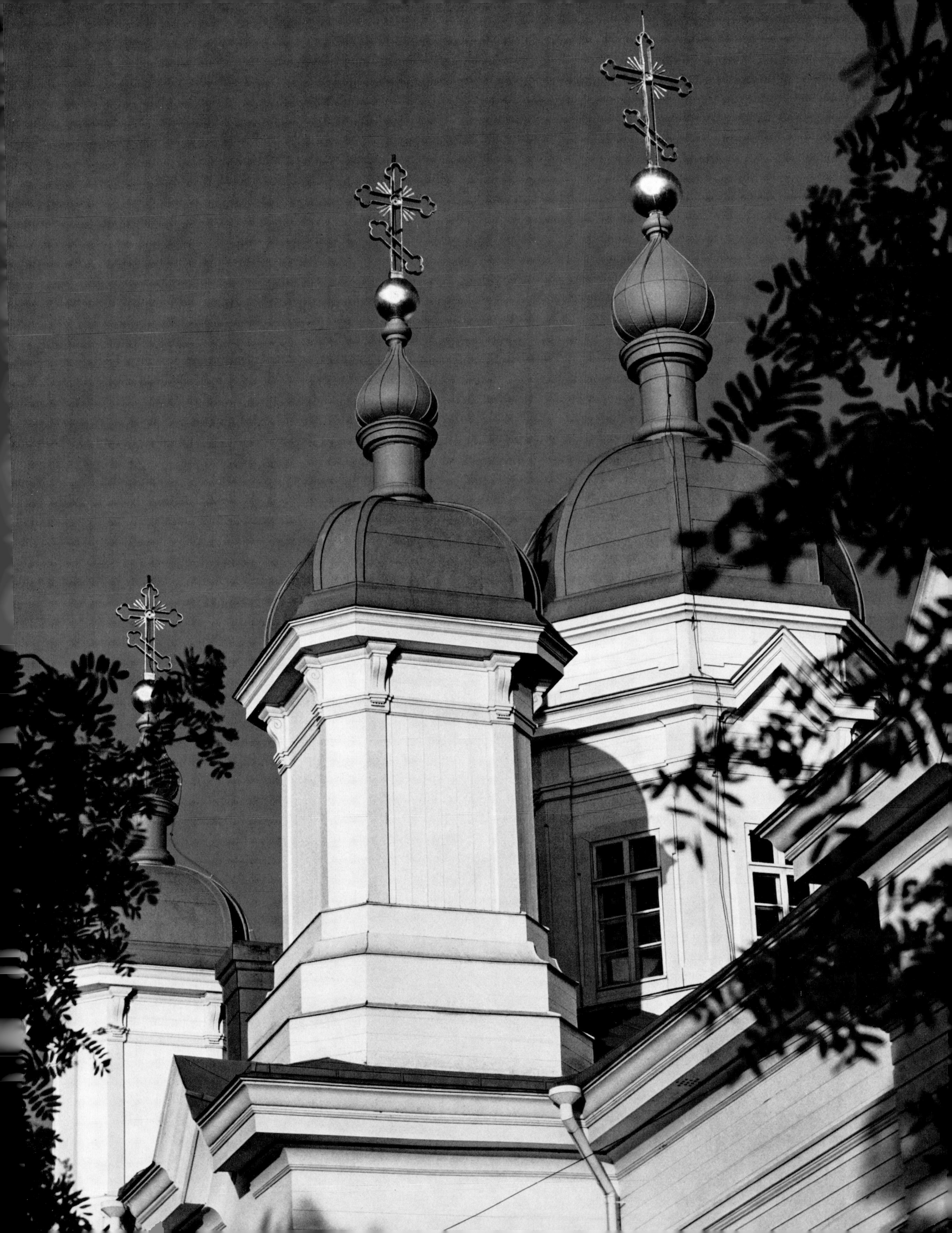

64 Der Altar der orthodoxen Kirche von Ilomantsi.

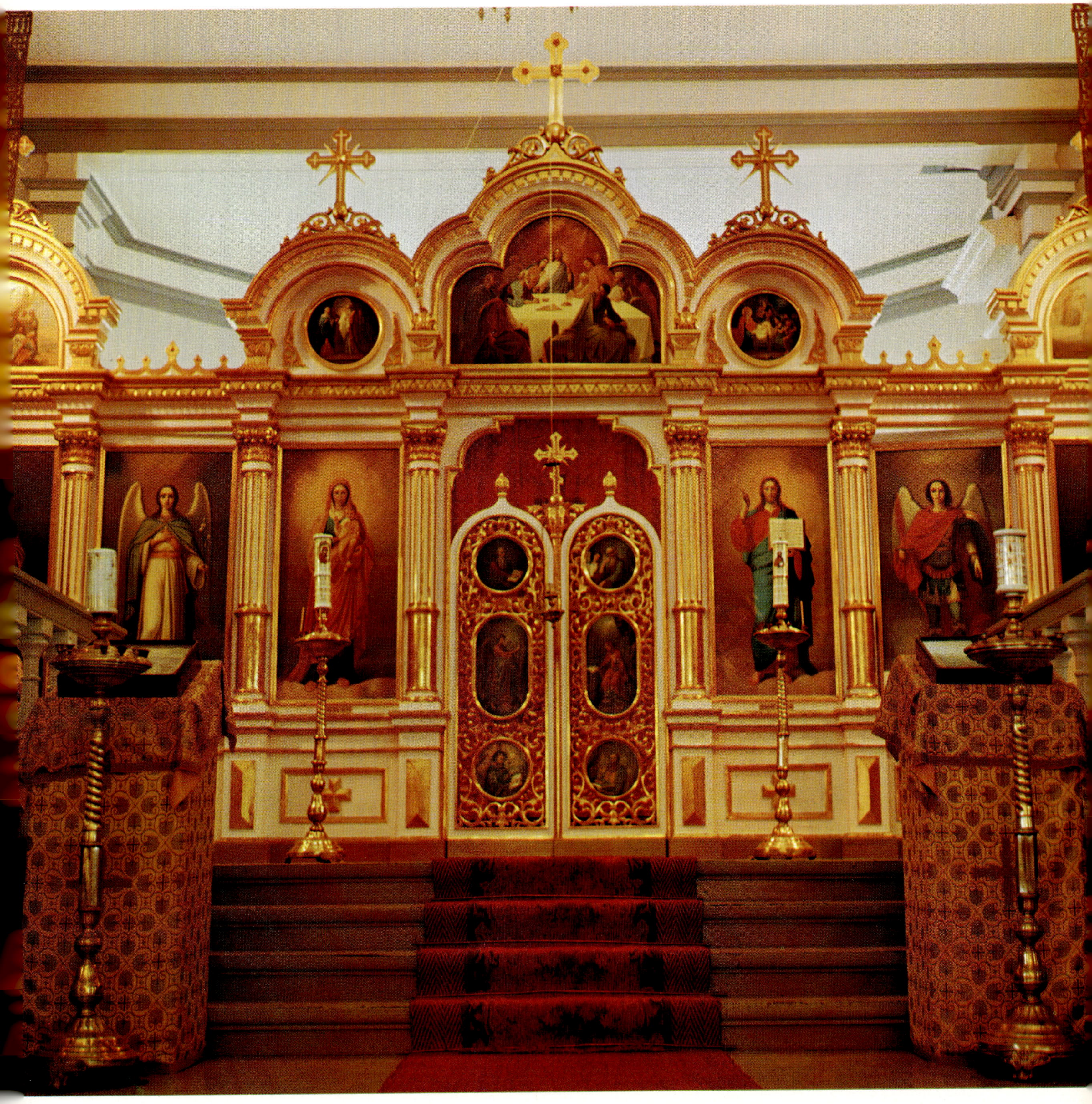

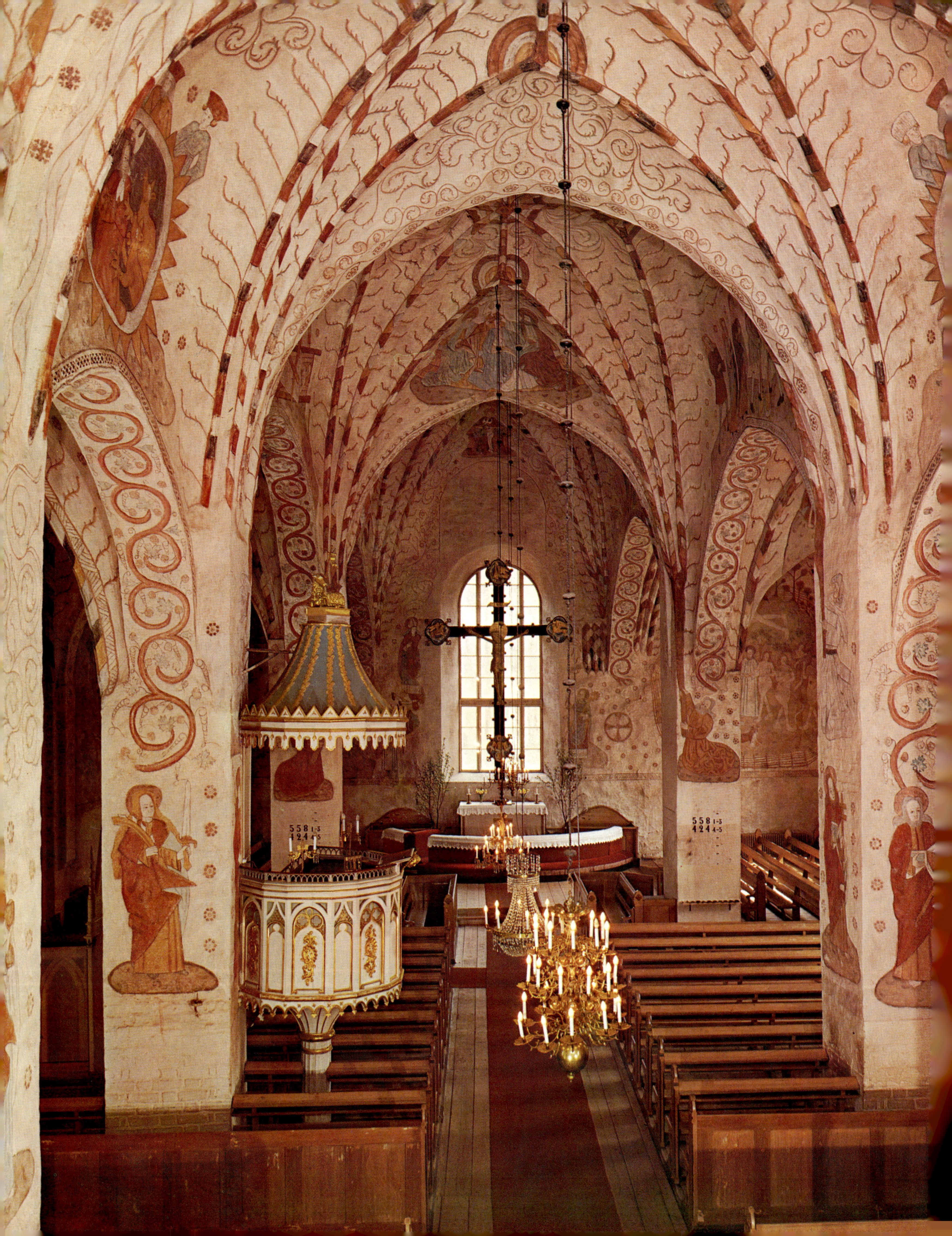
558 1-5
424 4-5
558 1-5
424 4-5

65 Freskomalerei in der Kirche in Lohja; typisches Beispiel für die Ausschmückung mittelalterlicher Kirchen in Finnland.

Suomi — Sisu — Sauna

Mit dem Namen Suomi, dem finnischen Ausdruck für Finnland, verbindet sich meist die Vorstellung eines kleinen nordischen Heldenvolkes. Doch der Finne ist nicht der geborene Heroe um des Heroismus oder gar des Ruhmes willen. Seine innere Haltung gründet auf einem positiven, trocken-humorigen Realismus, sie ist vor allem geprägt von der kargen und unverwechselbar finnischen Landschaft mit ihren Urwäldern und Mooren, durchsetzt von 60 000 Seen, die sich in unendlichen Hügelwellen zwischen Ostsee und Eismeer erstreckt. Diese Landschaft und das Ringen mit ihr haben die finnische Art und Unart geformt.

Das finnische Land ist nur langsam durch die Arbeit einzelner Siedler erschlossen worden, die in der unberührten Natur einen starken Widersacher fanden. In dem einsamen Lebenskampf mit der Wildnis liegt die Wurzel des sprichwörtlichen finnischen Individualismus, des verbissenen Willens zur Unabhängigkeit, die oft in Eigenbrötelei ausartet. Nicht einmal ihre Kriegsschulden, die andere Nationen in derselben Situation einfach vergassen, konnten die Finnen unbezahlt lassen. Dermassen unerträglich ist ihnen auch nur der Anschein von irgendwelcher Art von Abhängigkeit. Noch heute rühmt man Finnland als «das Land, das seine Schulden bezahlt», sei es aus echter Bewunderung über seine Gewissenhaftigkeit, sei es mit einem mitleidigen Lächeln über seine Sturheit.

Woher kommen die Finnen? Sie werden oft als Skandinavier bezeichnet, obwohl sie mit den Schweden, Norwegern und Dänen weniger verwandt sind als zum Beispiel die Russen, Deutschen oder Italiener, die allesamt zur indogermanischen Sprachfamilie gehören. Die Finnen bilden zusammen mit den Esten, Ungarn und anderen kleinen Volksgruppen den sogenannten finno-ugrischen Sprachstamm. Es wird allgemein angenommen, dass die Finno-Ugrier ursprünglich aus dem heutigen Zentralrussland stammen. Die Finnen, so wird behauptet, hätten die Südküste des Finnischen Meerbusens etwa zu Beginn der christlichen Zeitrechnung erreicht.

Wie steht es jedoch mit der Blutsverwandtschaft der Finno-Ugrier? Obwohl diese Völker der gleichen Sprachfamilie angehören, bedeutet dies noch nicht, dass sie auch rassisch verwandt sind. Ein Volk kann die Sprache eines Nachbarvolkes allmählich annehmen und trotzdem einer anderen Rasse angehören. So verhält es sich zum Beispiel mit den Lappen, die eine finno-ugrische Sprache übernommen haben, jedoch aus einem rassisch anderen Stammvolk hervorgegangen sind.

Zudem haben sich die Ungarn mit verschiedenen südosteuropäischen und vorderasiatischen Volksgruppen so stark vermischt, dass sie heute rassenmässig von ihren nordischen

Sprachverwandten, den Esten und den Finnen, sehr verschieden sind. Auch heute noch versuchen Wissenschafter, den genauen Herkunftsort der Finnen zu bestimmen. Ein junger finnischer Arzt, Markku Seppälä, hat kürzlich im Blut von 2 Prozent aller Finnen 2 Eiweisstypen, sogenannte Transferrini entdeckt, die bis heute nur noch für einen bestimmten Prozentsatz der Mongolen und der – diesen verwandten – Indianer charakteristisch sind.

Reichen die Wurzeln des finnischen Volkes tatsächlich bis irgendwo nach Nordsibirien oder in die Mongolei? Woher sonst hätte es die 2 Prozent dieser mongolisch-indianischen Eigenschaft seines Blutes, die jahrtausendelang erhalten bleiben kann, bekommen? Es ist nun abzuwarten, welche Resultate gleiche Blutuntersuchungen bei den osteuropäischen und westasiatischen Völkern zeitigen.

Für manche Finnen wäre eine solche Verwandtschaft mit mongolischen Völkern ein harter Schlag. Viel lieber würden sie hinsichtlich ihrer Abstammung im Ungewissen bleiben, denn «Mongole» bedeutet für sie ein Schimpfwort, das vor allem die nordgermanischen Nachbarn im Westen, die Schweden, mit Vorliebe gebrauchen. Mit diesem Wort verbindet sich bei diesen die Vorstellung von wilden Primitiven im Nordosten, von laut schreienden Horden im Pelzgewand, mit Keulen in der Hand; denn schon der römische Geschichtsschreiber Tacitus schilderte die «fenni» als «erstaunlich wild und abstossend arm». Lange glaubte man, er meine damit die Finnen – es waren jedoch die Lappen.

Bis zum 12. Jahrhundert blieben die Finnen Heiden und in politischer Isolierung. Die Frauen bestellten die Äcker und betreuten das Vieh, die Männer widmeten sich fast ausschliesslich der Jagd und Fischerei. Sie trieben Totenkult und verehrten Naturkräfte. Heute noch sind die Namen von Naturgöttern, zum Beispiel der Luft, Ilmari, des Wassers, Ahti, des Waldes, Tapio, als Vornamen weit verbreitet. Immer noch werden Schmuck, Trachten, Töpfereien und Webteppiche hergestellt, deren Formen, Farben und Motive in Zusammenhang mit Kulturgegenständen der vorchristlichen Zeit stehen; und viele namhafte finnische Künstler modernster Richtung lassen sich von dieser ältesten Volkskunst inspirieren.

Nach der Epoche des Heidentums begann im 12. Jahrhundert die beinahe 700 Jahre dauernde schwedische Fremdherrschaft. Die Schweden haben den Finnen die Tore zum Westen geöffnet. Sie unternahmen 3 Kreuzzüge, bis es ihnen gelang, Finnland zu erobern und zu christianisieren. Aus dieser Zeit stammen die wenigen finnischen Burgen. Finnland wurde gleichberechtigter Teil des skandinavischen Königreichs und entwickelte sich in freiheitlichem Geiste. Auch von Osten her wurden Feldzüge zur Bekehrung der Finnen unternommen. Heute bekennen sich rund 70 000 Finnen zur griechisch-orthodoxen Konfession. Finnland wurde in zahlreiche Kriege, welche die Schweden in Europa und gegen Russland führten, verwickelt. Die Finnen waren in den schwedischen Armeen meistens sehr zahlreich vertreten. Allein dem Geschlecht Horn entstammten 7 Marschälle, die im Dienste der schwedischen Könige standen. Besonders gefürchtet waren während des Dreissigjährigen Krieges die Hakkapeliter, deren Name wahrscheinlich vom Schlachtruf der Finnen: «Hakkaa päälle», «hau zu», abgeleitet wurde.

Unter der schwedischen Herrschaft breitete sich auch die schwedische Sprache aus, die jahrhundertelang die Sprache der gebildeten Kreise war. Später konnte sich das Finnische erst nach bitteren Kulturkämpfen zur gleichberechtigten Sprache erheben. Heute beträgt der Anteil der schwedischsprechenden Minderheit 7,4 Prozent der Gesamtbevölkerung. Die Finnen rühmen sich als das «gelobte Land der Minderheiten». Als Beispiel dafür sei erwähnt, dass im finnischen Rundfunk für die schwedischsprechenden Mitbürger jede Ansage auch auf schwedisch wiederholt wird. Der bekannte Humorist und Reiseschriftsteller Georges Mikes fragte einmal: «Was tun denn die Finnen während dieser schwedischen Ansage, die für die finnischsprechenden Zuhörer ausgeschaltet wird? Es entstehen dabei gewiss oft beträchtliche Pausen?» Die Antwort lautete: «Eine Pause, die weniger als eine halbe Stunde dauert, merken die Finnen überhaupt nicht.»

Die rund 100 Jahre russischer Herrschaft (1809–1917) bedeuteten zwar für Finnland eine Epoche des äusseren Friedens, ja, in den ersten Jahren genossen die Finnen sogar weitgehende Autonomie mit eigenem Parlament, dies besonders unter Zar Alexander II., dessen Denkmal heute noch auf dem Senatsplatz in Helsinki steht. Daraufhin aber folgten um die Jahrhundertwende die rücksichtslosen Russifizierungsversuche mit Zwangssteuern und Unterdrückung der Presse- und Versammlungsfreiheit sowie der Proklamierung des Russischen zur Amtssprache. Reaktionen wie die Ermordung des russischen Generalgouverneurs und ein Generalstreik veranlassten die Russen zu vorübergehenden Konzessionen; so wurde das Parlament wieder beschlussfähig und führte dann auch 1906 – als erstes in Europa – das allgemeine Stimmrecht für Männer *und* Frauen ein. Doch für die völlige Unabhängigkeit des Landes war die Zeit noch nicht reif. Siegesgewiss schleuderte ein russischer Diplomat sein «Finis Finlandiae» über den geknechteten Staat.

Da brach der Erste Weltkrieg aus, und während der russischen Oktoberrevolution 1917 erklärte sich Finnland selbständig. Das finnische Volk hatte sein Schicksal selbst in die Hände genommen. Aber die Leidensgeschichte war damit noch nicht zu Ende: es folgten Bürgerkrieg, Winterkrieg und Fortsetzungskrieg. Ein finnischer Journalist äusserte sich einmal: «Wenn man Angehörigen verschiedener Nationen die Frage stellt, was sie vom Kriege halten, dann wird der Amerikaner betonen, dass die USA Europa retteten; der Norweger wird sagen, dass es eine schreckliche Zeit war; der Schwede, dass sein Urururgrossvater im letzten Krieg verwundet wurde – der Finne aber wird sich erkundigen, von welchem Krieg die Rede ist.»

All diese Kriege haben den jungen freien Staat auf eine harte Probe gestellt. Und damit kommen wir zum zweiten S, zum *Sisu*. Sisu ist ein Wort, mit dem wohl die grundlegendste Charaktereigenschaft der Finnen bezeichnet wird. Sisu bedeutet unerbittliche Beharrlichkeit, Durchhaltewillen unter schwierigsten Umständen bis zum Starrsinn; ein Wesenszug, der bereits im einsamen Ringen des Siedlers mit den nordischen Naturgewalten geformt wurde. Diese Eigenschaft kam im Winterkrieg deutlich zum Ausdruck, als das Viermillionenvolk den Kampf gegen eine Übermacht von 180 Millionen durchstand. Die Verluste waren zwar gross; aber die Selbständigkeit konnte bewahrt werden.

Sisu hat aber auch seine negativen Seiten, dazu gehört eine Art jähzornige Verbissenheit, das gesetzte Ziel mit allen möglichen und unmöglichen Mitteln zu erlangen. Dieser Sisu wurde auch dem ersten Bischof in Finnland, Henrik aus England, zum Verhängnis. Nach der Legende verfolgte ein Bauer namens Lalli, der sich vom Bischof hart und ungerecht behandelt glaubte, dessen Schlittengespann auf den Skiern und erschlug ihn mit der Axt auf dem vereisten Köyliösee. Der Bauer Lalli wird in den finnischen Geschichtsbüchern als eine Art Held, der Bischof Henrik seinerseits als Finnlands Nationalheiliger verehrt. – Auch den finnischen Sportlern ist der Charakterzug des Sisu eigen, da sie sich vorab Disziplinen zuwenden, die sturen Durchhaltewillen erfordern, wie Marathon- und Skilanglauf.

Eng mit dem Sisu verknüpft ist auch der finnische Individualismus. In diesem kleinen Volk, das über immense Landschaften zerstreut lebt, kann der Geist und Ungeist der Masse kaum aufkommen. In den unendlichen Wäldern und im unabsehbaren Hügelmeer Lapplands kann man tagelang wandern, ohne einem Menschen zu begegnen. Dort ist jeder sein eigener Herr und nur der Natur unterworfen. Die finnischen Bauernsiedlungen bilden keine Haufendörfer. Jeder Hof stellt mit seinem Lande ein Reich für sich dar, einsam, oft kilometerweit vom nächsten entfernt. Hier liegt die Ursache für die sprichwörtliche Schweigsamkeit der Finnen. Dafür besitzen sie gute Augen und Ohren für die Natur. In ihr fand der Finne auch die Bilder, mit denen er seinen Seelenzustand, seine Freude und sein Sehnen ausdrückt:

«Der Himmel ist blau und weiss und voller Sterne.
So voll von Gedanken ist mein junges Herz.»

Mit diesen Worten beginnt ein Volkslied. In einem anderen heisst es:

«Wie konnte der Fluss gerade fliessen, wenn die Erde hügelig war,
und wie konntest du mir untreu sein, wenn ich dir treu blieb?»

Stolz ist der Finne auf seine Naturverbundenheit, stolz auf sein eigenes, kleines Häuschen mit einer Sauna am See oder Meer, wo er oft in primitiven Verhältnissen das Wochenende und die Ferien verbringt. Stolz ist er auch auf gewisse Leistungen, die er vollbracht hat: auf die Neuansiedlung der 400 000 Karelier, die ihre Heimat zufolge der Gebietsabtretung an die Sowjetunion verliessen – auf die finnische Architektur – auf das finnische Kunstgewerbe, das weit über die Grenzen Anerkennung gefunden hat. Sein Herz schlägt höher, wenn ein Landsmann internationale Berühmtheit erlangt; so z.B. der Schriftsteller Sillanpää (1888 bis 1964), die Architekten Aalto (geb. 1898) und Saarinen (1873–1950), der Komponist Sibelius (1865–1957) oder die Sportler Nurmi (geb. 1897), Kankkonen, Mäntyranta und andere.

Ob all der Männernamen könnte der Eindruck entstehen, Sisu sei eine reine Männertugend. Sisu aber unterscheidet ebenso wenig zwischen männlich und weiblich wie die finnische Sprache, die nur ein Geschlecht kennt. «Suomalainen» heisst sowohl der Finne wie die Finnin. Auch im finnischen Denken ist die Stellung der Frau derjenigen des Mannes ebenbürtig. Dies ist wohl darauf zurückzuführen, dass die Frau seit jeher im Hause «ihren Mann stellen musste». Die Männer waren viel abwesend beim Roden, Jagen, Handeln oder im Krieg. Die Frau war oft wochenlang allein zuhause und verantwortlich für das Leben in der Familie und in der Gemeinde. Dies sind die Gründe für die grosse Selbständigkeit der Finnin, und sie erklären die schon 1906 erfolgte Einführung des Frauenstimmrechts.

Immerhin ist festzuhalten, dass früher die Stellung der finnischen Frau keineswegs durch Gesetze verbürgt war. Erst um 1860 wurde die Vormundschaft für unverheiratete Frauen abgeschafft. Dann wurde die Frau auch hinsichtlich Erbrecht dem Manne gleichgestellt. Zwanzig Jahre später öffneten die Gymnasien ihre Pforten auch für die Mädchen, und bald darauf taten dies auch die Universitäten. Dank den Bemühungen von Schriftstellerinnen (zum Beispiel Minna Canth, 1844–1897) und des finnischen Frauenvereins erlangten die Frauen neben dem Stimmrecht auch die Wählbarkeit in Staatsämter, die Gleichberechtigung in der Ehe, bessere Arbeitslöhne und schliesslich 1917, im Jahre der Unabhängigkeitserklärung des Landes, die völlige Gleichstellung mit dem Manne.

Von grundlegender Bedeutung für die Finnin war die Möglichkeit zu jeglicher beruflicher Ausbildung. Die letzten Kriege bewiesen zur Genüge, wie nützlich und notwendig ein erlernter Beruf für eine Frau und ihre Familie sein kann. Heute sind etwa die Hälfte der Maturanden und der Studierenden an Hochschulen weiblichen Geschlechts. Rund 40 Prozent der berufstätigen Personen in Finnland sind Frauen; in dieser Hinsicht steht Finnland an der Spitze der skandinavischen Länder; und über die Hälfte der berufstätigen Frauen Finnlands sind verheiratet.

Wie in anderen Ländern, so ergeben sich auch in Finnland für die verheiratete berufstätige Frau mancherlei schwierige Probleme hinsichtlich ihrer Pflichten als Mutter und Hausfrau einerseits und ihrer Pflichten im Beruf anderseits. Doch den Finninnen wie auch den Finnen steht glücklicherweise eine Einrichtung zur Verfügung, die es ihnen ermöglicht, über alle schweren Probleme in Ruhe nachzudenken, dies ist unser drittes S, die *Sauna*.

Die Finnen betrachten die Sauna als eine ihrer wichtigsten Errungenschaften. Sie wird meist vor der Errichtung des Wohnhauses gebaut. In früheren Jahrhunderten diente sie in den einsamen Bauerngehöften nicht nur als Schwitz-, Wasch- und Baderaum, sie war zugleich Krankenzimmer und vor allem auch Entbindungsraum, da sie als der hygienischste Ort des Hofes galt. Heute ist sie vor allem Badestube, manchmal eignet sie sich auch als Ort für die verschiedenartigsten Gespräche und Verhandlungen. Immer wieder sind die Ausländer erstaunt, wenn sie von ihren finnischen Gastgebern in die Sauna eingeladen werden – und gewöhnlich sind sie nachher begeistert, wie gut sich beim beschaulichen Schwitzen politische Probleme oder geschäftliche Angelegenheiten besprechen lassen. Die Sauna ist ein wichtiger Faktor der finnischen Gastfreundschaft. Sie ist nicht nur ein Dampfbad, sie wird vollzogen als eigentlicher Ritus, der Zeit in Anspruch nimmt, dafür aber eine äussere und innere Reinigung und gleichzeitig eine grossartige Entspannung bedeutet.

Beinahe zu jedem Haus gehört eine Sauna. Nach statistischen Erhebungen gibt es für je sechs Einwohner Finnlands eine Sauna. In der Regel ist die Sauna eine einfache Blockhütte von wenigen Quadratmetern Grundfläche, bestehend aus dem Umkleide-, dem Wasch- und dem Hauptraum. Im letzteren sind in einer Ecke runde Granitsteine derart aufeinander geschichtet, dass darunter ein Holzfeuer angefacht werden kann. Ein grosser hölzerner Wasserkübel, eine Bank und zwei verschieden hohe Pritschen bilden das weitere Inventar. Natürlich gibt es heute auch moderne Saunas mit eigentlichen Öfen und anderen bequemeren Einrichtungen.

Wenn Sie in eine finnische Sauna eingeladen sind, dann wird sich etwa folgendes zutragen: Im Umkleideraum werden die Kleider ausgezogen; es ist nicht üblich, in Badehosen oder mit Tüchern um den Körper in die Sauna zu gehen. Dort sitzen oder liegen Sie auf Pritschen und wärmen sich in der heissen Luft. Nach starkem Ausschwitzen kühlen Sie sich im Freien vor der Sauna oder durch Eintauchen in die Fluten des Sees ab. Das Abkühlen im Schnee ist zwar mutig und gesund, wird jedoch von Anfängern nicht erwartet. Diese Prozedur des Schwitzens und Abkühlens können Sie nach Gutdünken wiederholen. Daraufhin schütten Sie Wasser auf die heissen Steine, wodurch Dampf entsteht. Dann schlagen Sie Ihren Körper mit Büscheln aus Birkenzweigen. Nach dieser Massage folgt das Waschen im Waschraum. Es gehört zur guten Sitte, den Rücken des Nachbarn zu schrubben. Nach dem Waschen geht's nochmals in die Sauna, dort wärmen Sie sich und gehen schliesslich noch einmal in den See zum Schwimmen. Bevor Sie sich abtrocknen, warten Sie in aller Ruhe im Freien oder im Umkleideraum, bis der letzte Wärmeüberschuss verschwunden ist. Dann ziehen Sie sich an.

Eine Durchschnittsfamilie auf dem Lande braucht für das Saunabad mit allen Vorbereitungen fast einen ganzen Nachmittag. Es heisst ja allgemein von den Finnen, dass sie keine Eile kennen. Ja, man behauptet, sie seien das «gemächlichste Volk Europas», Menschen, die schon das reine Dasein als Beschäftigung ansehen – sagt doch eine finnische Weisheit: «Aikaa on eniten, sitä tulee aina uuttaa», das heisst: «Zeit gibt es am meisten, denn man bekommt immer neue.»

66 Die gelben Sterne des Sedum acre (Scharfe Fetthenne) gehören zu den dekorativsten Polsterblüten der steinigen Böden Finnlands.

67 Die «Strandblume» oder der «Grosse Weiderich» (Lythrum salicaria) wachsen mit Vorliebe an feuchten Stellen zwischen Steinen oder in Felsspalten der Schären.

66

67

68

68 In der Sauna. Man sieht die verschieden hohen Pritschen. Im Holzkübel befindet sich Wasser, das man auf heisse Steine schüttet, um Dampf zu erzeugen, oder das man über den Körper giesst. Mit den Büscheln aus Birkenzweigen schlägt man den Körper zur Massage.

69 Altes Saunahaus in Kajaani. Wenn möglich, werden die Saunas am Ufer eines Sees gebaut. Zur Abkühlung taucht man in die klaren Fluten des Sees. Es gibt Finnen, die sich im Winter sogar im Schnee wälzen.

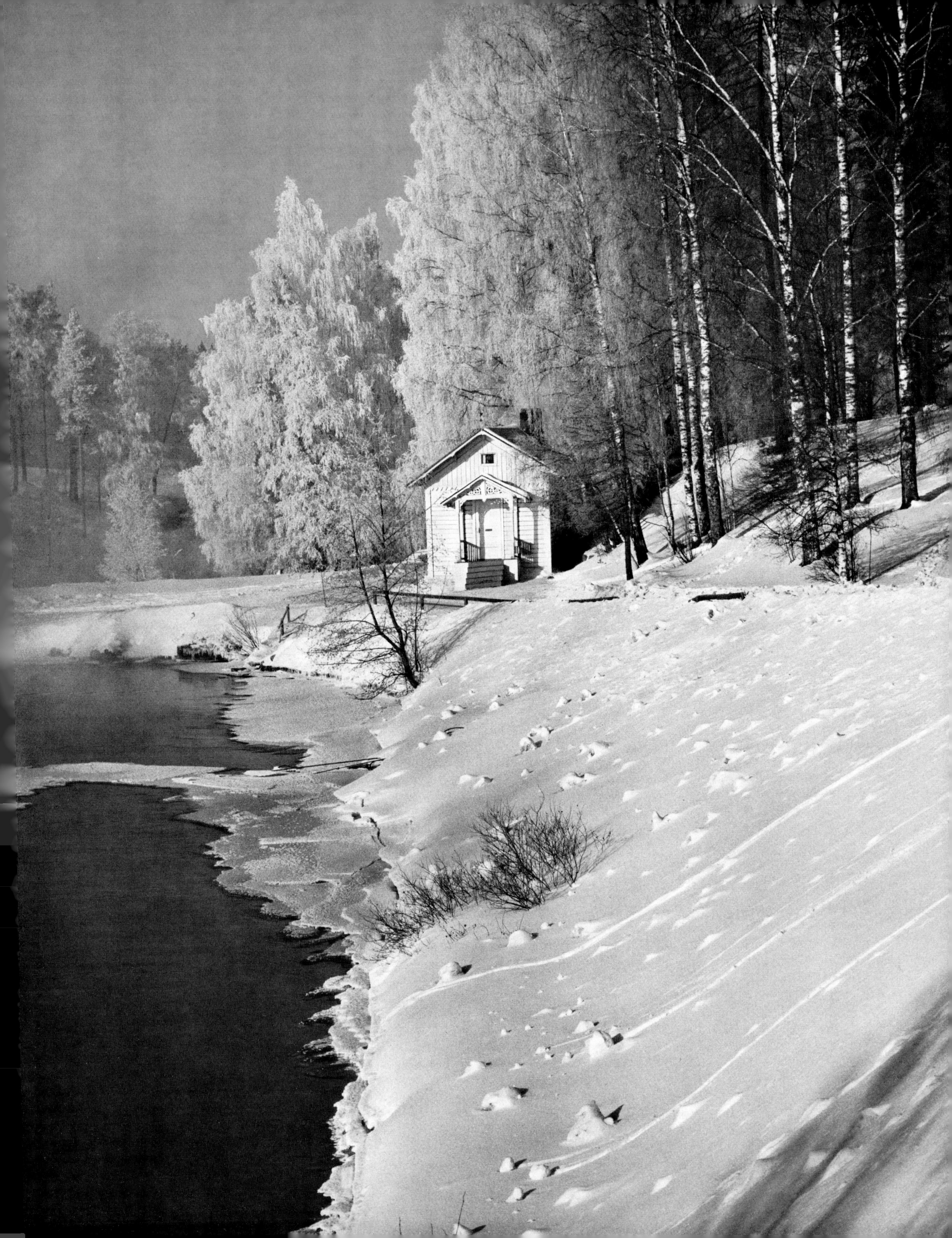

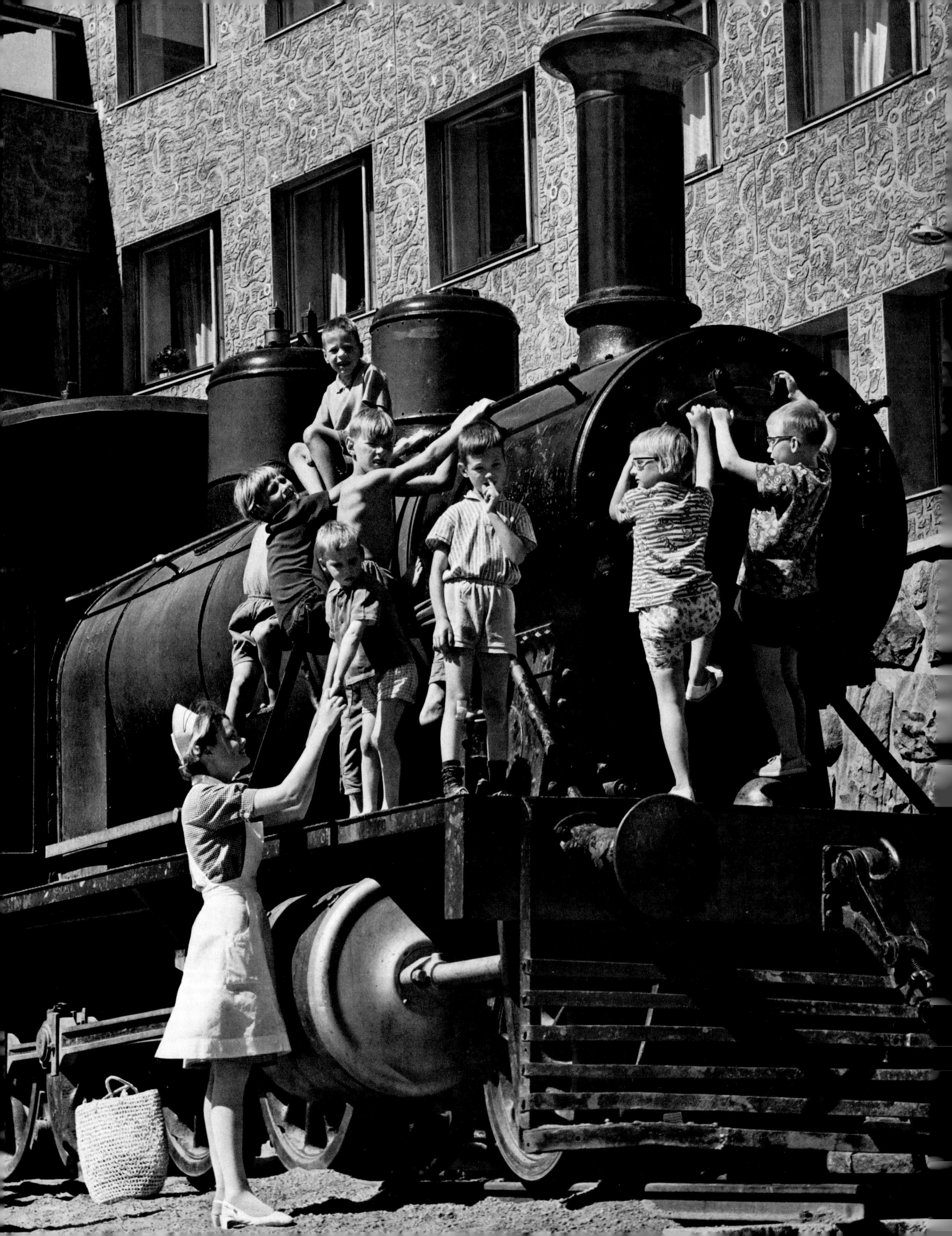

70 Eine ausgediente Lokomotive erfreut die kleinen Patienten der «Kinderburg», des Kinderkrankenhauses in Helsinki.

71 Auch in der Kinderkrippe geniesst man die Frühlingssonne.

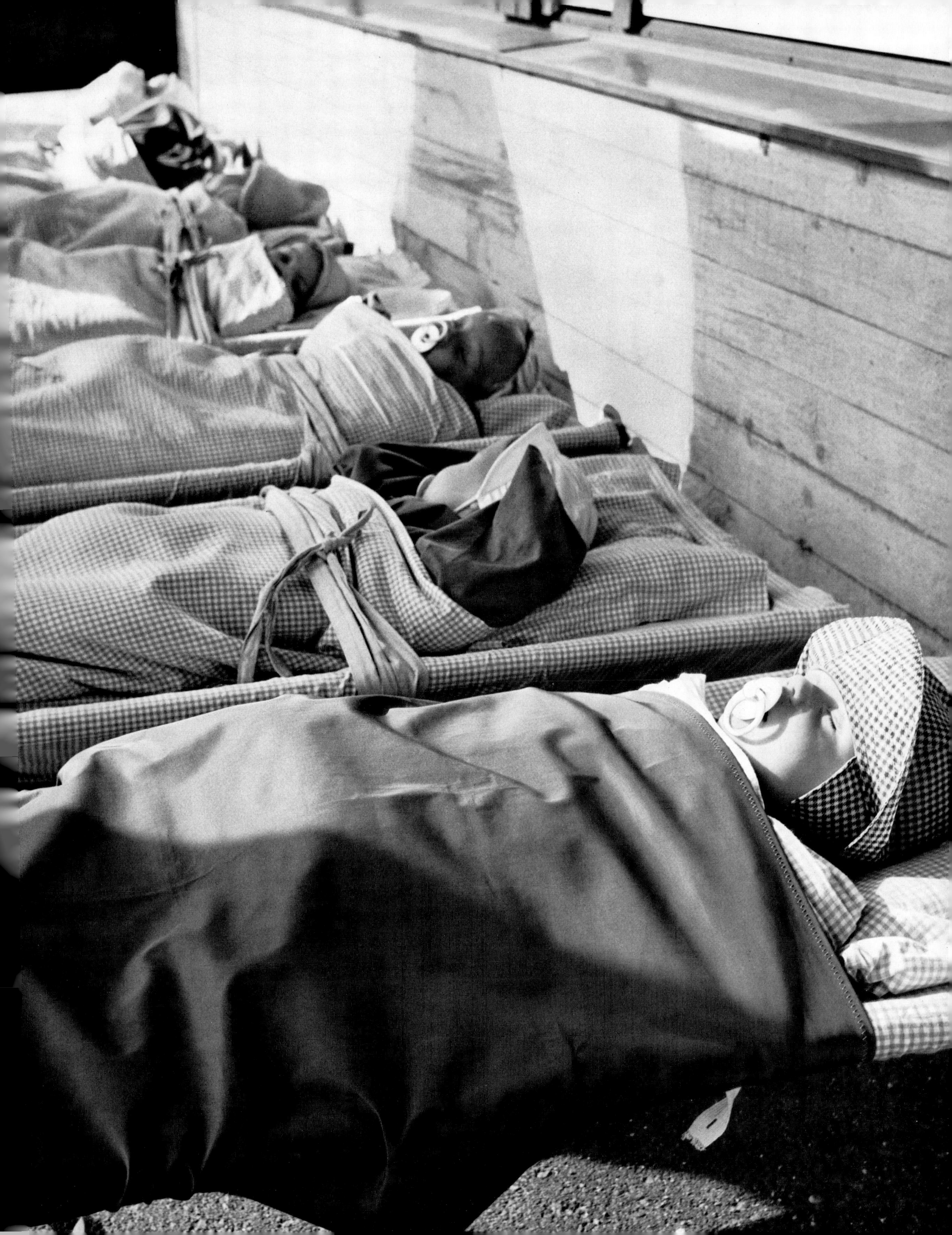

72 Knabe auf dem Lande.

73 Flösser gönnt sich eine
   Ruhepause.

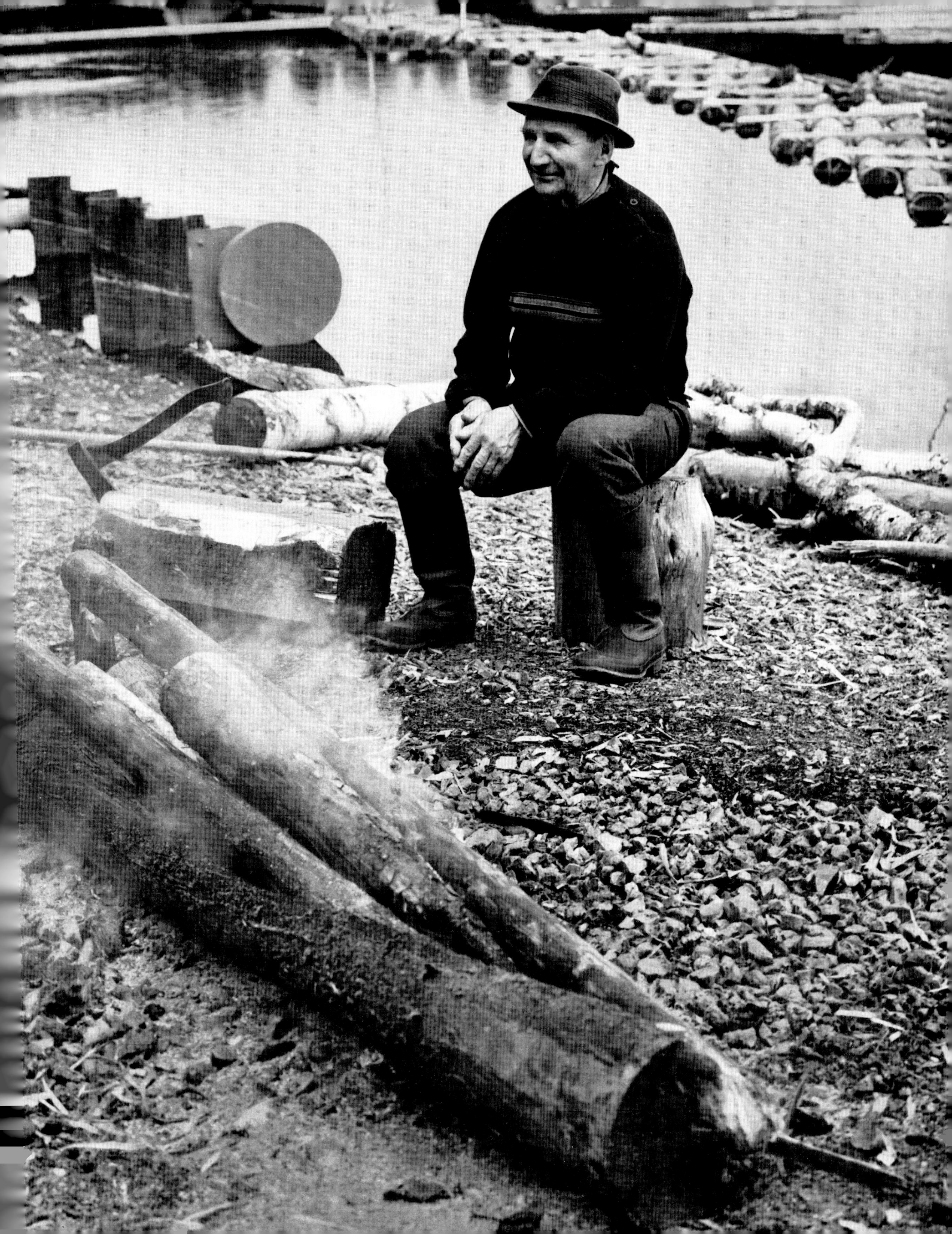

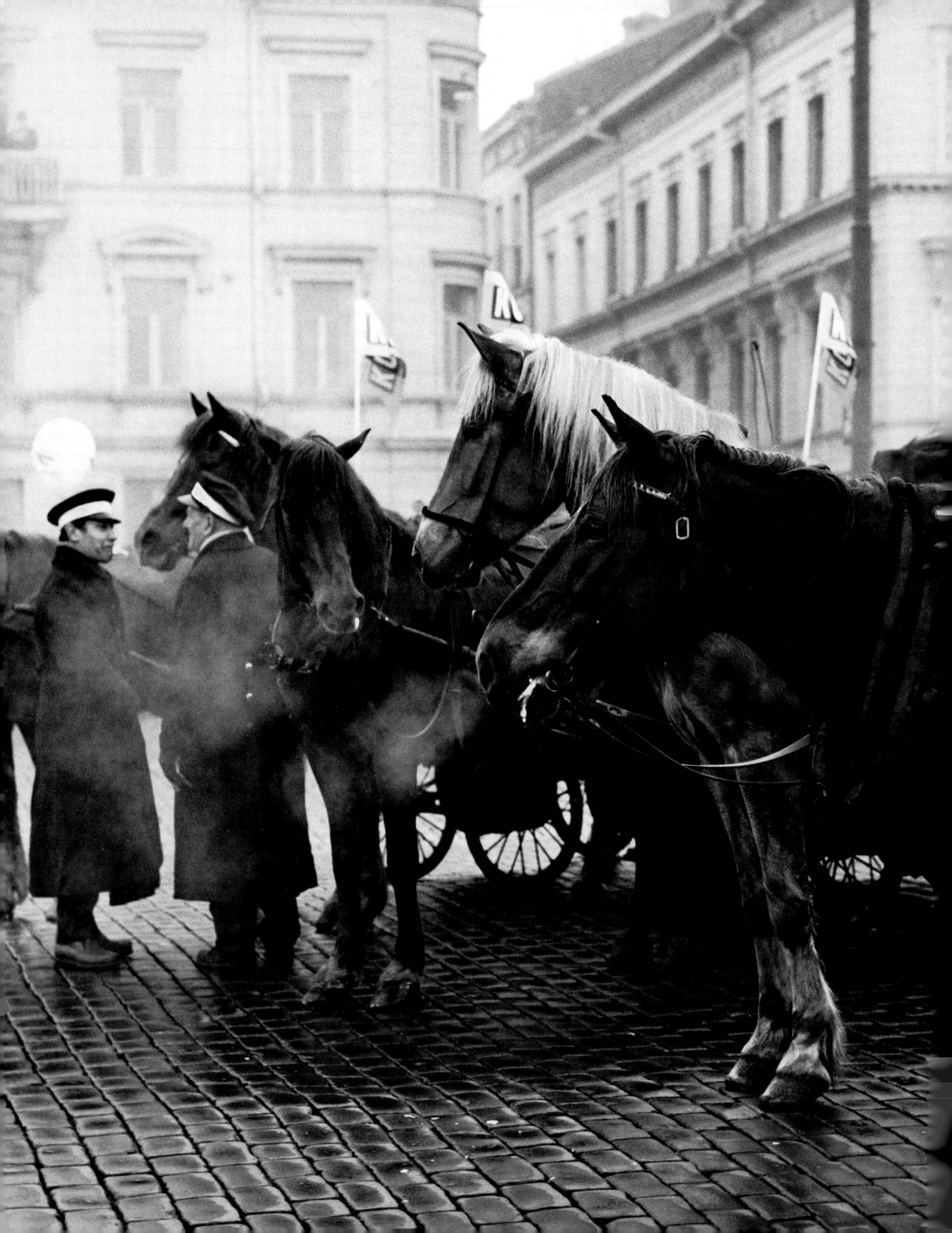

74 Immer seltener sieht man die «Isvostjiks», die Pferdekutschen aus der Russenzeit.

75 Alte Windmühlen in Uusikaupunki (Südwestfinnland).

76 Rapsfeld auf den Ålandsinseln.

77 Auch in Finnland verdrängt der Traktor das Pferd. Die Zahl der Pferde in der Landwirtschaft verminderte sich von 1950 bis 1969 um 226 000, im gleichen Zeitraum stieg die Zahl der Traktoren um 144 000 an. Die Gesamtzahl der Pferde betrug 1969 74 000, diejenige der Schlepper 150 000.

78 Teilansicht des Jan-Karlshofes auf den Ålandsinseln. Er ist der bekannteste der åländischen «Königshöfe» und dient heute als Museum.

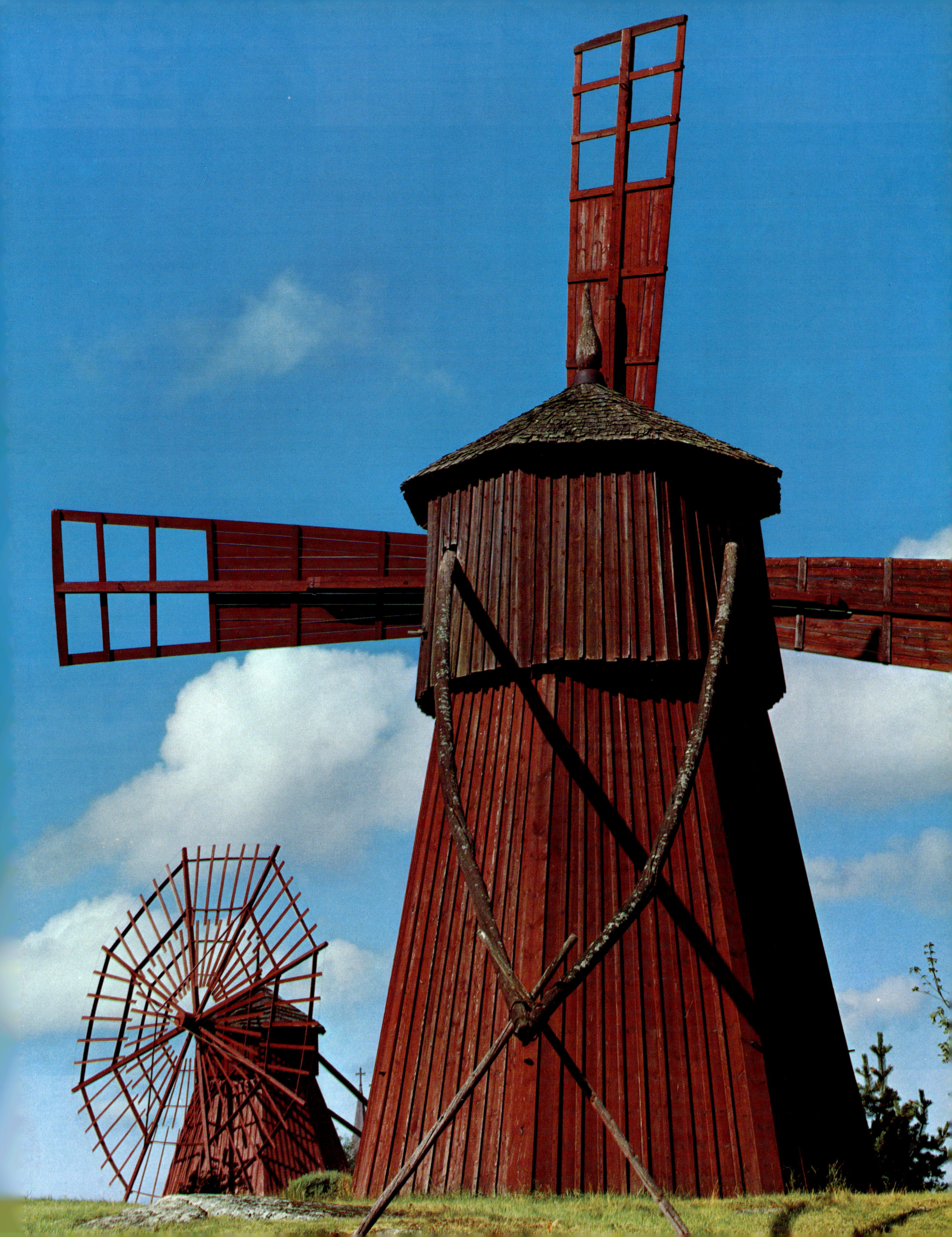

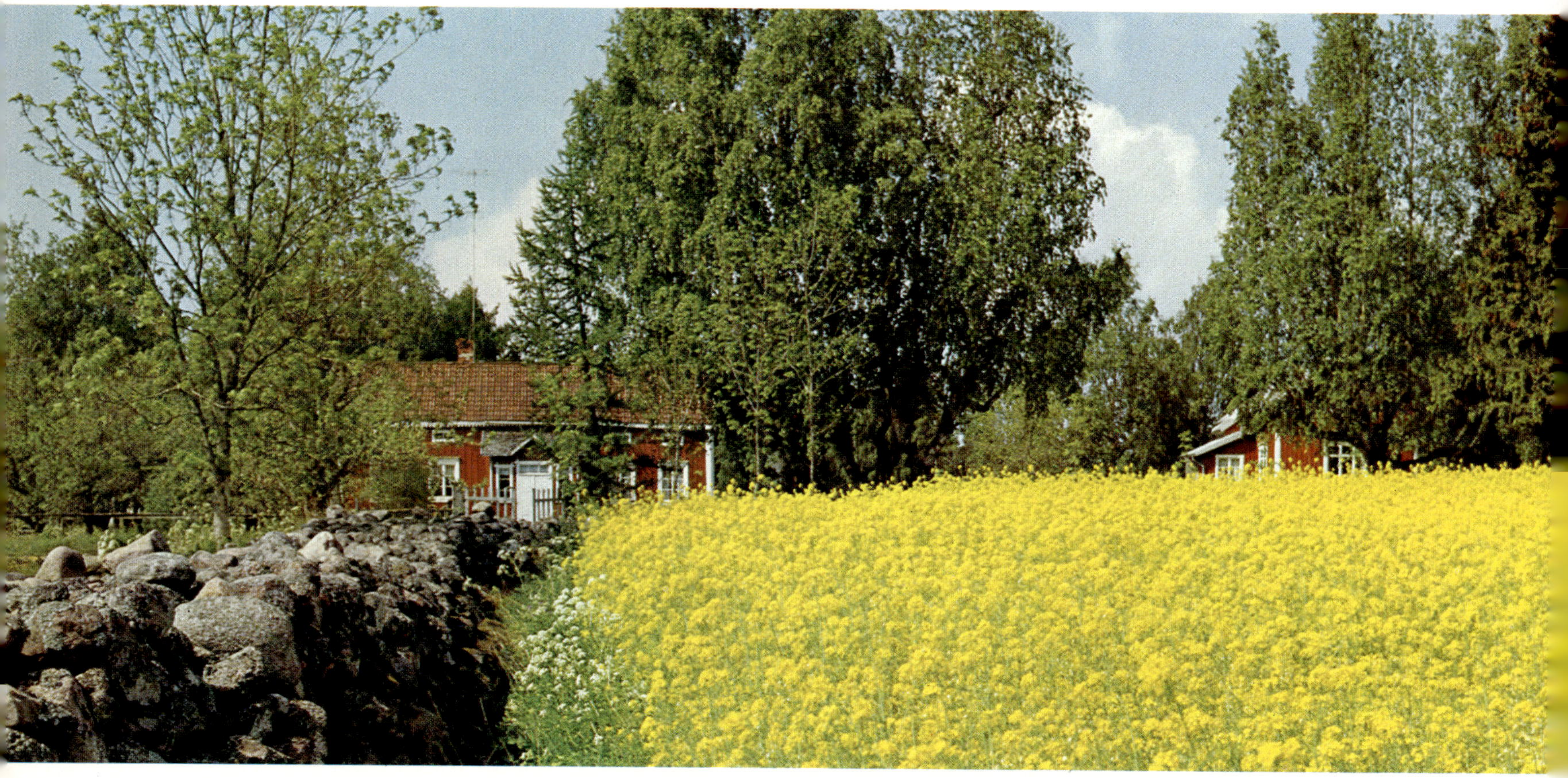

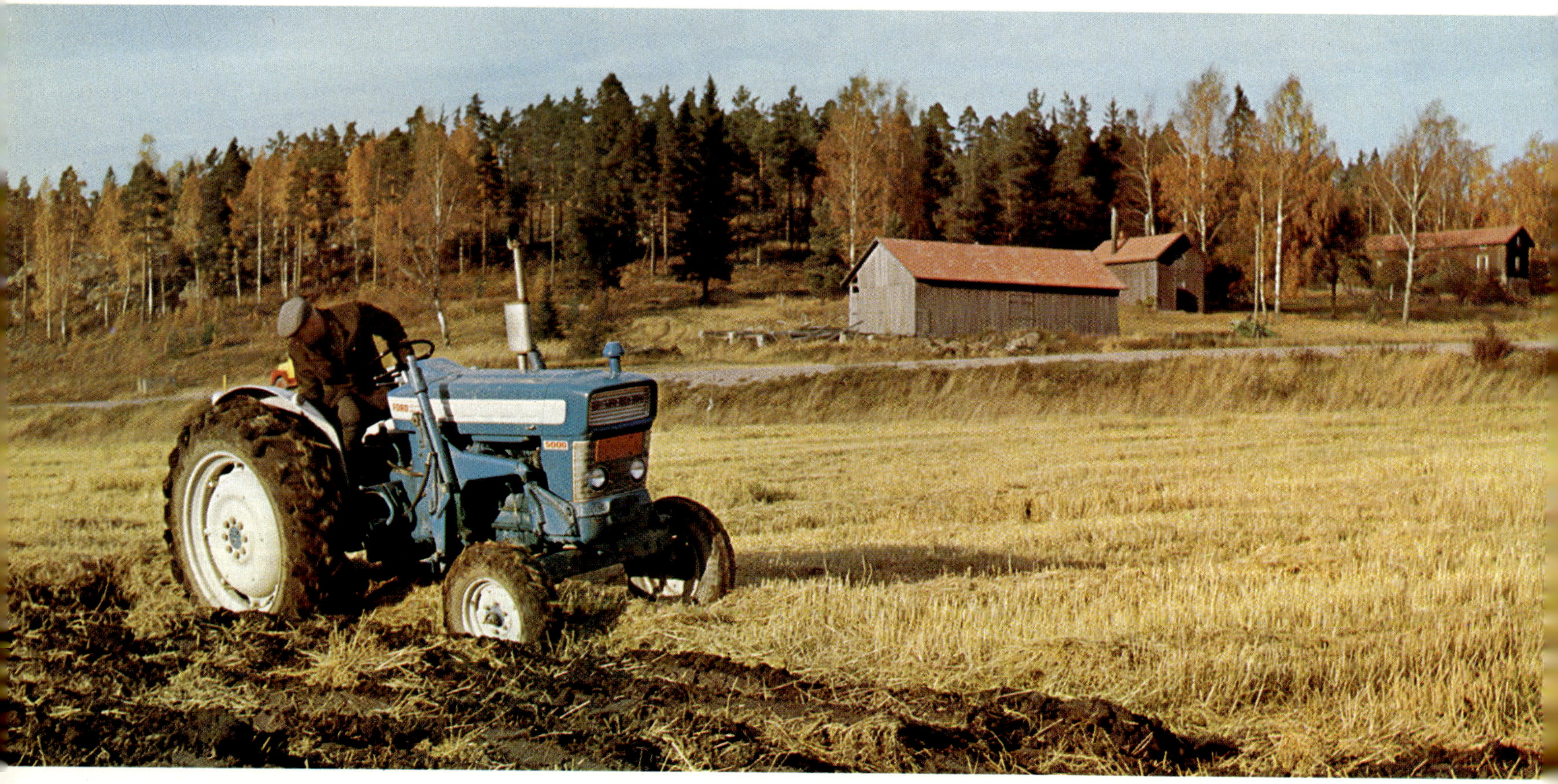

76

77

78

79 Bauernhof in Karelien (Koli). Diese typischen alten Holzzäune dürfen heute nicht mehr neu erstellt werden, da sie unverhältnismässig viel Holz erfordern.

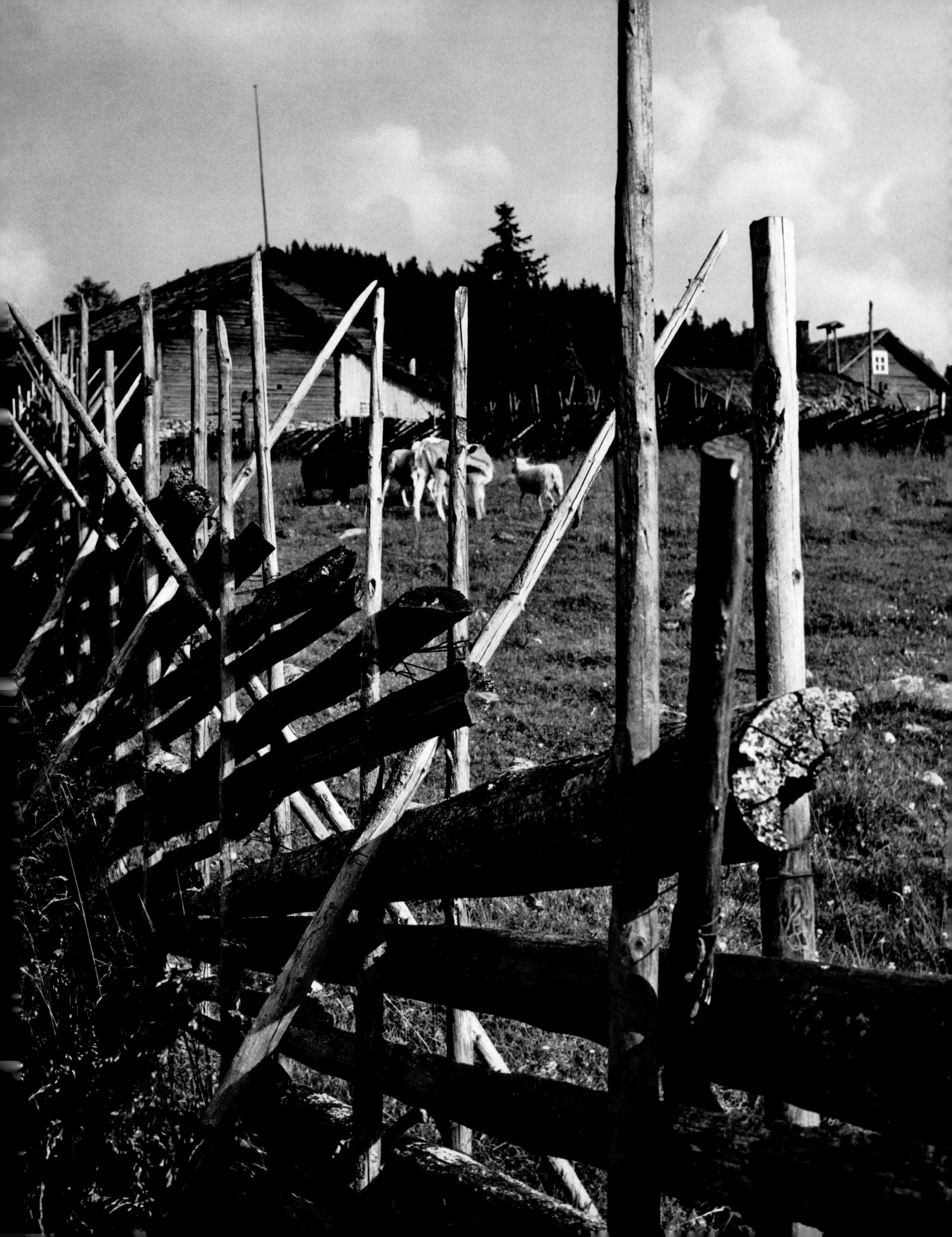

80 Ziehbrunnen eines «Einödehofes» in Lappland (Raattama). In Finnisch-Lappland wird bis weit über den Polarkreis hinaus noch Landwirtschaft betrieben. Im Winter herrscht hier die Polarnacht, und die Schneedecke bleibt über zweihundert Tage lang liegen.

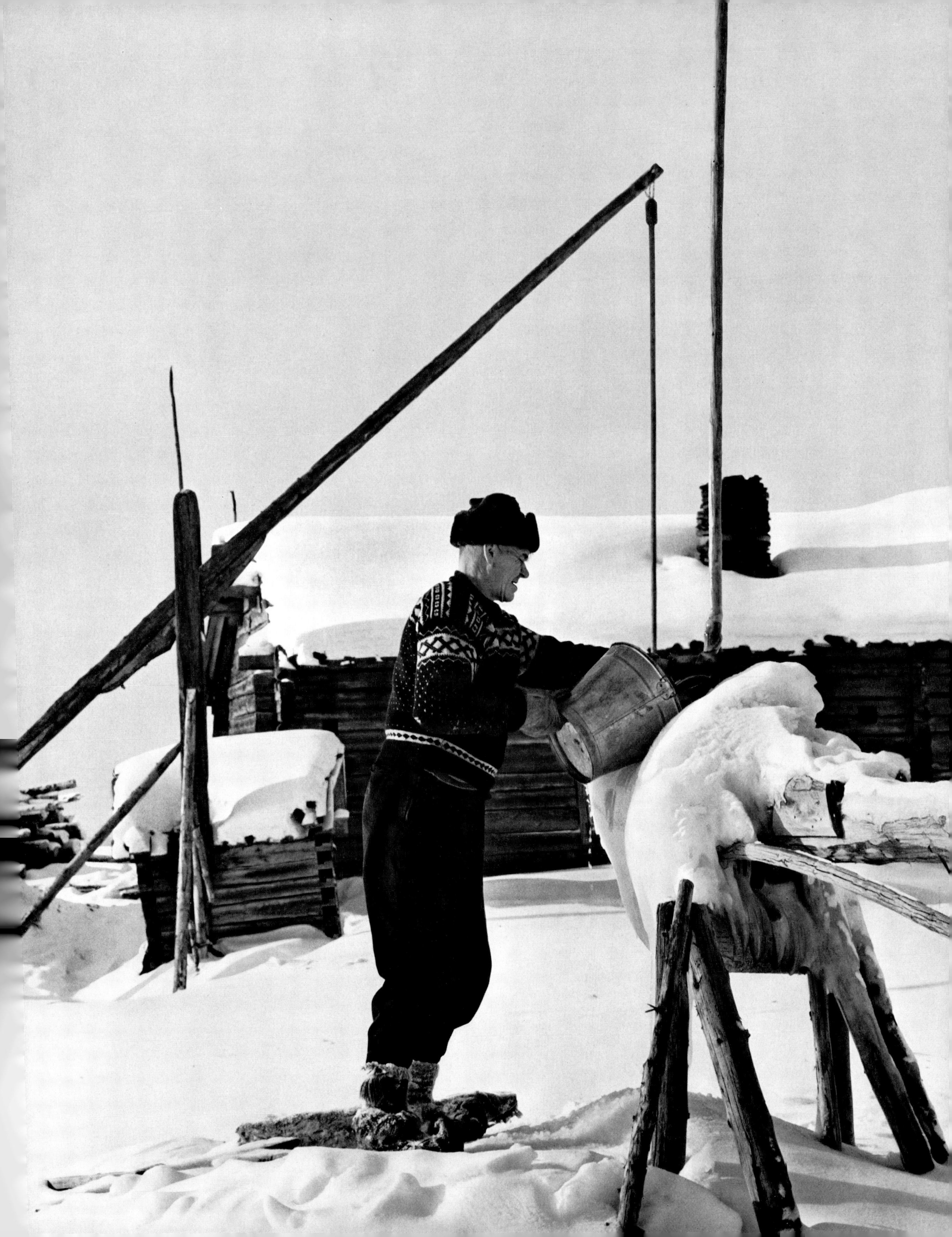

81 Die Winterfischerei wird in Finnland als Volkssport betrieben.

82 Weide in Ostkarelien (Ilomantsi).

83 So sah es früher in den finnischen Bauernstuben aus. Rekonstruktion einer Bauernstube mit Originalmöbeln anlässlich einer Ausstellung in Hämeenlinna.

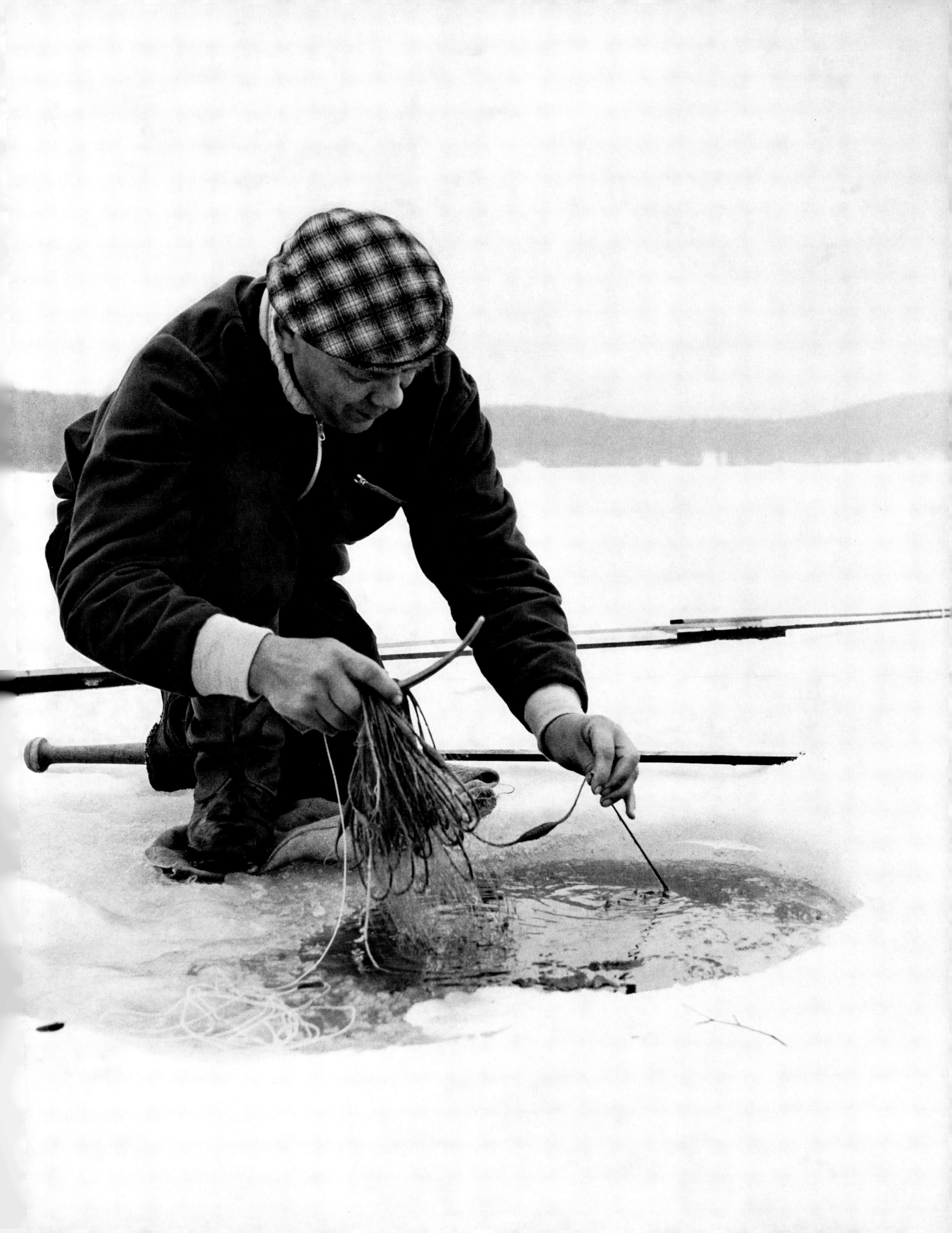

82

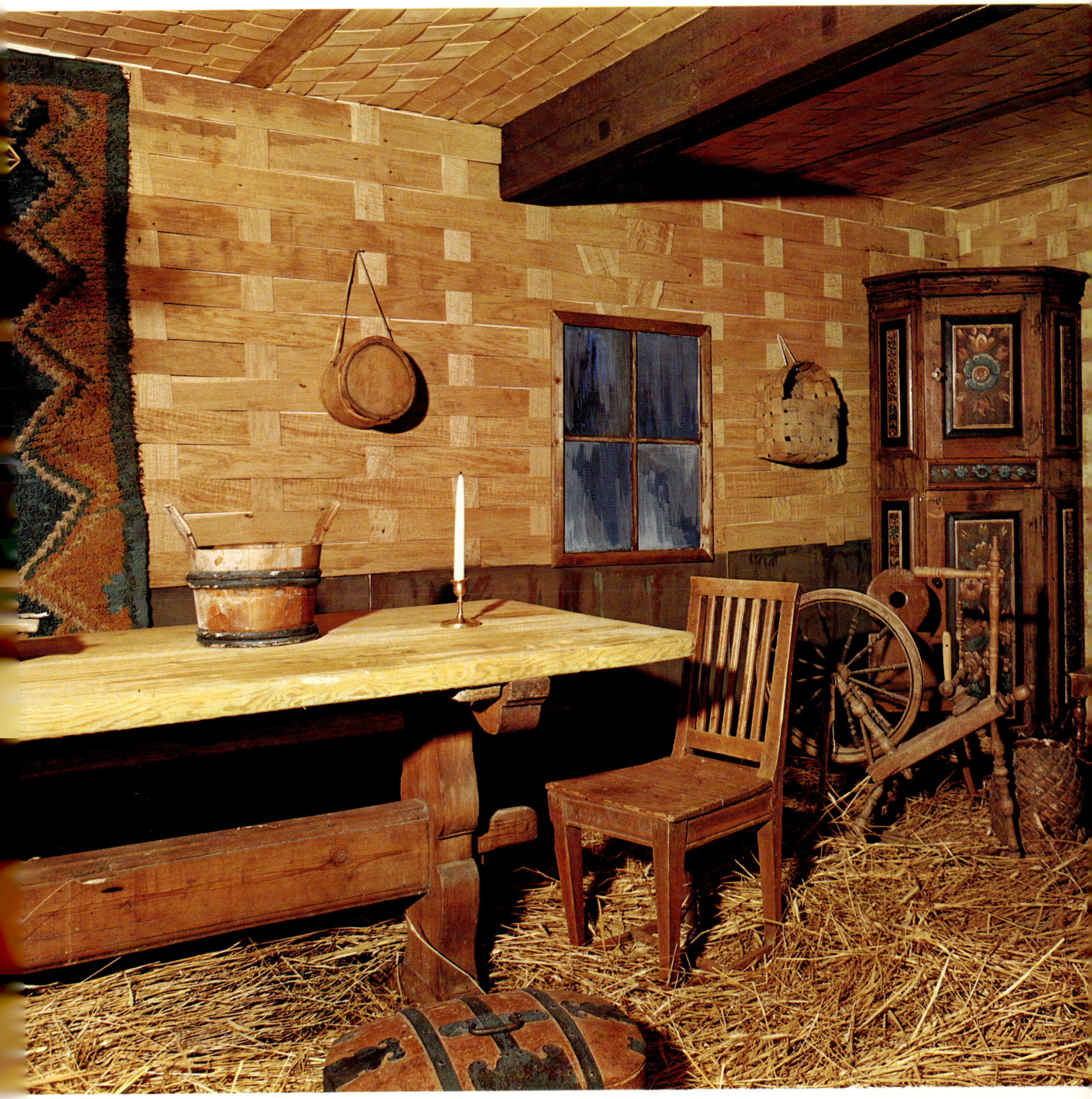

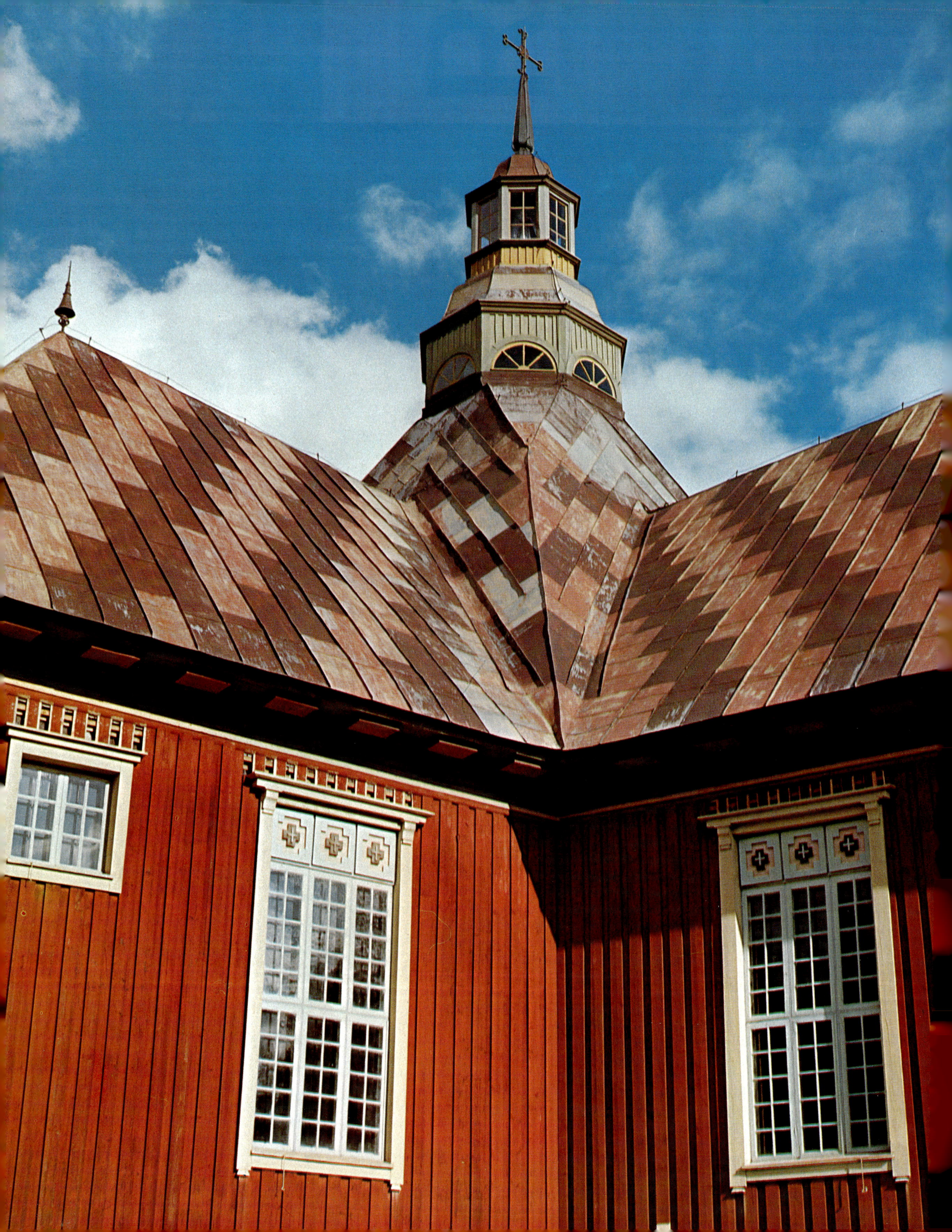

84 Die evangelische Holzkirche in Ilomantsi,
erbaut im Jahre 1796.

85 Fassade der gotischen Domkirche von Porvoo, erbaut 1414 bis 1418.

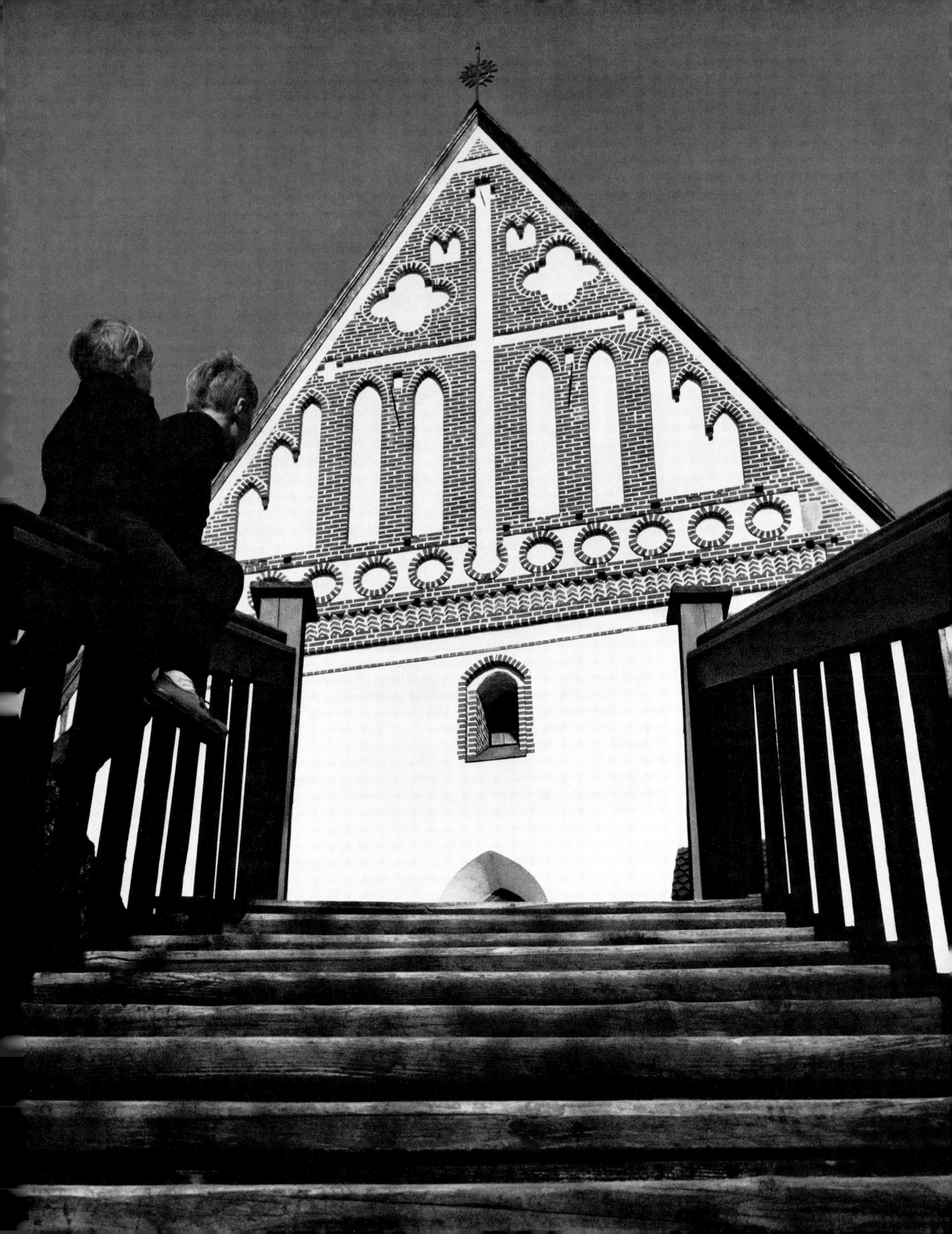

86 Helsinki und die meisten andern finnischen Siedlungen sind auf Granit gebaut. Ausheben einer Fundamentgrube in Helsinki; Sitz der Stadtverwaltung.

87 Keramik-Wandrelief des Künstlers Birger Kaipiainen.

88 Die international bekannte Textilkünstlerin Marjatta Metsovaara.

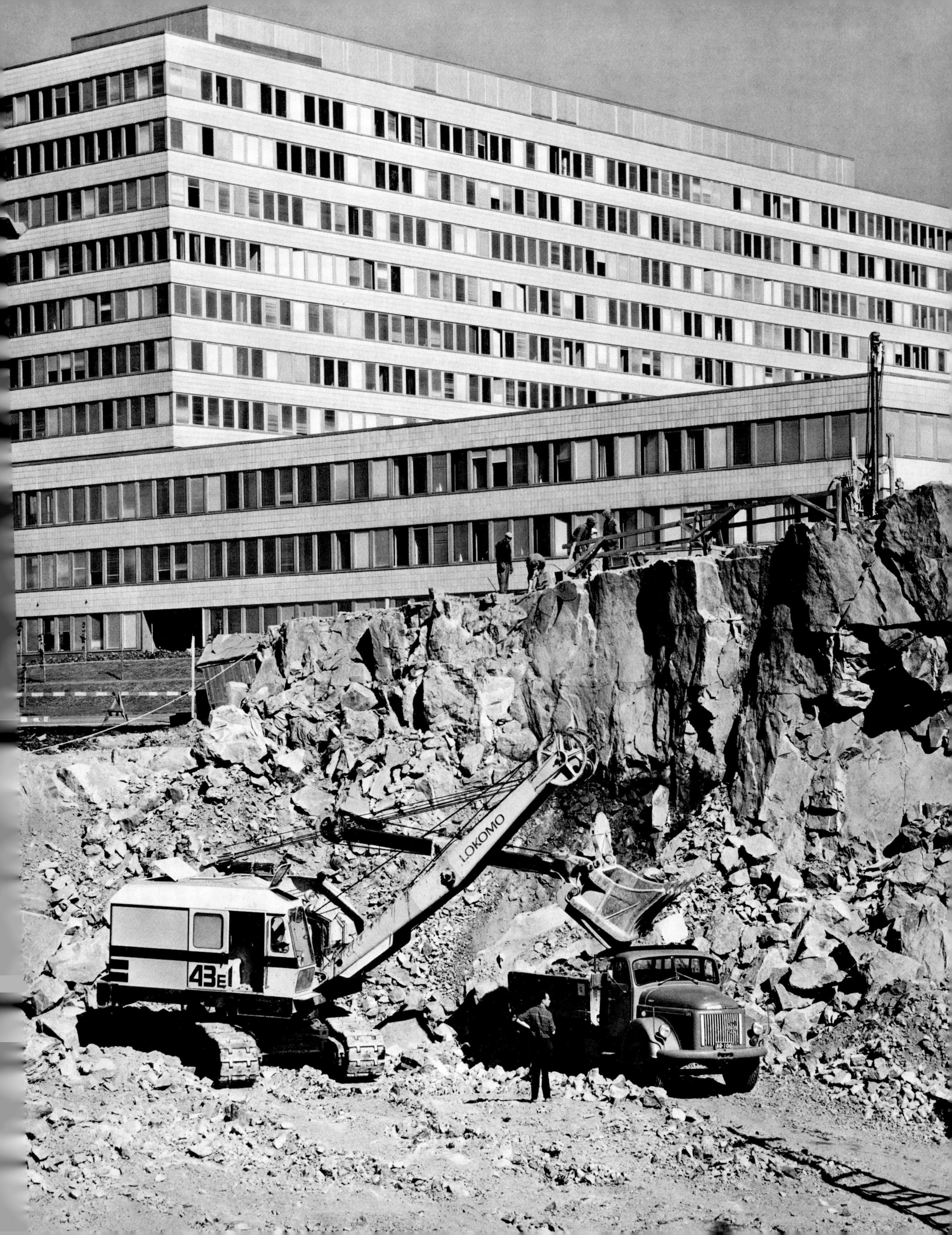
LOKOMO
43E

87

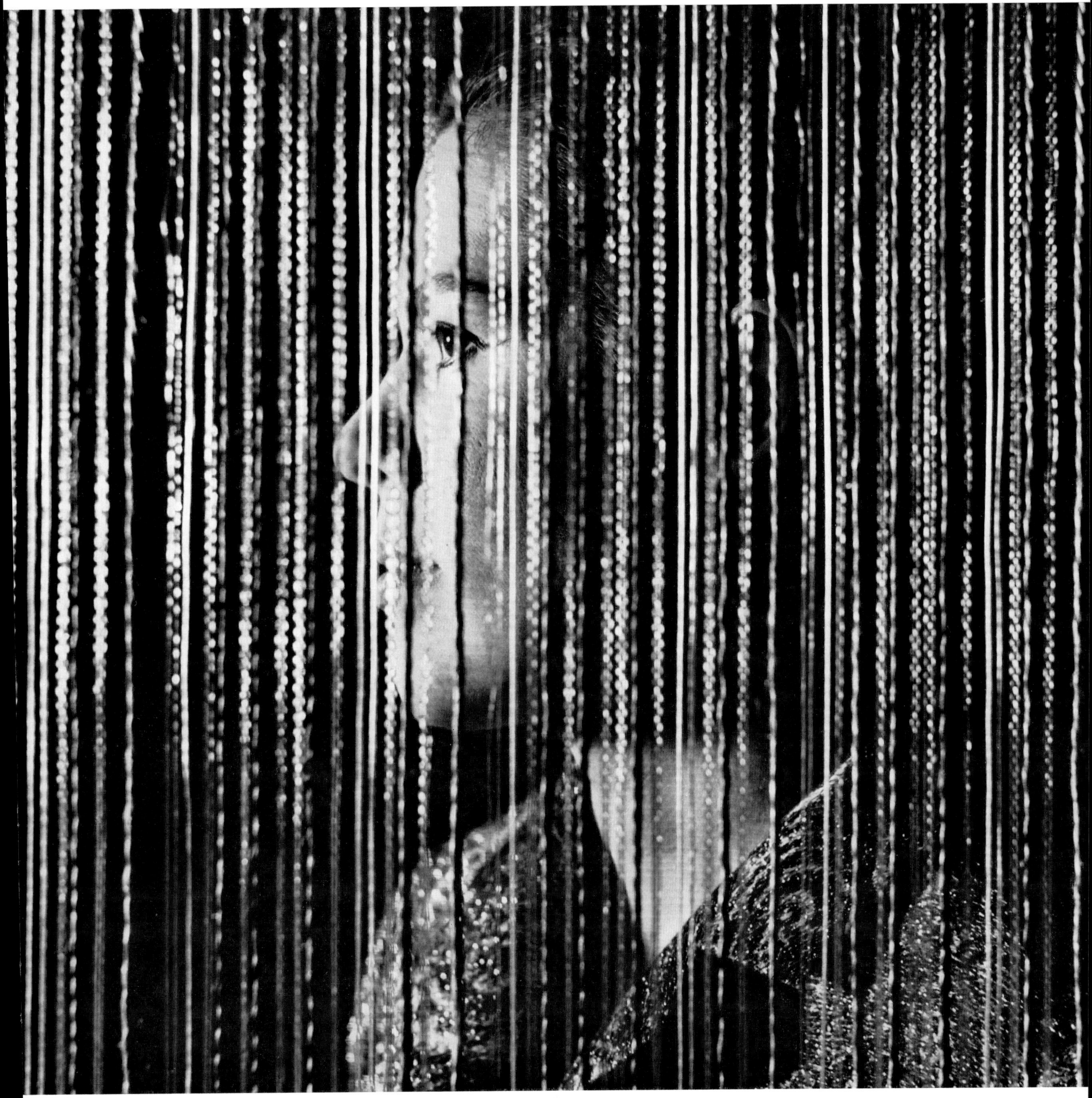

89 Finnisches Kunstglas. Die Erzeugnisse der finnischen Glas- und Keramikindustrie sind zu einem bedeutenden Exportgut geworden. Schon im 18. und 19. Jahrhundert gab es in Finnland zahlreiche Glashütten, und viele künstlerische Schöpfungen lassen sich auf Gebrauchsgegenstände zurückführen.

90 Das Weidenröschen (Epilobium angustifolium). Von der Südküste bis weit nach Lappland hinauf leuchten diese Blumen mit ihren roten Blüten. Sie stehen in Reihen am Strassenrand oder legen einen farbenfrohen Teppich in die Waldlichtungen.

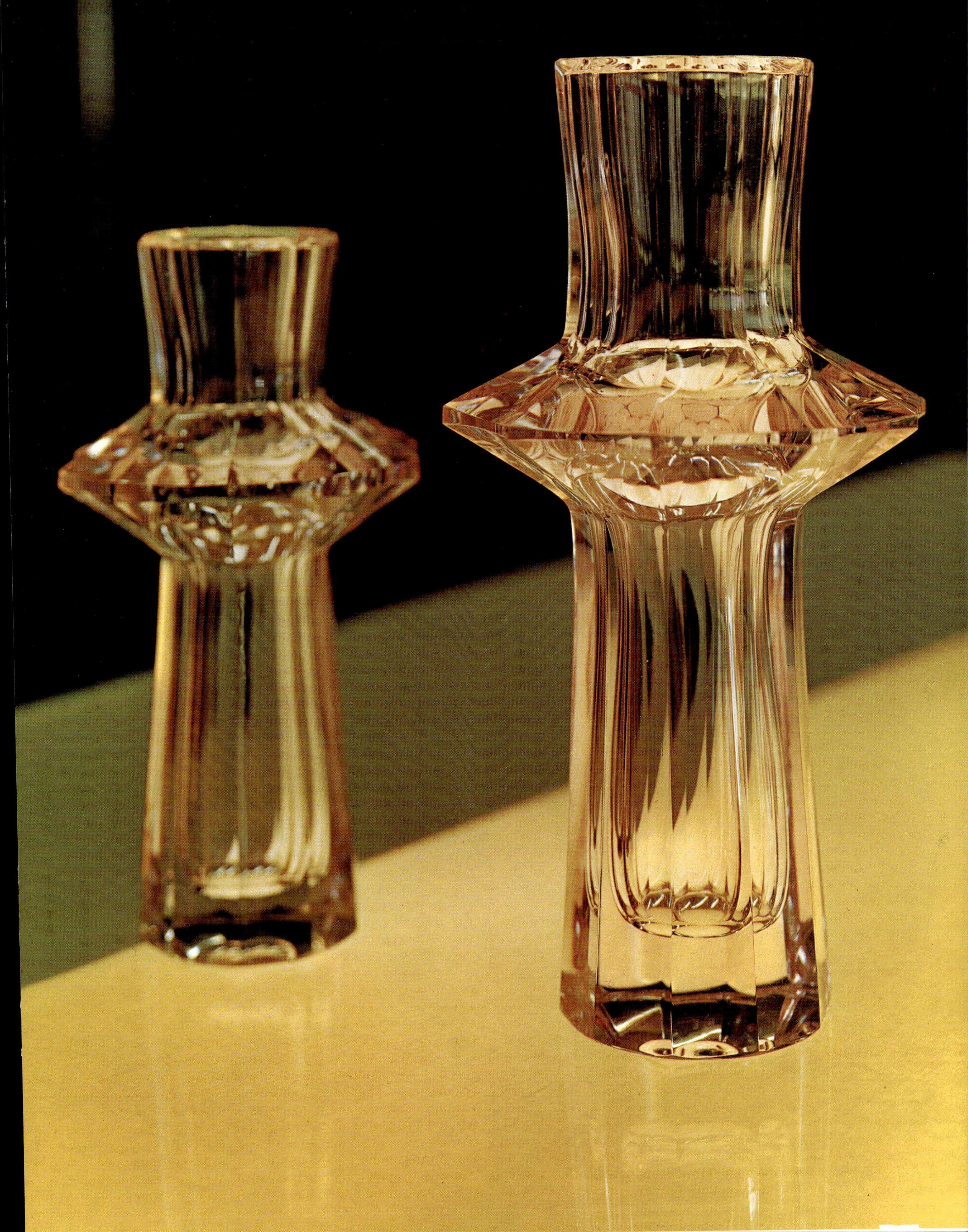

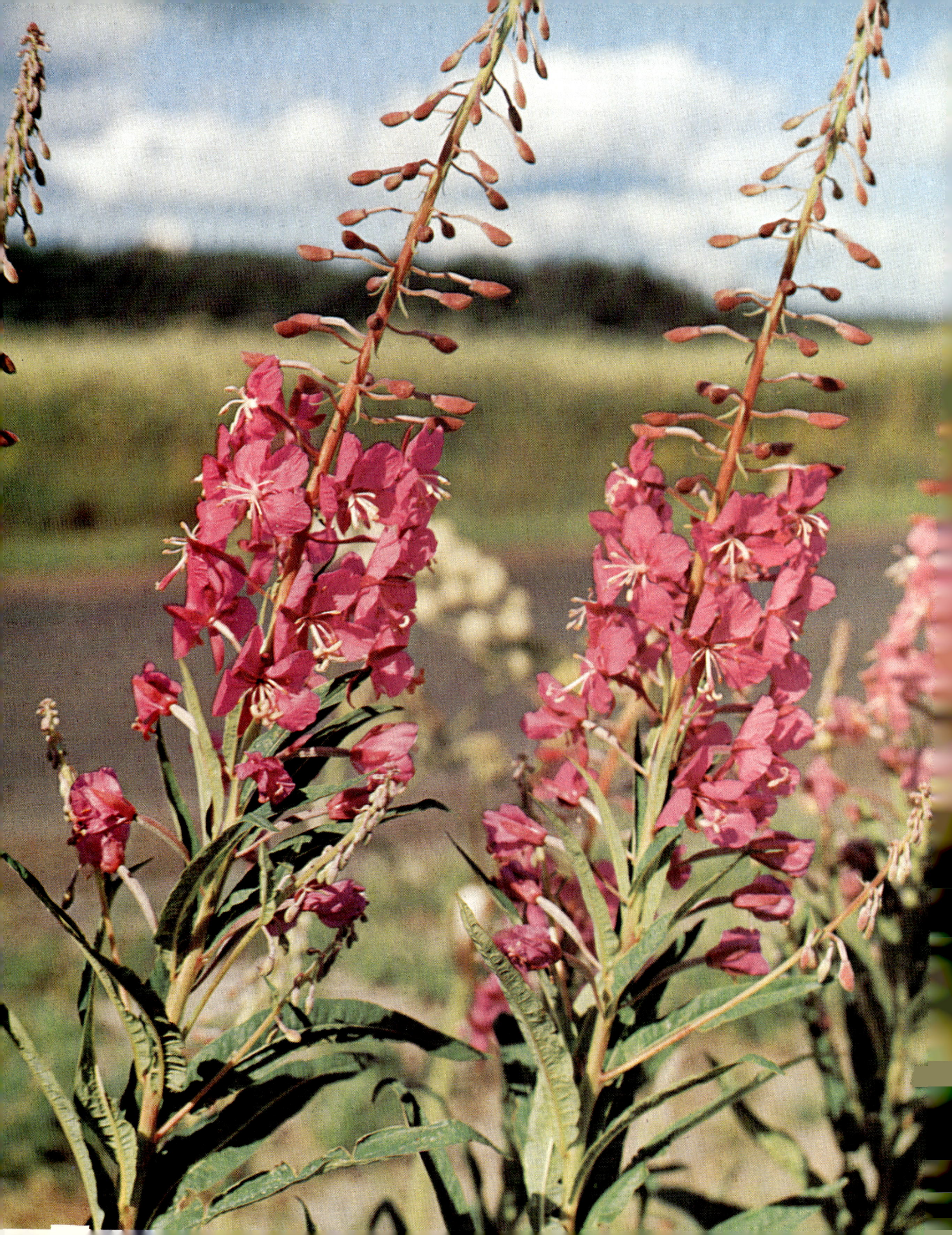

Finnish Design

Ursprung und Entwicklung

Finnish Design[1] ist ein klares Spiegelbild der Geschichte des Landes, seiner Bewohner und deren Umwelt. Die Finnen gelten als rauhe Individualisten, ihre Ausdrucksweise ist sowohl von Byzanz wie von der westlichen Gotik beeinflusst worden. Die finnischen Formgeber haben sehr verschiedene Temperamente, was sich auch in der Mannigfaltigkeit ihrer Kunstrichtungen zeigt. Sie gleichen sich jedoch in ihrem angeborenen Gefühl für das Material, das sie bearbeiten – dies ist ein Erbe aus der Zeit der Selbstversorgung, die nicht weit zurückliegt. Während 700 Jahren bildete Finnland einen Teil Schwedens, 100 Jahre lang gehörte es als autonomes Grossherzogtum zum Reich der Zaren, bis es schliesslich 1917 seine volle Unabhängigkeit erlangte und als Republik ausgerufen wurde. Es war sowohl westliches wie auch östliches Grenzland, um das sich die Grossmächte Schweden und Russland endlos stritten. Das Land wurde von Stockholm und von Petersburg beeinflusst und erhielt dadurch Verbindungen zu den Geistesströmungen der übrigen Welt. Sein Volk war mehrheitlich zweisprachig, es sprach Finnisch und Schwedisch. Die gebildeten Schichten bedienten sich gerne des Lateins und später – im 18. und 19. Jahrhundert – des Französischen. Während der zweiten Hälfte des 19. Jahrhunderts versuchte der Panslavismus das finnische Volk und seine Kultur gewaltsam zu unterdrücken. Als Reaktion gründeten patriotisch gesinnte Bürger eine Anzahl kulturelle Gesellschaften, so auch im Jahre 1875 den finnischen Verein für Kunstgewerbe und Gestaltung, «Kunstgewerbeverein in Finnland» genannt. Er ist eine der ältesten Vereinigungen dieser Art in der ganzen Welt. Sein Ziel besteht darin, die nationalen angewandten Künste zu erhalten und zu fördern.

Leibeigenschaft gab es in Finnland nie, eine eigentliche Aristokratie ebenfalls nicht, dagegen existierte ein derber, aufgeklärter und belesener Landadel. In den zahlreichen Kirchen auf dem Lande versahen Geistliche ihr Amt und lehrten nebenbei die Leute lesen und schreiben; so kam es, dass es in Finnland schon Ende des 19. Jahrhunderts keine Analphabeten mehr gab. Der unabhängige, wetterharte Bauer ackerte, jagte, webte, er lebte in wirtschaftlicher Selbständigkeit und verfertigte in schlichter, ungekünstelter Weise aus dem vorhandenen Rohmaterial Geräte und Gebrauchsgegenstände.

---

[1] Design ist ein allgemein bekannter Begriff für Gestaltung und Formgebung in der angewandten Kunst. Es gibt kein deutsches Wort, das dem Ausdruck Design genau entspricht. Auch «Designer» für Gestalter, Formgeber oder Entwerfer ist zu einem international gebrauchten Wort geworden.

Finnland gehört flächenmässig zu den fünf grössten Ländern Europas, aber es ist sehr spärlich bevölkert. Es ist das Land der 1000 Seen, der immensen Wälder und der ausgedehnten Inselgruppen. Die langen, dunkeln Winternächte, die kurzen Sommer mit andauerndem Tageslicht sowie die scharfe Unterteilung in Jahreszeiten haben das Leben der Finnen auf ein wohlbehütetes Heim ausgerichtet. Die Menschen lebten abgeschieden, meilenweit voneinander entfernt, und der häusliche Kreis bedeutete ihnen viel mehr als den Bewohnern von Ländern mit günstigeren Naturverhältnissen. Man sagt, Finnland sei ein Land hinter Gottes Rücken, jedoch wohl informiert.

Im Jahre 1881 wurde die erste Ausstellung über finnisches Kunsthandwerk in Helsinki veranstaltet. Die dort gezeigten Arbeiten waren wahrscheinlich nicht besonders originell, da es sich meistens um Nachbildungen handelte. Immerhin bedeutete diese Ausstellung den Anfang «per aspera ad astra». Die industrielle Revolution machte sich erst später bemerkbar, und die Erneuerung des Kunstgewerbes, die in Grossbritannien ihren Anfang nahm, gewann auch in Finnland an Boden und führte im Jahre 1897 zur Gründung einer kunstgewerblichen Werkstatt in Porvoo.

So wie manche Kunstmaler des Kontinents die Zivilisation flohen, um in den unberührten Naturlandschaften Anregungen zu holen, so reisten auch ein paar Künstler und Architekten durch die Wildnisse Finnlands, um sich von den alten Bauernhäusern und mittelalterlichen Kirchen inspirieren zu lassen. In der Folge entwickelte sich der nationale romantische Stil. Beispiele dieses Stils waren an der Pariser Ausstellung von 1900 zu sehen. Die Finnen zeigten sich dort erstmals in der internationalen Arena mit einem eigenen Pavillon und ernteten grossen Beifall. Die Auswirkung war, dass der Erfolg im Ausland den Markt im Inland anspornte. Die Erfahrungen in Paris ermutigten Finnland, und es beteiligte sich an den Weltausstellungen in Barcelona (1929), Paris (1937), New York (1939), Brüssel (1958), Montreal (1967) und Tokio (1970).

Architekten und Maler ebneten dem Beruf des Kunstgewerblers den Weg. Im Jahre 1911 entstand die Vereinigung der Industriekünstler «ORNAMO». Sie beseitigte die Gegensätze zwischen nationaler Romantik und internationalem Rationalismus und schuf dadurch die Voraussetzung dazu, dass Finnish Design international bekannt wurde. Die Zeit vor dem Ersten Weltkrieg brachte keine nennenswerten Neuerungen. Die Arbeit schritt vorwärts, und das Volk träumte von Selbständigkeit und fand schliesslich Mittel und Wege, um sich vom russischen Zarismus loszureissen.

Die finnischen Designer erneuerten ihre Beziehungen mit dem Ausland, besonders mit Schweden. Die eigenständigen Erzeugnisse schwedischer Glashütten spornten die finnischen Glasbläser und andere Kunstgewerbler zum selbständigen schöpferischen Gestalten an. Dies führte zu einem Aufschwung des nationalen Kunstgewerbes.

Die «Bauhaus-Richtung» fand vor allem bei der jungen Generation Anklang. Die Ausstellung, die 1929 anlässlich der Siebenhundertjahrfeier der Stadt Turku stattfand, bildete einen wichtigen Meilenstein in der Entwicklung der industriellen Herstellung von Kunstgegenständen. Es folgte schon 1930 eine weitere Ausstellung in Helsinki, an der erstmals in grossem Umfang die Vorteile einer engen Zusammenarbeit zwischen Designer und Industrie deutlich zum Ausdruck kamen; es zeigte sich auch, dass eine rege Nachfrage für billige, praktische, dauerhafte und ästhetisch ansprechende Gebrauchsgegenstände bestand, welche in der Industrie serienweise hergestellt werden konnten. Metallwerkstätten und Glashütten gab es in Finnland schon seit Jahrhunderten, Textilfabriken seit über 100 Jahren, Keramik wurde seit dem 19. Jahrhundert hergestellt und exportiert; es entstanden auch Möbelfabriken, um die Bedürfnisse eines anspruchsvolleren Lebensstandards zu befriedigen. Immer häufiger fanden bei Ausstellungen im Ausland die Werke finnischer Designer die Anerkennung der Sachverständigen. Finnische Architekten und Designer kehrten mit Lorbeerkränzen geschmückt nach Hause zurück. Viele begabte junge Leute besuchten die «Kunstindustrieschule», die vom «Kunstgewerbeverein in Finnland» bis zum Jahre 1965 unterhalten wurde. Es waren dieselben Leute, die in den fünfziger Jahren die Berufswelt eroberten und Geschäftsleute wie Konsumenten in aller Welt begeisterten und überraschten. Während des Winterkrieges 1939/40 und des Fortsetzungskrieges 1941 bis 1945 absorbierten die Kriegsanstrengungen die ganze Arbeitskraft des Volkes; die Männer standen an der Front, die Frauen dienten im Hilfsdienst, in der legendären Lotta-Svärd-Organisation. Die Kriegszeit hatte das Volk um viele Erfahrungen reicher gemacht. Die Wohnungsnot war gross. Trotz allem bemühte sich jeder, sein Heim wohnlich und angenehm zu gestalten. Ein neuer Lebensstil musste erdacht werden. Die Schönheit in der Gestaltung durfte nicht in Vergessenheit geraten. Die Designer waren geistig gewachsen und zeigten tiefes Verständnis für soziale Verantwortung. Eine neue Art von Gebrauchsgegenständen wurde eingeführt, und auch der scheinbar nutzlose «l'art-pour-l'art-Gegenstand» erwies sich als nützlich. Die schöpferische Tatkraft der Designer und deren Ideen für bessere und schönere Wohnungseinrichtungen begeisterten einige weitblickende Industrielle, und in zunehmender Zahl fanden begabte, junge Kunstgewerbler in den verschiedenen Industrien Gelegenheit, ihren Beruf auszuüben.

An der neunten Triennale in Mailand (1951) hatten die finnischen Designer mit ihren Ideen und Arbeiten wiederum grossen Erfolg. Ihre Erzeugnisse wurden besonders gut beurteilt, und alle Besucher spendeten ihnen grosses Lob. Es blieb Finnland, der sportlichen Nation, vorbehalten, die Triennale auf den «Rang olympischer Spiele der Gestaltung» zu erheben. Dies war eine Leistung, die das ganze finnische Volk mit berechtigtem Stolz erfüllte. Die internationale Presse veröffentlichte unzählige Artikel über die «Wunder der künstlerischen Gestaltung des Nordens». Die vielen Aufträge aus dem Ausland waren für die finnische Kunstgewerbe-Industrie ermutigend. Wichtiger indessen war, dass der finnische Konsument immer mehr die Erzeugnisse verlangte, die bereits internationale Anerkennung fanden. Die öffentliche Hand und die Industrie sparten nicht mit Unterstützungen zur Förderung der angewandten Kunst. Der «Kunstgewerbeverein in Finnland» wurde reorganisiert. Hunderte von Ausstellungen sorgten dafür, dass Finnish Design in aller Welt zu einem Begriff wurde. War die Triennale 1951 schon ein beachtlicher Erfolg, so waren es die nachfolgenden Mailänder Kunstgewerbe-Ausstellungen noch in vermehrtem Masse. Finnish Design erlangte eine so starke Ausstrahlungskraft, dass es geradezu zum Schrittmacher moderner Formgebung wurde.

In den fünfziger Jahren entwickelte sich eine enge Zusammenarbeit mit den andern skandinavischen Kunstgewerbevereinen. In den USA, in Kanada, Frankreich und Australien wurden gemeinsame Ausstellungen organisiert, und es entstand sogar der Begriff «Scandinavian Design». Gleiche Umweltbedingungen, vielerlei Beziehungen in der Geschichte, die gleiche Religion und ähnliche Rechtsverhältnisse verleihen den skandinavischen Völkern manche gemeinsame Züge – und dennoch sind sie verschieden. Aber alle sind gleichermassen gesellig veranlagt, was durch ihre Wertschätzung eines eigenen Heimes zum Ausdruck kommt. Das finnische Kunstgewerbe kennt – im Gegensatz zu den meisten andern Ländern – keine privaten Ateliers. Die finnischen Designer stehen entweder in einem Anstellungsverhältnis oder arbeiten als frei Erwerbende für die Industrie. Nomina sunt odiosa – es wäre langweilig, die vielen Künstler, Architekten, Designer, Kritiker und Industriellen aufzuzählen, die mit Finnish Design in irgend einer Weise verbunden sind. Wichtig ist, dass sich die geistigen und materiellen Kräfte und Eigenschaften verbinden und den Beweis erbringen, dass Designer und Fabrikant auch dem einfachsten Gegenstand Geist und Schönheit einflössen können. Und dass die künstlerische Gestaltung sowohl vom Volk wie auch für das Volk geschieht. Finnish Design kann nur dann universal sein, wenn es in der nationalen Eigenart verwurzelt bleibt. Heute werden auch im Kunstgewerbe und in der künstlerischen Gestaltung neue Wege gesucht. Es wird viel Selbstkritik geübt, und die ewige Spannung zwischen den Generationen macht sich auch hier bemerkbar. Finnish Design ist jedoch kein stehendes Gewässer; viele individuelle Rinnsale bewahren die Quelle der schöpferischen Kraft.

Einige Beispiele finnischen Kunsthandwerks. Eines der Glanzstücke des finnischen Kunsthandwerks ist der unter dem Namen Rye bekanntgewordene Knüpfteppich, der trotz moderner Muster und Farbkompositionen auf einer altüberlieferten bäuerlichen Textilkunst fusst. Nicht nur die Industrie, auch Hunderte von Frauen und Töchtern stellen solche Teppiche und Wandbehänge her. Ursprünglich wurde der Ryeteppich als Decke in den Schlitten und auf den Booten verwendet, später auch als Bettdecke. Mit der Zeit diente er als Wandschmuck und wurde zum Ausdruck eines gewissen Wohlstandes.

Die weit über die Grenzen hinaus bekannten Erzeugnisse der finnischen Porzellan- und Steingutindustrie verdanken ihren Ursprung einer uralten dörflichen Tonwarenproduktion. Viele künstlerische Schöpfungen der heutigen Glasindustrie lassen sich auf Gebrauchsgegenstände zurückführen, die im 18. und 19. Jahrhundert in den zahlreichen Glashütten des Landes angefertigt worden sind. Ein Beispiel dafür sind die blasigen und buckeligen Gebrauchsgläser. Die Textilkunst wird von vielen – meist weiblichen – Designern ausgeübt. Nicht nur die Farbenzusammenstellungen und Dessins, auch die Kleidermodelle der finnischen Ateliers finden überall im Ausland Anklang. In letzter Zeit entwickelte sich die Silber- und Goldschmiedekunst in beachtlicher Weise, und immer häufiger werden finnisches Gold und finnische Halbedelsteine verarbeitet. Im Lande der Wälder ist naturgemäss das Holz der naheliegendste Werkstoff für Künstler. Die finnische Möbelindustrie bringt eine reichhaltige Auswahl formschöner und praktischer Möbel auf den Markt. Interessant ist indessen, dass Holz relativ wenig zur Herstellung von Skulpturen verwendet wird.

Die Baukunst Suomis

Die finnische Architektur hat nach dem Zweiten Weltkrieg in aller Welt Anerkennung gefunden. Schon in den dreissiger Jahren waren Alvar Aalto und seine kühnen Werke aus der Zeit des beginnenden Funktionalismus international bekannt; aber erst in den letzten Jahrzehnten hat die finnische Baukunst das allgemeine Interesse geweckt. In vielen Ländern aller Weltteile wurden Ausstellungen über die finnische Architektur veranstaltet, und die zahlreichen neuen Gesuche um weitere Ausstellungen können gar nicht alle berücksichtigt werden. Immer häufiger wählen Architekten und Liebhaber der neuen Baukunst das abgelegene Finnland zum Ziel ihrer Exkursionen. Objektiv beurteilt, sind vielleicht nur etwa 5 Prozent unserer Bauten architektonisch auf so hohem Niveau, dass es berechtigt scheint, sie den Besuchern zu zeigen und international zu vergleichen.

Die grosse Beachtung, die unserer Architektur geschenkt wird, veranlasst uns zu untersuchen, welche Faktoren und Umstände auf die Entwicklung unserer Bauten und Baupläne eingewirkt haben. Viele Ausländer bezeichnen die Natur Finnlands als einen der wichtigsten Faktoren für die Entstehung unserer typischen architektonischen Wesenszüge. Dies stimmt bis zu einem gewissen Grade; jedoch sind es weniger die hellen Sommernächte und die dunkle Winterszeit – wie gerne etwas gefühlvoll betont wird –, es sind ganz einfach die langen kalten Winter und der Schnee, die Probleme stellen, welche in südlicheren Ländern ausser Betracht fallen. Aus diesem Grunde sollten allfällige Modeströmungen, die von Finnland beeinflusst sind, kritisch bewertet und an die jeweiligen Naturverhältnisse anderer Länder angepasst werden.

Häufig wird die harmonische Eingliederung der Bauten in die Landschaft gepriesen. Dies dürfte weitgehend auf die ländliche Bautradition zurückzuführen sein, denn für die Gehöfte wählten die Bauern in der Regel die klimatisch und wirtschaftlich passendsten und damit meistens auch die schönsten Stellen. Hinzu kommt noch der grosse Vorteil, dass wir in Finnland glücklicherweise genügend Platz zur Verfügung haben und es deshalb immer noch möglich ist, die Häuser an den zweckmässigsten Stellen zu errichten.

Viele finnische Bauten fallen durch die reichliche und grosszügige Verwendung von Holz auf. Selbstverständlich ist Holz in einem Land, das fast zu drei Vierteln mit Wald bedeckt ist, das natürliche Baumaterial. Von jeher sind die Bauernhäuser ausschliesslich aus Holz erstellt worden, und auch die Mehrzahl der modernen Einfamilienhäuser sind aus diesem Material gebaut.

In Finnland haben die christliche Religion und die europäische Kultur verhältnismässig spät Eingang gefunden. Erst im 14. Jahrhundert konnten sich die katholische Kirche und die europäische Kultur in Westfinnland festigen, während der östliche Teil, die Heimat der Karelier, weiterhin dem byzantinischen Kulturkreis angehörte. Obschon der Osten und der Westen im Mittelalter und zu Beginn der Neuzeit oft blutige Kämpfe gegeneinander führten, kam es zwischen den beiden Kulturen auch zu friedlichen Wechselwirkungen. So stammt zum Beispiel die in Finnland übliche Blockbautechnik wie auch die finnische Sauna aus dem Osten. Aus dem Mittelalter sind nur wenige «Steinkirchen» – unter ihnen ist der Dom zu Turku die bedeutendste – und bloss 3 Burgen erhalten geblieben. Die beste Vorstellung von der Standortwahl der Festungsbauten jener Zeit vermittelt die Burg des heiligen Olav, die noch in gutem Zustand und architektonisch sehr interessant ist.

Von den volkstümlichen Holzhäusern aus der Zeit vor dem 19. Jahrhundert sind die meisten dem Feuer zum Opfer gefallen. Die Blütezeit der Volksbaukunst war im 18. und zu Beginn des 19. Jahrhunderts. Während dieser Epoche verbreiteten sich auch die Ideen der nationalen Unabhängigkeit, und es wurden die ersten Versuche zu deren Verwirklichung unternommen. Die Kunst der Volksbaumeister dieser Zeit kam am besten in den Holzkirchen zum Ausdruck. Diese werden von einigen Forschern als die eigenwilligsten und phantasiereichsten Beispiele der finnischen Baukunst bezeichnet.

Im Jahre 1809 wurde Finnland als autonomes Grossfürstentum mit Russland vereinigt und einige Jahre später (1812) Helsinki zur Hauptstadt erhoben. Die durch eine Feuersbrunst zerstörte Stadt wurde nach den Plänen und unter der Leitung von Albert Ehrenström wieder aufgebaut. Ehrenström darf mit Fug und Recht als der erste bedeutende, international anerkannte finnische Stadtplaner bezeichnet werden. Auf Veranlassung Ehrenströms wurde Carl Ludwig Engel, ein gebürtiger Deutscher, für die Planungsarbeiten herangezogen. Als Symbol der eben erreichten Autonomie entstand unter Engels Leitung «das Helsinki des Empires», das mit Recht als eines der Hauptwerke des Klassizismus in Europa bezeichnet wird.

Als letzte Phase vor dem Beginn der modernen finnischen Architektur kann die um die Jahrhundertwende im Geiste der «art nouveau» und des Jugendstils entstandene nationalromantische Stilperiode angesehen werden. Auch sie wurde durch die Bewegung für die finnische Unabhängigkeit gefärbt. Die wichtigsten Architekten jener Zeit waren Eliel Saarinen, Armas Lindgren und Henrik Gesellius. Als Hauptwerk aus der nationalromantischen Periode gilt das Haus in Hvitträsk, in dem die Vertreter dieser Strömung ihr Büro hatten. Zur selben Zeit wirkten in Finnland auch Anhänger einer rationalen und konstruktiven Richtung der Architektur, die ihre Anregungen zunächst aus England und Belgien erhielten. Sie bewirkten mit ihrem Gedankengut eine wohltuende, ausgleichende Reaktion auf die Werke der romantisch denkenden Architekten. Auf diese Weise entstand eine geeignete Grundlage für die weitere Entwicklung.

Der Erste Weltkrieg brachte das Baugewerbe während einiger Jahre beinahe völlig zum Stillstand. Nach der im Jahre 1917 erlangten nationalen Unabhängigkeit erfolgte indessen ein Aufschwung, und die Architektur erhielt klassische Züge, die in dem 1930 fertig erstellten Parlamentsgebäude in Helsinki am augenfälligsten zum Ausdruck kommen.

In Finnland fand der Totalitarismus keinen grossen Beifall; so ist es auch verständlich, dass der Klassizismus, der in der Architektur diese Gedankenrichtung repräsentierte, den neuen Geistesströmungen weichen musste. Auch Alvar Aalto, der im Jahre 1921 sein Architekturstudium abschloss, schuf seine ersten Werke im klassizistischen Stil. Die Ausstellung für das 700-Jahr-Jubiläum von Turku, die er gemeinsam mit Erik Bryggman im Jahre 1929 entworfen hatte, bedeutete hingegen bereits den Durchbruch des Funktionalismus in Finnland. Die Einflüsse Schwedens, die unmittelbare Berührung mit Le Corbusier und der deutschen Bauhaus-Schule beschleunigten und förderten die Entstehung der modernen finnischen Architektur. Das 1933 vollendete Sanatorium in Paimio von Alvar Aalto ist eines der Hauptwerke des Funktionalismus der dreissiger Jahre. Sein kühner, unbefangener Stil widerspiegelt irgendwie die Haltung des jungen, vorwärtsstrebenden Landes. Während der dreissiger Jahre bauten die Architekten Yrjö Lindgren und Toivo Jäntti das Olympiastadion mit seinem graziösen, schlanken Turm. Wegen des Krieges konnte die Olympiade nicht, wie geplant, 1940, sondern erst 1952 durchgeführt werden. Dieser Bau bildet den prachtvollen Abschluss des «weissen» Funktionalismus.

Der Zweite Weltkrieg schlug das gesamte Baugewerbe nieder. Nach dem Kriege sollten jedoch die Ideen aus den dreissiger Jahren über den Wohnungs- und Städtebau beim Wiederaufbau der zerstörten Siedlungen in die Praxis umgewandelt werden. Die Architektur hatte – vielleicht als eine Art von Reaktion auf den Krieg – erneut romantische Züge erhalten. In den Werken der ersten Nachkriegsjahre verspürt man die Neigung zur Materialromantik und die Tendenz, die Häuser zu einem Teil der Natur zu gestalten.

Alvar Aalto, der nach dem Kriege in den Vereinigten Staaten das Studentenheim des MIT (Massachusetts Institute of Technology) entwarf, war der Bahnbrecher für die Erneuerung der Architektur, die nach 1950 erfolgte. In dem von ihm entworfenen Gemeindehaus von Säynätsalo, das 1953 eingeweiht wurde, ist die Streitlust der Vorkriegsjahre nicht mehr bemerkbar. Dagegen spürt man absichtliches Streben nach organischer «humaner» Architektur, wozu die geschickte Verwendung von rotem Backstein und Holz beiträgt. Viele seiner jüngsten Werke, wie zum Beispiel die Universität in Jyväskylä, das Haus von Kansaneläkelaitos und das Hauptgebäude der Technischen Hochschule Helsinki, sind aus roten Backsteinen, Holz und Kupfer gebaut.

Seit 1950 hat man immer mehr Gewicht auf die Planung von Wohnungen und Wohnsiedlungen gelegt. Besondern Ansporn für interessante Versuche gab die Planung der Siedlung von Tapiola bei Helsinki. Dort sind viele neue bautechnische und architektonische Experimente gemacht worden, die die nachfolgende Entwicklung gefördert haben. Manche Architekten der jüngeren Generation haben an diesen Arbeiten teilgenommen. Von ihnen sollen Aarne Ervi, Viljo Rewell, Aulis Blomstedt, Heikki und Kaija Sirén sowie Aarno Ruusuvuori erwähnt werden. Obwohl es scheint, dass die Entwicklung im Städtebau momentan eine stark von der Konzeption von Tapiola abweichende Richtung einschlägt, gehört diese Stadterweiterung zu den bemerkenswertesten unserer Zeit.

Wir haben eingangs versucht, einige Faktoren anzuführen, die möglicherweise auf unsere heutige Architektur eingewirkt haben. Doch keiner der erwähnten hat allein einen entscheidenden Einfluss ausgeübt. Ausschlaggebend ist vor allem die starke Ausstrahlung von

Alvar Aalto. Sein grosser Einfluss auf die jüngeren Architekten sowie seine eigenen Werke sind die wesentlichsten Ursachen dafür, dass unsere Architektur international berühmt geworden ist.

Als Beispiele für die moderne finnische Architektur möchte ich kurz auf 2 Bauten aus dem Jahre 1966 eingehen. Das eine ist «Dipoli», das Haus des Studentenvereins der Technischen Hochschule Helsinki, vom Architekten Reima Pietilä (geboren 1923) entworfen. Das andere, das Marihaus, ist ein Versuchshaus für die neue Fabrik- und Wohnsiedlungszone von Marimekko Oy nach dem Plan von Prof. Aarno Ruusuvuori (geboren 1925). Das «Dipoli» gilt als Ausdruck der Opposition gegen das rationale und technokratische Denken. In diesem Gebäude lassen sich die meisten Merkmale der romantischen Strömungen unseres Jahrhunderts erkennen, einerseits in den Baumaterialien, wie zum Beispiel rauher Granit, unbearbeitetes Holz und roher Beton, andererseits in den launigen Räumen und originellen Details, die der Phantasie des Architekten zu verdanken sind, sowie im Bestreben, das Gebäude zu einem integrierenden Bestandteil der Landschaft zu machen. Wer «Dipoli» besucht hat, wird verstehen, dass dieser Bau ein idealer Aufenthaltsort für Studenten der technischen Wissenschaften ist. Beim Bau des Marihauses wurde versucht, einen Kleinhaustypus zu entwickeln, der in der Fabrik fertig gebaut und dann als Ganzes zum Standort transportiert werden kann. Die industrielle Anfertigung solcher Häuser erfordert eine neue Methode des Holzbaues. Man macht sich das geringe Gewicht und die Widerstandsfähigkeit des Birkensperrholzes zunutze. Aus diesem Material stellt man Wände, Decken und Fussböden her. Die derart konstruierten stabilen, leichten Häuser können gut transportiert werden. Die Planung eines solchen Hauses ist auf die industrielle Vorfabrikation ausgerichtet und könnte wegweisend für die künftige Entwicklung auf dem Gebiet des Wohnungsbaues sein. Vielleicht ist die Zeit nicht mehr fern, da man das Haus mitnimmt, wenn man von einem Ort zum andern zieht.

Diese beiden Beispiele fussen auf völlig gegensätzlichen Ausgangspunkten. Gemeinsam haben sie jedoch das vorurteilsfreie Verhältnis zur gestellten Aufgabe und die kühne, aber trotzdem beherrschte Verwendung der Materialien und Formen.

Zwei Bauten, die in jüngster Zeit in Helsinki errichtet worden sind und internationale Beachtung finden, sollen noch erwähnt werden: das Konzert- und Opernhaus Finlandia von Alvar Aalto, das in seiner äussern Form einem Konzertflügel gleicht, und die Taivallahti-Kirche, die in den Granitgrund eingesprengt und von einer flachen Kuppel überdeckt ist – ein Werk der Brüder Timo und Tuomo Suomalainen.

Es gehört zur Eigenart des finnischen Volkes, dass sich sehr viele Leute aus den verschiedensten Berufen lebhaft für alle neuen Bauvorhaben interessieren und mit Lob wie auch mit Kritik nicht zurückhalten. Wohl in keinem andern Lande finden die Architekten mit ihren Werken eine so grosse Anteilnahme der Bevölkerung wie in Suomi.

Die Kirche

Schon bevor die Schweden im 12. und 13. Jahrhundert ihre Kreuzzüge nach Finnland unternahmen, hatte die christliche Glaubenslehre in diesem Lande da und dort Fuss gefasst. Während im Südwesten verschiedenerorts Angehörige der römisch-katholischen Kirche lebten, breitete sich in Karelien der orthodoxe Glaube aus. Finnland befand sich also bereits im Spannungsfeld zwischen dem westlichen und östlichen Zweig der Christenheit. Die Angst vor dem weiteren Vordringen der morgenländischen Kirche war wahrscheinlich ein wesentlicher Grund, dass die Schweden Kreuzzüge gegen Finnland organisierten und in der Folge ein Bistum mit Bischofsitz in Turku gründeten. Als wichtigster Glaubensbote wird der aus England stammende Bischof Henrik bezeichnet, der in Finnland den Märtyrertod erlitt.

Während 400 Jahren stand fast ganz Finnland unter dem Einfluss der römisch-katholischen Kirche, nur in Karelien vermochte sich die orthodoxe Religion zu behaupten. Zahlreiche schöne Steinkirchen, besonders im Süden und Westen, stammen aus dieser katholischen Zeit. Die Geistlichen waren fast ausschliesslich Finnen, sie bedienten sich in der Seelsorge wie in den Predigten der finnischen Sprache und leisteten damit einen grossen Beitrag zur Festigung der finnischen Kultur. Da damals viele Studenten Finnlands an deutschen Hochschulen studierten, fand der «finnische Luther» Mikael Agricola bei manchen Intellektuellen Gehör und konnte die Reformation ohne grossen Widerstand ausbreiten. Er übersetzte das Neue und einen Teil des Alten Testaments, verfasste auch ein finnisches ABC-Buch und erhob damit das Finnische zur Schriftsprache. Durch einen Erlass der schwedischen Regierung wurde die evangelisch-lutherische Kirche zur Staatskirche erklärt. Der finnisch-lutherischen Kirche kam als Vorposten gegen den orthodoxen Osten eine besondere Bedeutung zu. Mit der Ernennung des Schweden Isaacus Rothovius zum Bischof von Turku im Jahre 1627 begann eine Reorganisation der Kirche Suomis, die zur sogenannten lutherisch-orthodoxen Ära mit verschiedenen kulturellen Leistungen führte. So wurde zum Beispiel 1646 die Kathedralschule von Turku zur ersten Universität des Landes umgewandelt.

Im 17. Jahrhundert konnte sich in Finnland unter pietistischem Einfluss eine theosophische Mystik mit religiösen Erweckungsbewegungen, eigenen geistlichen Schriften und Liedern durchsetzen. Diese Bewegung wurde dann jedoch durch Anhänger der Herrnhuter abgeschwächt und in evangelisch-kirchliche Bahnen geleitet. In den dreissiger Jahren des letzten Jahrhunderts stand der Pietismus Finnlands unter der Führung von Paavo Ruotsalainen, der, obwohl er nie eine Schule besucht hatte und nicht schreiben konnte, begeisterte Anhänger unter Pfarrern und Studenten fand. Nach dem Erlass des von Bischof F. G. Schauman entworfenen Kirchengesetzes machte sich in der zweiten Hälfte des letzten Jahrhunderts eine Liberalisierung des kirchlichen Lebens bemerkbar. Der Einfluss der Geistlichen auf die kulturellen und sozialen Belange wurde eingeschränkt, obschon der elementare Schulunterricht auf dem Lande noch weiterhin Angelegenheit der Kirche blieb. Den Laien wurde ein vermehrtes Mitspracherecht bei kirchlichen Fragen eingeräumt.

Als Finnland 1809 als Grossfürstentum zu Russland kam, wurde der andersgläubige Zar Oberhaupt der lutherischen Staatskirche. Durch kluge Politik und allerlei Zugeständnisse an die Bischöfe gelang es vor allem Alexander I. die meisten Lutheraner für sich zu gewinnen und den religiösen Frieden zu wahren. Vollständige Glaubensfreiheit erlangten die Finnen jedoch erst auf Grund des Religionsfreiheitsgesetzes, das 1923 in Kraft trat. Danach kann sich jeder Staatsbürger einer beliebigen oder auch keiner Religionsgemeinschaft anschliessen. Entgegen allen Erwartungen hatten die Kirchen nur wenig Austritte zu verzeichnen. Die meisten Finnen blieben ihrer angestammten Religion treu. 1971 gehörten 93,1 Prozent der Bevölkerung der evangelisch-lutherischen Kirche Finnlands an. Die oberste administrative Leitung liegt bei der Regierung und beim Staatspräsidenten. Nach der Verfassung besitzt die Kirche jedoch weitgehendes Selbstverwaltungsrecht. Beschlussfassendes Organ ist die Kirchenversammlung, die alle 5 Jahre zusammentritt. Sie besteht aus 125 Mitgliedern, von denen die Mehrheit Laien sind. Ihre Beschlüsse müssen vom Reichstag genehmigt werden. Finnland ist in 8 Bistümer mit je einem Bischof und einem Domkapitel eingeteilt, von denen eines schwedischsprachig ist. Die Bischöfe werden auf Grund von Wahlen in den Bistümern vom Staatspräsidenten ernannt. Der Bischof von Turku ist gleichzeitig Erzbischof der finnischen Staatskirche.

Zur orthodoxen Kirche Finnlands bekennen sich 1,6 Prozent der Bevölkerung, das sind rund 74000 Personen. Sie untersteht dem ökumenischen Patriarchen von Konstantinopel und ist als Nationalkirche anerkannt. Die oberste administrative Gewalt liegt bei der Regierung. Die orthodoxe Kirche ist in die beiden Bistümer Karelien und Helsinki gegliedert. Durch die Abtretung des grössten Teils von Karelien verlor sie zahlreiche Kirchen und Sprengel. Mit Hilfe des Staates wurden verschiedene neue Kirchen gebaut. Eine Sonderstellung innerhalb der orthodoxen Gemeinschaft haben die rund 420 Skoltlappen, die im Norden des Inarisees leben. Sie wurden durch die Abtretung des Petsamogebietes von ihren Stammesgenossen getrennt. Der Staat bemüht sich, mit Unterstützungen dieser kleinen Gruppe zu helfen, damit sie ihre Kultur bewahren kann. In ihrem Hauptort Sevettijärvi besitzen die Skoltlappen eine eigene Kirche, eine Schule und ein Krankenhaus.

In der Nähe von Heinävesi im Saimaaseegebiet befindet sich das einzige Männerkloster Finnlands, in dem sich nach dem Kriege und dem Verlust der Ostgebiete die Mönche der drei früheren Klöster zusammenfanden. 1967 lebten jedoch nur noch 16 Mönche und Priester mit einem Durchschnittsalter von ungefähr 70 Jahren in diesem Kloster. Das einzige Nonnenkloster, das bei Uusi Valamo liegt, verzeichnet dagegen in den letzten Jahren mehrere Neueintritte.

0,7 Prozent der Bewohner Finnlands sind Angehörige anderer registrierter religiöser Gemeinschaften, nämlich der Freien Kirche, der Methodisten-, der Adventisten- und Baptistengemeinde sowie der römisch-katholischen Kirche. Zur letzteren bekennen sich in Finnland ungefähr 2500 Gläubige. 4,6 Prozent der Bevölkerung gehören keiner Kirche an.

Der Religionsunterricht in den Schulen wird nach dem Bekenntnis der Mehrzahl der Schüler erteilt. Die Teilnahme für Angehörige anderer Religionen ist fakultativ. Die Kirchenbücher der lutheranischen, der orthodoxen und der andern registrierten Kirchen dienen wie früher als amtliche Standesregister. Daneben besteht für die relativ wenigen Personen, die keiner Kirche angehören oder die sich nicht kirchlich trauen lassen, ein Zivilregister.

Ernsthafte Spannungen zwischen den einzelnen Religionen sind in Finnland unbekannt. Die monumentale lutherische Grosskirche und die mit Kuppeln gekrönte orthodoxe Kathedrale von Helsinki stehen symbolisch in friedlicher Nachbarschaft unweit nebeneinander. Dagegen gibt es in Finnland, wie in vielen andern Ländern, mancherlei Kritik, Opposition und Reformbestrebungen, die die Staatskirchen betreffen. Unter anderem wird die Loslösung der Kirche vom Staat gefordert.

91 Das Schloss Turku in der Nähe der Mündung des Auraflusses. Seine erste Anlage geht auf das Jahr 1280 zurück. Nach verschiedenen Umbauten und Erweiterungen erhielt es im 17. Jahrhundert seine heutige Form. Zwei Längsbauten und 2 Türme schliessen einen Hof ein. In verschiedenen Räumen des neueren Baues ist ein historisches Museum untergebracht.

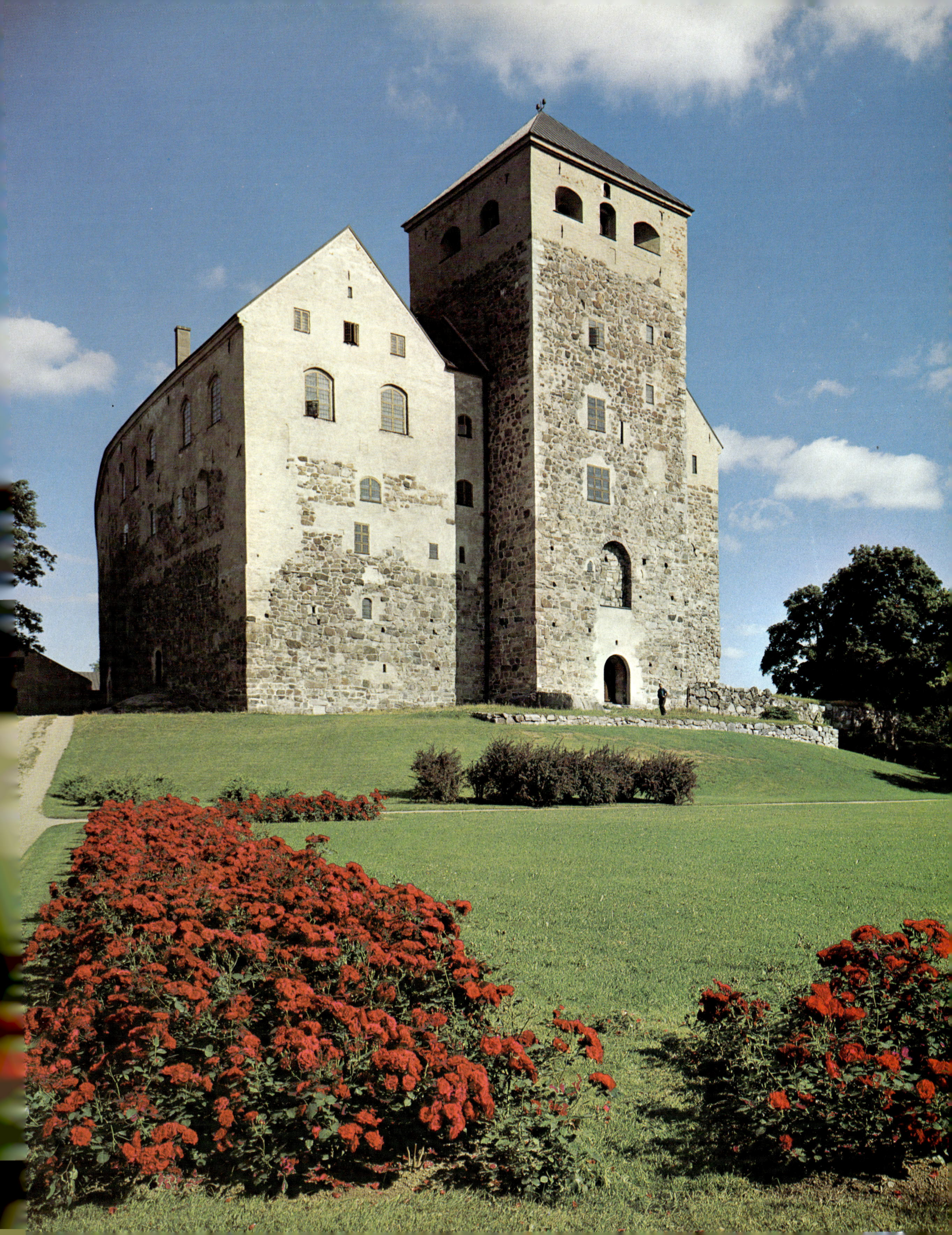

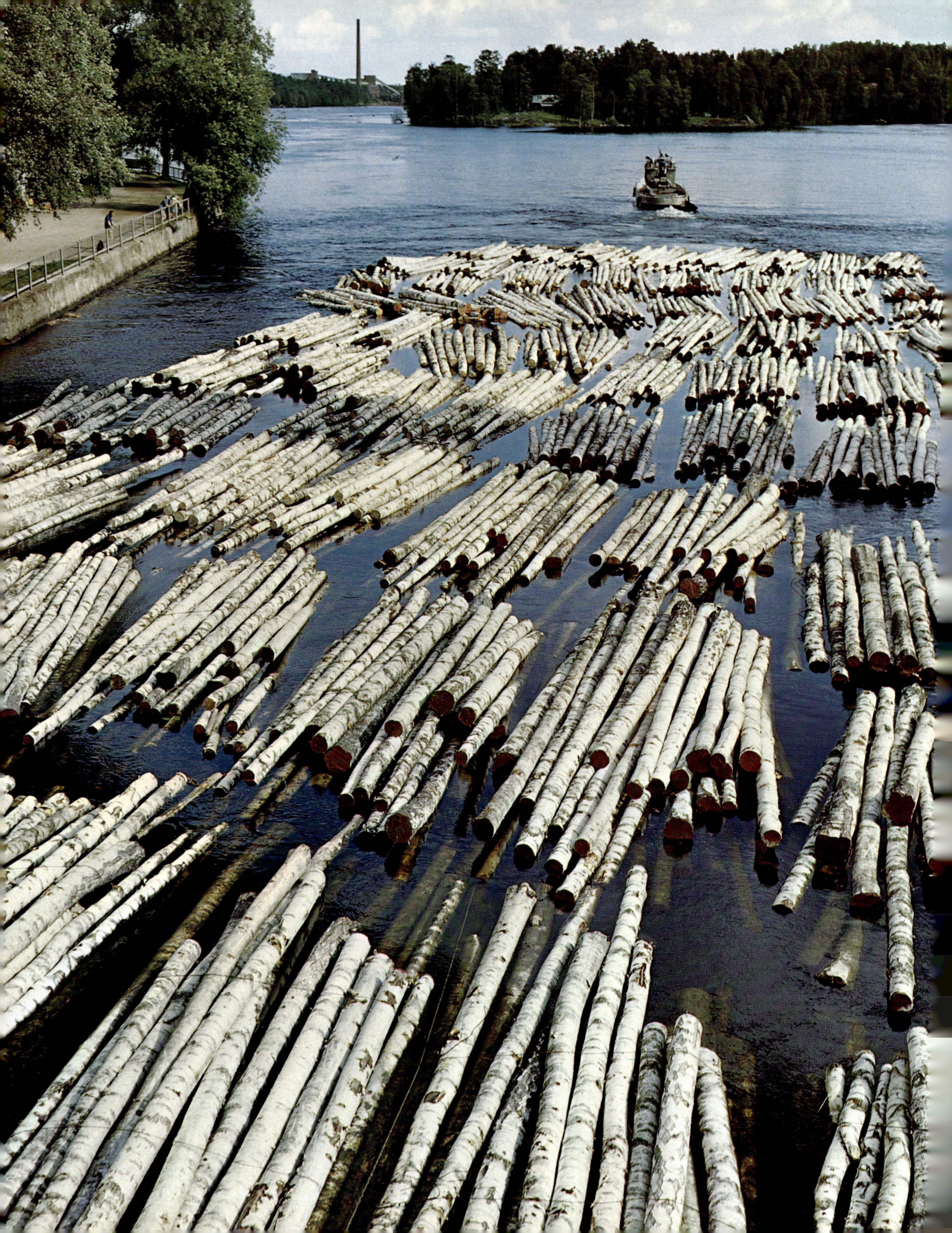

92 Holztransport bei Heinola, nordöstlich von Lahti. Die Baumstämme werden meist im Winter gefällt, zu den Seen geschleift und dort in grossen Bündeln auf dem Eis der Seen gelagert. Im Sommer werden sie von kleinen Schiffen zu den holzverarbeitenden Fabriken geschleppt.

93 Der Wasserfall von Auttiköngäs in Nordfinnland mit Kännel zum Holzflössen.

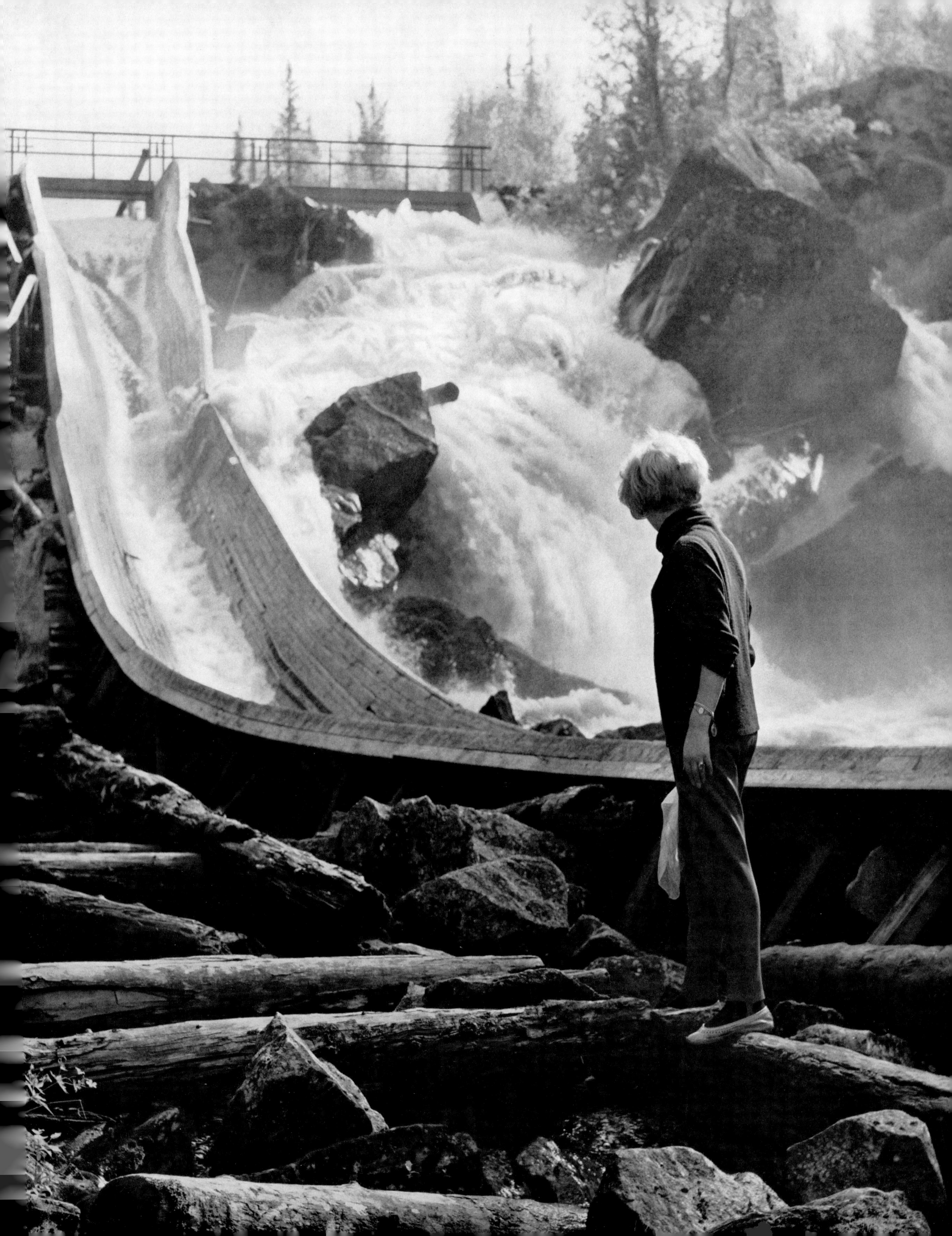

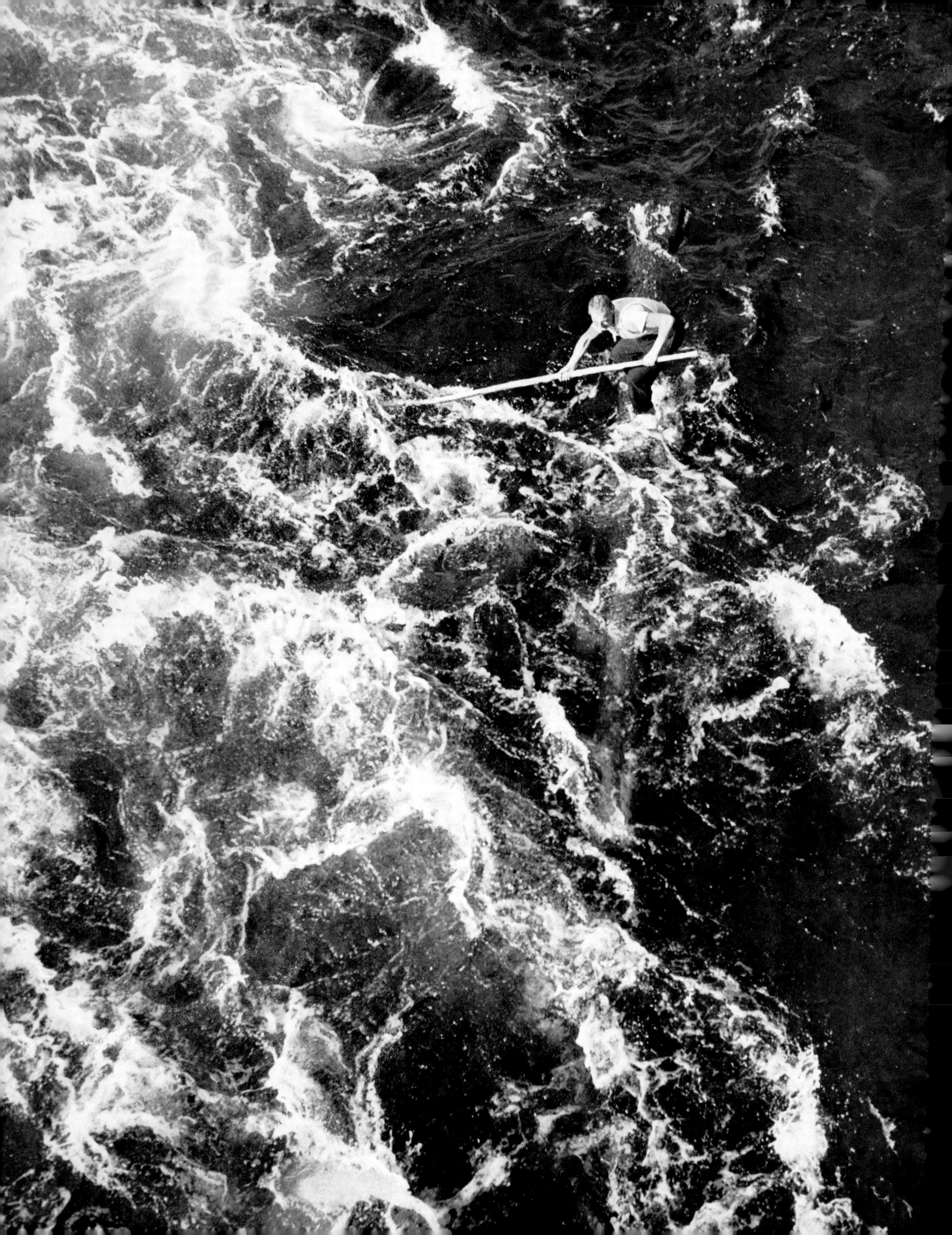

94 Bei Wettspielen zeigen wagemutige Flösser ihre Geschicklichkeit. Sie versuchen möglichst lang auf den im reissenden Fluss treibenden Baumstämmen zu verbleiben.

95 Die finnische Frau scheut keine Arbeit.
Flösserin leitet das Holz zu den Zerkleinerungsmaschinen der Papierfabrik von Kuusankoski.

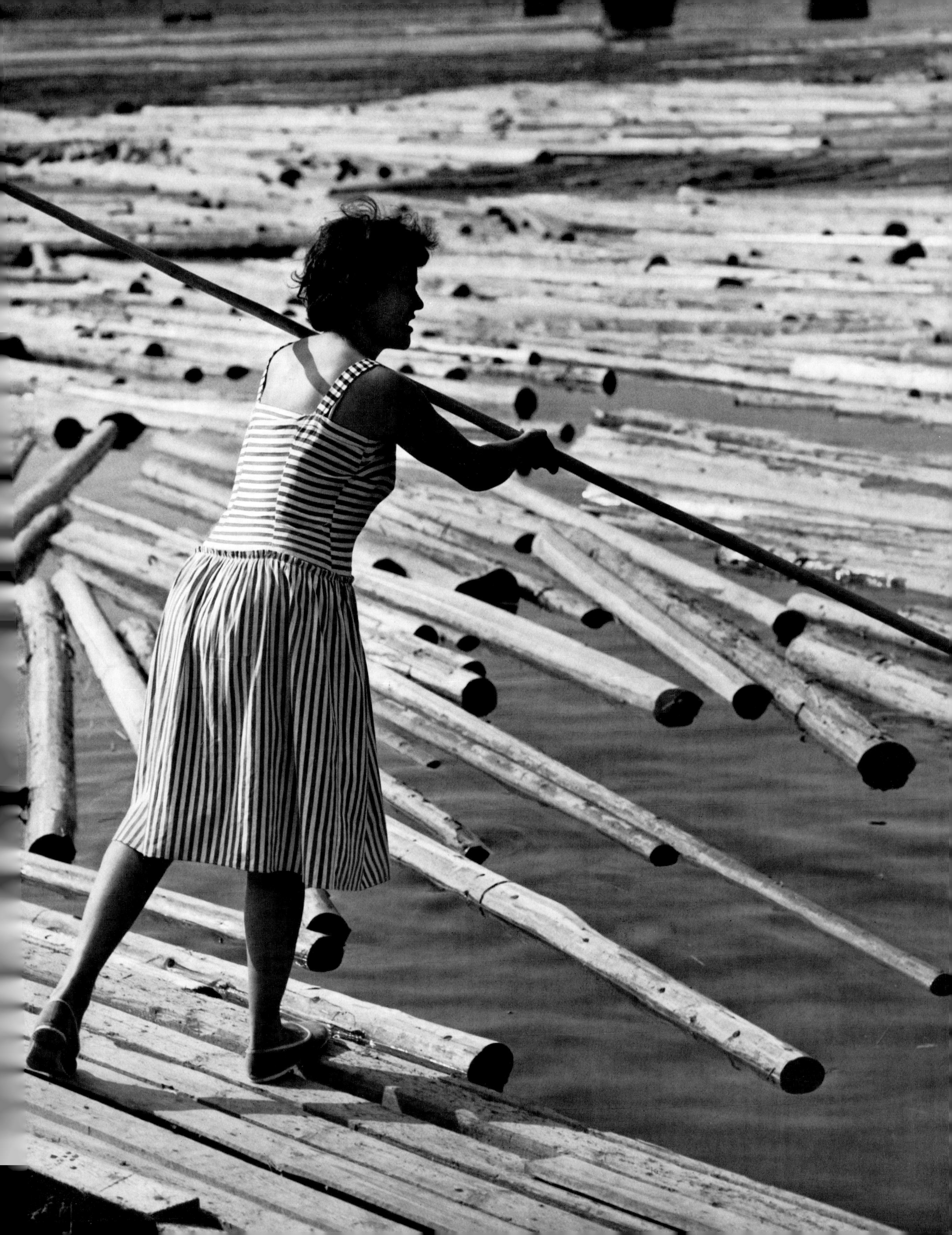

96 Teilansicht einer modernen Papierfabrik in Kuusankoski bei Kouvola in Südostfinnland.

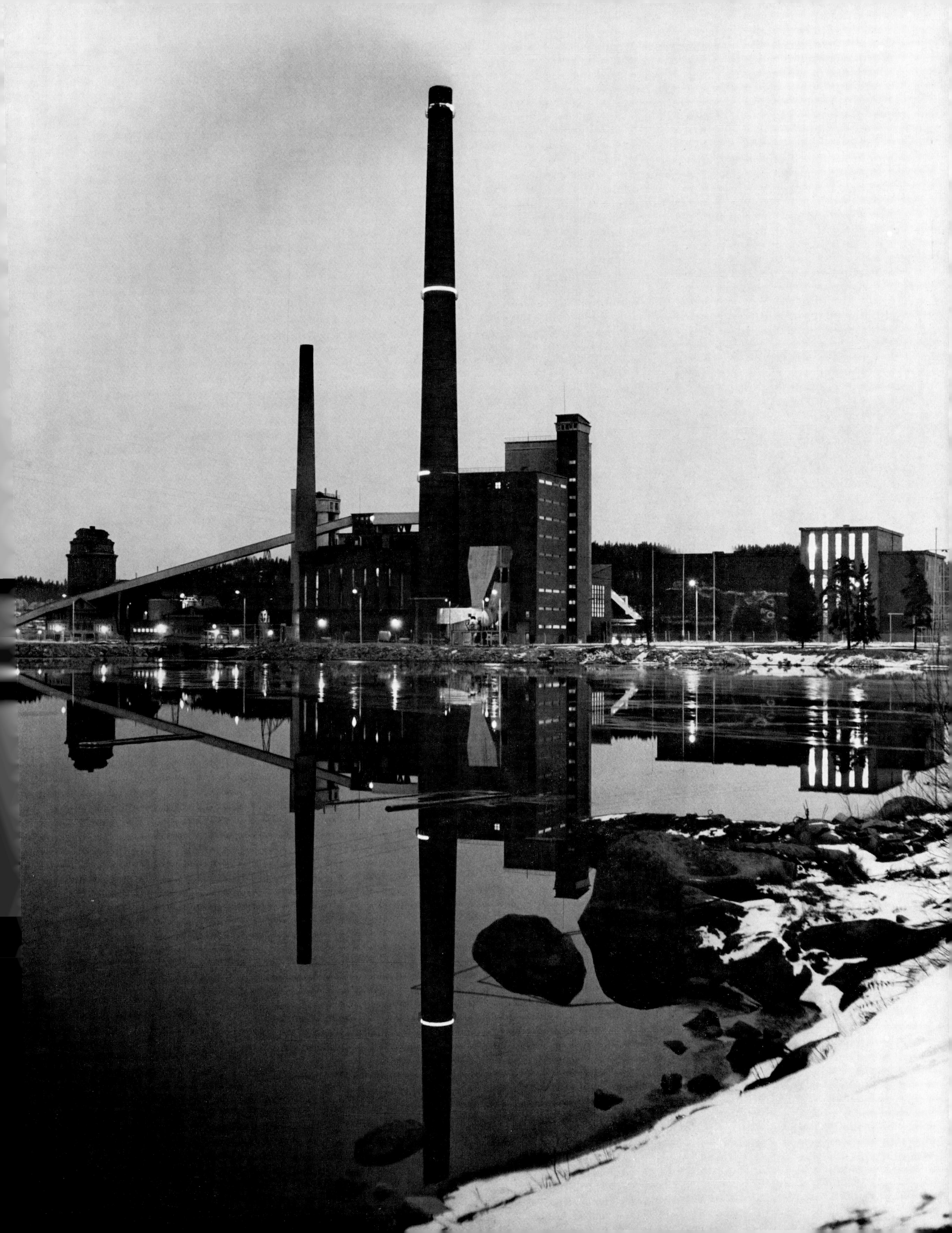

97 Eine der neuesten Papiermaschinen in Finnland.

97a Papiermaschine in einer modernen Fabrik.
Auswechseln der Walzen.

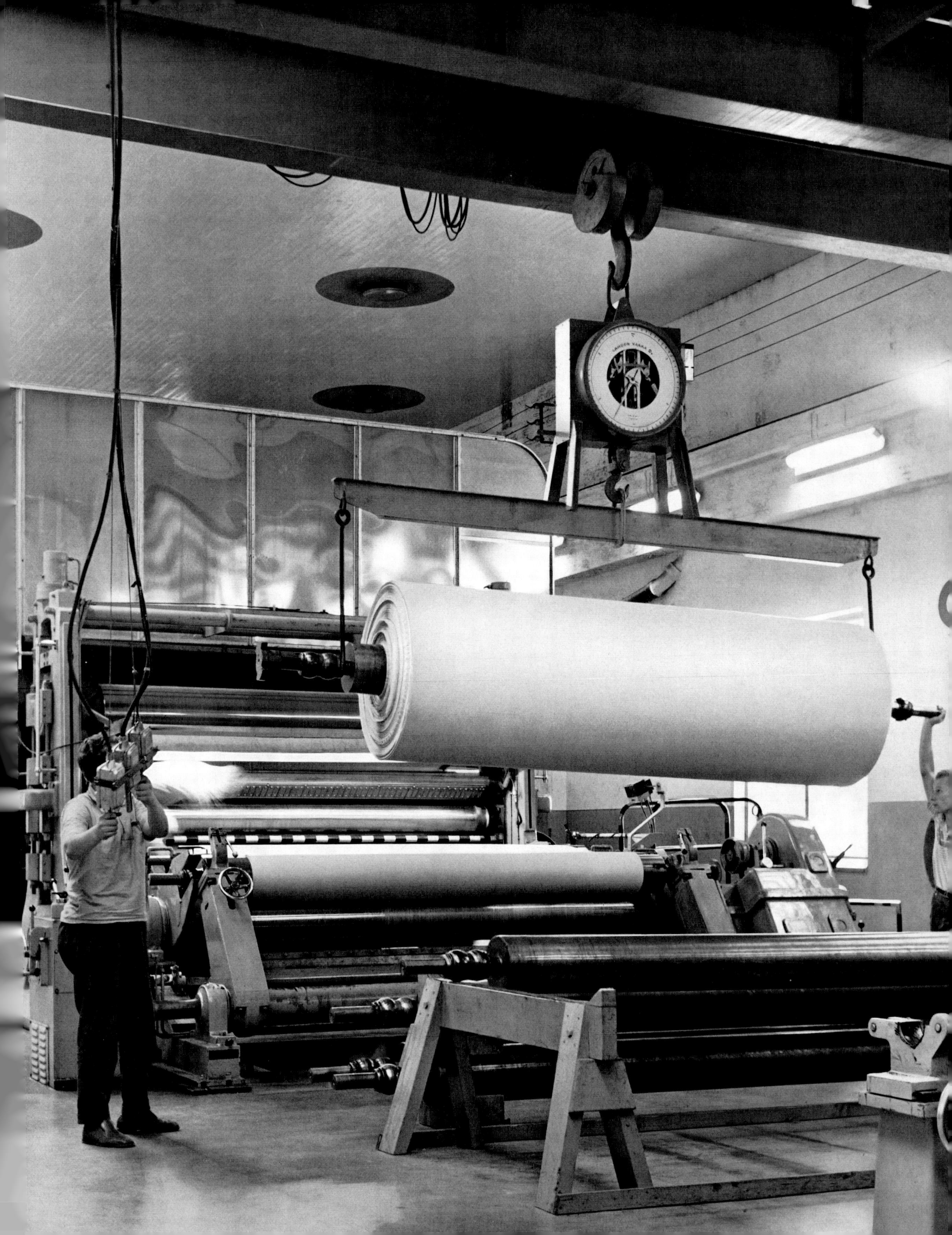

97b Zellstoff-Fabriken in Imatra. Mit einer Jahresproduktion von 450000 Tonnen Zellstoff sind dies die grössten Betriebe dieser Art in Europa.

Industrie und Volkswirtschaft

Junges, reiches Land

Jeder Tourist, der heute eine der grossen Städte Finnlands besucht, wird feststellen, dass er sich in einem der am jüngsten aussehenden Länder Europas befindet. Nach der Architektur, der Art, wie sich die Leute kleiden, den modernen Strassen und der grossen Zahl von Autos macht Finnland einen ebenso reichen Eindruck wie die meisten europäischen Länder. Ein Blick in die Statistiken wird diesen ersten Eindruck bestätigen. Die Bevölkerung Finnlands stellt zwar weniger als zwei Promille der Weltbevölkerung dar, der Anteil an der Weltproduktion beträgt knapp 3 und der Anteil am Welthandel ungefähr 8 Promille; aber bei internationalen Vergleichen der Nationaleinkommen pro Kopf erscheint Finnland als eines der reichsten Länder: Mit einem Sozialprodukt von 10000 Finnmark nimmt es den fünfzehnten Rang ein. Wenn man unsere Erde – wie dies heute oft geschieht – in Industrie- und in unterentwickelte Länder einteilt, dann gehört Finnland eindeutig zur ersteren Gruppe. Ein Nationalökonom, der Finnland besucht, wird ausser dem relativen Reichtum des Landes noch mehr feststellen. So vor allem, dass viele Güter, die für die Produktion und den Handel notwendig sind, nicht aus dem Lande selbst stammen, sondern aus den verschiedensten Gebieten der Erde eingeführt werden müssen. Zu diesen Gütern gehören zum grossen Teil die Maschinen in den finnischen Fabriken sowie die Roh- und Kraftstoffe, die diese Maschinen benötigen. Auch ein beträchtlicher Teil der Konsumgüter wird importiert, von den Südfrüchten und Gewürzen bis zu den Textilien und Autos. Auf Grund des kleinen eigenen Marktes und im Hinblick auf den Export hat sich Finnland auf die Herstellung bestimmter Güter konzentriert. Diese Spezialisierung erfolgte unter Ausnutzung der natürlichen Gegebenheiten und auf Gebieten, die hohen technischen Stand voraussetzen. Hierdurch kann man die unvermeidliche Einfuhr durch Ausfuhr finanzieren und den hohen Lebensstandard des Landes sichern.

Der Wald, Grundlage der Wirtschaft

Die Grundlage der finnischen Wirtschaftsbeziehungen mit dem Ausland war seit jeher der Wald. 71 Prozent des Gesamtareals sind grösstenteils mit Fichten, Kiefern und Birken, den natürlichen Schätzen des Landes, bewachsen. Vor 2000 Jahren waren es die Tiere der Urwälder, die Jäger ins Land lockten, welche dann die Felle und Pelze gegen römische

Waffen tauschten. Später kamen die Ansiedler, rodeten weite Waldgebiete und verwandelten diese in fruchtbares Ackerland, das ihnen das tägliche Brot gab. Im Mittelalter war der Teer ein bedeutendes Exportprodukt. Er wurde aus Holz gewonnen und war für die Schiffe der grossen Armadas unentbehrlich. Dann begann man, Rund- und Schnittholz und schliesslich Zellulose und Papier als Hauptprodukte des Waldes auszuführen. Dieser Wirtschaftszweig bildet die Grundlage der Industrialisierung Finnlands, und mit Recht heisst es, Finnlands Wirtschaft sei auf Holz gegründet. In den vergangenen Jahren haben die unberührten finnischen Wälder noch eine weitere wirtschaftliche Bedeutung erlangt: als Erholungsgebiet für die Menschen aus den überbevölkerten Regionen der Welt. Der Tourismus ist zu einem wichtigen Wirtschaftszweig geworden.

Obwohl die Wälder den bedeutendsten Rohstoff des Landes liefern und das «grüne Gold» zur Industrialisierung verhalf, wäre das Land nicht imstande, ohne die Landwirtschaft zu existieren. Noch ums Jahr 1800 lebten vier Fünftel der Bevölkerung vom landwirtschaftlichen Einkommen. Wenn es auch stimmt, dass die Anfänge der Glas-, Textil- und Metallindustrie ins 17. und 18. Jahrhundert zurückreichen und dass in Finnland im Jahre 1760 sogar die zweitälteste Tabakfabrik der Welt gegründet wurde, so fand bis zum Ende des 19. Jahrhunderts doch nur ein kleiner Teil der Bevölkerung sein Auskommen in der Industrie.

Aufkommen und Entwicklung der modernen Industrie

Finnlands Industrialisierung begann um 1860, also 75 Jahre später als in England; der Rückstand gegenüber Deutschland betrug 50 und gegenüber den skandinavischen Ländern mindestens 20 Jahre. Wichtige Faktoren für die industrielle Entwicklung waren in jener Zeit das Aufkommen der Dampfmaschinen in den Sägewerken, der Dampfschiffe, die eine rasche Verbindung zur übrigen Welt ermöglichten, sowie die Aufhebung der Handelsbeschränkungen. Es war das glückliche Zusammenspiel zahlreicher Fakten, das zum wirtschaftlichen Aufschwung und zur sozialen Umgestaltung in Finnland geführt hat. Die wichtigsten dieser Fakten waren die steigende Nachfrage des Auslandes nach Produkten der holzverarbeitenden Industrie – hauptsächlich nach Schnittholz, der wagemutige Un-

Gesamtproduktion (nationales Nettoprodukt) nach Sektoren (in Prozenten)	1950	1960	1970	1972
Primäre Produktion	26	20	14	12
Landwirtschaft	15	11	7	6
Forstwirtschaft	11	9	7	6
Sekundäre Produktion	40	40	43	44
Industrie	30	31	34	34
Baugewerbe	10	9	9	10
Tertiärer Sektor (Dienstleistungen)	34	40	43	44
Total	100	100	100	100

ternehmungsgeist der Finnen, zahlreiche technische Verbesserungen in der Industrie, die Handels- und Gewerbefreiheit und eine scheinbar unbegrenzte Waldreserve. Finnland wurde in den letzten Jahren wiederholt an die Entstehungszeit seiner industriellen Entwicklung erinnert, da zahlreiche grosse Industrieunternehmen und Handelsbanken ihr Hundert-Jahr-Jubiläum feiern konnten.

Wir können feststellen, dass sich die Struktur der finnischen Wirtschaft in den vergangenen 20 Jahren grundlegend verändert hat. Die Bedeutung der Landwirtschaft nahm immer mehr ab. Als Arbeitgeber fiel sie in diesen Jahren von der ersten auf die dritte Stelle zurück, während die Dienstleistungen von der dritten auf die erste Stelle rückten und die Industrie den zweiten Rang behielt. Parallel zu dieser Strukturänderung verläuft die Binnenwanderung von ländlichen Gegenden in die Städte und deren Vororte, da der Bedarf an Arbeitskräften in der Land- und Forstwirtschaft wegen fortschreitender Mechanisierung immer kleiner wird.

Ebenso einschneidend wie dieser Wandel ist auch die Veränderung der Produktionsmethoden.

Während der letzten 50 Jahre betrug die durchschnittliche jährliche Zunahme der finnischen Gesamtproduktion 5 Prozent. Um 1930 und von 1958 bis 1970 gehörte die wirtschaftliche Zuwachsrate Finnlands zu den höchsten der Welt. Finnland hat den industriellen Rückstand, den es früher gegenüber den andern Ländern hatte, ganz wesentlich verringert.

Das grüne Gold

Indem wir uns wieder der Produktion zuwenden, stellt sich die Frage, aus welchen Quellen Finnland den erwähnten hohen Lebensstandard finanziert. Jedes Wirtschaftswachstum erfordert grössere Mengen an Rohstoffen zur Steigerung der Produktion. Finnland hat aber, abgesehen von Waldprodukten, einen Mangel an Rohstoffen, weshalb die Brennstoffversorgung und die Deckung des Rohstoffbedarfs der Industrie zum grossen Teil von Importen abhängig ist. Bei jeder Produktionszunahme erhöht sich ausserdem das Einkommen der Finnen, von dem sie wiederum einen erheblichen Teil zum Kauf von Importgütern und in zunehmenden Masse auch für Auslandreisen ausgeben.

Kommen wir deshalb auf den Hauptfaktor für das Wachstum der finnischen Wirtschaft zurück, zur Holzveredelungsindustrie. Obschon ihr Anteil am Gesamtexport seit dem Zweiten Weltkrieg stetig gesunken ist, erbringt sie immer noch 50 Prozent der Devisen, die Finnland zur Bezahlung der Importgüter benötigt. Die Bestrebungen dieses Industriezweiges sind nun auf eine Erhöhung des Veredelungsgrades gerichtet. Die finnische Papier- und Kartonindustrie gehört zu den leistungsfähigsten der Welt. 47 Fabriken mit einer Gesamtkapazität von 5,8 Millionen Jato (1973) bestreiten mit ihren Lieferungen in 130 Länder etwa einen Sechstel des Weltexports. Die Industrie ist in ständiger Expansion begriffen, um mit dem Wachstum des Welt-Papierverbrauches, der sich annähernd alle 15 Jahre verdoppelt, Schritt halten zu können.

Finnland ist der viertgrösste Zellstoff-Lieferant der Welt. Der Anteil an der Weltproduktion beträgt etwas mehr als 6 Prozent.

Die nachfolgenden Zahlen zeigen, wie sich die Produktionskapazität der Holzveredelungsindustrie Finnlands ausgedehnt hat:

Produktion der Holzveredelungsindustrie		1960	1970	1971	1972
Schnittholz	1000 m³	7 737	7 310	7 515	7 375
Sperrholz	1000 m³	413	706	672	701
Spanplatten	1000 m³	86	380	476	705
Holzfaserplatten	1000 mt	191	241	248	260
Zellstoff	1000 mt	2 512	4 511	4 234	4 344
Papier	1000 mt	1 433	3 011	3 095	3 475
Karton	1000 mt	537	1 247	1 329	1 490

(Zentralverband der Finnischen Holzveredelungsindustrie)

Neun Zehntel der Erzeugnisse dieser Industrie werden exportiert. Die folgende Tabelle soll einen Überblick über den Exportzuwachs und den Anteil der Holzveredelungsindustrie Finnlands am Weltmarkt geben:

Die Holzveredelungsindustrie Finnlands und der Welt

	Nadelholz (Schnittholz) 1000 m³	Sperrholz 1000 m³	Holzschliff 1000 t	Chemischer Zellstoff 1000 t	Papier, Pappen und Zellstoff 1000 t	Zeitungspapier 1000 t	Andere Papier- und Pappeprodukte 1000 t
			Produktion				
Welt	311 208	32 607	102 570	69 552	126 741	21 392	105 349
Europa (ohne UDSSR)	62 664	3 918	27 679	17 712	38 728	5 894	32 834
Finnland	7 135	706	6 471	4 187	4 260	1 305	2 955
Finnlands Anteil an der Weltproduktion	2,29%	2,17%	6,31%	6,02%	3,36%	6,10%	2,80%
Finnlands Anteil an der europäischen Produktion	11,39%	18,02%	23,38%	23,64%	11,00%	22,14%	9,00%
			Export				
Welt	49 464	4 495	17 562	16 082	23 271	10 614	12 657
Europa (ohne UDSSR)	19 202	1 166	7 868	6 687	11 005	2 637	8 368
Finnland	4 644	602	2 059	2 013	3 559	1 187	2 372
Finnlands Anteil an der Weltproduktion	9,39%	13,39%	11,72%	12,52%	15,29%	11,18%	18,74%
Finnlands Anteil an der europäischen Produktion	24,18%	51,63%	26,17%	30,10%	32,34%	45,01%	28,35%

(Zentralverband der finnischen Holzveredelungsindustrie)

Maschinen, Schiffe und Apparate

Wir erwähnten bereits, dass die Metallindustrie auf eine alte Tradition zurückblicken kann. Sie war vor dem Zweiten Weltkrieg hauptsächlich auf den Inlandmarkt ausgerichtet, obschon einige ihrer Zweige einen steigenden Export verzeichneten. Nach dem Kriege entwickelte sie sich infolge der Reparationsleistungen an die Sowjetunion schnell zu einer leistungsfähigen Exportindustrie. Ihr Anteil an der Gesamtausfuhr stieg zwischen 1961 und 1972 von 11 auf 27 Prozent. Spezialitäten für die Ausfuhr sind Schiffe, Maschinen für die Forstwirtschaft, die Holzverarbeitung und Holzveredelung.

Obwohl Finnlands Anteil am Weltschiffsbau nur etwa 1 Prozent beträgt, ist dieser Wirtschaftszweig für das Land doch von grosser Bedeutung. Die finnischen Schiffswerften lassen sich nicht mit den Riesenbetrieben von Japan, der BRD und Grossbritanniens vergleichen, die bereits serienmässig gigantische Tankschiffe bauen. Die Chance der finnischen Werftindustrie liegt vielmehr in einer vorausschauenden Spezialisierung, bei der technische Planung, «know-how» und der hohe Ausbildungsgrad der Arbeitskräfte eine entscheidende Rolle spielen. Finnlands Schiffsbauer haben diese Chance genutzt.

So ist Finnland beispielsweise führender Hersteller von Eisbrechern. Wärtsilä Helsinki, die grösste Werft des Landes, hat seit dem Zweiten Weltkrieg mehr Eisbrecher gebaut als jede andere Firma der Welt. In einem eigenen Forschungslaboratorium werden dort nicht nur Konstruktionen auf eigene Rechnung entwickelt, sondern Forschungsaufträge von Werften und Reedereien verschiedener Länder ausgeführt, die Schiffahrt unter schwierigen Eisbedingungen betreiben.

Die finnischen Eisbrecher werden nicht nur für den eigenen Bedarf gebaut, sondern auch für den Export, u.a. nach Schweden, der BRD und der Sowjetunion. Bei Wärtsilä werden auch die zur Zeit wahrscheinlich luxuriösesten Kreuzfahrtschiffe der Welt gebaut. Eine Serie von sechs Schiffen für die Karibische See. Bei diesen Luxusschiffen verbindet sich technisches Spezialkönnen mit dem in Finnland besonders entwickelten Sinn für stilvolles Design.

Das Bauprogramm der finnischen Werften umfasst ferner Autofähren und in Abwandlung davon «roll-on/roll-off-Frachtschiffe», Kabelleger, Tanker für Wein und Chemikalien, Vermessungsschiffe und Tiefkühlfrachter. Ein völlig neues Gebiet hat ausserdem die Werft Rauma-Repola erschlossen. Sie stellt serienmässig riesige Bohrplattformen für die Nordsee-Ölfelder her.

Aber auch die Maschinen für die holzverarbeitende Industrie nehmen unter den Exportgütern Finnlands einen bedeutenden Platz ein. Industriekonzerne wie A. Ahlström, Tampella und Rauma-Repola besitzen den grossen Vorteil, dass sie Holzverarbeitungsmaschinen sowohl bauen wie auch in eigenen Betrieben gebrauchen und auf diese Weise wertvolle Erfahrungen sammeln können. Jede zehnte Papiermaschine, die heute in der Welt installiert wird, trägt die Bezeichnung «Made in Finland». Die einschlägige finnische Industrie beschränkt sich heute jedoch nicht mehr nur auf die Lieferung von Maschinen. Papier-, Karton- und Zellstoffabriken werden als «Paket», einschliesslich

Erforschung der Rohstofflage, Verfahrenskalkulation, Planung, Ausrüstung, Inbetriebnahme und Ausbildung von Fachkräften, in alle Welt verkauft. Einen grossen Anteil an dieser Entwicklung haben einige Unternehmen von Consulter-Ingenieuren.

Die aufgeführten Zweige der Maschinenindustrie sind zwar die bedeutendsten, stellen aber nur einen Teil der Angebotspalette dar. Besonders erwähnen müsste man hier noch die Produktion von land- und forstwirtschaftlichen Maschinen und Geräten, Traktoren, Strassen- und Tunnelbaumaschinen, Kränen und Schiffsmotoren. Grosse Zuwachsraten verzeichnete in den letzten Jahren die Elektroindustrie. Spezialitäten sind Papiermaschinenantriebe, Elektrifizierung ganzer Zellstoff- und Papierfabriken einschliesslich des computerbasierten Steuerungsprogrammes für den Herstellungsprozess. Das Angebot umfasst ferner Transformatoren, Generatoren und Motoren bis zu Radio- und Fernsehapparaten und Kleincomputern. Auch die Herstellung von Mess-, Kontroll- und anderen Präzisionsinstrumenten nimmt ständig zu.

Die Bodenschätze

Im allgemeinen betrachtet, ist Finnland arm an Bodenschätzen. Die Eisenerzlager lassen sich nicht sehr wirtschaftlich abbauen, sei es wegen ihrer geringen Grösse, ihrer geringen

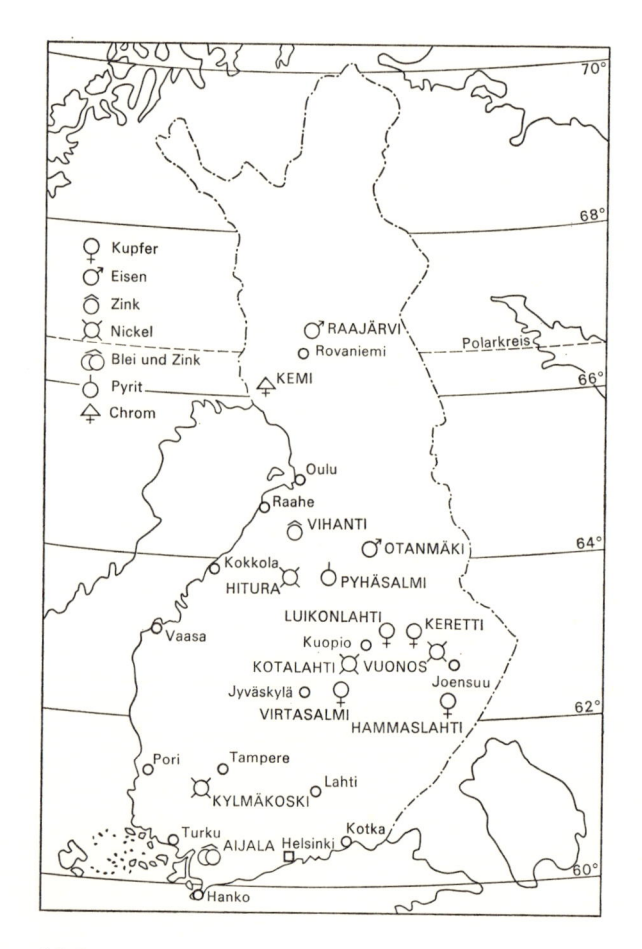

Bergbau in Finnland

Qualität oder der ungünstigen Lage. Die finnischen Hüttenwerke sind jedoch heute in der Lage, mit Hilfe von importiertem Erz, im Jahr mehr als eine Million Tonnen Roheisen herzustellen. Bedeutungsvoll wird in diesem Zusammenhang die Ausbeutung des sowjetischen Eisenerzvorkommens Kostamo (25 km östlich der finnischen Grenze am 65. Breitengrad), das auf 1,2 bis 1,5 Milliarden Tonnen Erz geschätzt wird.
Die jährliche Rohstahlproduktion in Finnland hatte in den vergangenen Jahren grosse Zuwachsraten und erreichte bereits mehr als 1,5 Millionen Tonnen.
Finnland besitzt jedoch Lagerstätten anderer Erzarten, die ergiebiger sind. Dank der reichen Kupferminen von Outokumpu ist Finnland einer der grössten Kupferproduzenten Europas. Das Patent für das Verfahren zur Kupfergewinnung von Outokumpu wurde an verschiedene Länder verkauft. Finnlands Produktion an Zink und Nickel überstieg in letzter Zeit den Eigenbedarf um das Mehrfache und wird in naher Zukunft noch gesteigert werden. Ein neues Unternehmen befasst sich mit der Gewinnung von Chrom aus Ferrochrom mit einer Jahreserzeugung von etwa 30000–35000 Tonnen. Ausserdem ist Finnland Europas drittgrösster Nickelproduzent nach der UDSSR und Griechenland.

Chemische und Textilindustrie

Wenn auch die holzverarbeitende und die Metallindustrie zusammen acht Zehntel des finnischen Exportes umfassen, so dürfen die andern Industrien nicht vernachlässigt werden. Vom Standpunkt der Gesamtwirtschaft aus gesehen, wird in letzter Zeit die chemische Industrie als «dritte Schlüsselindustrie» bezeichnet, konnte sie doch seit 1970 ein durchschnittliches Wachstum von 17 Prozent verzeichnen. Eine zentrale Stellung nahmen die Öl- und die Kunstdüngerindustrie ein. 1972 hat sich die Struktur der chemischen Industrie mit Aufnahme einer eigenen petrochemischen entscheidend geändert. Daneben gewinnt die Arzneimittelerzeugung immer stärkere Bedeutung. Trotz der Knappheit an eigenen Rohstoffen hat sich die chemische Industrie in den letzten Jahren rascher entwickelt als die finnische Industrie im allgemeinen. Nach Schätzungen soll ihr Anteil an der gesamten industriellen Produktion bis 1980 14 Prozent betragen. Der Export war indessen, gemessen am Import, bis jetzt noch bescheiden. (1972: Export: 500 Mio Fmk; Import: 2000 Mio Fmk.) Man rechnet aber mit einer baldigen Zunahme, besonders auf dem Plastik- und Kunstdüngersektor. Im Gegensatz zur relativ jungen chemischen Industrie beruhen die Textil- und die Lebensmittelindustrien auf sehr alten Traditionen. Ihr Hauptaufgabe bestand traditionell darin, den Inlandmarkt zu beliefern. Während der sechziger Jahre vollzog sich jedoch in der Textilindustrie ein gewaltiger Wandel. 1961 betrug der Exportwert der Bekleidungsindustrie vier Millionen Finnmark, 1971 aber rund 500 Millionen Finnmark. Jedes zweite in Finnland hergestellte Kleidungsstück wird bereits im Ausland getragen. Und die Tendenz ist weiter steigend. Dieser Erfolg ist zurückzuführen auf geschicktes Marketing und eine Flut von neuen Design-Ideen, die von jungen finnischen Designern mit Sinn für Form, Farbe und Material ausgingen.

Probleme der wirtschaftlichen Entwicklung in jüngster Zeit

Die Hauptzweige der finnischen Industrie im Jahre 1971 (Angaben in Prozenten)	Arbeitskräfte	Produktionswert	Brutto-Produktionswert	Export der Industrieprodukte	Export in Prozenten des Bruttowertes
Metall- und Maschinenindustrie	34,3	30,0	25,2	26,2	26,1
Holz-, Zellulose- und Papierindustrie	17,5	20,7	24,8	58,1	61,5
Lebens- und Genussmittelindustrie .	12,1	13,7	22,3	1,1	1,3
Textil- und Bekleidungsindustrie ...	14,1	9,6	7,6	7,7	26,4
Chemische Industrie	4,2	9,0	8,9	4,3	12,7
Übrige Industrien	17,8	17,0	11,2	2,6	6,0
	100,0	100,0	100,0	100,0	100,0

Wir sehen, dass die Metallindustrie nicht nur am meisten Personen beschäftigt, sondern auch hinsichtlich des Produktionswertes den ersten Platz einnimmt. Heute können drei Hauptfaktoren angeführt werden, die die gegenwärtige und künftige Wirtschaftsentwicklung Finnlands beeinflussen: der andauernde Übertritt der Berufstätigen vom primären zum sekundären und zum tertiären Wirtschaftssektor, die Tatsache, dass Finnlands Holzreserven nicht unbeschränkt sind, wie man früher annahm, und die Teilnahme Finnlands an der wirtschaftlichen Integration Europas sowie die Anpassung an deren Auswirkungen. Dies erfordert eine Ausweitung der Industrie und der Dienstleistungen, damit die Leute, die vor allem aus der Land- und Forstwirtschaft abwandern, beschäftigt werden können; und zwar muss diese Ausweitung auf andern Gebieten als der Wald- und Holzwirtschaft erfolgen, bis die Holzreserve ohne Nachteil eine stärkere Ausbeutung gestattet. Schliesslich verlangt die Teilnahme an der wirtschaftlichen Integration eine strukturelle Veränderung der Industrie, um besser konkurrieren zu können. Das betrifft die Leistungssteigerung, die Spezialisierung der Produktion, eine sorgfältige Auswahl der zu fabrizierenden Produkte und die Geschicklichkeit, diese in den Handel zu bringen. Eine Entwicklung in dieser Richtung hat sich seit 1960 angebahnt, nachdem Finnland in der zweiten Hälfte der fünfziger Jahre seine Aussenhandelsbeziehungen erweiterte und 1961 der Europäischen Freihandelszone als assoziiertes Mitglied beitrat (was praktisch gesehen dasselbe bedeutet, wie wenn es ein voll anerkanntes Mitglied der EFTA wäre). Die ausländischen Industrien konnten nun ihre Produkte ohne Importzölle oder Handelseinschränkungen auf den finnischen Markt bringen. Dies bedeutete eine harte Konkurrenz für verschiedene inländische Wirtschaftszweige und teilweise einen Rückgang ihres Inlandabsatzes. Sie mussten im Export eine Kompensation finden und wurden gezwungen, alle Kräfte zu mobilisieren, um sich für den Wettbewerb auf dem Weltmarkt auszurichten. Ein typisches Beispiel dafür ist die Textilindustrie, die es verstanden hat, beste Qualität und Originalität dank «Finnish Design» als wichtige Konkurrenzwaffe zu gebrauchen. Die durchschnittliche jährliche Exportzunahme der Textilindustrie um 35 Prozent und der verblüffende Erfolg der Bekleidungsindustrie im Ausland seit 1960 beweisen, dass die Bemühungen nicht umsonst waren. Dies gilt auch für andere finnische Exportwaren, wie Glas, Keramik, Möbel, Radio- und Fernsehapparate sowie Lebens- und Genussmittel, Erzeugnisse, die heute einen Anteil von mehr als 10 Prozent am Gesamtexport des Landes haben. Dieser eingeschlagene Weg muss weiter beschritten werden, schon deshalb, weil Finnland wirtschaftlich sehr eng mit Westeuropa verbunden ist, was aus der nachfolgenden Tabelle klar hervorgeht.

Finnlands Export und Import nach Absatzmärkten 1972	Export	Import
EFTA	46,9	39,9
EWG	20,9	27,5
Ostblock	15,8	15,9
Andere Länder	16,4	16,7
	100,0	100,0

Blick in die Zukunft

Wie in anderen kleinen industrialisierten Ländern ist auch in Finnland das wirtschaftliche Wachstum und die Erhöhung des Lebensstandards eng mit der Entwicklung des Aussenhandels verknüpft und letzten Endes vom Erfolg des Exports abhängig. Finnland gehört traditionell zu den Ländern, die einen ausgedehnten Export betreiben, und hat in den letzten Jahren einen stetig steigenden Anteil seiner Produktion ins Ausland verkauft. Der Waren- und Dienstleistungsexport umfasst bereits mehr als einen Viertel des Bruttosozialprodukts, der Warenexport allein betrug einen Fünftel des Bruttosozialprodukts. Höhere Raten findet man in Europa nur in einigen anderen kleinen Industrieländern, die bereits stärker entwickelt sind als Finnland.

Für die Industrie ist die Erhöhung des Exportes nicht Folge, sondern wesentliche Bedingung einer Produktionsausdehnung. Das gilt besonders für die Maschinen-, Gummi- und chemische Industrie, die in den nächsten Jahren eine Erweiterung anstrebt. Das wird nur mit Hilfe des Exports möglich sein, da der eigene Markt häufig zu klein und nicht genug aufnahmefähig ist für eine ausreichend rentable, effektive und spezialisierte Produktion. Ein möglichst ungehinderter und breitgefächerter Warenaustausch mit anderen Ländern ist für kleine Industriestaaten von grundlegender Bedeutung für einen kontinuierlichen wirtschaftlichen Zuwachs. Das gilt insbesondere für Länder, die wie Finnland versuchen, eine Produktion von hohem technologischem Grad zu entwickeln.

Damit kristallisiert sich das Hauptziel der finnischen Handelspolitik heraus: die Handelswege nach allen Richtungen offenzuhalten – sowohl nach Ost als auch nach West.

Für das durchschnittliche Wachstum der industriellen Produktion kann man 6–7 Prozent unterstellen. Den grössten Zuwachs mit 10 Prozent wird es voraussichtlich in der chemischen Industrie geben. Die Staatliche Zentrale für Wirtschaftsplanung schätzt die Steigerungsraten der Metallindustrie auf 8 Prozent. Innerhalb der gesamten Metallindustrie werden sich die Eisen- und Stahlindustrie sowie die elektrotechnische Industrie am schnellsten entwickeln. Auf dem Gebiet der Holzindustrie prognostiziert man einen Zuwachs von 4–5 Prozent in der Papierindustrie und eine Zunahme von 4 Prozent für die holzverarbeitende Industrie. Die Lebensmittelindustrie wird sich ungefähr um 4 Prozent pro Jahr ausdehnen, während es bei der Textil- und Bekleidungsindustrie nur 3 Prozent sein werden. Von der restlichen Fabrikindustrie erwartet man besonders auf dem Plastiksektor einen schnellen Zuwachs.

Der Gewinn soll nach den Schätzungen jährlich um 5 Prozent steigen. Diese Rate erscheint aber zu klein, um mit der Entwicklung Westeuropas Schritt zu halten. Entscheidend wird es deshalb für Finnland sein, die Investitionen optimal zu plazieren.

Die Voraussagen der Zentrale für Wirtschaftsplanung basieren auf der Erreichung gewisser Exportziele. Der Gesamtexport soll sich bis 1980 jährlich um 7–8 Prozent, der Export der Metallindustrie sogar um 13 Prozent ausdehnen. Nach den Schätzungen des Wirtschaftsrates wird sich der Gesamtexport im Jahre 1980 wie folgt zusammensetzen: Holzindustrie 38–43 Prozent, Metallindustrie 35–40 Prozent und andere Industrien 20–22 Prozent.

Die Prognosen für die Entwicklung der Industrie gehen davon aus, dass sich die Konkurrenzsituation auf den Exportmärkten nicht verschlechtert. Erfüllen sich diese Annahmen nicht, so verschlechtern sich die Entwicklungsmöglichkeiten der Industrie ganz wesentlich. Der Freihandel mit den EFTA-Ländern ist inzwischen zu einem festen Bestandteil im Aufbau der finnischen Wirtschaft geworden. Es scheint schwer vorstellbar, dass Finnland ohne ein Freihandelsabkommen mit der EG ein ausreichend schnelles Wachstum sichern könnte. Dies scheint für Finnland auch deshalb vorteilhaft, weil dadurch besonders die arbeitsintensiven Industriezweige durch lange Übergangszeiten geschützt werden.

98 Sommerabend im Südhafen von Helsinki.

99 Das stolze Segelschiff «Pommern» an der Pier im Hafen von Mariehamn. Bis 1934 besass der Reeder Erikson in Mariehamn eine Flotte von 26 Tiefwasserseglern, die bis nach Australien fuhren. Heute erinnert nur noch das stolze Segelschiff «Pommern» an die Zeit der finnischen Segelschiffahrt; es dient als schwimmendes Museum.

100 Die im Jahre 1967 in Dienst gestellte «Finlandia» ist mit 8168 BRT die grösste Autofähre der Welt und das grösste Passagierschiff im Ostseeverkehr.

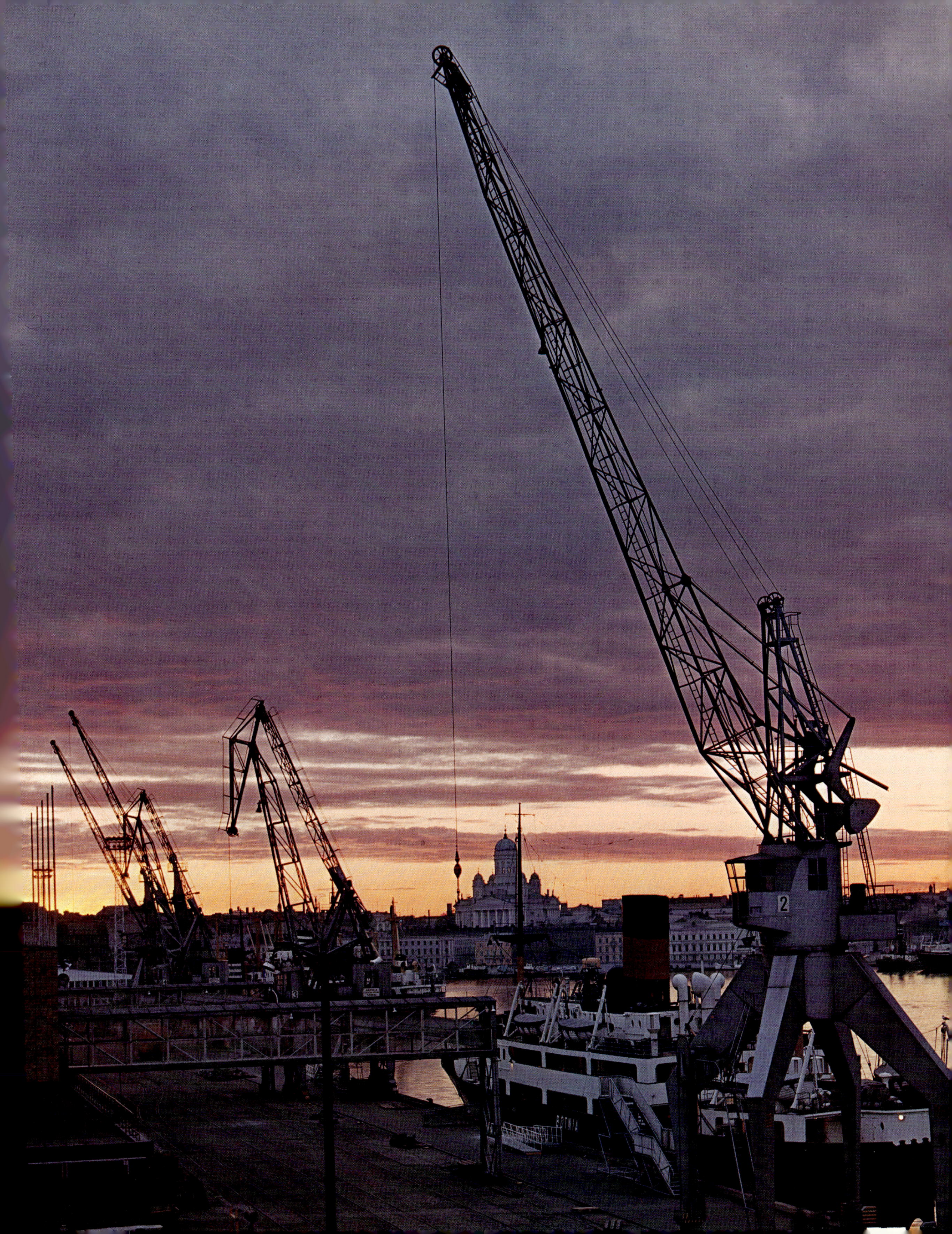
2
BOTNIA

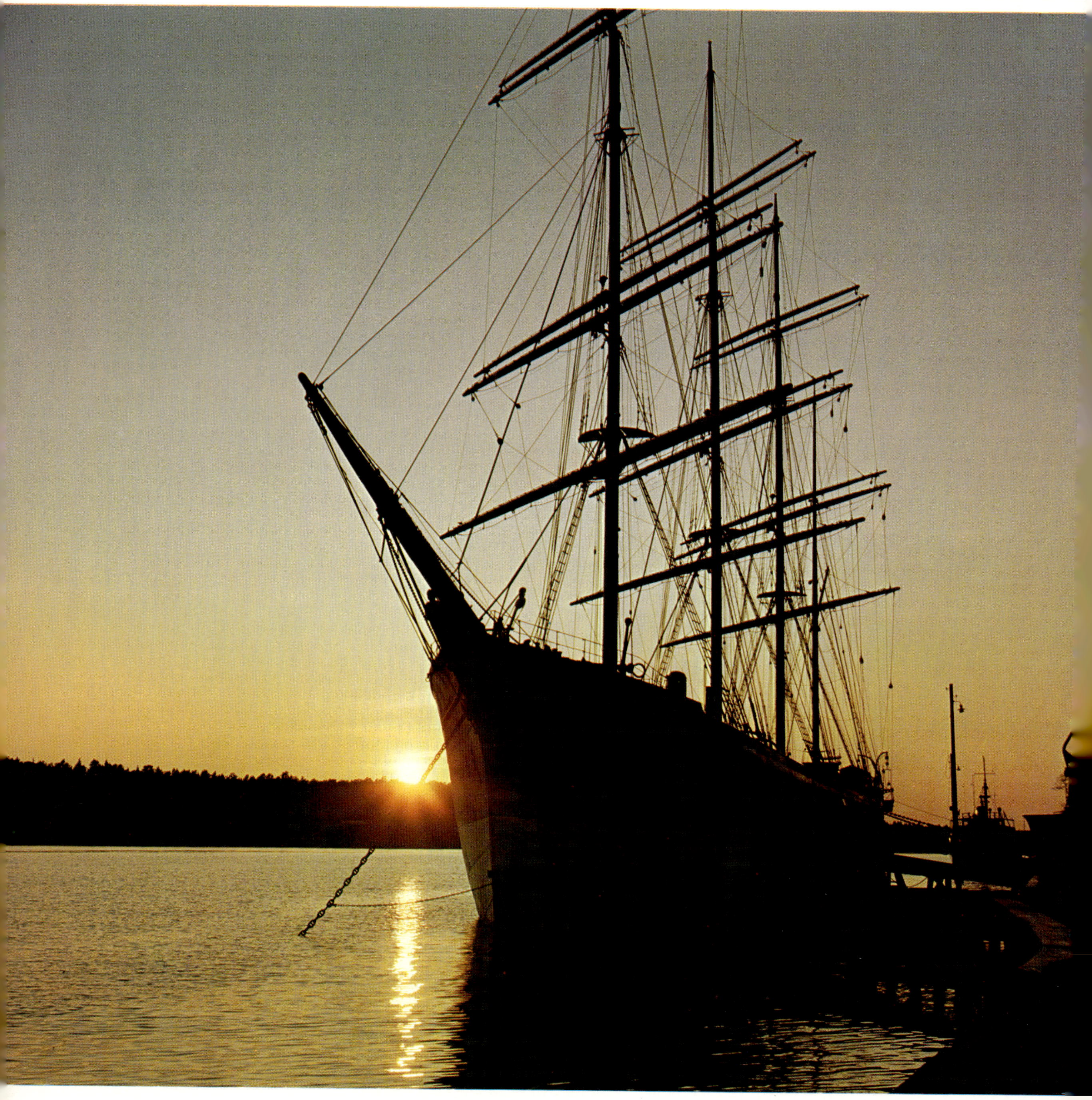

9

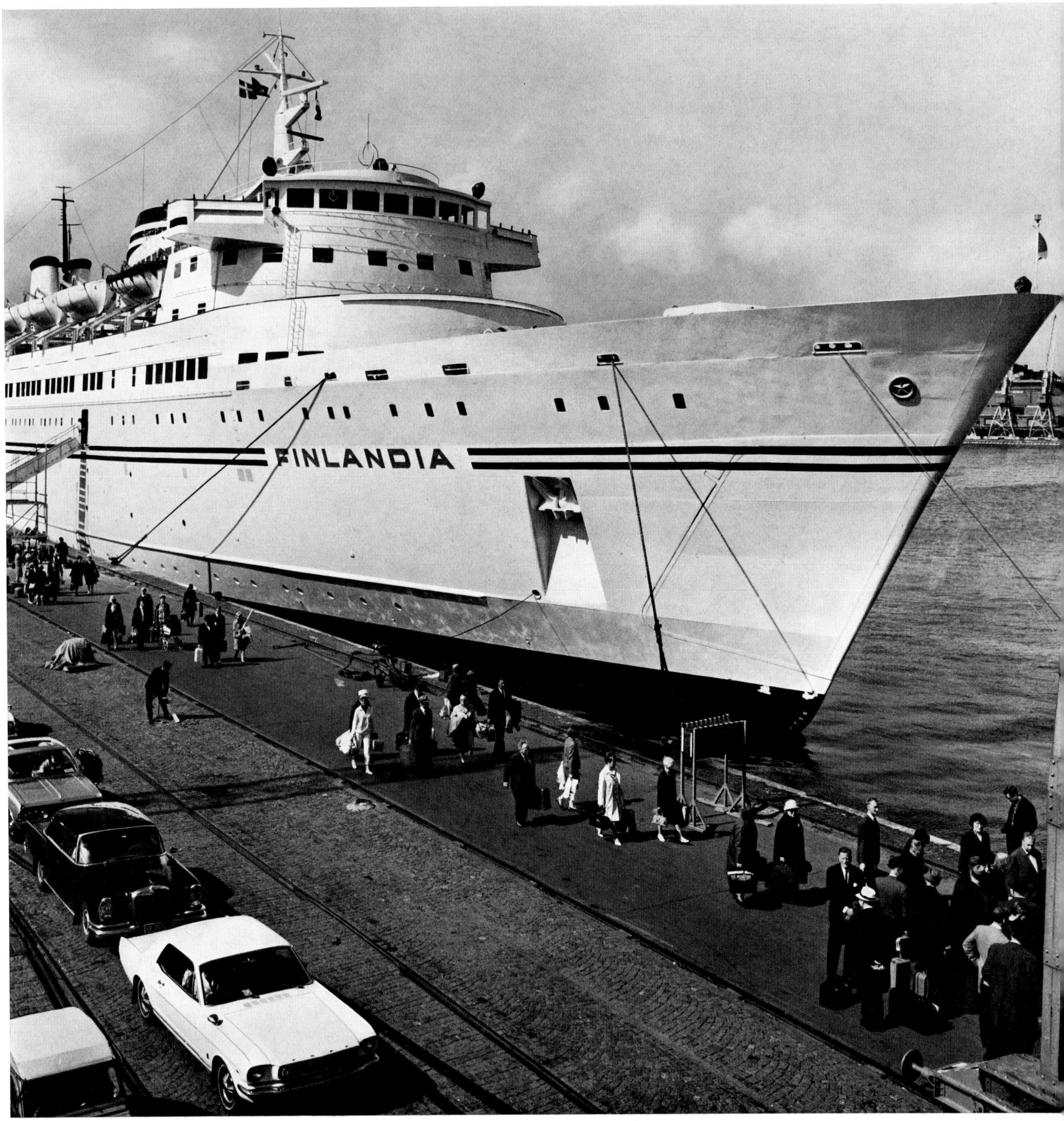

00

101 Die Autofähren spielen für das insular gelegene Finnland im Zeitalter des Autotourismus und des Container-Verschiffungssystems eine immer wichtigere Rolle. Wenn der grosse «Schlund» geöffnet und die Landungsbrücke heruntergelassen ist, können die Autos mit eigener Kraft schnell an und von Bord rollen.

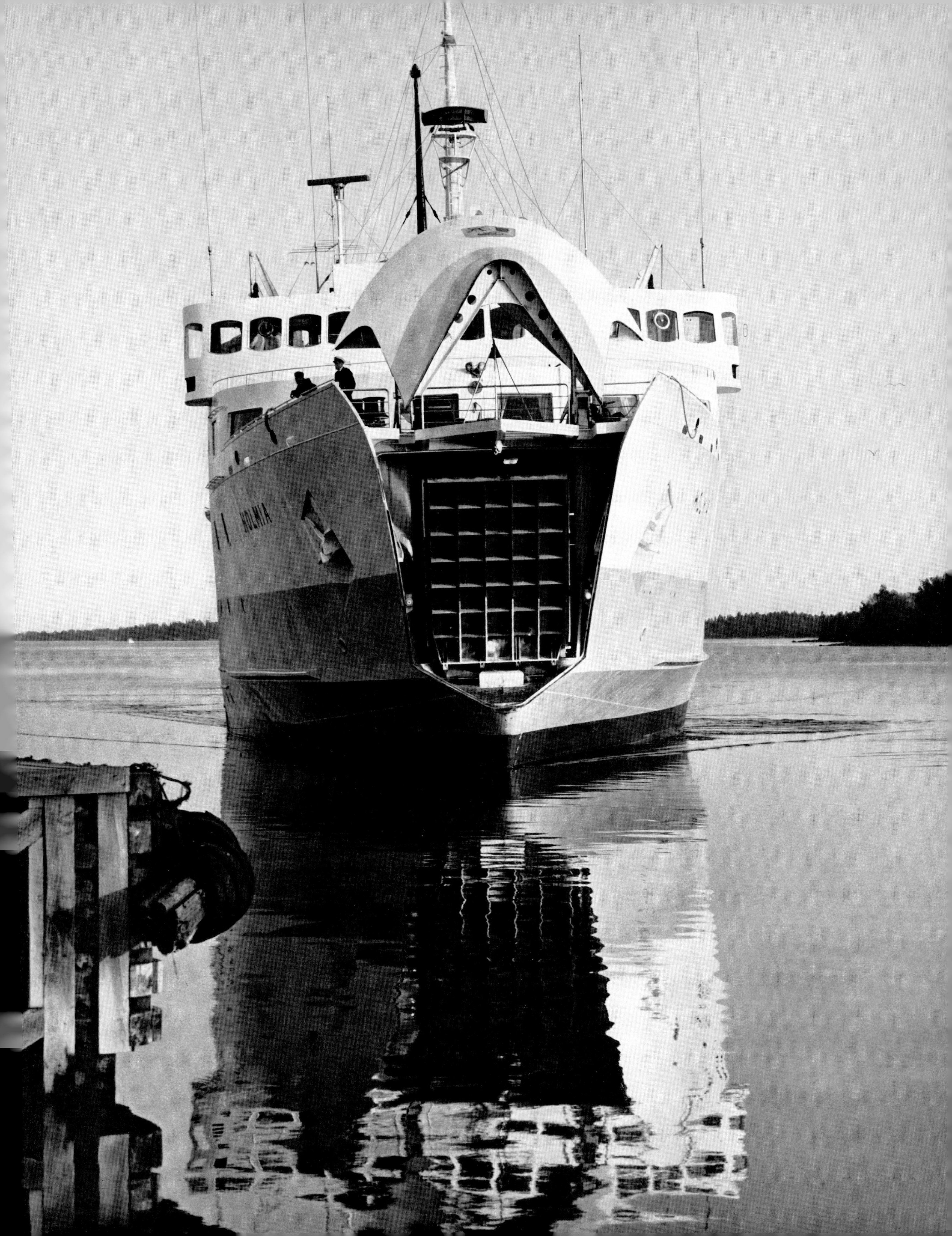
HOLMIA

102 Das moderne Schiff Royal Viking Star mit 22000 Bruttoregistertonnen wurde in einer Werft von Helsinki für eine norwegische Gesellschaft gebaut.

102a Eisbrecher in Fahrt. Die finnische Winterschiffahrt ist ohne die starken, modern ausgestatteten Eisbrecher nicht denkbar. Dank der finnischen Eisbrecherflotte bleiben die Häfen der Südküste während des ganzen Winters offen.

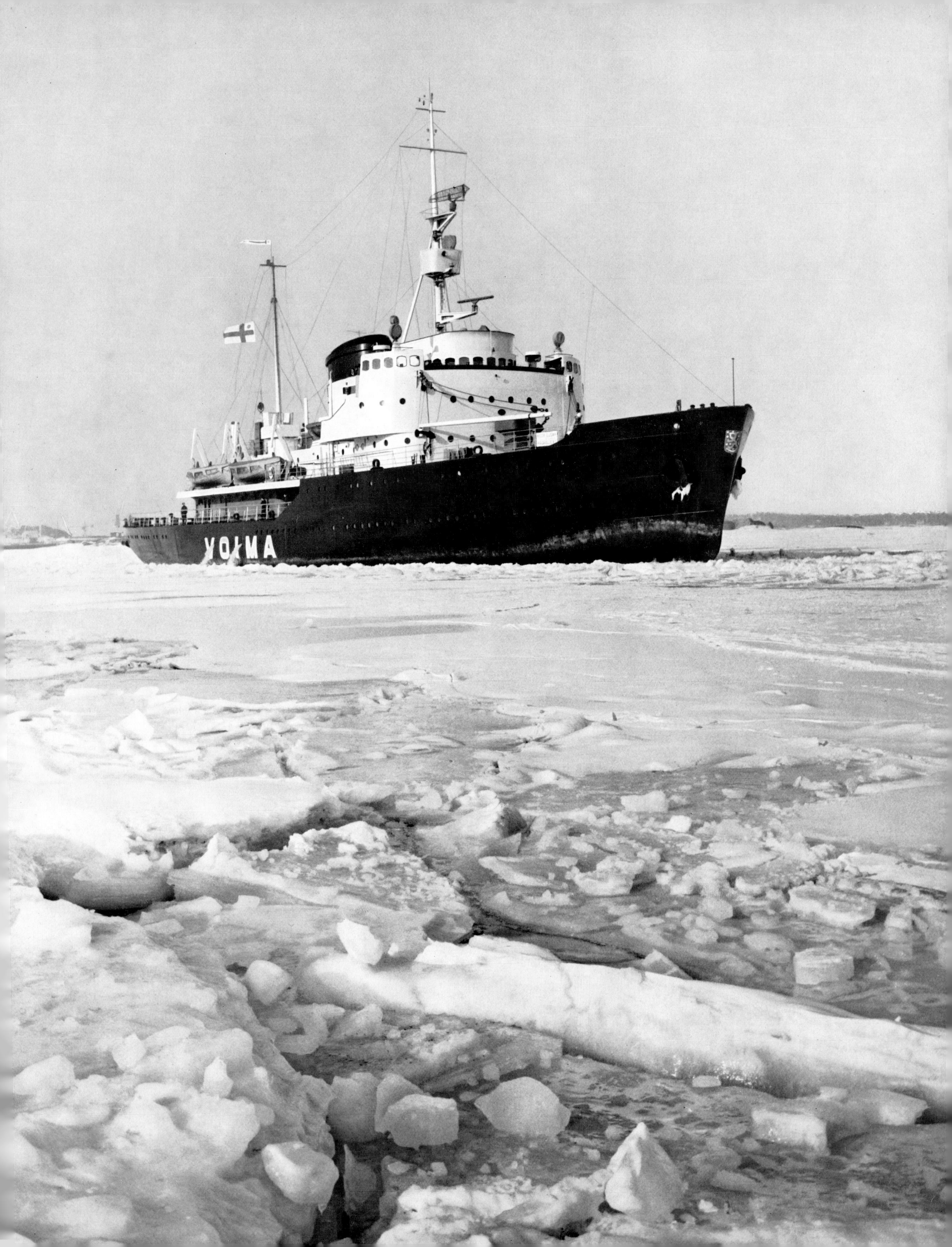
VOIMA

103 Moderne Diesel-Expresszüge mit dem Luxus der TEE-Züge verbinden die Hauptstadt mit den wichtigsten Zentren Finnlands. Die Geleise der finnischen Bahnen haben die russische Breitspur von 1524 mm (Normalspur 1435 mm).

KIITOJUNA
EXPRESSTÅG
LAHTI - KOUVOLA
SAVONLINNA
PIEKSÄMÄKI
KUOPIO
JOENSUU
15 30
RAIDE
SPÅR
3

104 Eine Maschine der «Finnair» auf dem Flug von Rovaniemi
nach Ivalo, dem nördlichsten Flugplatz des Landes.
Blick auf die Tunturis des Kaunispää.

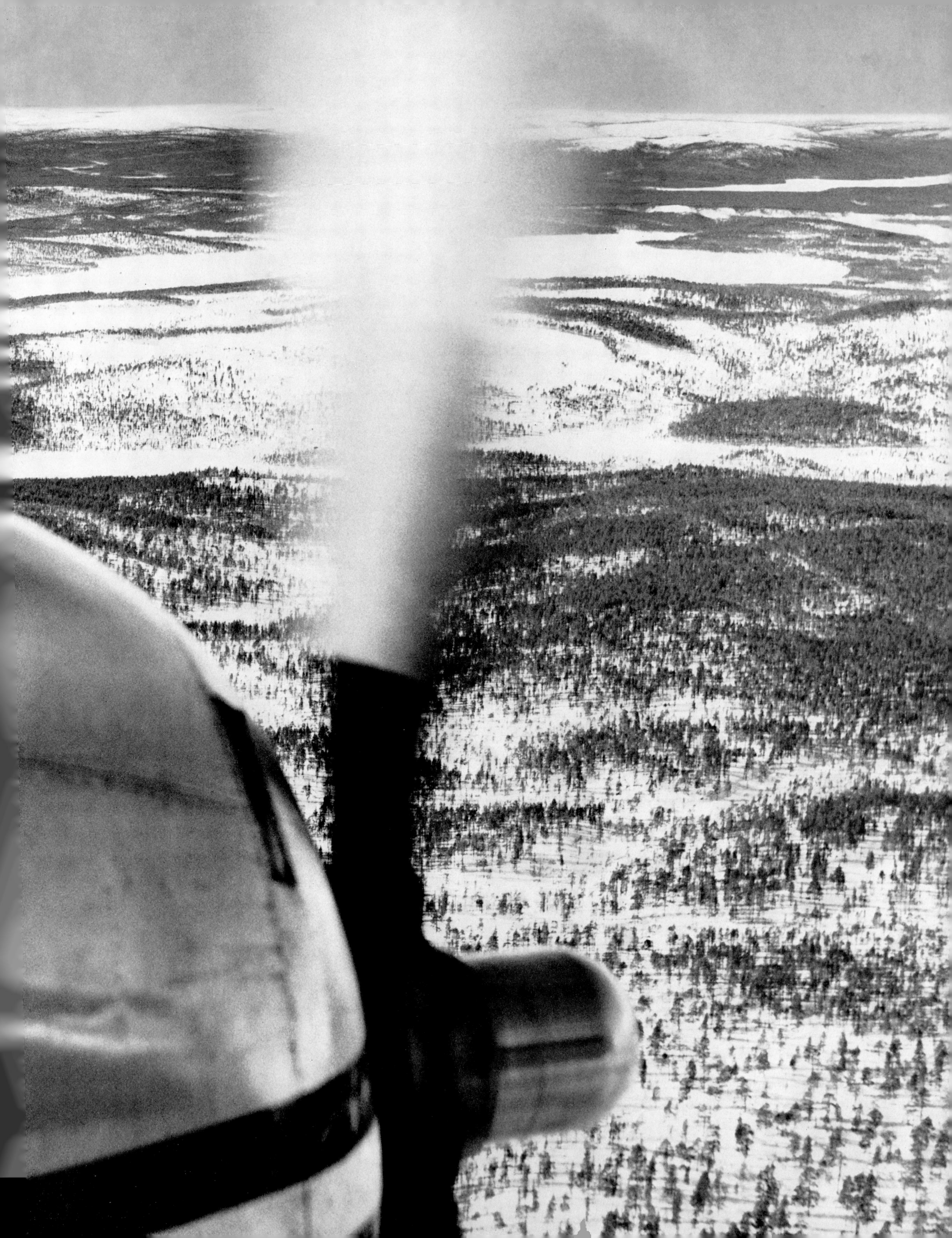

105 und 105a Die finnische Fluggesellschaft Finnair verfügt
auch über modernste Flugzeugtypen (ab 1975: u.a. DC-10).
In keinem andern Land Europas ist das Flugzeug zu einem
so wichtigen und vielbenutzten Verkehrsmittel geworden
wie in Finnland. Alle grösseren Städte haben eigene
Flugplätze.

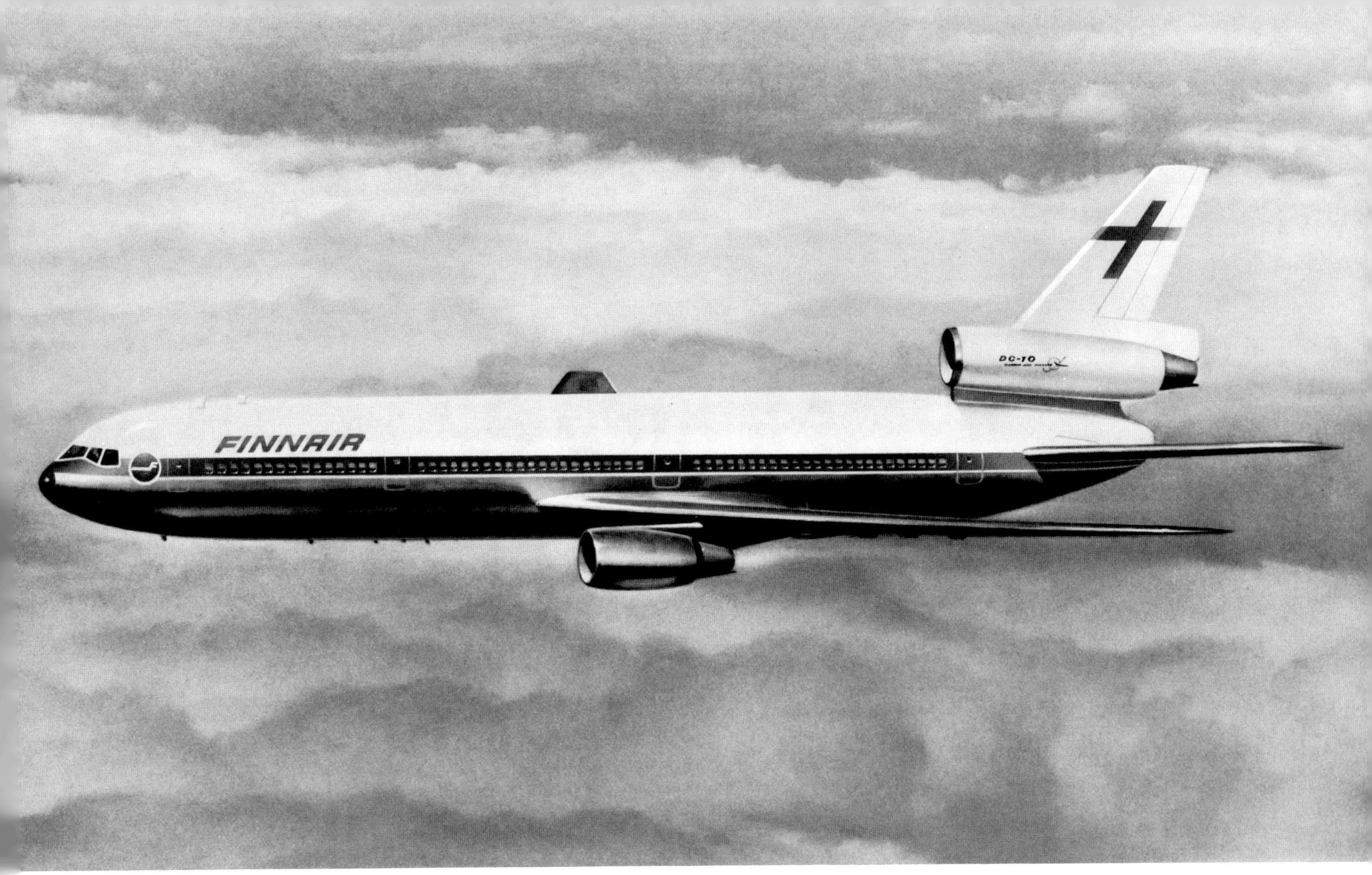
FINNAIR
DC-10

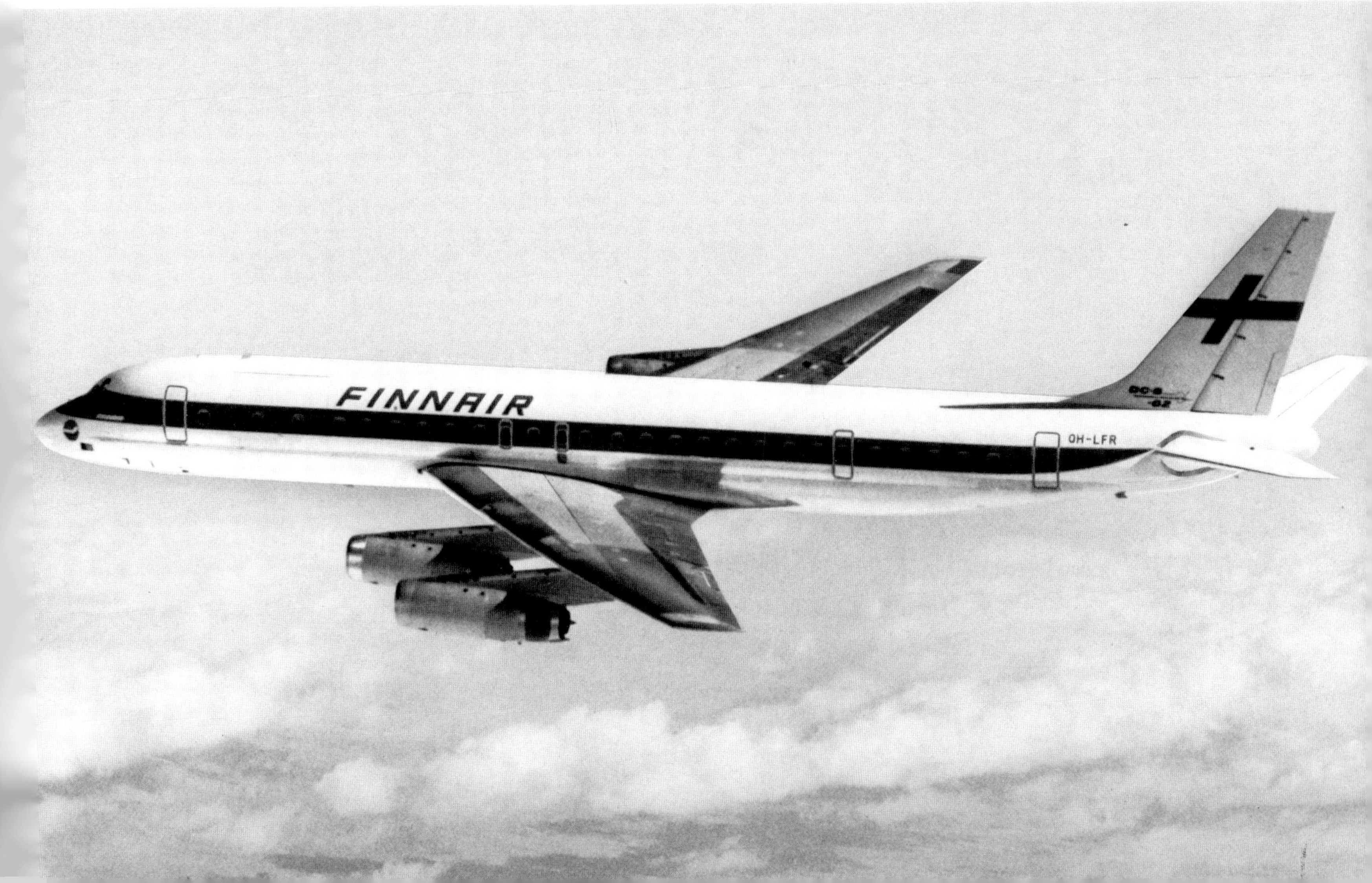
FINNAIR
OH-LFR

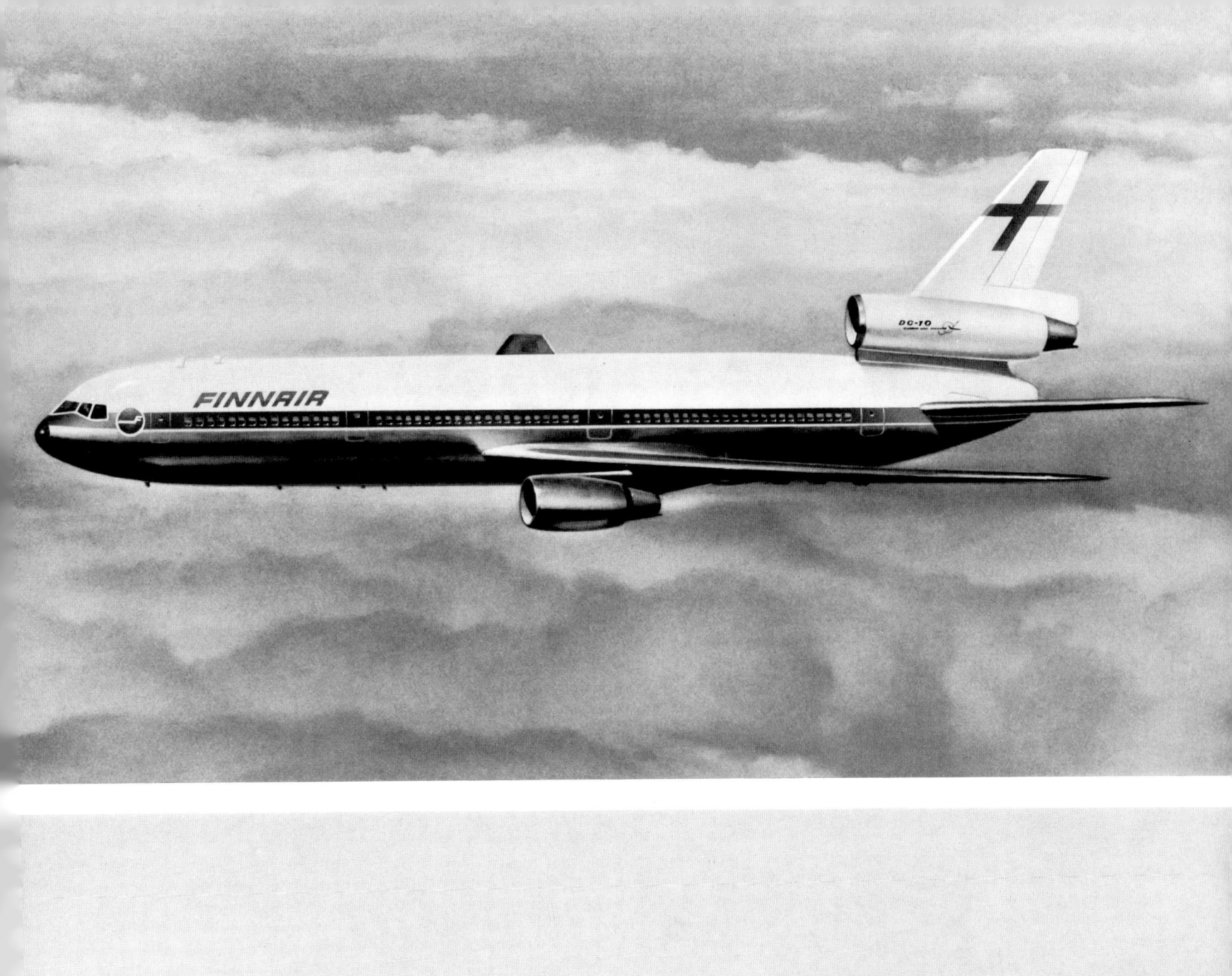

106 Die elegante Strassenbrücke bei Parainen.

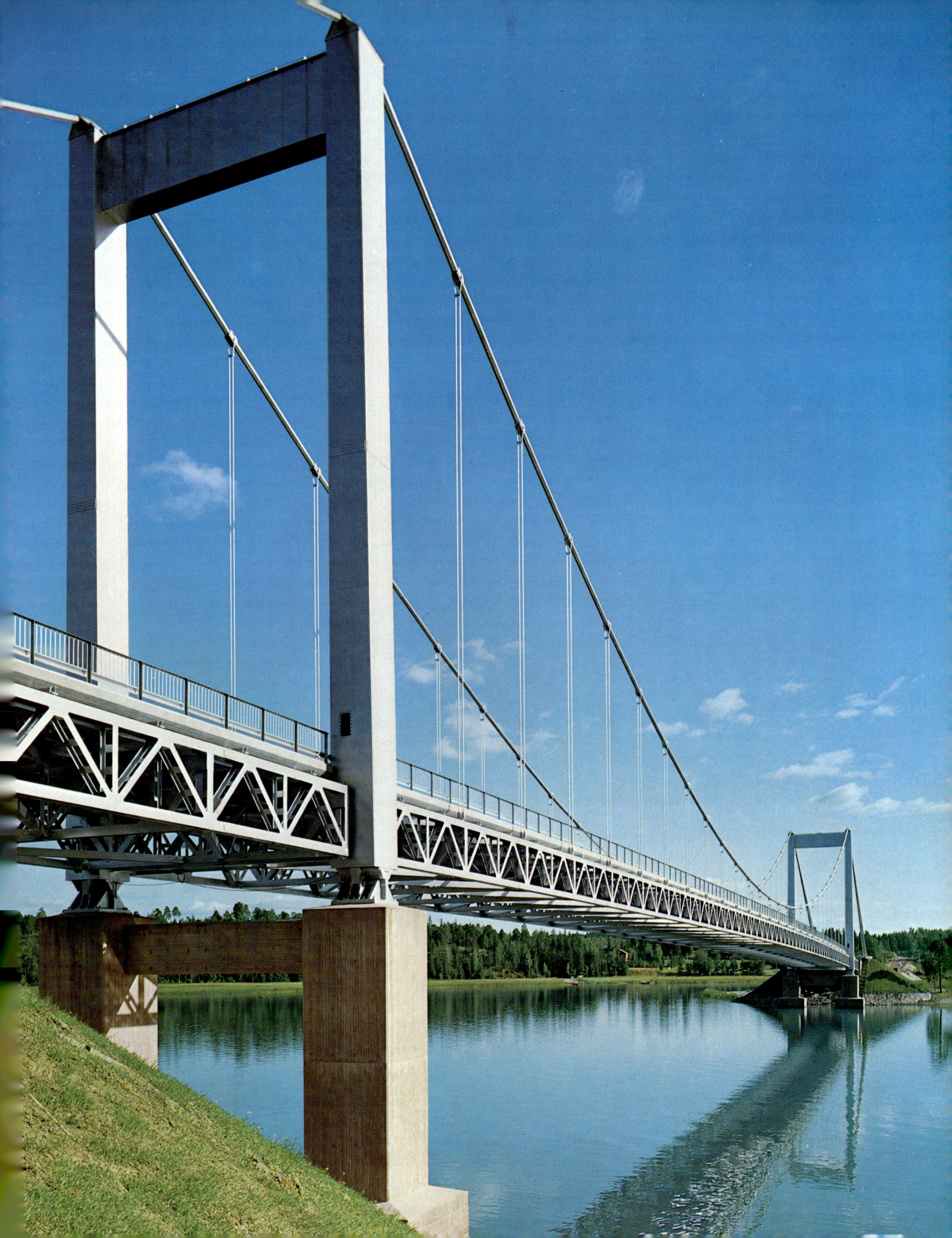

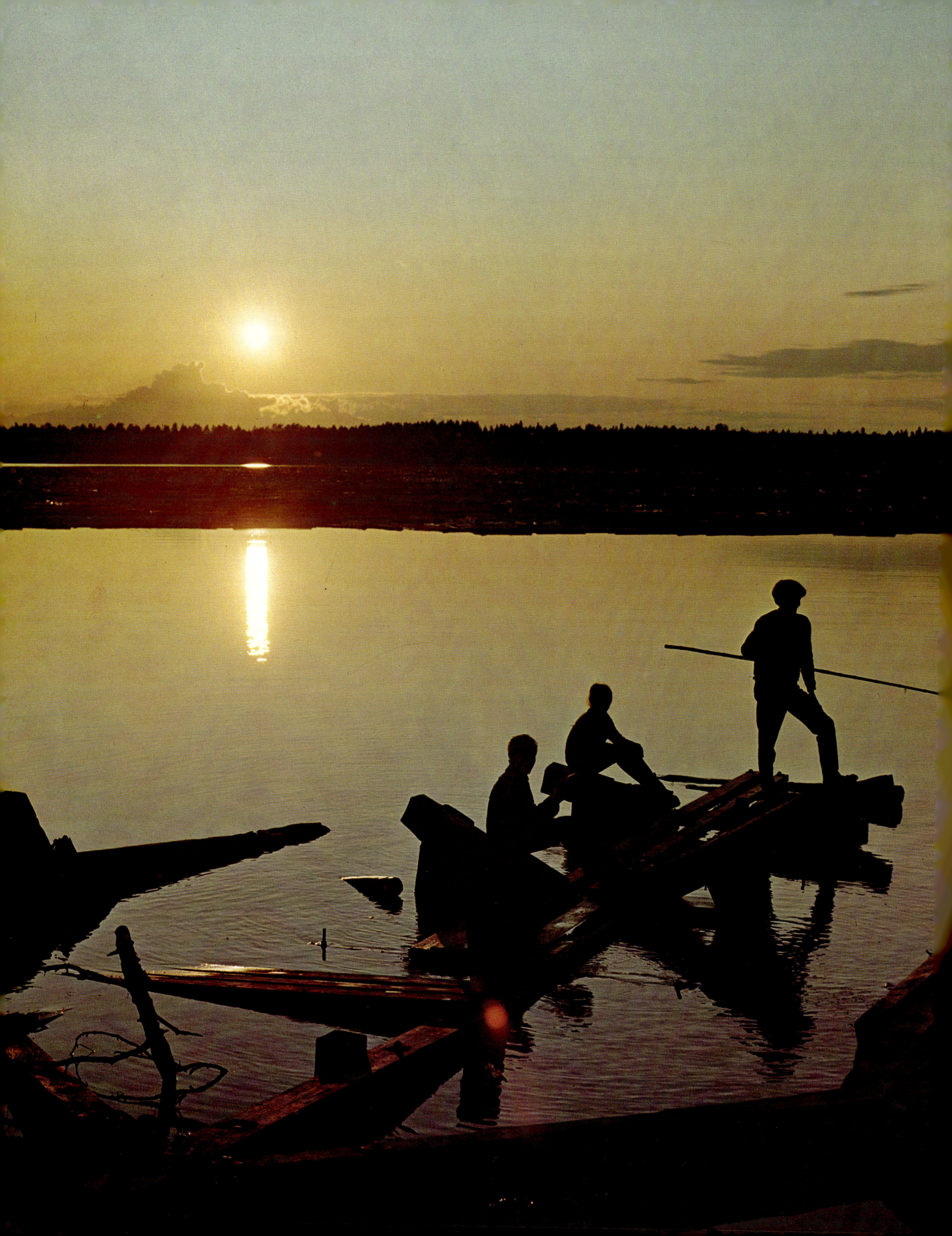

107 Mitternachtssonne an der Einmündung des Kemijoki.

108 Zur alljährlichen Wintersportwoche in Lahti kommen Sportler und Zuschauer aus allen Ländern Europas.

109 Olympiasieger von morgen.

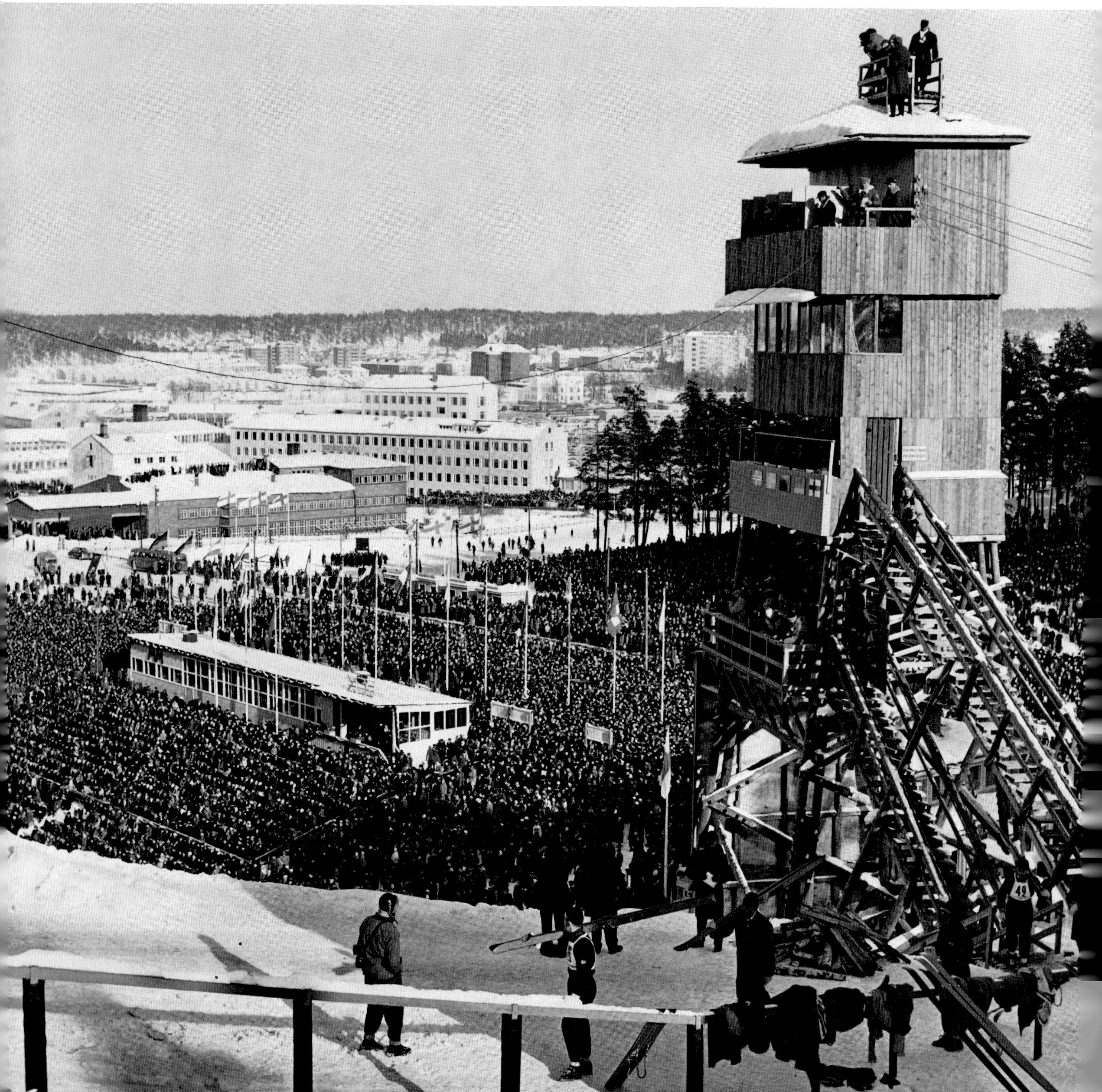

108

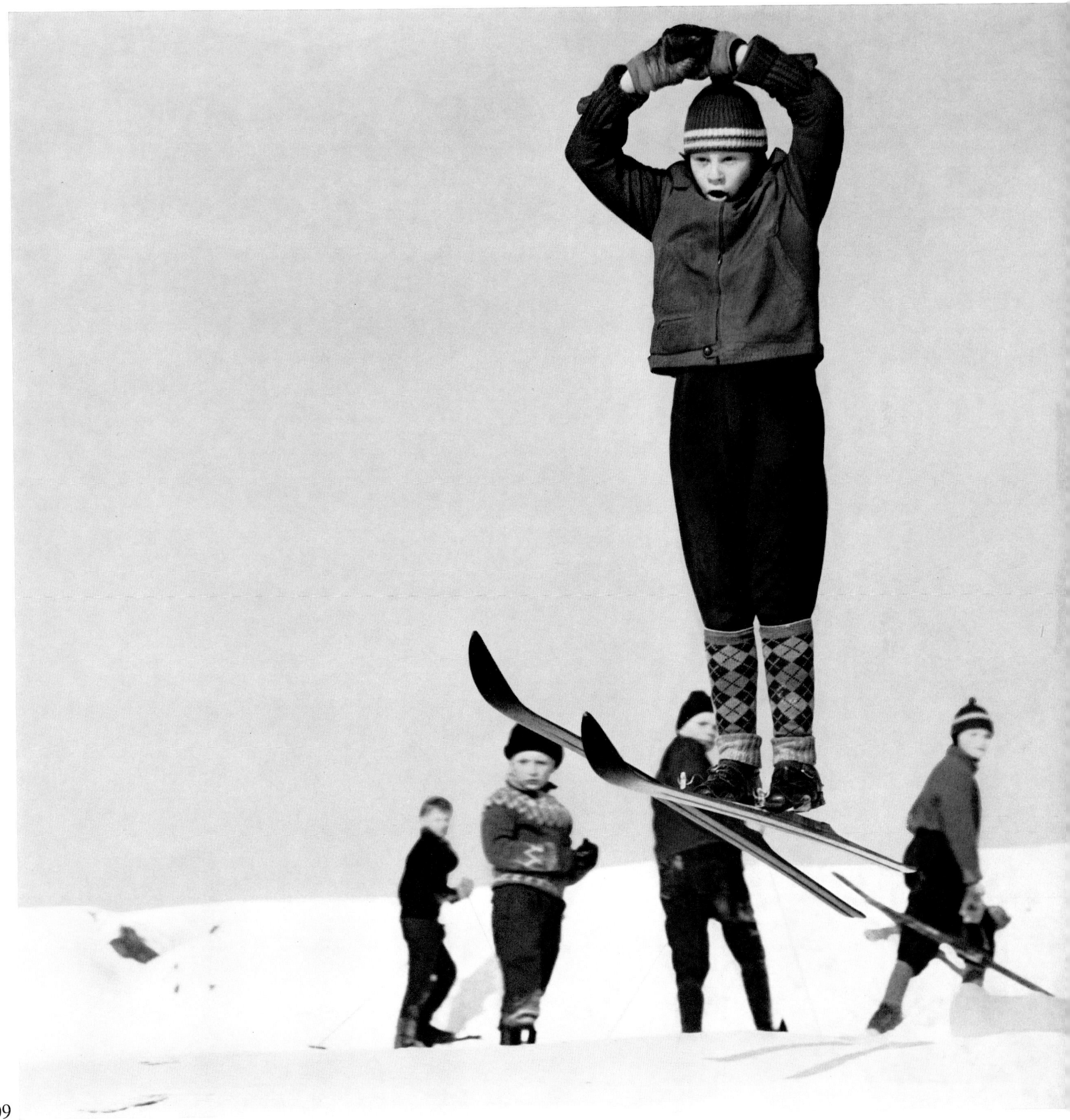

109

110 Das Baden in den eisigen winterlichen Gewässern ist in Finnland in den letzten Jahren als Abhärtung und Vorbeugen gegen Krankheiten grosse Mode geworden.

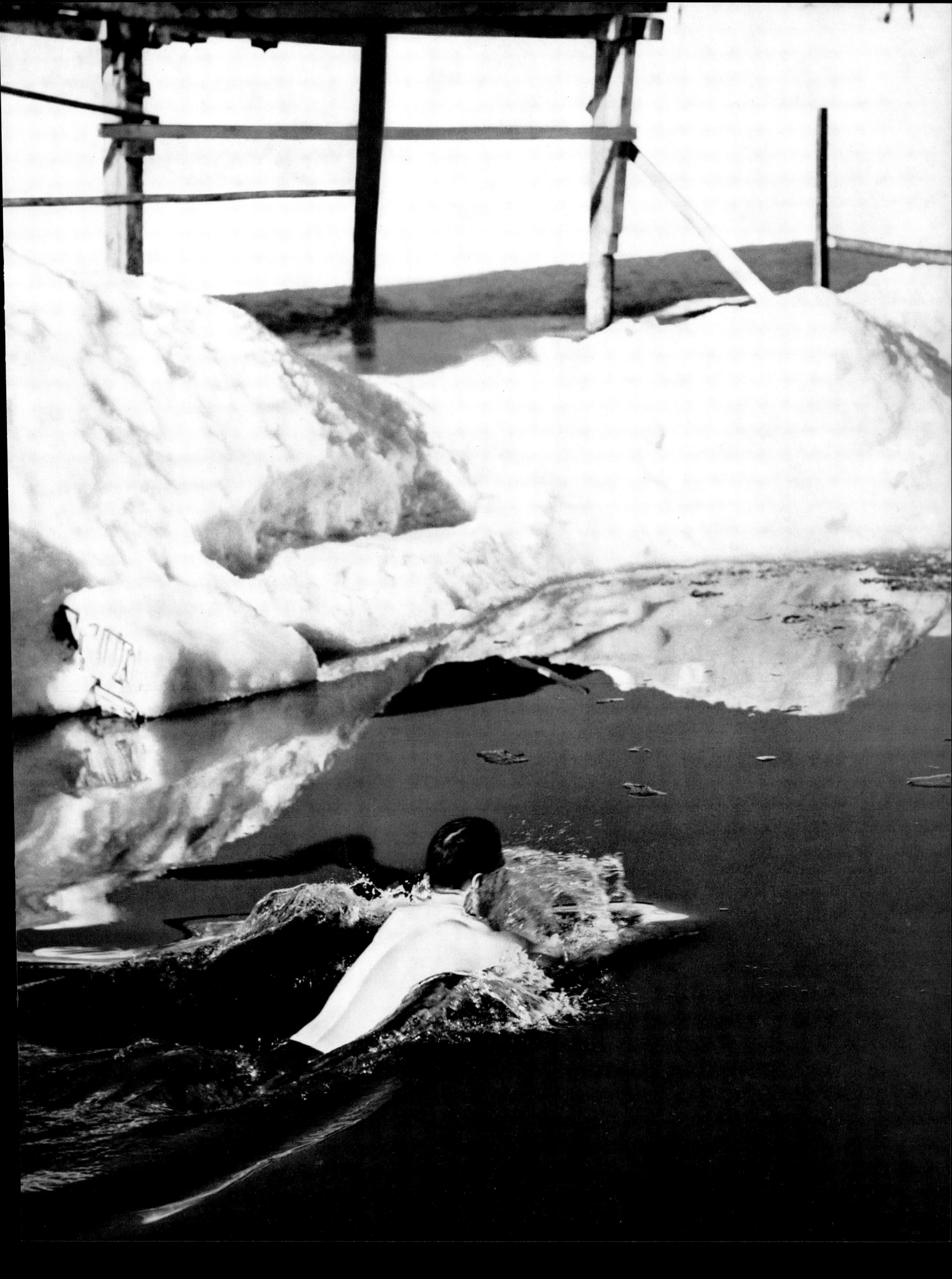

111 Auf dem Pausenplatz einer Volksschule.

112 Rentiere im Dienst der Armee.

112a Die finnischen Soldaten werden auch für den Einsatz im Winter ausgebildet. Eine Patrouille finnischer Skisoldaten.

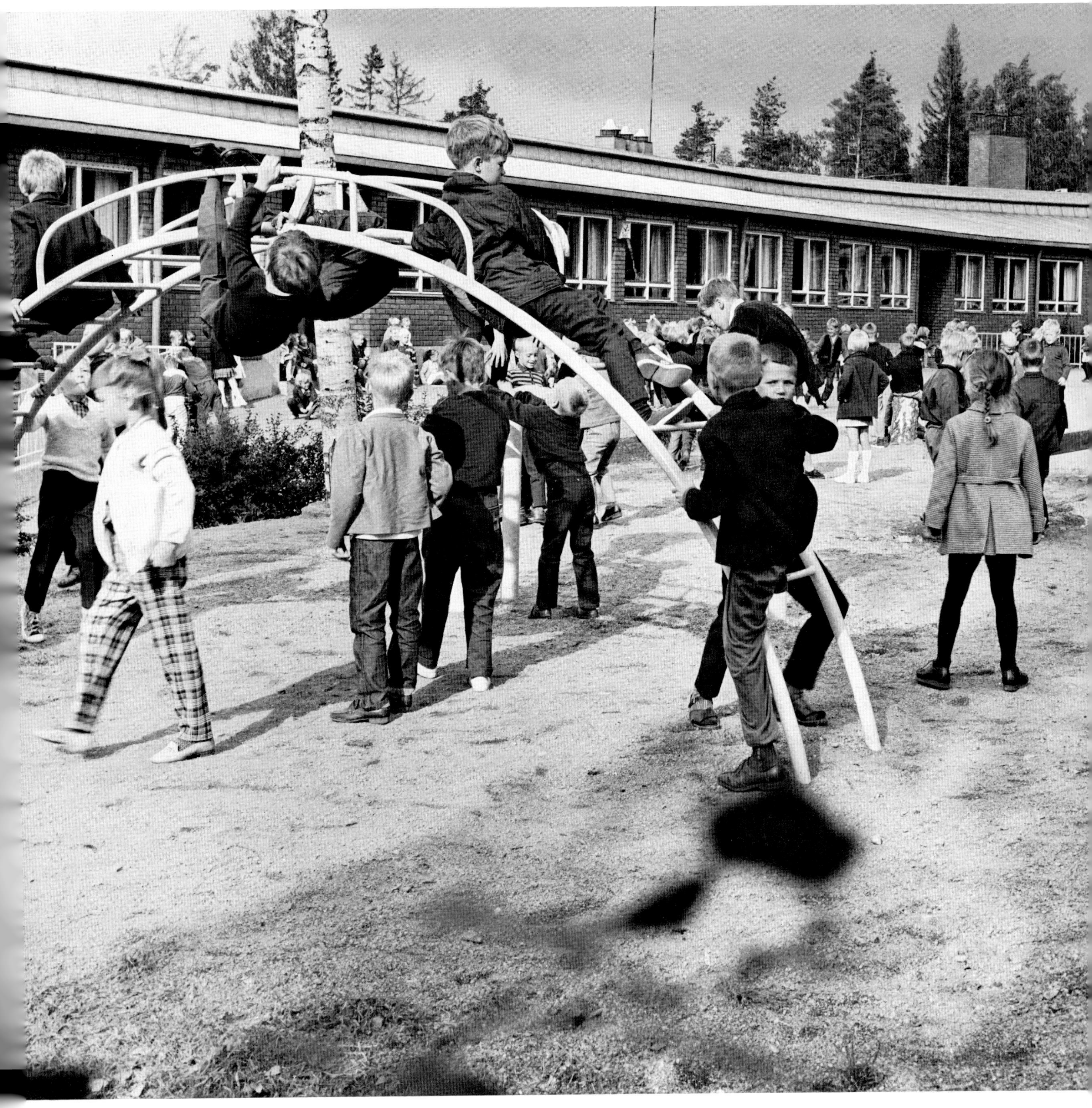

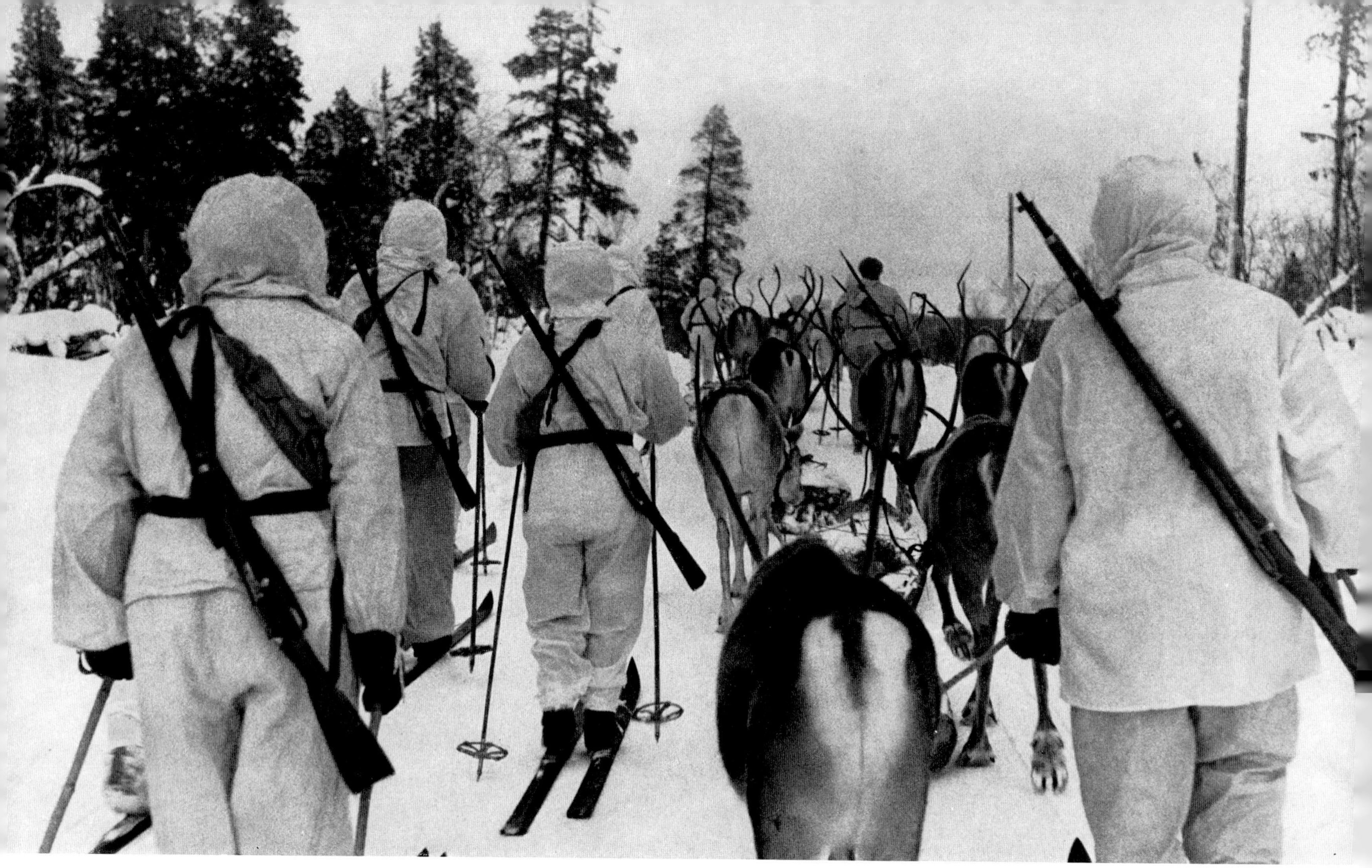

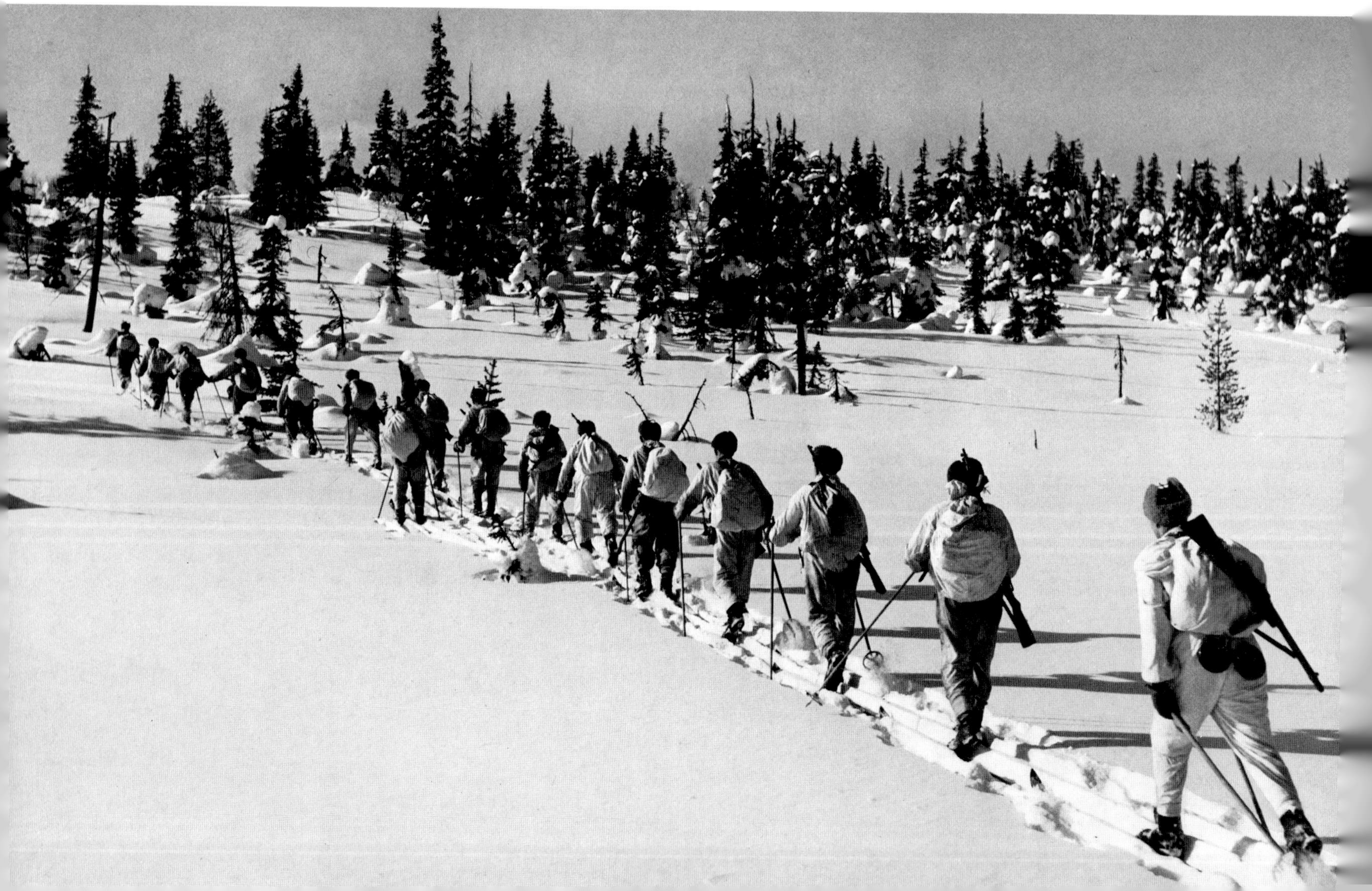

Die finnische Armee

Vergangenheit und Gegenwart

Bis zum Jahre 1809 gehörte Finnland als gleichberechtigter Teil zum schwedischen Reich, und die finnischen Truppen bildeten einen Bestandteil der schwedischen Streitkräfte. Die «schwedische Zeit» nahm ihren Anfang in der Mitte des 12. Jahrhunderts, als der schwedische König Erik einen Kreuzzug nach Finnland durchführte. Dieses Unternehmen kann als Beginn des Eindringens der westlichen Kultur in Finnland – unter Führung der römisch-katholischen Kirche – bezeichnet werden. Bald danach wurde in Finnland ein Bistum gegründet. Durch weitere Kreuzzüge dehnte dieses Bistum seinen Einfluss nach Osten aus und geriet damit in Konflikt mit der mächtigen Stadt Nowgorod, die ihrerseits danach strebte, ihren Herrschaftsbereich nach Westen auszubreiten, verbunden mit der Missionstätigkeit der griechisch-orthodoxen Kirche. Damit begannen die über Jahrhunderte sich erstreckenden Kämpfe zwischen dem Westen und dem Osten, teils waren es Glaubenskämpfe, teils machtpolitische kriegerische Auseinandersetzungen. Die Hauptlast dieser Kämpfe hatten die finnischen Truppen zu tragen, und es entstand eine tief im Bewusstsein der Finnen verankerte kriegerische Tradition. Wer denkt dabei nicht an die Kämpfe der finnischen Armeen zur Verteidigung ihrer Heimat während des Zweiten Weltkrieges!

Als im 17. Jahrhundert das schwedische Heer die Grossmachtstellung erkämpfte, waren es oft seine finnischen Truppen, die siegreich die Schlachten entschieden, vorab die gefürchteten finnischen Reiter, die nach ihrem Schlachtruf «Hakkaa päälle!» (Hau zu!) Hakkapeliter genannt wurden. Als Beispiel sei die Schlacht bei Breitenfeld im Jahre 1631 erwähnt, in der die Hakkapeliter die kaiserlichen Pappenheimer Reiter, eine besonders tüchtige Truppe, in die Flucht schlugen. In jener Zeit, wie auch später noch, wurde das reguläre Heer unter den Bauern rekrutiert, wobei je 10 Bauern einen Fusssoldaten zu stellen hatten. Sie statteten als Gegenleistung für Steuervergünstigungen einen besonders tüchtigen Mann als Kavalleristen aus. Schon in den Kriegen jener Zeiten zeichnete sich der finnische Soldat durch sein unabhängiges Denken aus. Wohl war die Zeit der Grossmachtstellung Schweden-Finnlands ruhmreich, brachte aber besonders Finnland hohe Verluste. Anfangs des 18. Jahrhunderts wurden grosse Teile Finnlands durch die russischen Truppen verwüstet. Nach einem für Schweden-Finnland erneut unglücklich verlaufenen Kriege gegen Russland wurde Finnland im Jahre 1809 ein autonomes russisches Grossfürstentum. In den anschliessenden Jahren unterhielt Finnland kein eigenes Heer. Dies änderte sich jedoch bei Beginn des Krimkrieges, als Finnland ein an Zahl kleines aber tüchtiges Heer erhielt. Doch Ende des

19. Jahrhunderts wurde dieses im Zuge der rücksichtslosen Russifizierung wieder aufgelöst. Im Ersten Weltkrieg hofften weite Kreise Finnlands auf einen Sieg Deutschlands und im Zusammenhang damit auf die eigene Selbständigkeit. Um dieses Ziel zu erreichen, brauchte es jedoch eine eigene Armee. Deutschland erklärte sich bereit, junge Finnen militärisch zu schulen. Dies geschah vom Jahre 1916 an im Lager von Lockstedt in Schleswig-Holstein, wo rund 2000 freiwillige Finnen, die heimlich ihre Heimat verlassen hatten, im Preussischen Jägerbataillon 27 zusammengefasst und militärisch ausgebildet wurden. Im Freiheitskrieg Finnlands, der am 28. Januar 1918 unter dem Befehl von General C. G. Mannerheim begann, bildeten diese Jäger den Kern der finnischen «weissen» Bauernarmee. Später rückten einzelne dieser Jäger zu hohen militärischen Stellungen in der finnischen Armee auf, wie zum Beispiel die Generäle E. Heinrichs, A. Sihvo und K. L. Oesch. Mit teilweiser Unterstützung seitens der in Hanko im April 1918 gelandeten deutschen Truppen endete der Freiheitskrieg im Mai 1918 siegreich für die «Weissen». Anschliessend begann Finnland eine eigene Armee aufzubauen. Gleichzeitig wurden das Schutzkorps und die Frauenorganisation «Lotta Svärd» gegründet. Letztere wurde in vielen Hilfszweigen der Armee eingesetzt, unterstützte im Frieden das Schutzkorps bei seinen militärischen Übungen und konnte im Krieg den Dienst vieler Männer hinter der Front versehen und diese für den Frontdienst freimachen. Im Laufe der Jahre erreichte das aus Freiwilligen bestehende Schutzkorps einen Bestand von 100000 Mann und bildete vom Jahre 1932 an einen Teil der finnischen Armee. In den nachfolgenden Kriegen bewährte sich die «Lotta-Svärd»-Organisation in hohem Masse. Im Waffenstillstandsvertrag vom Spätherbst 1944 sowie im Friedensvertrag vom Jahre 1947 wurden beide Organisationen verboten.

Der besonderen Geländeverhältnisse wegen entwickelte die Armee ihre eigene Taktik der aktiven Verteidigung. Der kürzlich in den Ruhestand getretene Oberkommandierende der Armee, General S. Simelius, sagte bei einem Interview im Herbst 1962 unter anderm folgendes: «Was das Gelände betrifft, so bietet der Wald unsern Truppen einen guten Schutz. Für motorisierte Angreifer sind die Wälder, die Felsen, das Geröll und im Sommer die Sümpfe grosse Hindernisse. Ausserdem kann man sich für die Kleinkrieger kaum ein geeigneteres Terrain vorstellen als unübersichtliche Landschaften. Der Kleinkrieg ist bei uns ein wesentlicher Bestandteil der Ausbildung aller Verteidigungszweige und Waffengattungen.» Im Jahre 1931 wurde General C. G. Mannerheim zum Vorsitzenden des Verteidigungsrates ernannt und konnte endlich seinen auf langjähriger Kriegserfahrung beruhenden Einfluss geltend machen. Die Ungunst der Zeit – wenige glaubten ernstlich an die Möglichkeit eines Krieges – verhinderte einen grosszügigen Aufbau der Armee. So musste Finnland den Winterkrieg mit viel zu wenig Waffen und Ausrüstungsgegenständen beginnen. In diesem «Krieg der 105 Tage» wie auch im «Fortsetzungskrieg 1941–1944» hatte die finnische Armee gegen einen zahlenmässig weit überlegenen Feind zu kämpfen. Dank der Tapferkeit der Soldaten und dem nie erlahmenden Angriffsgeist von Truppe und Führung gelang es den Finnen, die feindlichen, die Heimat bedrohenden Angriffe abzuwehren, allerdings unter Preisgabe weiter Gebiete im Osten. Im Anschluss an den «Fortsetzungskrieg» musste die finnische Armee die Forderung der Russen erfüllen und den Kampf gegen die aus Nordfinnland nach

Norwegen sich zurückziehenden deutschen Truppen aufnehmen. Dies war eine sehr harte Bedingung des Waffenstillstandsvertrages. Die deutschen Truppen führten in Finnisch-Lappland die Rückzugsstrategie der «verbrannten Erde» durch. Der Zerstörungsgrad des Hauptortes Lapplands, Rovaniemi, betrug 87 Prozent, von ganz Finnisch-Lappland 36 Prozent. Die Verluste der Finnen in diesen 3 Kriegen waren sehr hoch. Sie betrugen 85 000 Gefallene und über 200 000 Verwundete, das heisst etwa 7 Prozent der Gesamtbevölkerung. Im Frieden von Paris im Herbst 1947 wurde bestimmt, dass der Bestand des Heeres 34 400 Mann, der Marine 4500 Mann und 10 000 t Schiffsraum und der Luftwaffe 3000 Mann und 60 Kampfflugzeuge nicht überschreiten dürfe. Die Beschaffung von Offensivwaffen wurde verboten. Infolge der wirtschaftlichen Schwierigkeiten nach den Kriegen war es in den ersten Jahren nicht möglich, die Armee mit modernen Waffen auszurüsten. Erst in den fünfziger Jahren konnte dieser Mangel behoben werden. Die Hauptaufgabe der finnischen Armee besteht darin, die Neutralität des Landes zu garantieren, indem sie jeden Angreifer wirksam zu bekämpfen hat. Ihr Aufbau ist zur Zeit der folgende: An der Spitze steht der Staatspräsident als Oberbefehlshaber. Ihm untersteht direkt der Oberkommandierende, der selbst Mitglied des Nationalen Verteidigungsrates ist, in welchem der Ministerpräsident den Vorsitz führt. Im Hinblick auf die totale Verteidigung des Landes wurde im Jahre 1966 eine territoriale Organisation geschaffen, wobei das Land in 7 Militärbezirke eingeteilt wurde. Jeder Militärbezirk umfasst alle Waffengattungen des Heeres.

Das *Heer* gliedert sich einerseits in 6 Brigaden mit den Waffengattungen Infanterie, Feldartillerie, Pioniere und Übermittlungstruppen und in weitere nicht in Brigaden zusammengefasste Truppen, von denen Panzertruppen, Küstenartillerie und Fliegerabwehrtruppen erwähnt seien. – Die *Marine* besitzt 1 Marinegeschwader, 2 Flottenstützpunkte und 1 Seekriegsschule. – Die *Luftwaffe* umfasst 3 Geschwader, 1 Fernmeldebataillon, 1 Luftwaffendepot und 1 Luftkriegsschule. – Der *Grenzschutz* untersteht dem Innenministerium. Die Ausbildung seiner Offiziere und Unteroffiziere übernimmt die Armee. Er gliedert sich in Grenzbereichsverbände, in Küstenbereichsverbände und besitzt 1 Grenzschutzschule und 1 Küstenwachtschule.

In Finnland besteht die allgemeine Militärdienstpflicht. Jeder Rekrut hat 8 Monate Dienst zu leisten, die Unteroffiziers- und Offiziersanwärter sowie das technische Personal zusätzlich noch 3 Monate, wobei die angehenden Reserveoffiziere ihre Ausbildung in besonderen Kriegsschulen erhalten. Die aktiven Offiziere haben vor ihrer Spezialausbildung den Reserveoffiziersgrad zu erreichen und werden erst dann in den zweieinhalb Jahre dauernden Kurs der Kadettenschule, der Seekriegsschule oder der Luftkriegsschule einberufen. Die Armee besitzt ausserdem eine Kriegshochschule, die von aktiven Offizieren nach Erreichung des Hauptmannsgrades freiwillig besucht werden kann. Die Kurse in der Kriegshochschule dauern 2–3 Jahre. Diese kurze Übersicht möge zeigen, dass die Gliederung der finnischen Armee den neuzeitlichen Forderungen angepasst ist. Die finnische Armee fühlt sich ihrer jahrhundertealten Tradition verpflichtet. Sie ist heute mit modernen Waffen ausgerüstet und in der Lage, ihre Hauptaufgabe, den Schutz der Neutralität, zu erfüllen.

Sport als Lebensbedürfnis

Finnland hat von 1906 bis 1972 an den Olympischen Spielen 112 Gold-, 109 Silber- und 117 Bronzemedaillen gewonnen – eine grosse Zahl, wenn man bedenkt, dass dieses Land nur rund 4,7 Millionen Einwohner zählt. Der Sport ist in Finnland nicht nur die Angelegenheit einer kleinen Elitegruppe, im Gegenteil, für eine grosse Zahl von Finnen ist er geradezu eine Lebensgewohnheit. Vielleicht spielt der Sport im Leben des finnischen Volkes deshalb eine so wichtige Rolle, weil er sich früher und zum Teil heute noch für die Ausübung verschiedener Berufe vorteilhaft auswirkte. Man stelle sich zum Beispiel die Holzflösser auf den reissenden Fluten vor, die mit eleganten Sprüngen von Stamm zu Stamm übersetzen, oder die Waldarbeiter, die früher auf den Skiern oft meilenweite Strecken durch verschneite Wälder zurücklegten, um zu ihren Arbeitsplätzen zu gelangen. Auch Jagen und Fischen sind sportliche Berufe. Sicher hat sich die hohe körperliche Leistungsfähigkeit der finnischen Soldaten auch in den vielen Kriegen positiv ausgewirkt. Die meisten Finnen treiben nicht in erster Linie Sport, um an Wettkämpfen Preise zu gewinnen, sondern aus einem vererbten Naturtrieb heraus, um den Körper fit zu erhalten, um körperlich und seelisch gesund und leistungsfähig zu bleiben.
Kürzlich fragte ich eine finnische Freundin: «Seit wann fährst du eigentlich Ski?» – «Seit ich gehen kann», antwortete sie. «Als Kinder gingen wir mit den Skiern zur Schule, zum Einkaufen und sonntags auf die Familienspaziergänge.»
Der Sport ist in Finnland schon lange «gesellschaftsfähig». Kein Geringerer als Dr. Urho Kaleva Kekkonen, der gegenwärtige Staatspräsident von Finnland, war einst Landesmeister im Hochsprung; er brachte es auf die damals respektable Höhe von über 1,85 m. Heute ist er immer noch ein begeisterter Skilangläufer. Der «Wunderläufer aus Finnland», Paavo Nurmi, der in den zwanziger Jahren einen olympischen Sieg nach dem andern errang, wird mit der gleichen Wertschätzung wie Künstler, Wissenschafter und Staatsmänner zu den «berühmten Finnen» gezählt. Es wird als selbstverständlich erachtet, dass eine der bekanntesten Schöpfungen des grossen Bildhauers Wäinö Aaltonen ein Standbild des Läufers Paavo Nurmi ist. Nicht weniger stolz sind die Finnen auch auf ihren Turner Dr. Heikki Savolainen, der von 1928 bis 1952 bei allen Olympischen Spielen Medaillen gewann – das letztemal im Alter von 46 Jahren.
Der Sport findet in Finnland auch die verdiente Anerkennung und Unterstützung des Staates. Seit 1835 besteht an der Universität Helsinki ein Institut für Leibesübungen, und seither sind in verschiedenen Gegenden des Landes Sportschulen eröffnet worden, so auch 1931 diejenige von Vierumäki, die eine der modernsten und besteingerichtetsten der ganzen Welt ist.

Die aktive Beteiligung der Finnen an den verschiedenen Sportarten ist aus folgender Zusammenstellung aus dem Jahre 1967 ersichtlich:

Ballspiele	720 000 Personen	Schwimmen	110 000 Personen
Leichtathletik	375 000 Personen	Ringen und Boxen .	55 000 Personen
Skilauf	360 000 Personen	Eislaufen	35 000 Personen
Turnen	190 000 Personen	Radsport	29 000 Personen
Orientierungsläufe ..	140 000 Personen		

Auch Rudern, Schiessen und Kegeln sind beliebte Sportarten. Das beliebteste und weitverbreitetste Ballspiel heisst Pesäpallo, es ist ähnlich wie das amerikanische Baseball.
In Finnland gehören rund 602 706 Personen dem Finnischen Turn- und Sportverband und 321 449 dem Arbeiter-, Turn- und Sportverband an.
Da und dort hat der Sport sogar das Landschaftsbild geprägt. So ist zum Beispiel eines der Wahrzeichen von Helsinki der hohe, schlanke Turm des Olympischen Stadions. Überall im Lande trifft man grosszügig angelegte Sportanlagen, und besonders markante Erscheinungen sind vielerorts die hohen hölzernen Gerüste der Skisprungtürme.

Sporterziehung – Körperertüchtigung

Die Sporterziehung hat in Finnland in den letzten Jahren beachtliche Fortschritte erzielt. So haben beispielsweise die finnischen Sportverbände begonnen, auch dem individuellen Konditionstraining des einzelnen Staatsbürgers vermehrte Aufmerksamkeit zu schenken. Neben dem seit 1938 bestehenden Verband Suomen Latu (Finnlands Spur) sind allein seit 1960 vier Spezialverbände für Konditionstraining gegründet worden, denen über 1 000 000 Finnen angehören. Ausserdem befassen sich noch rund 70 Volksorganisationen mit der Verbreitung des Konditionstrainings unter der Bevölkerung.

Auch der Staat und die Gemeinden unterstützen diese Bemühungen in zunehmendem Masse. So ist es gelungen, breite Volksschichten für das individuelle Konditionstraining zu interessieren und zu begeistern. Zurzeit treibt nahezu ein Drittel des Volkes irgendeine Sportart. Sportfördernd waren in jüngster Zeit auch die vermehrte Freizeit, die längern Ferien, der höhere Lebensstandard sowie das Aufkommen neuer, ansprechender Trainingsmethoden. Man versucht mit wachsendem Erfolg in den Schulen, an höheren Lehranstalten und bei den Truppen Jugendliche und Erwachsene zur Ausübung eines individuell angepassten Trainings zu gewinnen.

Seit 1963 arbeiten die Spezialverbände für Konditionstraining in erfreulicher Weise zusammen. Ihr Ziel besteht darin, jedem Finnen zu fortwährendem, regelmässigem Körpertraining zu verhelfen, zu einem Training, das nach Alter, Geschlecht und physischer Konstitution angepasst und richtig dosiert ist. Ein Mittel, das zu diesem Ziel führen soll, sind die Veranstaltungen, die sie in jeder Jahreszeit gemeinsam organisieren.

Im Winter führen die Verbände Volksskiläufe durch. Jede Ortschaft hat hierfür mehrere Routen von ungefähr 10 km Länge abgesteckt. In den letzten Jahren haben jährlich über 1 000 000 Finnen an solchen Volksskiläufen teilgenommen. Ferner sind eine grosse Zahl Skiwanderungen von 20 bis 70 km Länge veranstaltet worden. Ungefähr 70 000 Personen, die an solchen Wanderungen mitgemacht haben, beteiligen sich jährlich an den Konditionsprüfungen für Skiwanderer.

In der «Frühlingskonditionssaison» werden folgende Trainingsarten ausgeführt: 5–10-km-Gehen, 1,5-km-Geländelauf oder 20-km-Radfahren. Im Jahre 1964, das in Finnland zum «Förderungsjahr für gesunde Lebensweise» (TEE = Terveiden Elämäntapojen Edistämisvuosi) proklamiert wurde, nahmen an den Frühjahrsveranstaltungen über 1 000 000 Finnen teil und haben insgesamt mehr als 7 000 000 «Leistungen» vollbracht. Zum Sommerprogramm gehört besonders das Volks- und Konditionsschwimmen mit Strecken von 100 bis 200 m. Während der 6 bis 8 Wochen dauernden «Herbstkonditionssaison» werden vor allem wieder Läufe ausgeführt. Ausser diesen jahreszeitlichen Aktionen organisieren die Spezialverbände Kurse für Trainingsleiter. Ferner bemühen sie sich, über Presse, Radio und Fernsehen die Bevölkerung über ihre Bestrebungen zu orientieren. Sie veröffentlichen Musterprogramme für bestimmte Übungen, erteilen Ausweise für Teilnehmer an Konditionswettkämpfen und setzen sich für geeignete Bewegungstherapie am Arbeitsplatz ein.

Die staatliche Förderung des Sportes ist Aufgabe des Erziehungsministeriums, dem eine spezielle Sport- und Jugenddienststelle untersteht. Die Arbeiten dieses Amtes werden vom Staatlichen Sportrat, dem Wissenschaftlichen Ausschuss für Bewegungssport sowie von verschiedenen Komitees unterstützt. Die Sportdienststelle sorgt für gerechte Verteilung von Subventionen und die Förderung des Baues von Sportanlagen. 1967 wurden für die Errichtung von Schwimmhallen, Sport- und Skizentren und Kegelhallen 6,8 Millionen Finnmark Beiträge ausgezahlt. Auch die Gemeinden und ihre kommunalen Sportausschüsse fördern aktiv den Bau von Sportanlagen. Es gibt in Finnland rund 1600 abgesteckte Langlaufbahnen mit einer Gesamtlänge von 13000 km, davon sind zahlreiche mit Beleuchtung ausgestattet. Obwohl man für das Konditionstraining möglichst die natürlichen Geländeformen ausnützen will, braucht es auch künstliche Anlagen. Beispielsweise sind gegenwärtig 30 neue Schwimmhallen geplant.

Das Konditionstraining hat in Finnland gute Zukunftsaussichten, denn den meisten Finnen genügt glücklicherweise das blosse Zuschauen beim Wettkampf nicht. Sie wollen persönlich ihre Kondition testen und verbessern und damit ihre Freizeit nützlich verbringen. Sogar dem Touristen kommen die Bestrebungen für das Konditionstraining zugute. Er findet markierte Wanderrouten, die einen vollen Naturgenuss bieten und zudem zu Sehenswürdigkeiten wie interessanten Bauten und historischen Denkstätten führen. Die verantwortlichen Instanzen versuchen immer mehr, die finnischen Familien für positive Feriengestaltung zu begeistern und zu gewinnen, damit sie durch Entspannung und sportliches Training neue Kräfte für den Alltag sammeln können.

113 Nordischer Urwald im Herbst in der Nähe von Kuusamo in Nordostfinnland.

114 Die Stadt Kuopio (53 756 Einwohner), vom Puijoberg aus gesehen. Typische Stadt der Finnischen Seenplatte, auf einer Landzunge am Kallavesi gelegen. Als Provinzzentrum, Industrie- und Touristenstadt hat Kuopio grosse Bedeutung.

115 Segelregatta in den Schären von Turku.

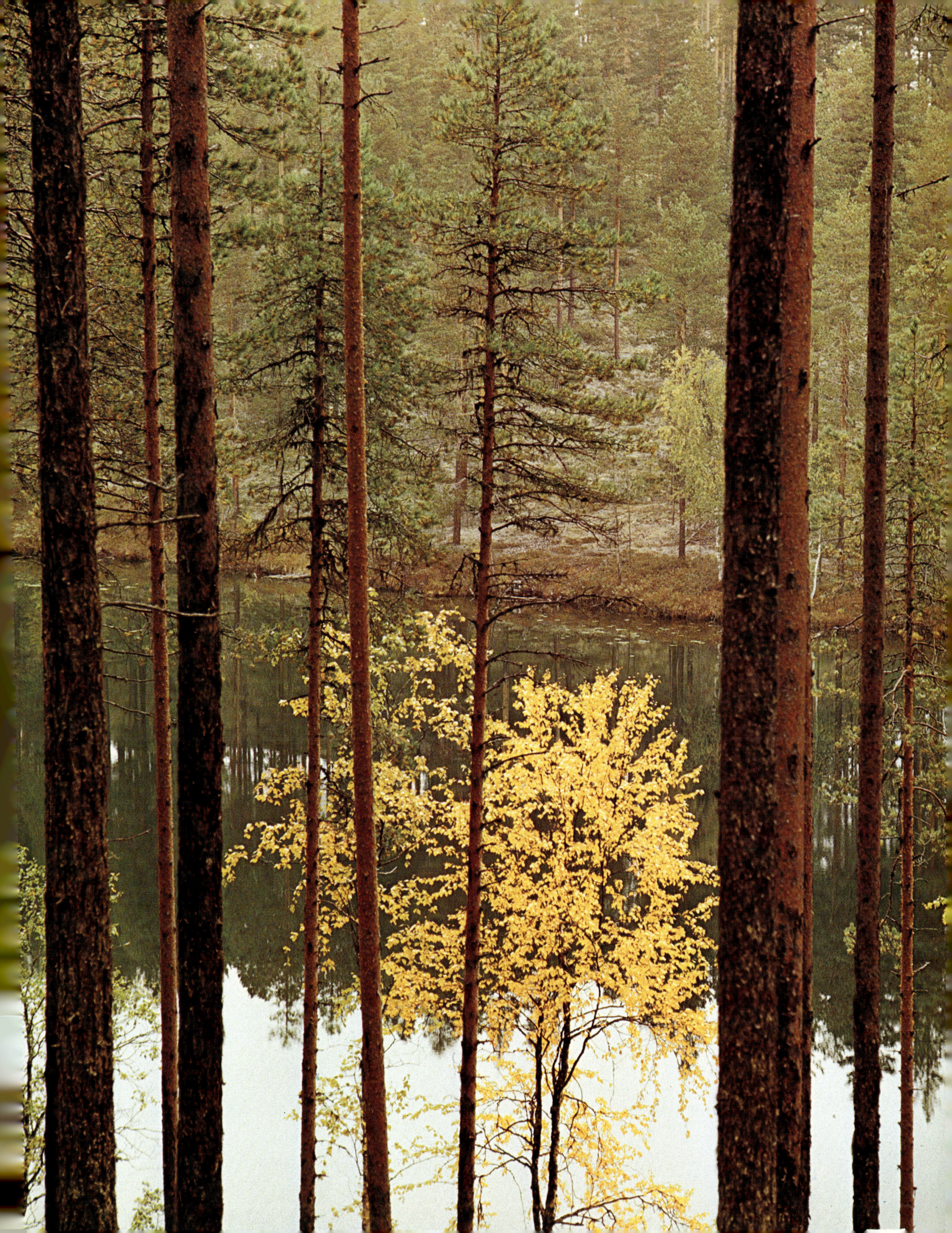

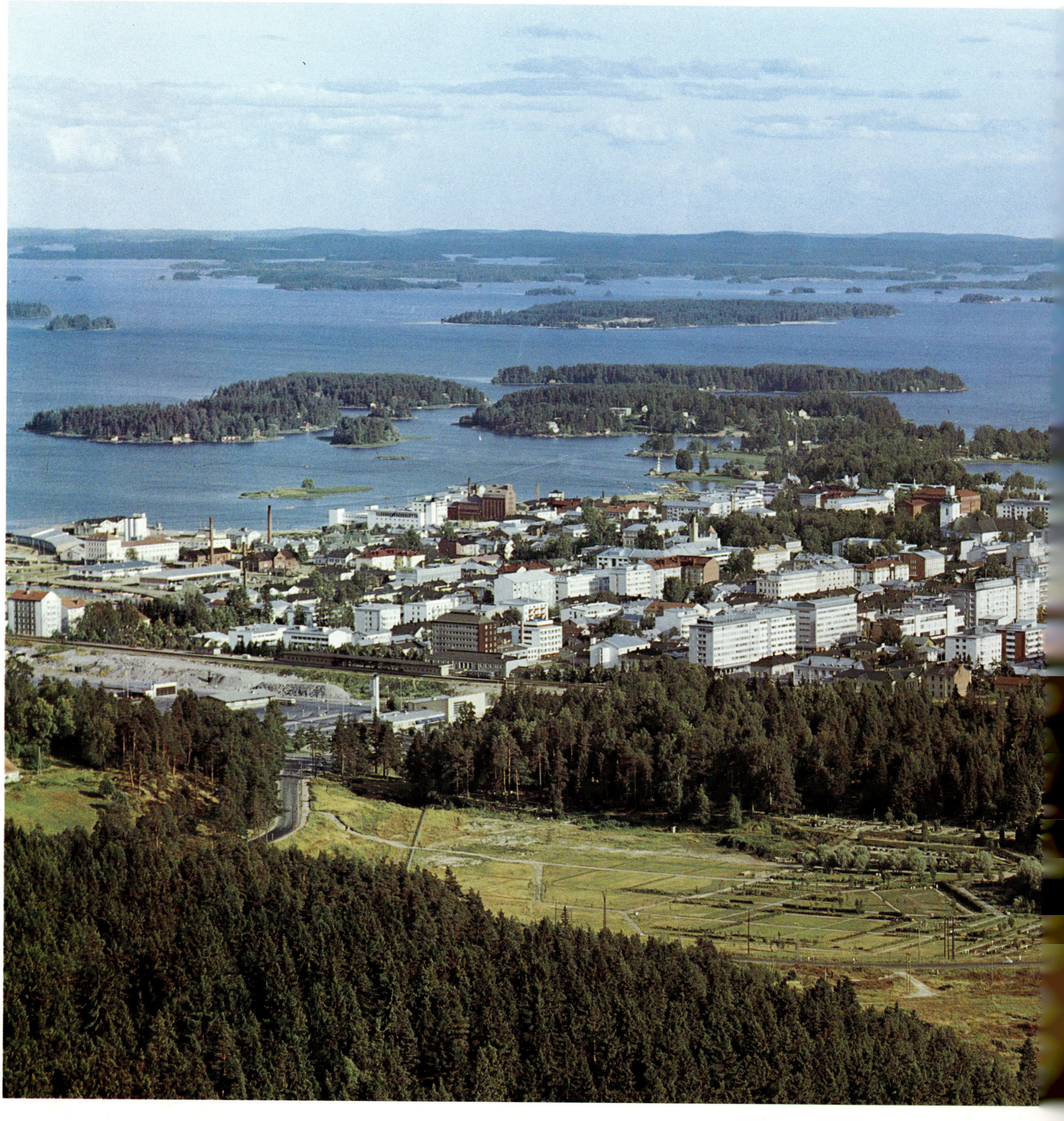

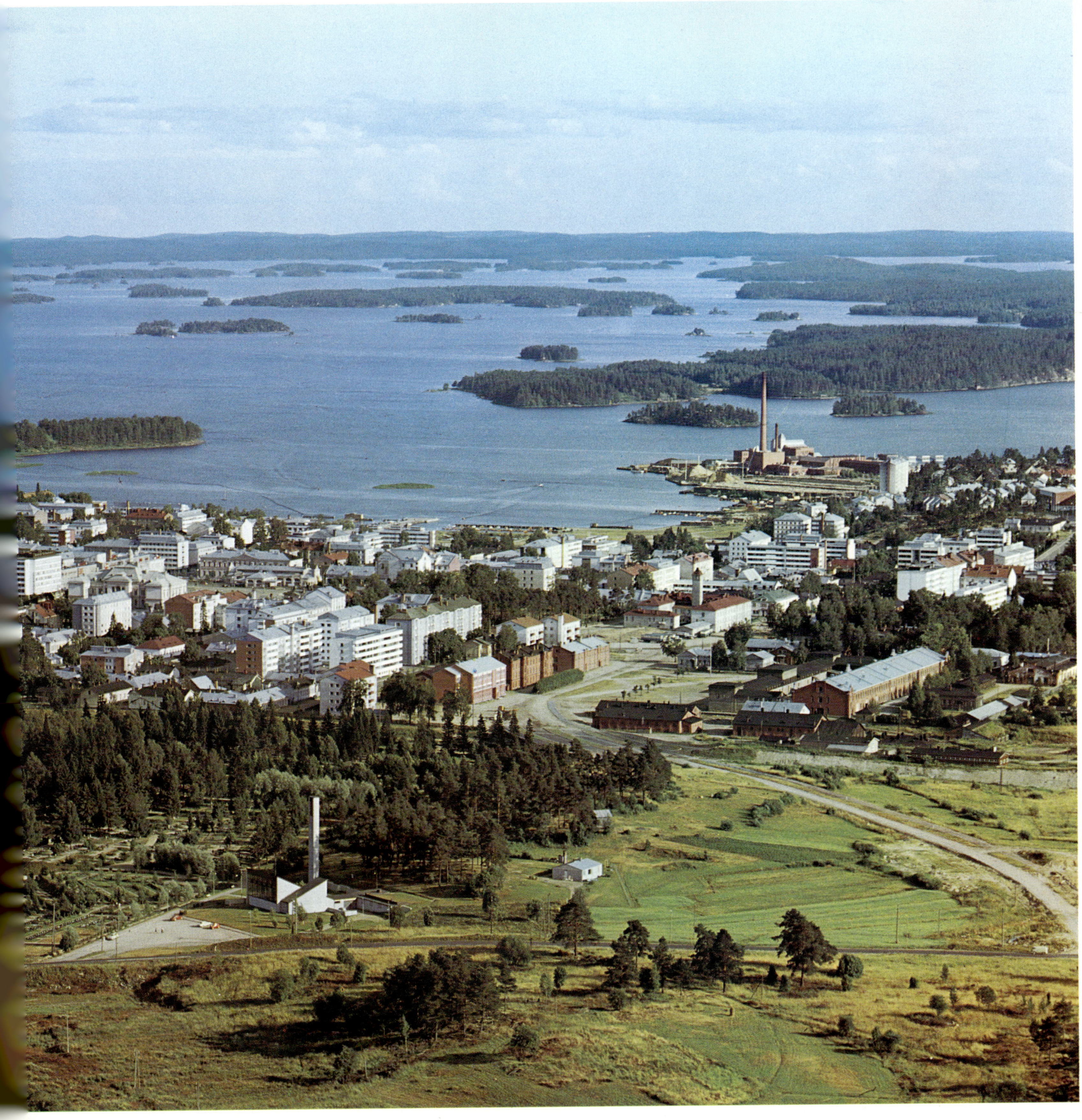

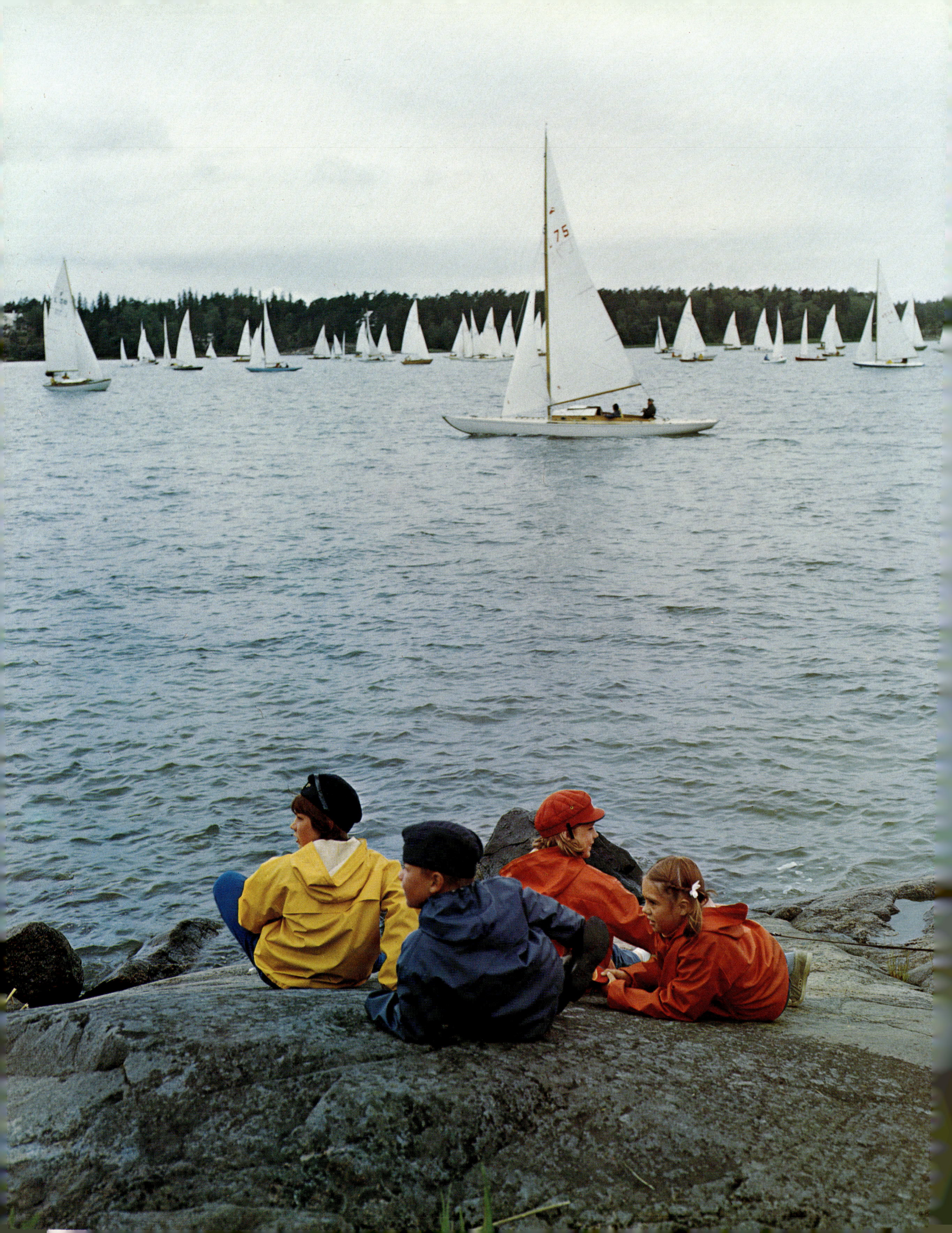

Wasser- und Landverkehr

Finnlands Lage ist ausgesprochen insular. Die Länge der finnischen Küste wird mit 1100 km angegeben; rechnet man jedoch alle Buchten mit, dann beträgt die gesamte Küstenlinie 4600 km. Diese wird umsäumt von rund 30000 Inseln. Die finnisch-russische Grenze misst 1646 km, sie zieht sich über mehr als 1000 km durch kaum besiedelte, unwegsame Wald- und Moorlandschaften. Nur im Süden zerschneidet sie ein wirtschaftlich, verkehrs- und siedlungsgeographisch wichtiges Gebiet. Die Grenzen gegen Schweden (536 km) und Norwegen (729 km) verlaufen grösstenteils durch abgelegene, gebirgige und fast menschenleere Wildnisse. Die Landgrenzen sind also mit wenig Ausnahmen abweisend und verkehrsarm, und vor dem Aufkommen des Luftverkehrs führten die bequemsten und raschesten Verbindungen mit dem Ausland – ohne Russland – über die Meere. Auch heute wickelt sich der finnische Aussenhandel zu 85 Prozent über den Seeweg ab. Allerdings hat der Verkehr auf dem Meer einen Nachteil: die Vereisung. Der einzige ganzjährige eisfreie Hafen, den Finnland besass – nämlich Petsamo am Nördlichen Eismeer – musste 1947 an die Sowjetunion abgetreten werden. An der Südküste dauert die Vereisung 3 Monate und an der Nordküste des Bottnischen Meerbusens sogar 7 Monate.

Die Meerschiffahrt

Demnach ist die Meerschiffahrt Suomis zu einem guten Teil auf die Eisbrecher angewiesen. Es ist darum verständlich, dass Finnland über die grösste und modernste Eisbrecherflotte Europas verfügt. Winter für Winter sorgt sie mit grossem Einsatz für offene Zufahrtswege nach der schwedischen, russischen und deutschen Küste. Die finnischen Eisbrecher gehören zu den stärksten und technisch führenden. Die reichen Erfahrungen auf dem Meer und in den Werften werden auch beim Bau von starken, eisbrechenden Fähren ausgewertet, die neben der Seetüchtigkeit dem Passagier den letzten Komfort bieten, wie behagliche Aufenthaltsräume, komfortable Kabinen, Kinos, Kindergärten und Saunas.

Eine leistungsfähige, selbständige Handelsflotte erhielt Finnland erst nach 1917, als es unabhängig war und der russische Markt wegfiel. Schon im folgenden Jahrzehnt unterhielt die finnische Flotte Liniendienste nach Nord- und Südamerika sowie dem Nahen Osten. Vor Ausbruch des Zweiten Weltkrieges stand Finnland hinsichtlich Schiffstonnage an neunter Stelle der schiffahrenden Nationen. Der Krieg legte auch die Meerschiffahrt praktisch still. 1945, als Finnland wieder die Verkehrserlaubnis erhielt, hatte es mit unvorstellbaren

Schwierigkeiten zu kämpfen, um den Schiffsverkehr wieder aufzunehmen, musste es doch 104 seiner neueren und besten Schiffe mit 82000 BRT – das waren 54 Prozent seiner Gesamttonnage – als Reparation an die Sowjetunion abtreten. Zudem mussten die finnischen Werften 508 neue Schiffe mit total 365000 BRT als Reparationsleistung für Russland bauen und die Lieferungen an die eigene Flotte zurückstellen. Trotzdem gelang es nach wenigen Jahren die früher betriebenen und neue Liniendienste aufzunehmen. 1951 verfügte die finnische Handelsflotte bereits über eine halbe Million und 1970 über 1371000 BRT. Von den Schiffen der finnischen Handelsflotte sind 77,1 Prozent Motor-, 22,5 Prozent Dampf- und nur noch 0,4 Prozent Segelschiffe mit Hilfsmotor. Interessant ist, dass der Import über einige wenige Häfen erfolgt, während der Export auf mehrere Hafenstädte verteilt ist.

Der prozentuale Anteil der wichtigsten Ein- und Ausfuhrhäfen am Aussenhandel im Jahre 1965 (nach Warenmenge) ist aus nachstehender Zusammenstellung ersichtlich.

Einfuhr		*Ausfuhr*	
Naantali	21,9%	Kotka	22,8%
Helsinki	20,9%	Hamina	15,4%
Kotka	9,8%	Pori	7,3%
Turku	8,0%	Kemi	6,8%
Rautaruukki	6,3%	Oulu	6,8%
	66,9%	Rauma	6,0%
			65,1%

Bis 1934 besass der Reeder Erikson in Mariehamn noch eine Flotte von 26 Tiefwasserseglern, welche weit über die Ostsee hinaus ihren Dienst versahen. Heute erinnert nur noch das stolze Segelschiff «Pommern», das im Hafen von Mariehamn als schwimmendes Museum dient, an die grosse Vergangenheit der Segelschiffahrt. Obschon auf allen Weltmeeren Schiffe unter finnischer Flagge fahren, haben die Fährschiffe, die Finnland mit den Gegenküsten verbinden, immer noch eine lebenswichtige Aufgabe zu erfüllen. Zu diesen Fährschiffen gehört auch die «Finlandia», die 1967 ihren Dienst aufgenommen hat. Sie ist mit 8168 BRT die grösste Autofähre der Welt und das grösste und modernste Passagierschiff im Ostseeverkehr.

Die Flussschiffahrt

Doch kehren wir von den Meeren zurück auf die Tausende von Seen Finnlands. Seit jeher dienten sie und die grösseren Flüsse als wichtige Verkehrswege. An verschiedenen Stellen kürzen künstliche Kanäle die Routen ab. So baute man zum Beispiel um die Mitte des letzten Jahrhunderts den Saimaa-Kanal, der den Saimaasee mit dem Finnischen Meerbusen verbindet und bei Viipuri in letzteren einmündet. Sowohl der Unterlauf des Flusses Vuoksi wie die südliche Strecke des Kanals gehören heute zur Sowjetunion.

Seitdem Finnland zum begehrten Ferienland geworden ist, herrscht auf den alten Schiffslinien der Seenplatte neues Leben. Die Motorschiffe der «Silberlinie» zwischen Hämeenlinna und Tampere und das Gleitflügelboot «Tehi» auf dem Päijännesee fahren durch die schönsten Landschaften Suomis und bieten den Fahrgästen Ruhe und Erholung. Und wer genügend Zeit und Sinn für Romantik hat, für den ist eine Fahrt mit den Dampferchen des Saimaasees, etwa mit der «Heinävesi», ein besonders schönes Erlebnis.

Bahn- und Busverkehr

Finnland besitzt nur zirka 6000 km Eisenbahnlinien. Da der Bau des Eisenbahnnetzes in der russischen Zeit begann, haben die Geleise die russische Spurweite von 1524 mm (Normalspur 1435 mm), das ist deshalb nicht so schwerwiegend, weil nur ein einziger Anschlusspunkt mit einem normalspurigen Netz besteht, nämlich in Tornio mit der Schwedischen Staatsbahn. Bis vor wenigen Jahren verkehrten noch auf einzelnen Strecken Dampflokomotiven, die mit Birkenholz geheizt wurden. Heute verbinden moderne Dieselexpresszüge, deren Standard demjenigen der TEE-Züge entspricht, die wichtigsten Städte.
Sehr dicht ist das Netz der Autobuslinien, denn der Busverkehr ist für das grosse, dünn besiedelte Land wichtig. Es gibt Linien, die von Helsinki bis nach Lappland hinaufführen. Addiert man alle Strecken, die die fahrplanmässig verkehrenden Busse in einem Jahr zurücklegen, so ergibt das die respektable Länge von 368 029 844 km oder mehr als 9000 Fahrten um die Erde!

Das Strassennetz

Da die 6000 km Eisenbahnlinien den Verkehr im 337 000 km² grossen Finnland nicht bewältigen können, spielen die Strassen eine immer grössere Rolle. Besonders seit dem Zweiten Weltkrieg sind enorme Anstrengungen unternommen worden, das Strassennetz auszubauen. Dieses besteht heute aus rund 33 000 km Haupt- und 70 000 km Nebenstrassen, die nicht nur zu allen Städten, sondern auch zu den entferntesten kleinen Ortschaften führen. Im Raume von Helsinki, Turku und Tampere sind bisher total 150 km Autobahnen errichtet worden, deren Verlängerung bevorsteht. Naturgemäss steigerte sich mit der Erweiterung des Strassennetzes auch der Individualverkehr. Nach dem Zweiten Weltkrieg waren in Finnland nur 35 000 Personenautos registriert – 1971 dagegen 753 000; dazu kommen 127 000 Lastautos. Damit steht auch Finnland vor den gleichen Verkehrsproblemen wie die übrigen westlichen Länder. In den grösseren Städten versucht man, durch Schaffung verkehrsfreier oder -armer Zonen, Einbahnstrassen, Beschränkung der Parkmöglichkeiten und Förderung des öffentlichen Verkehrs die Entwicklung im Interesse des Menschen zu lenken. In Helsinki entsteht zur Zeit ein hochleistungsfähiges Verkehrssystem, bestehend aus U- und S-Bahn mit Nebenzentren und guten Erschliessungslinien. – Noch hat der Verkehr in Finnland keine chaotischen Formen angenommen, und glücklicherweise gibt es wenige «verstopfte» Strassen, dagegen viele «freie» Strecken, auf denen man sozusagen allein die herrlichen Landschaften durchqueren kann.

Luftverkehr

Die Entwicklung

Ein eindrückliches Beispiel für den finnischen Unternehmungsgeist ist die Entwicklung des Luftverkehrs. Die finnische Fluggesellschaft kann auf eine relativ lange Tätigkeit zurückblicken. Die «Finnair» wurde 1923 gegründet – das selbständige Finnland war damals noch keine 6 Jahre alt. Sie ist somit eine der ältesten Fluggesellschaften der Welt. Das Anfangskapital betrug 500 Finnmark. Der Verkehr wurde zu Beginn des Jahres 1924 mit einer auf Kredit gekauften viersitzigen Junkers F-13, einem Wasserflugzeug, aufgenommen. Zu dieser Zeit zählte das Personal mit dem Piloten nur 5 Personen. Im ersten Jahr wurden 289 Fahrgäste mit der für die damaligen Verhältnisse riesigen Geschwindigkeit von 130 km/h zwischen dem Hafen von Helsinki, Tallin (Reval) und Stockholm transportiert. In den zwanziger Jahren besass Finnland keinen Landflughafen, und im Winter mussten die Schwimmer des Flugzeuges gegen Skis ausgewechselt werden für Starts und Landungen auf dem Eis. Allmählich wurden grössere Flugzeuge gekauft: Junkers G-24, De Havilland Dragon, Junkers JU 52, DC-2; gleichzeitig wurde das Streckennetz nach Mitteleuropa ausgedehnt. Schon in dieser Pionierzeit verschaffte sich die «Finnair» einen Namen, der für Zuverlässigkeit und Pünktlichkeit bürgte.
Der Zweite Weltkrieg schränkte den Auslandverkehr beträchtlich ein. Erwähnenswert aus dieser Zeit ist der Transport von 1500 Kindern nach dem neutralen Schweden. Nach dem Krieg wurde der Verkehr mit acht von der amerikanischen Armee gekauften DC-3 wieder aufgenommen.

Als erste Fluggesellschaft Europas setzte die «Finnair» in den fünfziger Jahren die Convair 440 Metropolitan und im Jahre 1965, wieder als erste, die Super-Caravelle-Jets ein, die bis 95 Passagiere aufnehmen können. Der Drang zur Perfektion und Zuverlässigkeit fordert im Flugwesen immer neues, modernes und konkurrenzfähiges Flugmaterial. In dieser Hinsicht hat der alte Pioniergeist der nationalen Fluggesellschaft Finnlands nicht nachgelassen. Die «Finnair» besitzt in Helsinki eigene Werften für die Überholung der Flugzeuge und der Motoren und übernimmt diese Arbeiten auch für einige ausländische Fluggesellschaften. Heute fliegt die «Finnair» 24 Flughäfen in 19 europäischen Ländern an, und seit 1969 fliegt sie täglich nach New York. Auf dieser Strecke wurden erstmals Grossflugzeuge des Typs DC-8-62 eingesetzt.

Fliegen eine Selbstverständlichkeit

Fliegen ist in Finnland eine Selbstverständlichkeit. 19 Flugplätze in allen Teilen Finnlands werden regelmässig angeflogen, manche Städte haben bis zu vier tägliche Flugverbindungen mit der Hauptstadt.

Die innerfinnischen Flugpreise sind bedeutend niedriger als die internationalen, was wesentlich dazu beigetragen hat, dass die Finnen eine fliegende Nation ohnegleichen sind. Mancher Bauer, Holzfäller oder Goldwäscher im Norden hat nie ein Tram oder einen Trolleybus gesehen, jedoch bereits Tausende von Flugkilometern zurückgelegt. Der Finne fliegt, um seine Geschäfte in anderen Teilen des Landes zu erledigen, um Verwandte und Bekannte zu besuchen. Wenn er in den Urlaub fährt, steigt er ins Flugzeug, das ihn nach Lappland oder ins Seengebiet bringt und wandert dann vielleicht mit Rucksack, Zelt und Angelrute durch die schönen Landschaften Finnlands. Auch für den ausländischen Touristen ist die «Finnair» der Schlüssel zu Finnland. Seit einigen Jahren wird die preisgünstige Ferienflugkarte überall in der Welt verkauft. Sie ermöglicht dem Touristen während 15 Tagen eine unbeschränkte Benützung des innerfinnischen Flugnetzes; eine ausgezeichnete Möglichkeit, das Land der 60000 Seen und der Mitternachtssonne zu erleben.

Die Lottas

Für die finnischen Frauen war es seit jeher eine Selbstverständlichkeit, aktiv am Leben der Gemeinschaft teilzunehmen. Durch die häufige Abwesenheit der Männer auf abgelegenen Arbeitsplätzen im Walde, auf der Jagd, beim Fischfang und im Kriegsdienst wurden sie gezwungen, viele Aufgaben für Familie und Allgemeinheit selbst an die Hand zu nehmen.
In verschiedenen Gebieten des Landes entstanden schon zur Zeit des Grossherzogtums Finnland unabhängig voneinander Gruppen, in denen Frauen freiwillige Arbeit für die Truppen leisteten. Und während des Freiheitskrieges 1917 begleiteten zahlreiche Angehörige solcher Gruppen die Einheiten des Schutzwehrkorps, um für Verpflegung und die Betreuung der Verwundeten und Kranken zu sorgen. Aus dieser Bewegung entstand 4 Jahre nach der Erlangung der Unabhängigkeit die Lotta-Svärd-Organisation, die im In- und Ausland grosse Beachtung fand. Sie gab sich den Namen der tapferen Soldatenfrau Lotta Svärd, die sich in selbstloser Aufopferung für das Wohl vieler Soldaten einsetzte. Sie wird in einem Gedicht von J. L. Runeberg geehrt.
Die Tätigkeit der Lottas war von Anfang an sehr rege, und die Mitglieder zeigten einen erstaunlichen Einsatzwillen. Ihre Ausbildung erfolgte in Kursen für Lotta-Führerinnen, die von verschiedenen Fachleuten ehrenamtlich erteilt wurden. Die ausgebildeten Lotta-Führerinnen gaben dann die an den Kursen erworbenen Kenntnisse an ihren Heimatorten an die Lotta-Schwestern weiter. Jede Lotta konnte ihr Tätigkeitsgebiet selbst auswählen, doch gab es viele, die an allen nur möglichen Ausbildungskursen teilnahmen, um sich für die verschiedensten Aufgaben vorzubereiten. Im Sommer wurden jeweils Lotta-Lager durchgeführt, die den Lottas neben der vielseitigen fachlichen Ausbildung auch Gelegenheit zum Turnen, Schwimmen, Wandern, Singen und Musizieren boten. Für viele Frauen bedeuteten diese Lager den Höhepunkt des Sommers. Besonders wichtige Lotta-Abteilungen waren jene für Sanität und Verpflegung, die im Frieden und besonders im Kriege eine unersetzliche Hilfe waren. Eine weitere Abteilung übernahm es, für die Soldaten Kleider zu flicken und zu reinigen, Wollsachen zu stricken sowie die Feldspitäler mit Wäsche und Verbandsmaterial zu versorgen. Die Geldmittel wurden teilweise durch Abendunterhaltungen, Theateraufführungen, Konzerte mit Basaren, die die Lottas veranstalteten, beschafft. Weitsichtige Führerinnen erkannten bald, dass die Lottas in einem Kriegsfalle der Armee auch noch andere wertvolle Hilfe leisten konnten. Deshalb organisierten sie Kurse für Luftbeobachtung, Orientierung im Gelände, Funken und Gasschutz.
Von 1929 bis zur Auflösung im Jahre 1944 stand die Lotta-Organisation unter der Leitung von Fanni Luukkonen. Neben der Arbeit für die Lottas selbst befasste sie sich eingehend

mit der Erziehung und Ausbildung des Nachwuchses. Dank ihrer Initiative wurde die Organisation der Pikku-Lottas, der Klein-Lottas, gegründet, in die Mädchen, die das achte Altersjahr erreicht hatten, eintreten konnten – besonders eifrige Anwärterinnen sogar noch früher. In ähnlicher Weise wie bei den grossen Lottas wurden für die Pikku-Lottas Kurse und Sommerlager durchgeführt. Sie durften zeitweilig den grossen Lottas helfen. Eine ehemalige Pikku-Lotta berichtet darüber: «Anfangs bestand diese Hilfe vor allem in Küchenarbeit, wie Kartoffelschälen und Geschirrabwaschen. Dies war, ehrlich gesagt, nicht besonders begeisternd – auch wenn es fürs Vaterland geschah!» Mit 17 Jahren wurden die Pikku-Lottas in die Lotta-Organisation aufgenommen. Die Kleidung der Pikku- und der grossen Lottas war dieselbe: ein einfaches graues Kleid mit weissem Kragen und weissen Manchetten. Ursprünglich war es nicht vorgesehen, Lottas an oder unmittelbar hinter der Front einzusetzen. Der Ausbruch des Krieges im Jahre 1939 hatte jedoch gezeigt, dass die Armee auch in Frontnähe auf die Lottas angewiesen war. Viele Lottas übernahmen Aufgaben in der Etappe und direkt hinter der Front, damit Soldaten für den Kampfeinsatz frei wurden. Sie leisteten Dienst bei der Verpflegung, der Sanität, in Lazaretten, bei der Luftbeobachtung, als Stabshelferinnen, Telephonistinnen und bei der Feldpost. Keine Lotta war zum Fronteinsatz verpflichtet, doch wer sich freiwillig meldete, musste bereit sein, an jedem Ort und unter den gefährlichsten Umständen einzuspringen. Diese Front-Lottas zeichneten sich nicht nur durch Mut und Tapferkeit aus, sie unterstützten auch die Soldaten in moralischer Hinsicht. Wenn diese sahen, wie die Lottas an ihrer Seite ihre schweren Pflichten erfüllten, dann bekamen sie neuen Mut und neue Zuversicht.

Die Lotta-Svärd-Organisation, die einen Bestand von etwa 200 000 Mitgliedern erreichte, wurde am 23. November 1944 aufgelöst. Dies war eine Bedingung des Moskauer Friedensvertrags. Es ist begreiflich, dass viele Frauen dadurch schmerzlich getroffen wurden, hatten sie doch durch ihre Tätigkeit in dieser Vereinigung einen reichen Lebensinhalt gefunden.

Marschall Mannerheim hat die Arbeit der Lottas und ihren Einsatz während des Krieges sehr geschätzt. Am Ende des Winterkrieges 1940 zollte er ihnen in einem Tagesbefehl hohe Anerkennung: «Mit Freude und Stolz denke ich an die finnischen Lottas, ihre Aufopferung und unerschöpfliche Arbeit in den verschiedensten Gebieten, welche Tausende von Männern für die Frontlinie freigemacht hat. Ihr edler Geist hat die Armee angespornt, deren Dankbarkeit und Wertschätzung sie völlig verdient haben.» Auch 1944, nach dem Fortsetzungskrieg, dankte er ihnen in einem Tagesbefehl: «Im Namen unserer Wehrmacht – und ich glaube hier die Meinung jedes einzelnen Mannes auszudrücken – danke ich von Herzen unseren Lottas, deren aufopfernde Tätigkeit auch an den gefährlichsten Orten ein Vorbild für alle Zeiten für die finnischen Frauen bleiben wird.»

116 Die 1475 bis 1477 von Erik Axelson Tott erbaute Wasserburg Olavinlinna ist eine der schönsten und besterhaltenen mittelalterlichen Burgen von Nordeuropa. Sie wurde zum Schutze gegen Angriffe von Osten erbaut und nach Olaf dem Heiligen, König von Norwegen, Olofsborg oder auf Finnisch Olavinlinna genannt.

117 Teilansicht der malerischen Stadt Porvoo am Porvoonjoki mit ihrem mittelalterlichen Dom. Die Gründung dieser teilweise heute noch mittelalterlich anmutenden Siedlung erfolgte im 12. Jahrhundert. Als bedeutender Handelsplatz an der historischen West-Ost-Strasse erhielt die Stadt 1387 das Stadtrecht und wurde im 18. Jahrhundert Bischofssitz. Von historischer Bedeutung ist der Landtag von Porvoo am 28. März 1809, an welchem Zar Alexander I. das Versprechen abgab, als Grossfürst von Finnland die Rechte und Privilegien des Landes zu garantieren. Porvoo ist die Geburtsstadt des Bildhauers W. Runeberg, Sohn des Dichters J. L. Runeberg, der in dieser Stadt wohnte.

118 Jyväskylä am Nordufer des Päijännesees ist ein bedeutendes Kultur- und Industriezentrum. 1966 wurde die Pädagogische Hochschule zur Universität Jyväskylä erweitert.

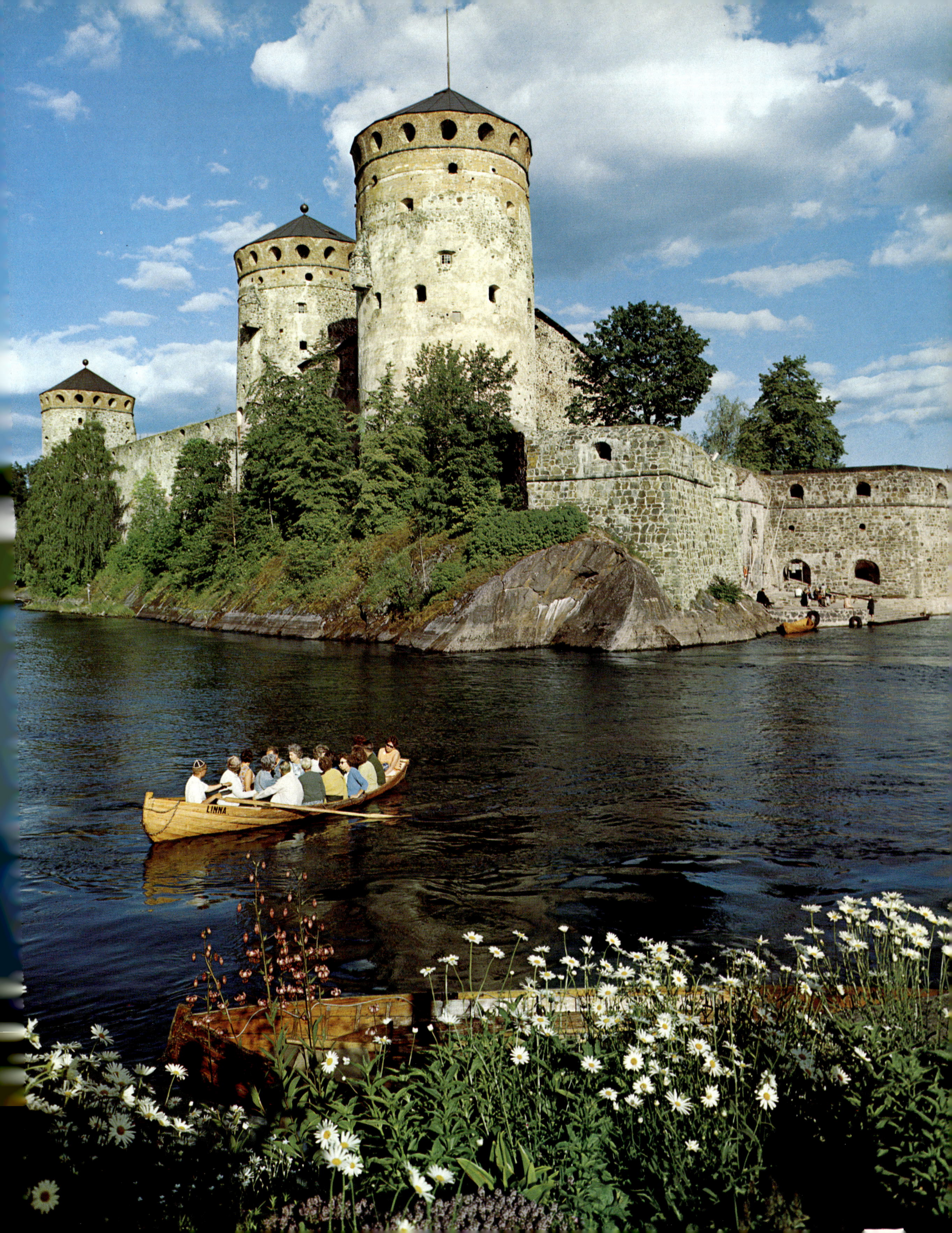
LINNA

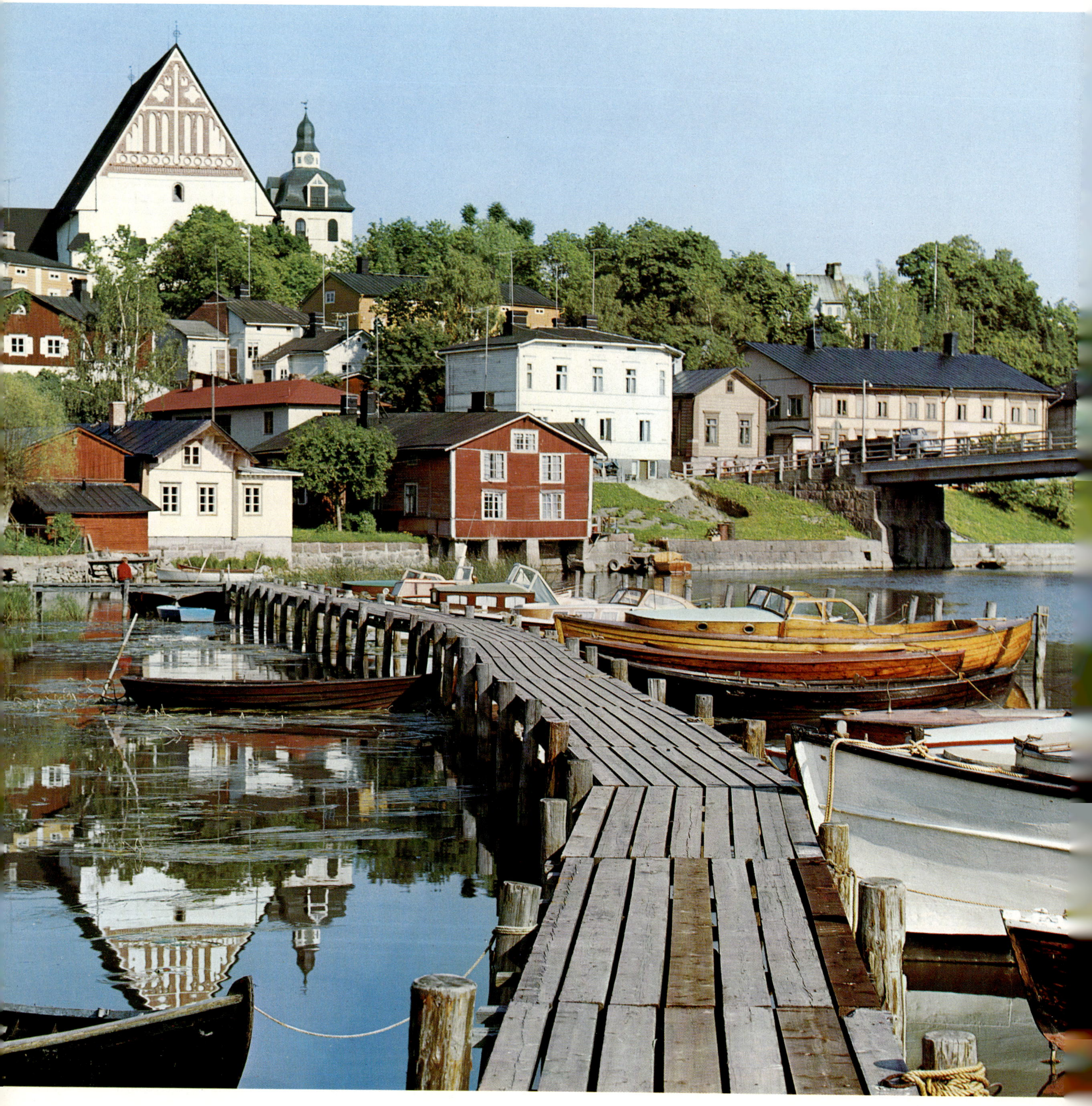

117

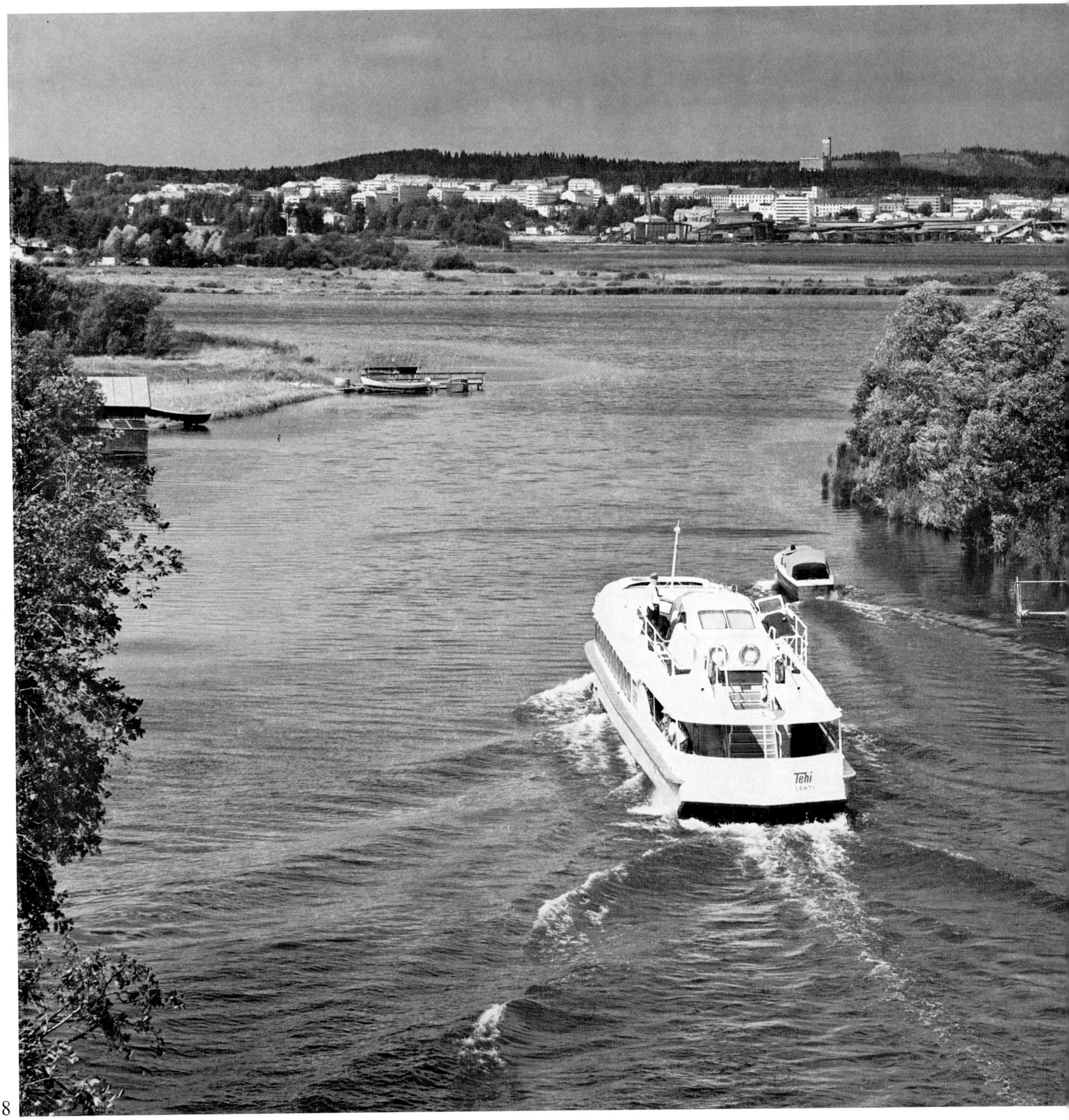

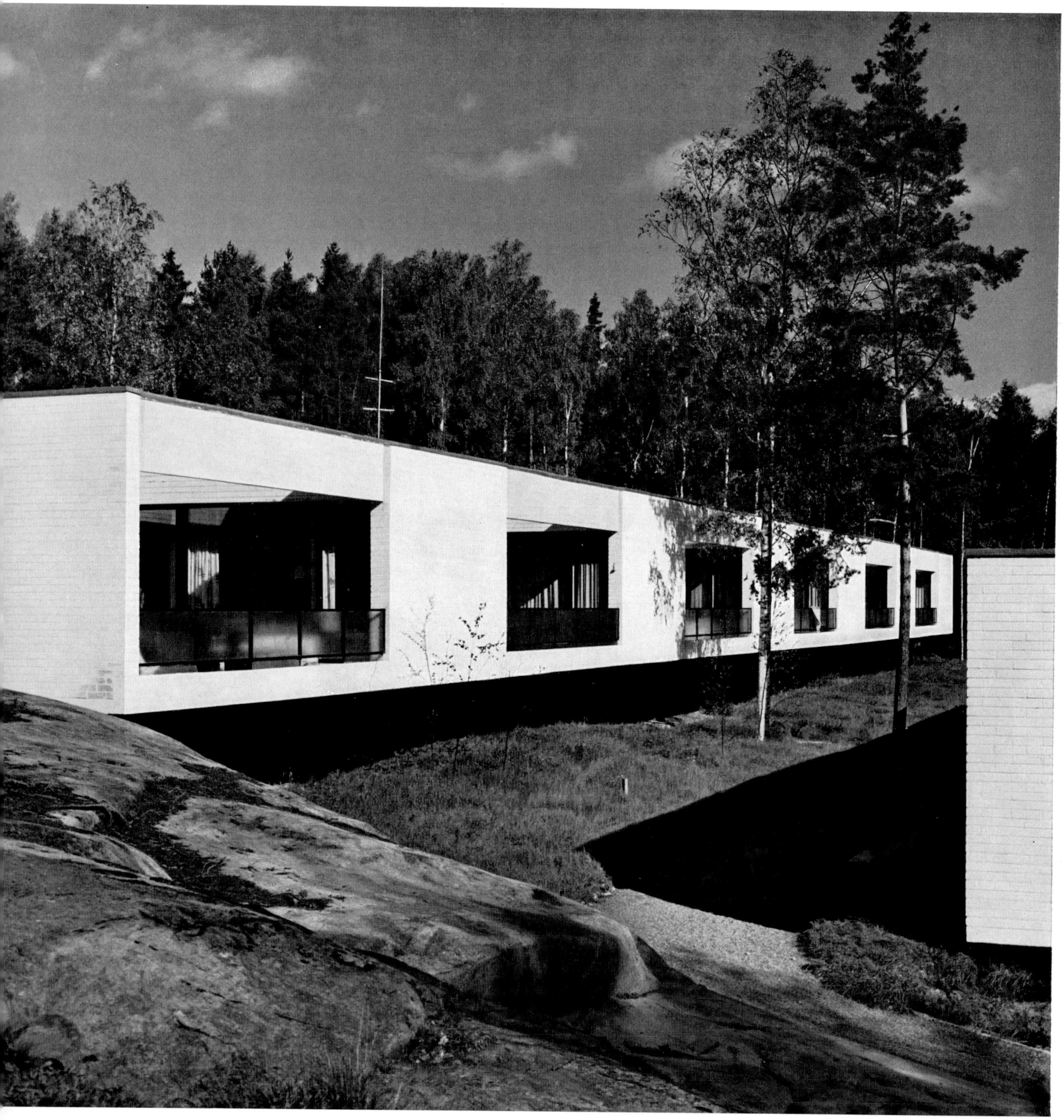

119 Moderne Wohnsiedlung in einer Vorstadt von Helsinki.

120 Inmitten von rundgeschliffenen Granitfelsen und
   Kiefernbeständen entstehen in herrlichen Waldzonen
   die modernen Hochhäuser der Vorstädte von Helsinki.

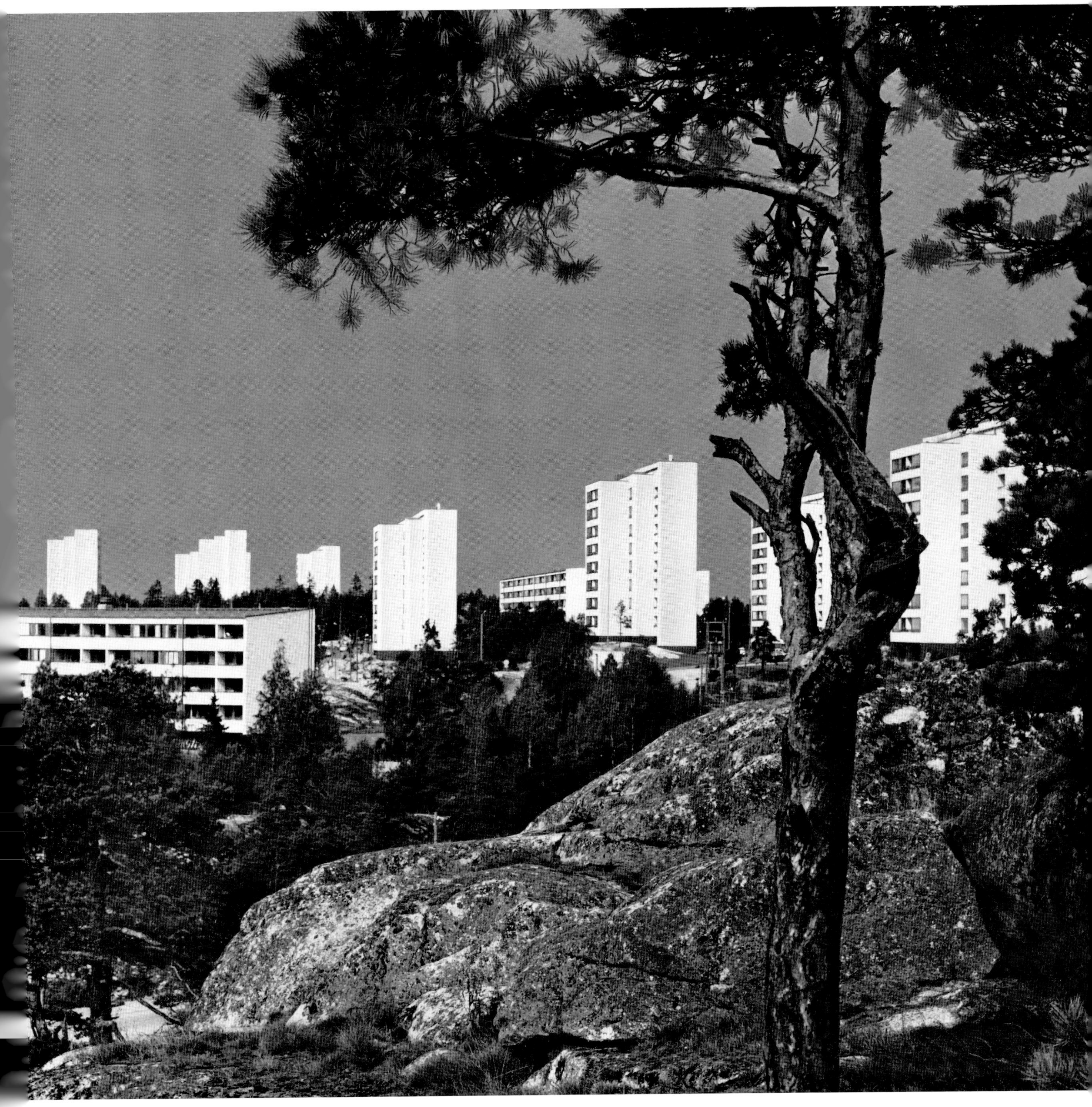

121 Winterliche Kleinstadtstrasse in Porvoo.

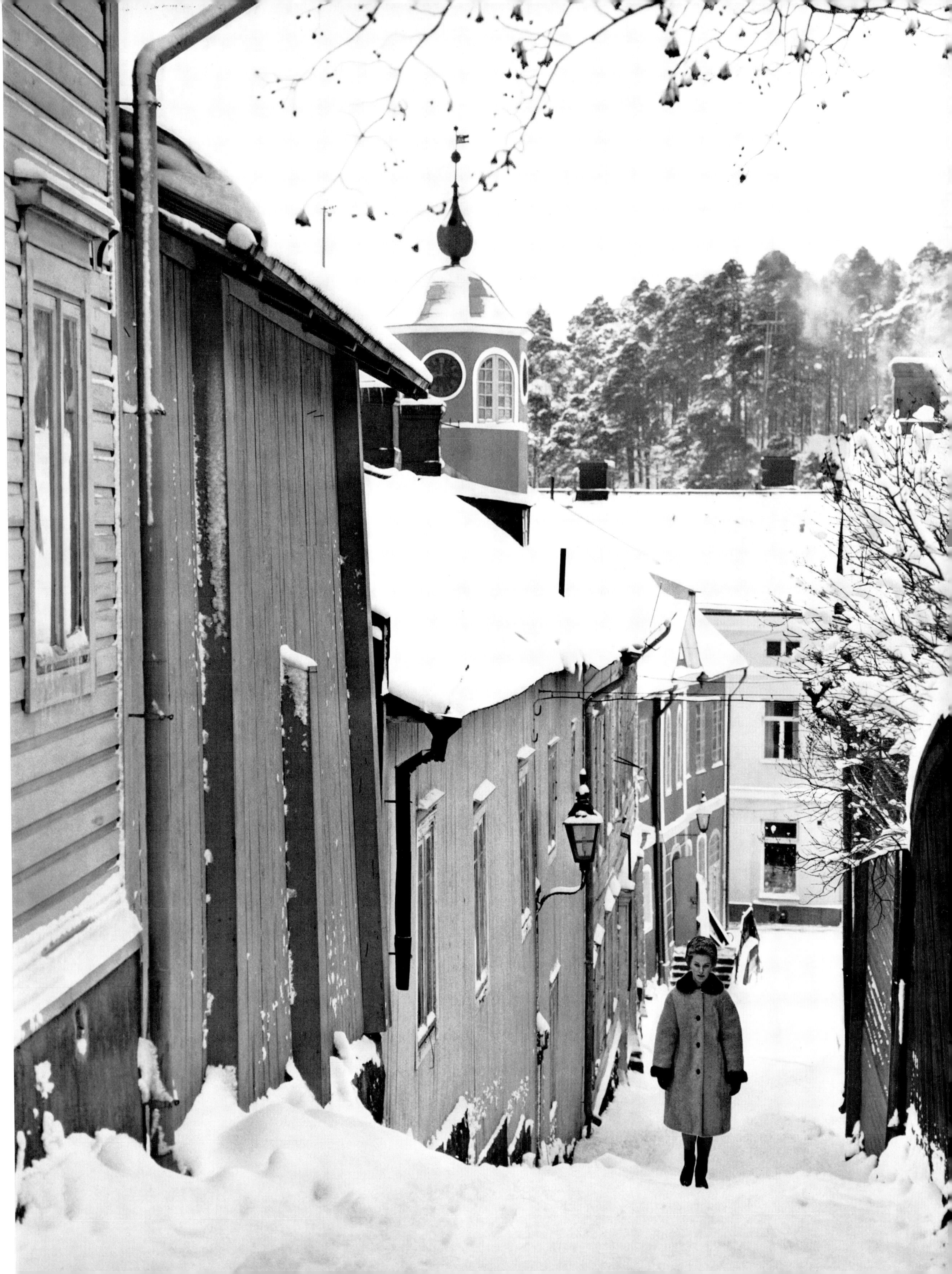

122 Eingang des alten Rathauses von Porvoo, das in ein Museum umgewandelt wurde.

123 Winter in Pallastunturi. Im Winter legt sich gleissendes Eis über die endlosen Tunturis von Lappland.

124 Im Frühling, wenn die Tage wieder hell sind, beginnt in Lappland die schönste Zeit für den Wintersport.

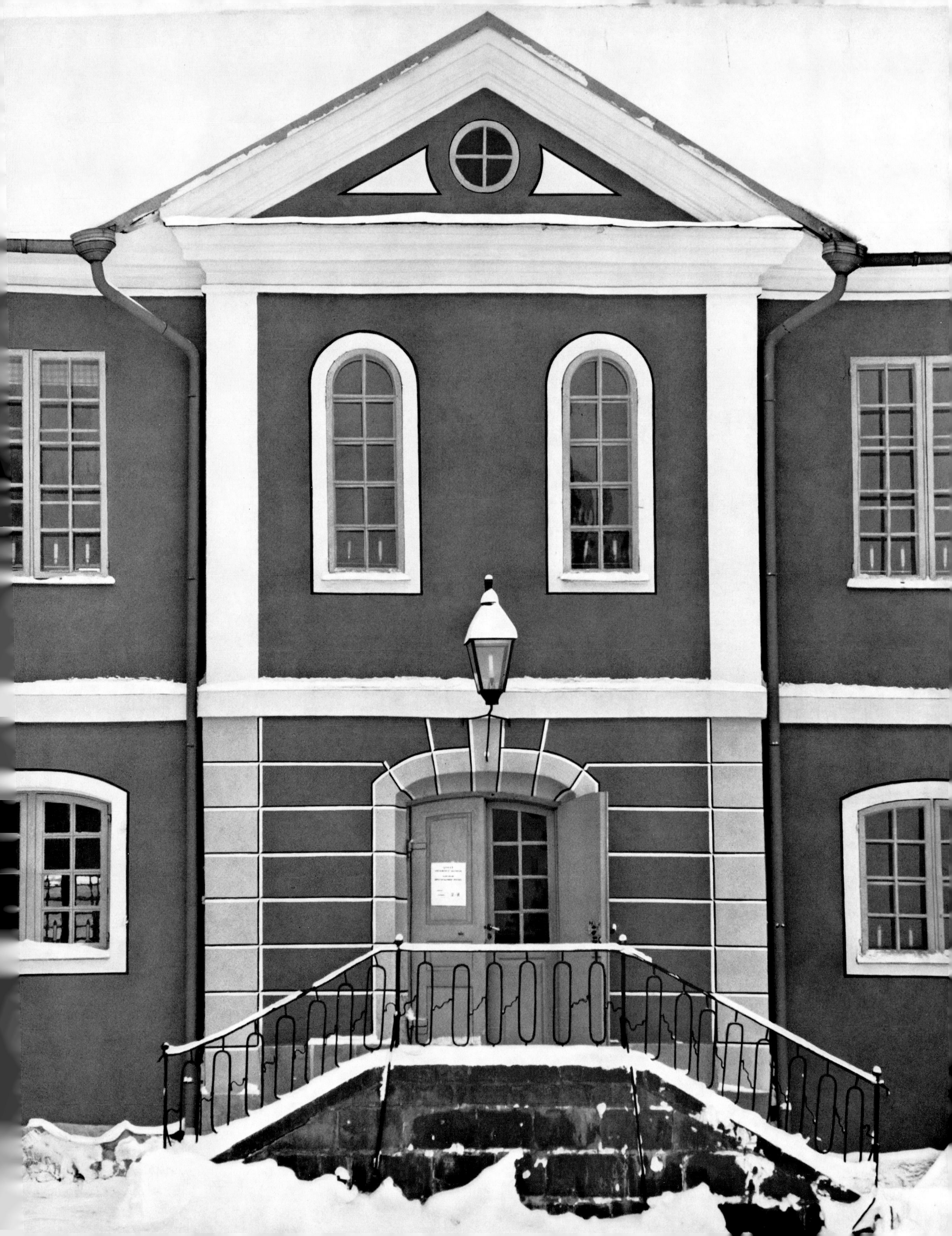

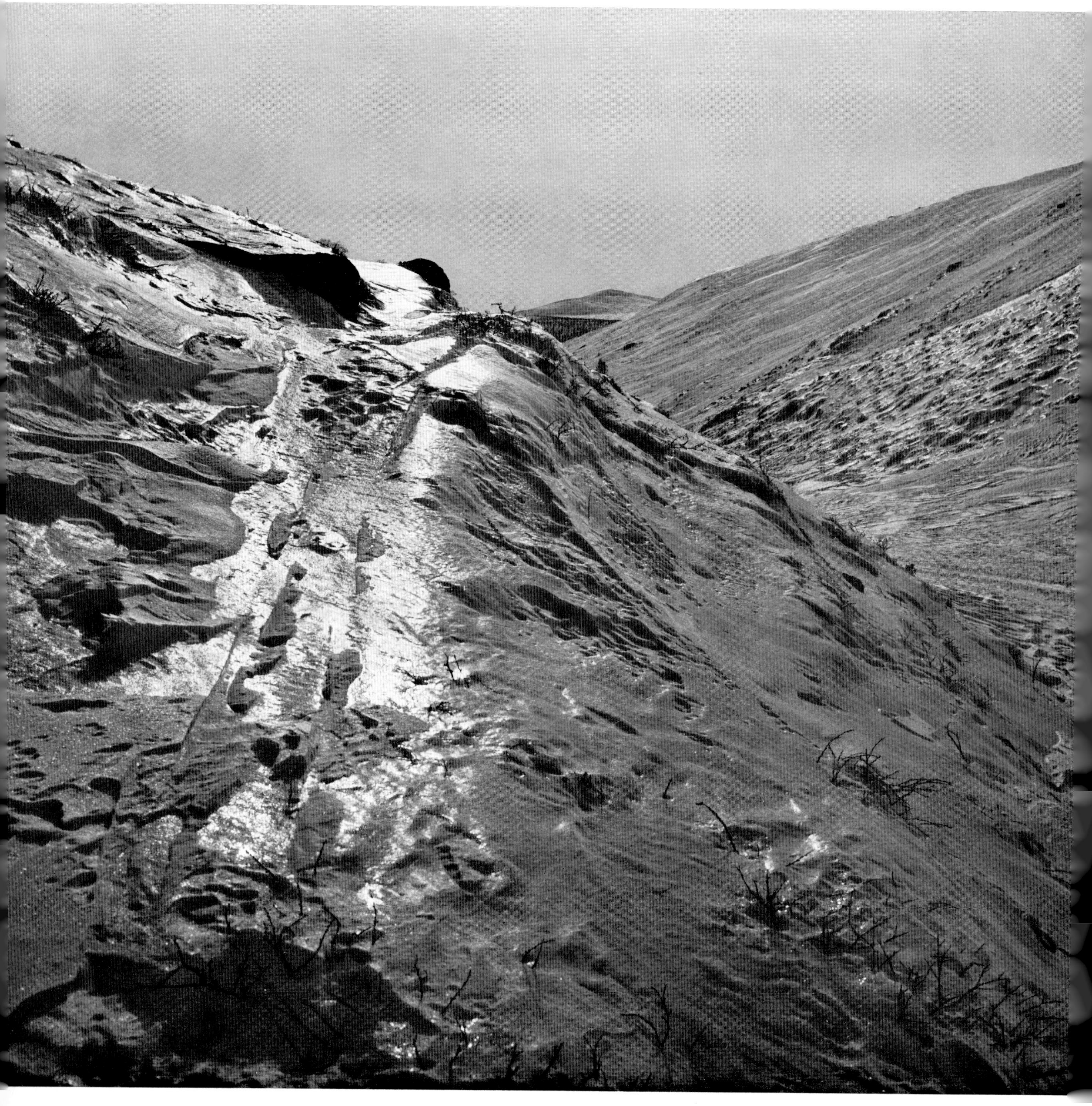

123

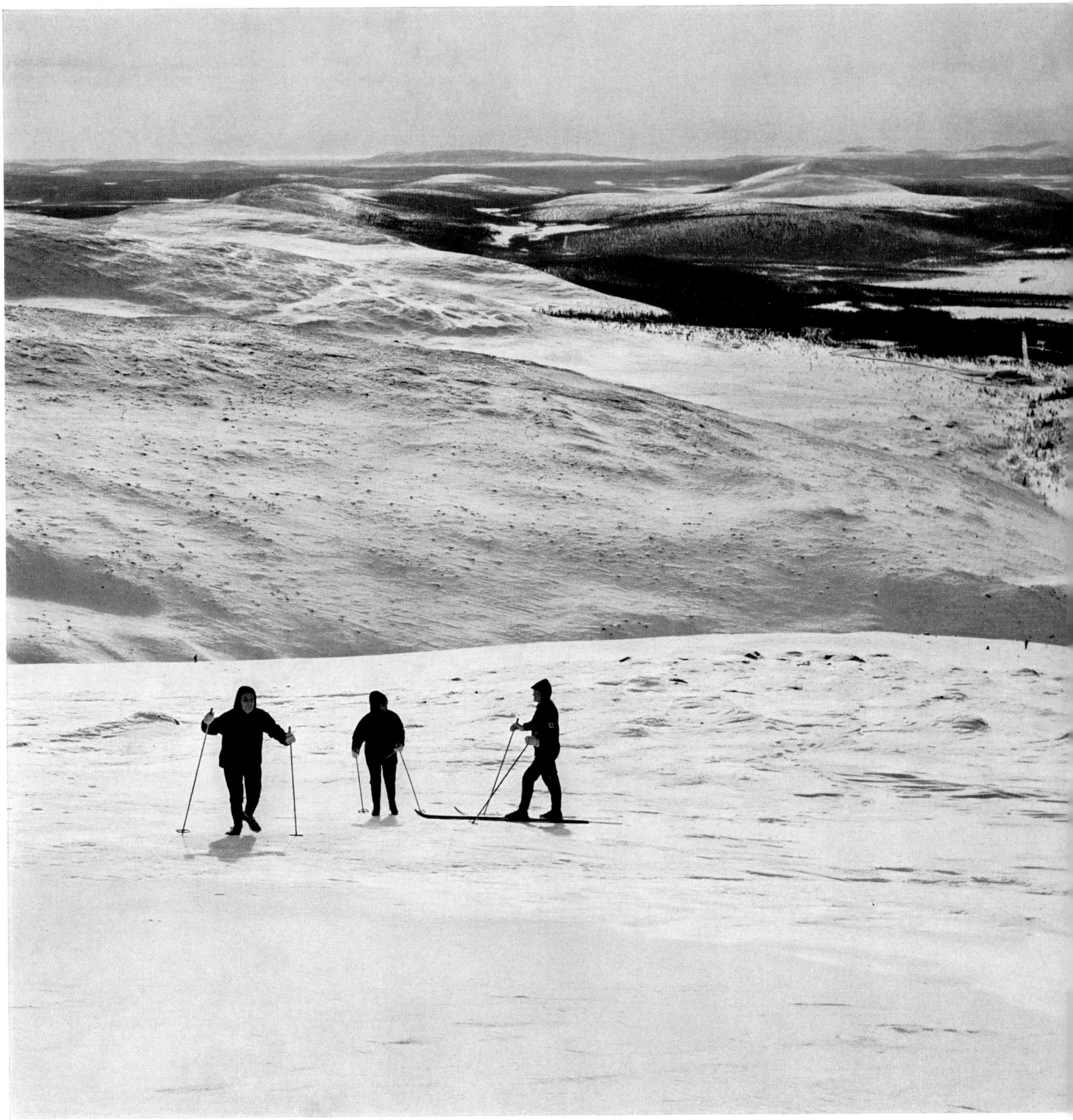

24

125 Der reissende Muonionjokifluss bildet die natürliche Grenze zwischen dem westlichen Finnisch-Lappland und Schwedisch-Lappland.

126 Frühling am Jerisjärvi in Lappland.

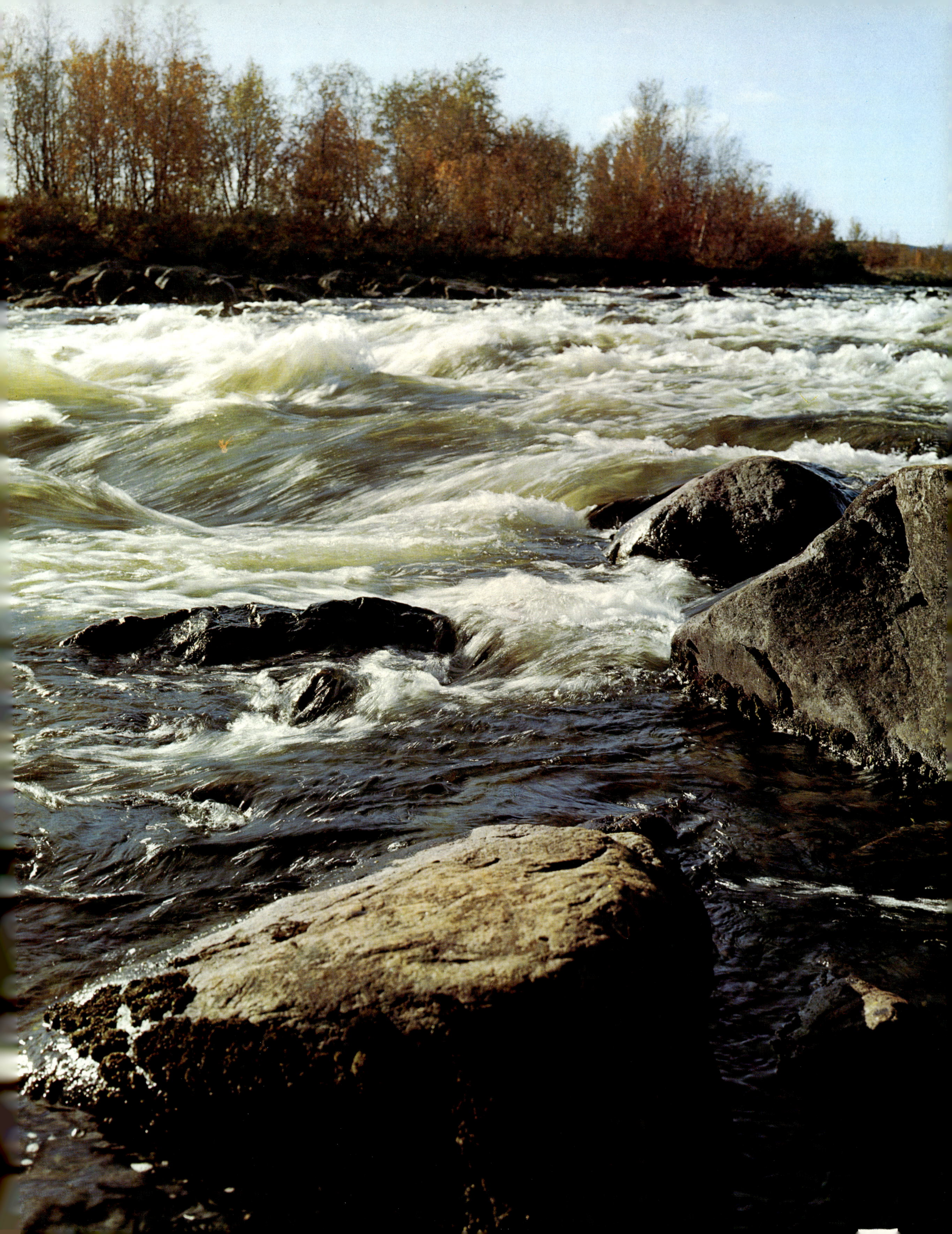

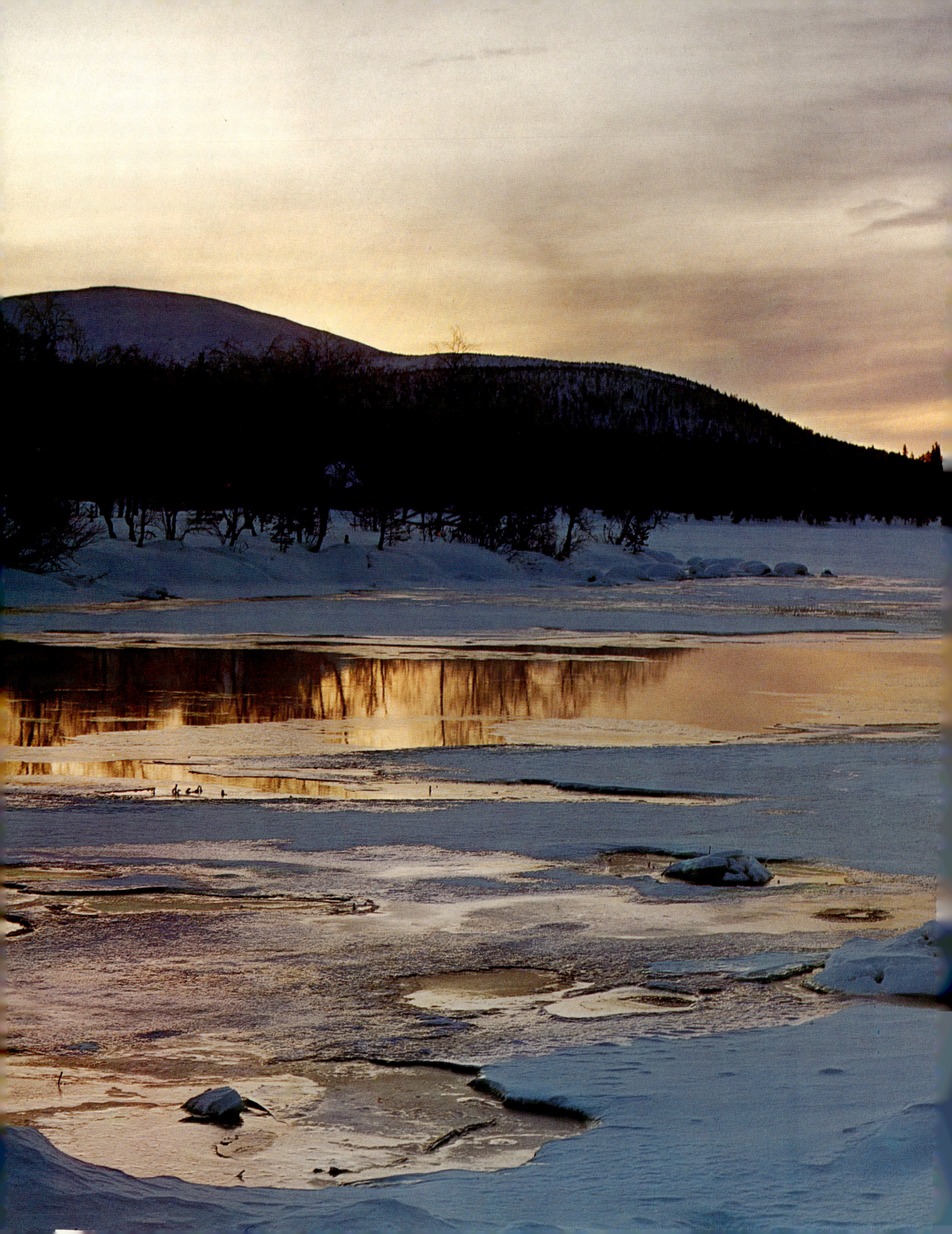

Namen- und Sachregister

Aalto, Alvar 28, 35, 95
Aaltonen, Wäinö 79, 116
Agricola, Mikael 49, 53, 58, 97
Ahlqvist, August 57, 58
Ålandsinseln 13, 22, 25, 30
Architektur 93–96
Armee 113–115
Arwidsson, A. I. 54, 55, 56
Aurafluss 14

Bildhauer 79
Bodenschätze 106
Bryggmann, Erik 14, 95

Cajander, A. K. 20, 70
Cajander, Paavo 58
Chemische Industrie 107
Cygnaeus, Frederik 55

Dichtung 49–60
Drumlin 17

Edelfelt, Albert 79
Ehrenström, Albert 94
Ehrensvärd, Augustin 52
Eisenbahn 23, 123
Eiszeit 16, 17
Engel, C. L. 14, 94
Enontekiö 16, 22, 27
Espoo 31, 32, 33

Fennoskandia 16
Finnische Seenplatte 17, 26, 27
Finnish Design 89–92, 109
Forstwirtschaft 37–41, 102
Freudenthal, A. O. 58
Friede von Moskau 71

Geologie 15, 16
Geschichte 65–72
Granit 15
Gripenberg, Bertel 58, 59

Haavio, Martti 51
Hämeenlinna 19
Haltiatunturi 16
Hanko 17, 71
Helsinki 14, 15, 22, 23, 32, 33, 34, 76, 94
Helsinki-Espoo 32
Hiltunen E. 79
Historische Landschaften 25, 26
Holzflössen 39, 42
Holzwirtschaft 39, 40, 102–104
Hyvinkää-Riihimäki 32

Imatra 24, 26, 33
Inarisee 28
Industrialisierung 24, 74, 101–106

Järnefelt, Eero 51
Jylhä, Yrjö 59
Jyväskylä 27, 32, 33
Joensuu 33
Juslenius, Daniel 53, 54
Juteini, Jaakko 54
Jutikkala, Eino 53

Kalevala 55, 56, 62
Kallio, Kyösti 69, 70
Kantele 62, 78
Kanteletar 50, 55
Karhula 31, 33, 35
Kekkonen, Urho 72, 116
Kemi 26, 39
Kivi, Aleksis 57
Klima 21, 22

Kolihöhen 27
Kotka 33, 35
Kotka-Karhula 32
Kramsu, Kaarlo 58
Kunst 78, 79
Kuopio 32, 33, 34
Kuusankoski 33
Kuusinen, O. V. 69
Kymital 39

Lahti 27, 32, 39
Landwirtschaft 43–46, 103
Lappeenranta 32
Lappen 28, 29, 30, 46
Lappland 25, 27, 28, 29, 30, 47, 48
Leiviskä, I. 26
Lönnrot, Elias 55
Lottas 91, 114, 126, 127
Luftverkehr 124, 125

Maanselkä 28
Malerei 79
Mannerheim, C. G. 67, 72, 114, 127
Manninen, Otto 59
Mariehamn 13
Maschinenindustrie 105, 106
Mörne, Arvid 58
Musik 78, 79

Naantali 31
Näsijärvi 27, 35
Nervander, J. J. 49, 55
Nevanlinna, R. H. 79
Nokia 33

Oesterbotten 19, 25, 43, 46, 67
Olavinlinna 23
Osbildungen 17

Oulu 26, 32, 33, 39
Oulujärvi 26, 27

Paasikivi, J. K. 72
Päijännesee 26
Paraske, Larin 51
Pelztierzucht 45, 46
Penck, A. 17
Petsamo 70, 72
Pflanzenwelt 19, 20
Pietilä, Reima 36, 96
Pohjalainen, Juljaana 51, 60
Politische Parteien 73, 74
Pori 31, 32, 39
Porkkala 72
Porthan, H. G. 53
Porvoo 31, 90
Provinzen 29, 30
Puijo 34
Punkaharju 17
Pyhäjärvi 17, 35
Pyynikki 35

Qvanten, Emil von 56, 57

Ramsay, W. 16
Rapakivi 15, 16
Rauma 31
Religionen, 97–99
Rentiere 30, 46
Rovaniemi 28, 115
Rundhöcker 16
Runeberg, J. L. 57, 60, 126
Ryti, Risto 72

Sailo, Alpo 51
Saimaasee 17, 24, 26
Salpausselkä 17, 26

Sauna 86, 87
Seenplatte 17, 26, 27
Sibelius, Jean 78
Silberlinie 27, 122
Sisu 84
Skoltlappen 98
Snellman, J. V. 49, 55, 56, 57, 65
Sport 116–119
Svinhufvud, P. E. 66, 70
Schären 17
Schiffahrt 121–123
Schiffsbau 105
Schulen 75–77
Städte 31–36
Ståhlberg, K. J. 67, 69
Stellung der Frau 85, 86
Strassen 123
Suomalainen T. u. T. 96

Tammerkoski 35
Tampere 27, 32, 33, 35, 36, 76
Tanner, Väinö 67, 69

Tapiola 33, 95
Tarkiainen, Viljo 49, 55
Tawnay, R. W. 52
Tegnér, Esaias 54, 55
Tierwelt 20
Topelius, Z. 57
Tundra 19, 28
Tunturi 16, 27
Turku 14, 15, 31, 32, 33, 75, 97

Vaasa 17, 19, 32
Valkeakoski 33
Verfassung 68, 69
Viipuri 31
Volkswirtschaft 101–110
Vuoksi 24, 26

Wald, Waldwirtschaft 19, 20, 28, 37–41, 101, 102
Winterkrieg 71, 84, 114
Wissenschaften 79

Umschlagbild *vorn:* Wälder und Seen bestimmen das Antlitz weiter Landschaften Finnlands. In Suomi gibt es nicht nur Tausende von Seen, sondern auch unzählige Inseln.

Umschlagbild *hinten:* schwimmende Holzlager. Das mit Schleppschiffen hertransportierte Holz wird auf dem Wasser gelagert, bis es in der Fabrik zu Holzschliff, Zellulose oder Schnittholz verarbeitet wird.

Literatur

Ålander, K. Viljo Revell.
Bauten und Prospekte. Helsinki 1966.

Aalto, Alvar.
Redaktionelle Bearbeitung von Karl Fleig.
Zürich 1963.

Architektur in Finnland.
Kunstgewerbemuseum Zürich 1958.

Art in Finland.
Die bildende Kunst in Finnland.
Helsinki 1964.

Bartsch, W.
Umgang mit Finnen. Nürnberg 1960.

Becker-Schlote.
Neuer Wohnbau in Finnland.
Helsinki 1964.

Berichte aus Finnland.
Herausgegeben von Siegfried Löffler.
Gütersloh 1967.

Bolay, K. H.
Finnen und Finnländer. Stuttgart 1962.

Collinder, Björn.
Finnisch als Kultursprache.
Hamburg 1965.

De Biasi, M.
Finnlandia. Profil eines Landes.
Helsinki 1967.

Boulton-Smith.
Finnische Malerei.
Ullstein, Frankfurt 1969.

Dencker, Rolf.
Die Kultur Finnlands (Handbuch der
Kulturgeschichte, Lief. 114–116).
Frankfurt a. M. 1967.

Der finnische Reichstag.
Helsinki 1957.

Devrient, W.
Sauna, das Bad der Bäder. Berlin 1950.

Dey, R.
Finnland heute. Wien 1971

Die Länder der Welt.
Finnland. Essen 1962.

Die Verfassung Finnlands.
Helsinki 1961.

Drost, K. und *Kurjensaari, M.*
Finnland in Farben. Helsinki 1964.

Evers, W.
Suomi – Finnland. Land und Volk im
hohen Norden. Stuttgart 1950.

Finnen erzählen.
Prosa von Aleksis Kivi bis Mika Waltari.
Herausgegeben und übersetzt von Heinz
Goldberg. Rostock 1964.

Finnische Tiermärchen.
Was Bär, Wolf und Fuchs in der Gegend
von Ivalo erlebten. Übersetzt von Heinz
Goldberg. Berlin 1957.

Finnische Volksballaden.
Übersetzt von Erich Kunze. Jena 1943.

Finnische Volksmärchen.
Herausgegeben von Anni Swan-Manninen.
Übersetzt von Marta Römer.
Wien, Leipzig 1943.

Finnland stellt sich vor.
Helsinki 1967.

Gramlich, B.
Jukka und die Wildenten. Eine wahre Geschichte aus Finnland (Kinderbuch). Zürich 1962.

Granö J. G.
Die geographischen Gebiete Finnlands. Helsinki 1931.

Gutheim, F.
Alvar Aalto. Ravensburg 1961.

Hahn, K.
Kultur Finnlands. Potsdam.

Hahn, K.
Vom Genius Europas. – Finnland. Ein Wesensbild von Volk, Land und Sprache. Stuttgart 1964.

Hård of Segerstad.
Finnisches Kunsthandwerk. Ullstein, Frankfurt 1968.

Hauf, W.
Finnland. München 1960.

Hein, M. P.
Moderne finnische Lyrik. Göttingen 1962.

Helsinki.
Das Gesicht einer Hauptstadt. Helsinki 1959.

Hill, D.
Finnland, das Land der tausend Genossenschaften. Kiel 1963.

Höpker, T.
Finnland. München 1960.

Itkonen, E.
Die Vorgeschichte der Finnen aus der Perspektive eines Linguisten. In: Ural-Altaische Jahrbücher 1960.

Jukola – Nurmi.
Finnlands Sport im Bild. Porvoo 1952.

Jutikkala, E.
Geschichte Finnlands. Stuttgart 1964.

Kaila, E.
Die finnische Staatsuniversität durch dreihundert Jahre. Helsinki 1940.

Kalevala.
Aus dem finnischen Urtext übersetzt von Lore und Hans Fromm. München 1967.

Kalevala.
Das Nationalepos der Finnen. Nach der 2. Ausgabe übertragen von Anton Schiefner 1852. In neuer Übersetzung durch Dagmar Welding. Stuttgart 1948.

Kallio, N.
Das finnische Schulwesen. Helsinki 1956.

Kallio, N.
Finnlands Schule. Helsinki 1957.

Kalliola, R.
Finnlandia. Ein Bilderbuch der finnischen Natur. Porvoo 1959.

Karjalainen, A.
Holz und Volkswirtschaft. Helsinki 1957.

Kivi, Aleksis.
Die Heideschuster. Bauernkomödie in fünf Akten. Übersetzung von Gustav Schmidt. Dresden und Leipzig 1922.

Kivi, Aleksis.
Die sieben Brüder. Roman. Übersetzt von Edzard Schaper. Zürich 1950.

Kivi, Aleksis.
Die Verlobung. Eine Volkskomödie. Übersetzt von Friedrich Ege. Nürnberg 1953.

Klink, E.
Finnlands Freiheit 1917–1957. Schloss Laupheim 1956.

Kunze, E.
Die deutschen Übersetzungen finnischer Schönliteratur. Bibliographie. Helsinki 1950.

Linna, V.
Kreuze in Karelien. Gütersloh 1960.

Linnankoski, J.
Don Juan in Suomi. Übersetzt von Heinz Goldberg. Rostock 1963.

Mannerheim, C. G.
Erinnerungen. Zürich 1952.

Manninen, J.
Die finnisch-ugrischen Völker.
Leipzig 1932.

Moderne finnische Lyrik.
Übersetzt von Manfred Peter Hein.
Göttingen 1962.

Neuenschwander, E. und C.
Finnische Bauten. Erlenbach-Zürich 1954.

Nigg, W.
Der Bauer in der finnischen Landschaft.
In: Geographica Helvetica. Bern 1958.

Nigg, W.
Finnland – Suomi. Wälder, Seen und ein mutiges Volk. Bern 1958.

Nigg, W.
Helsinki. In: Volkshochschule.
Zürich 1960.

Nigg, W.
Introduzione alla Finlandia. Le Vie del Mondo XXI-10. Milano 1959.

Niilonen, K.
Finnisches Glas. Helsinki 1967.

Okkonen, O.
Die finnische Kunst. Porvoo-Helsinki 1946.

Olki, M.
Finnische Frauenhandarbeiten. Porvoo-Helsinki 1952.

Ott, V. R.
Sauna. Basel 1948.

Panorama der modernen Lyrik
(Finnland). Gütersloh 1960.

Penck, A.
Finnlands Natur. Zeitschrift der Gesellschaft für Erdkunde. Berlin 1927, Nr. 9/10.

Pontvaara, M.
Lappland. Porvoo-Helsinki 1964.

Pontvaara, M.
Suomi – Finnland. Porvoo-Helsinki 1960.

Presseabteilung des Finnischen Aussenministeriums.
Finnland, Geschichte und Gegenwart.
Helsinki 1961.

Ringbom, N. E.
Sibelius, ein Meister und sein Werk.
Olten 1950.

Runeberg, J. L.
Fähnrich Ståhl. Zeichnungen von Albert Edelfelt. Übersetzt von Wolrad Eigenbrot.
Helsinki 1955.

Saarikivi, S., Niilonen, K. und *Ekelund, H.*
Art in Finland – Les beaux-arts finlandais – Die bildende Kunst in Finnland.
Helsinki 1952.

Saivo, P.
Suomi – Finnland. Helsinki 1966.

Salokorpi Asko.
Finnische Architektur.
Ullstein, Frankfurt 1970.

Schaper, Edzard.
Finnisches Tagebuch. Zürich 1951.

Schaper, E. und *von Salis, G.*
Mannerheim, Marschall von Finnland. – Die Gedenkstätte in Montreux.
Zürich 1967.

Scheid, K. P.
Sauna. München 1962.

Schildt Göran.
Finnische Bildhauerei.
Ullstein, Frankfurt 1969.

Schumacher, J.
Die Finnen, das grosse Sportvolk.
Berlin 1936.

Senztke, G.
Die Kirche Finnlands. Helsinki 1963.

Sillanpää, F. E.
Eines Mannes Weg. Stuttgart 1966.

Sillanpää, F. E.
Das fromme Elend. Übersetzt von Edzard Schaper. Zürich 1948.

Sillanpää, F. E.
Schönheit und Elend des Lebens. Roman.
Übersetzt von Adulin Kaestlin-Burjam.
Zürich 1947.

Sillanpää, F. E.
Silja die Magd. Übersetzt von Rita
Oehquist. Wiesbaden 1953.

Sillanpää, F. E.
Sonne des Lebens. Übersetzt von Edzard
Schaper. Zürich 1951.

Sillanpää, F. E.
Sterben und Auferstehen. Übersetzt von
Edzard Schaper. Hamburg 1956.

Sinervo, E.
Der Fallschirmjäger. Einakter. Übersetzt
von Friedrich Ege. Leipzig 1954.

Sinervo, E. und *Turtiainen, A.*
Finnische Gedichte.
Übersetzt von Friedrich Ege. Berlin 1956.

Sinervo, E.
Der Wechselbalg. Roman. Übersetzt von
Friedrich Ege. Berlin 1957.

Stenius, G.
Brot und Steine. Roman. Übersetzt von
Rita Oehquist. Frankfurt a. M. 1960.

Stenius, G.
Die Glocken von Rom. Übersetzt von
Rita Oehquist. Frankfurt a. M. 1957.

Suolahti, E.
Finnlands Weg durch die Geschichte.
Hamburg 1962.

Suomen Kartasto
(Atlas von Finnland). Helsinki 1925.

Suomi.
A General Handbook on the Geography
of Finland. Helsinki 1952.

Suomi.
Finnland. Bildband. Text von Konrad
Reich. Helsinki und Leipzig 1967.

Suova, M.
Finnland im Bild. Porvoo 1957.

Talvi, Jussi.
Tunne Suomi. Lerne Finnland kennen.
Helsinki 1966.

Talvio, M.
Die fröhlichen Frauen der Festung.
Roman. Übersetzt von Rita Oehquist.
Hamburg 1948.

Talvio, M.
Tochter der Ostsee. Übersetzt von Rita
Oehquist. München 1952.

Tampere.
Die Perle inmitten blauer See.
Helsinki 1965.

Tanzberger, E.
Jean Sibelius (Monographie,
Werkverzeichnis). Wiesbaden 1962.

Thiel, O. und *Huhtala, P.*
Das Antlitz Finnlands. Bildbericht über
Finnland. Helsinki 1966.

Topelius, Z.
Finnische Märchen. Übersetzt von Ilse
Meyer-Lüne. Hamburg 1948.

Verein der graphischen Künstler Finnlands.
Die graphische Kunst in Finnland.
Helsinki 1956.

Viherjuuri, H.J.
Die finnische Sauna. Helsinki 1965.

Wallenius, K. M.
Fangboot klar. Harakka Antti auf grosser
Fahrt ins Osteis. Übersetzt von Rita
Oehquist (Kinderbuch).
Braunschweig 1959.

Waltari, M.
Der dunkle Engel. Roman. Übersetzt
von Ernst Doblhofer. Wien, Berlin,
Stuttgart 1954.

Waltari, M.
Karin, Magnustochter. Historischer
Roman. Übersetzt von Haidi Hahm-
Blåfield. Berlin 1944.

Waltari, M.
Michael der Finne. Der Roman eines Abenteurers. Übersetzt von Ernst Doblhofer. Wien, Berlin, Stuttgart 1952.

Waltari, M.
Sinuhe der Ägypter.
Übersetzt von Ch. Lilius. Bern 1948.

Waltari, M.
Vor Einbruch der Nacht. Ein autobiographischer Roman. Übersetzt von Elsfriede Wagner. Wien 1955.

Waltari, M.
Die weisse Taube. Roman. Übersetzt von Josef Tichy. Wien, Berlin, Stuttgart 1959.

Waris, H.
Die soziale Struktur Finnlands. Hamburg 1966.

Westermarck, N.
Die finnische Landwirtschaft. Helsinki 1962.

Wickberg, N.E.
Finnische Baukunst. Helsinki 1963.